OSWALT VON NOSTITZ
MUSE UND WELTKIND

Oswalt von Nostitz

Muse und Weltkind

Das Leben der Helene von Nostitz

Piper
München Zürich

ISBN 3-492-03399-7
© R. Piper GmbH & Co. KG, München 1991
Gesetzt aus der Sabon-Antiqua
Satz: Uhl + Massopust, Aalen
Druck und Bindung: May & Co., Darmstadt
Printed in Germany

Inhalt

Vorwort

Ein Sohn schreibt über das Leben seiner Mutter, die sich vor allem durch ihr Erinnerungsbuch »Aus dem alten Europa« einen Namen gemacht hat. Kann ein solches Vorhaben mehr als diese oder jene Einzelheit zu einem bereits feststehenden Bilde beitragen? Oder ist es überhaupt überflüssig? Man muß diese Frage verneinen: Meine Mutter hat zwar in ihren Büchern einiges über Abschnitte ihres Lebens mitgeteilt, eine angeborene Zurückhaltung aber stets beibehalten. Was von so vielen Schreibenden gilt: daß sie zu offenen oder verdeckten Konfessionen neigen und Aufschluß über sich selbst geben möchten, traf auf sie nicht zu. Von jener Diskretion – einer Eigenschaft, die nicht nur Hugo von Hofmannsthal auffiel – macht auch »Aus dem alten Europa« keine Ausnahme. Mit Malerauge und Einfühlungsvermögen schildert die Verfasserin Menschen, die ihr begegneten, Städte und Landschaften, die sie liebgewann, aber über sich selbst sagt sie bloß das Notwendigste. Nur unmittelbar – über Impressionen und Erfahrungen – teilt sich etwas von ihrem Wesen mit.

Um ein Gesamtbild ihrer Persönlichkeit und ihres Lebensweges zu vermitteln, bedurfte es daher einer biographischen Arbeit unter Heranziehung der verschiedensten, meist unveröffentlichten Zeugnisse. Hierbei galt es, den persönlichen Aspekt, aber auch die Verwobenheit dieses Lebens in die Zeitgeschichte nachzuzeichnen – eine für einen Sohn gewiß nicht leicht zu erfüllende Aufgabe, da zwei entgegengesetzte Positionen gewahrt werden sollten: *Nähe* und *Abstand*.

Nahestehende, die uns im Tode vorausgingen, leben mit uns fort, so heißt es, und es gibt Augenblicke, in denen wir die Wahrheit dieses Wortes empfinden, vor allem, wenn Erinnerungen an uns vertraute Wesenszüge wach werden. So ist es auch mir mit meiner Mutter ergangen, namentlich, wenn gemeinsam Erlebtes aufleuchtete. Ihr origineller Humor, eigenwillige wie selbstlose Regungen ihres starken Temperaments wurden dann wieder lebendig und konnten daher in die Darstellung dieses Lebens einfließen.

Eine Biographie soll andererseits mehr geben als familiäre Reminiszenzen. Will man eine Persönlichkeit der Vergangenheit in den richtigen Proportionen und im Einklang mit den Zeitströmungen erfassen, bedarf es des Abstandes, der die Nah-Sicht ergänzt. Auch im vorliegenden Fall war daher ein Quellenstudium unumgänglich. Aus den Schriften und Aufzeichnungen meiner Mutter sowie den sonstigen Nachlaßpapieren galt es, viele zerstreute Einzelheiten auszulesen, sie mit Aussagen der Freunde und anderen zeitgenössischen Zeugnissen zu vergleichen, bevor die vielfarbigen Steinchen zu einem Mosaik zusammengesetzt werden konnten.

Meine Mutter hat nur gelegentlich, vor allem auf Reisen, ein fortlaufendes Tagebuch geführt und im übrigen bemerkenswerte Eindrücke sowie Begegnungen, die ihr wichtig erschienen, in Notizen festgehalten. Besonders ausführlich sind ihre Niederschriften über Gespräche mit Rodin; diese liegen, neben der Korrespondenz, den Büchern zugrunde, die sie über ihn herausgegeben hat. »Aus dem alten Europa« wurde schon erwähnt: der Band enthält keine zusammenhängende Darstellung, sondern einzelne Porträts und Stimmungsbilder aus dem mittleren Lebensabschnitt, von der Jahrhundertwende bis in den Ersten Weltkrieg hinein, dazu einige Skizzen aus den zwanziger Jahren. Erinnerungen aus der Jugendzeit sind in einem Manuskript behandelt, das für eine – nicht zustande gekommene – Veröffentlichung in den USA bestimmt war. Zitate aus diesem Text wie auch sonstige Äußerungen meiner Mutter in englischer, französischer und italienischer Sprache wurden deutsch wiedergegeben.

Auch ihr heute vergriffenes Buch über Berlin enthält einige Hinweise auf die Jugend- und Nachkriegsjahre.

Über den letzten Lebensabschnitt seit 1919 fanden sich im Nachlaß zahlreiche unverarbeitete Notizen, die vor allem Berliner Begebenheiten betreffen, ferner ein Tagebuch über einen Italienaufenthalt sowie drei Buchentwürfe, die nur in

Rohfassung vorliegen: eine englisch abgefaßte Schilderung der 1931/32 unternommenen Vortragsreisen in die USA; ein »Roman« über Vorfahren ihres Mannes, die Neales; eine Monographie über Paris mit Kapiteln historischen Inhalts und persönlichen Erinnerungen.

Fast noch wichtiger für die Biographie als die bisher erwähnten Texte waren die Briefe meiner Mutter und der ihr Nahestehenden. Sophie von Hindenburg, Helenes Mutter, die praktischen Verstand mit Musikalität und starkem Gefühl vereinte, gab sich impulsiv und großzügig auch in ihren schriftlichen Äußerungen. Alfred von Nostitz, mein Vater, war hingegen ein bedächtiger, sehr gewissenhafter und gründlicher Briefschreiber. Beide verkörperten in ihrer Art verschiedene Ausdrucksweisen der Zeit. Helene hatte ihrerseits viel mit der Mutter gemeinsam, improvisierte wie sie in ihren Briefen, jedoch phantasievoller und nuancierter. Sie erwies sich denn auch in ihren Korrespondenzen, nicht nur in den der Öffentlichkeit bekannten mit Hofmannsthal und Rilke, als selbständige Partnerin. Und bereits den Briefen an ihren Verlobten und späteren Mann eignet – stärker noch als ihren Büchern – ein unbefangener und natürlicher Ton. Dieser Wesenszug hat sie ihr Leben lang gekennzeichnet.

Die langjährigen Vorarbeiten zu diesem Buch und seine Niederschrift bedurften des Beistands. Meiner Frau Maria Mercedes, die mich bei der Planung unterstützt und ständig beraten hat, sowie meinen Geschwistern Renata Schmoller-Haldy und Herbert von Nostitz sei dafür herzlich gedankt.

Desgleichen schulde ich besonderen Dank für Zuspruch, Rat oder vielseitige Hilfeleistungen: Wesson Bull †, Jacques Marquis de Brion †, Hildegard Dornbach, Dr. Fritz Ebner, Dr. Eckart Grünewald, Eduard Hempel †, Dr. Rudolf Hirsch, Dr. Maria von Katte, Marlies Korfsmeyer, Wladimir Koschevnikov †, Roland † und Jennie de Margerie, Franz Oswald Graf zu Münster, Gert Podbielski †, Dr. Marina Sauer, Dr. Gerhard Schuster und Dr. Werner Volke.

Oswalt von Nostitz

1. Kapitel

Ursprünge

Helene von Nostitz: Muse und Weltkind! So etwa lassen sich die Pole einer ungewöhnlichen Existenz umschreiben.

Sie war *Muse* – zeigte Begabung für Musik und Malerei und hatte vor allem die Fähigkeit, auch andere zu inspirieren. Die damit verbundene Empfindsamkeit oder seelische Feinfühligkeit umfaßte starke Kontraste: Ehrfurcht vor der unsichtbaren göttlichen Macht und liebevolle Anteilnahme am Leiden der Kreatur, aber auch die Leidenschaftlichkeit eines Freiheit liebenden ungebundenen Temperaments. Naivität und eine weitschweifende Phantasie schlossen intuitives Erfassen von Realitäten nicht aus.

Und sie war *Weltkind* – ihr eigneten Weltoffenheit, Freude an der Mannigfaltigkeit des Lebens und der Natur, zugleich auch »deliziöse Artigkeit«, nach einem Worte Hofmannsthals, und Sinn für die Formen des menschlichen Umgangs.

Angesichts so widersprüchlicher Wesenszüge stellt sich die Frage nach den Ursprüngen, nach der Herkunft.

Hofmannsthal, der einmal über ein allzusehr im Befehlston gehaltenes Telegramm der jungen Helene von Nostitz ungehalten war, schrieb ihr daraufhin: »Und nun hören Sie mir zu, schnell entschieden und leicht beweglich, wie Sie auch, wie Sie eigentlich sind – russisch und nicht preußisch, und doch ist ›preußisch‹ ein Ehrenname ...« Russisch und nicht preußisch – worauf spielte dieser Hinweis an?

Helene, die mit sechsundzwanzig Jahren Alfred von Nostitz-Wallwitz, damals sächsischer Legationssekretär, heiratete, war das zweite Kind des preußischen Offiziers Conrad von Beneckendorff und von Hindenburg. Ihre Mutter Sophie, geborene Gräfin Münster, war die jüngste Tochter eines hannoveranischen Standesherrn, des Grafen und späteren Fürsten Georg Münster von Derneburg – langjährigen deutschen Botschafters erst in London, dann in Paris – und seiner russischen Frau Alexandrine, geborene Fürstin Galitzin.

Es wäre nun sicher zu einfach, wollte man die Prägung eines Charakters allein aus der Abstammung erklären, jedoch dürfen diese sowie die mit der Herkunft verbundenen Lebensumstände nicht übersehen werden, will man dem Wesen eines Menschen näherkommen. Im Fall Helenes werden jedenfalls die Charakterzüge – in Zusammenspiel und Widerspruch – verständlicher, wenn man ihr preußisches, hannoveranisches, russisches Bluts- und Geisteserbe berücksichtigt, das Gegensätze und Entsprechungen in sich vereinte. Gemeinsam war den Vorfahren ein starkes Selbstbewußtsein, der Wille zur Eigenständigkeit.

Bei den Münsters war dieser Zug besonders ausgeprägt. Schon der Urgroßvater, Ernst zu Münster, fiel auf durch seinen »eisernen Willen«, sein eigenwilliges und zielstrebiges Auftreten. In den Tagen des Wiener Kongresses heiratete er in Wien nach nur kurzer Bekanntschaft Prinzessin Wilhelmine zu Schaumburg-Lippe. Als Vertreter Hannovers erreichte er – allen Widerständen zum Trotz – eine Arrondierung des Staatsgebiets und die Erhebung des bisherigen Kurfürstentums zum Königreich.

Der Sohn, Georg zu Münster, welcher Helene, seiner einzigen Enkelin, besonders zugetan war, schlug dem Vater nach. Seine welfisch gesinnten Standesgenossen hatte er dadurch gegen sich aufgebracht, daß er sich 1873 zum kaiserlich deutschen Botschafter in London ernennen ließ, aber auch Bismarck bot er Paroli in wichtigen Fragen: so bei der geplanten Beschlagnahme des Welfen-Vermögens und auf dem Gebiete der Kolonialpolitik; ebenso nahm er gegenüber Wilhelm II. kein Blatt vor den Mund. »Hochmütiges Selbstbewußtsein« sei ihm eigen, urteilte Bernhard von Bülow, freilich sei dieses »mit unleugbaren Qualitäten verbunden.« Münster besaß große Sicherheit des Auftretens, ein unerschütterliches Selbstvertrauen, viel gesunden Menschenverstand. Er verhehlte in keiner Weise seine Mißachtung für das damals von Bismarck geleitete Auswärtige Amt, das er ›das

Zentralrindvieh‹ zu nennen pflegte ... selbst Rügen von Bismarck machten ihm keinen Eindruck.«

Conrad von Hindenburg und sein Schwiegervater, der treue Soldat aus westpreußischem Kleinadel und der eigenwillige hannoveranische Grandseigneur, entstammten verschiedenen Lebenskreisen und waren anders geartete Naturen, aber eines verband sie: das Beharren auf dem für richtig Erkannten, selbst gegenüber der legitimen Autorität. Conrad von Hindenburg, weniger erfolgreich als sein berühmter Vetter Paul, hat für diese Einstellung Karriere und Beruf aufs Spiel gesetzt und geopfert. Im Jahre 1890 erhielt er als Kommandeur der Gardeschützen bei einem Kaisermanöver den Befehl, sein Regiment die Hochwasser führende Neiße durchschwimmen zu lassen. Da er das Leben seiner Soldaten dadurch gefährdet sah, verweigerte er die Ausführung. Der erst Fünfzigjährige erhielt darauf den Abschied, blieb aber ein treuer Diener Preußens und der Krone.

Selbstbewußtsein, allerdings in einer extremen, mitunter auch kapriziösen Spielart, war auch kennzeichnend für die russischen Vorfahren.

Alexander Suworow, der die Türken entscheidend schlug, den von Tadeusz Kościuszko geführten polnischen Aufstand niederwarf – was ihm wegen der Exzesse seiner Soldaten bei der Erstürmung der Warschauer Vorstadt Praga eine feierliche Verwünschung eintrug, in welche seine Nachkommen bis ins fünfte Glied einbezogen waren – und der 1799 die französische Revolutionsarmee aus Oberitalien vertrieb, war der legendäre Ahne, dessen wildes Temperament Helene als verwandt empfand; auch galt ihre amüsierte Bewunderung seinen genialischen Launen, dem Eigensinn und den skurrilen Einfällen, mit denen er seine Mitmenschen, ohne Rücksicht auf Rang und Würden, zu verblüffen liebte. Suworows historische Leistungen beruhten freilich nicht auf solchen Clownerien, sondern auf eben jenen Qualitäten, die Hofmannsthal russisch erschienen; war er doch »entschieden und leicht beweglich«, verdankte seine militärischen Erfolge vor allem dem blitzschnellen Erfassen wechselnder Situationen und seiner Entschlußfreudigkeit sowie der Umsicht, mit der er alsbald zur Aktion schritt. Nicht so glücklich war er indessen als Ehemann. Seine Frau Warwara Iwanowna, die ein russischer Biograph als »echt russische Schönheit von gutem Wuchs, mollig, jedoch von unbedeutender Intelligenz« charakterisiert, die verwöhnte Tochter aus dem vornehmen, aber in finanzielle Bedrängnis geratenen Hause der Posarowski, hatte schwer unter den Extravaganzen ihres zwanzig Jahre älteren Ehemanns zu leiden. Nach den ersten Ehejahren, die trotz der Geburt einer Tochter durch Spannungen gekennzeichnet waren, nahm Suworow Anstoß an einer Romanze zwischen seiner Frau und einem jungen Neffen, dem Major Nikolaus Sergejewitsch Suworow. Er richtete ein Schreiben an das Konsistorium von Poltawa, als der für Ehestreitigkeiten zuständigen Kirchenbehörde; darin legte er dar, Warwara Iwanowna habe durch ständige, nicht erlaubte Kontakte, namentlich einsame Spaziergänge mit ihrem Verehrer, gegen die »christlichen Gebote und die Gottesehrfurcht« verstoßen. Er beantrage daher die Scheidung.

Das Konsistorium beschied ihn jedoch abschlägig, da auch Spaziergänge in einsamen Gärten nicht den christlichen Geboten zuwiderliefen und er keine Beweise für seine Anschuldigungen habe erbringen können. Dem Drängen der Geistlichkeit, der Familie seiner Frau und dem Wunsche der Zarin Katharina II. gab Suworow schließlich nach: Es kam zu einer feierlichen Versöhnung der Ehegatten, die unter beiderseitigen Schwüren und Tränenergüssen durch eine kirchliche Zeremonie besiegelt wurde.

Etwa um die gleiche Zeit, am 4. August 1780, wurde der Sohn Arkadij geboren. Dieses Datum wird allerdings nicht allgemein anerkannt – einige Biographen verzeichnen 1784 als Geburtsjahr –, doch wird es von verläßlichen genealogischen Quellen bestätigt und steht auch im Einklang mit dem Lebensverlauf: Arkadij nahm am italienischen Feldzug teil und heiratete schon 1802. Zu diesem Sohn fand Suworow lange keine Beziehung und lehnte es zunächst ab, ihn anzuerkennen. Wegen einer neuen Affäre seiner Frau hatte er 1783 einen zweiten Scheidungsantrag gestellt, auch diesmal ohne Erfolg, doch wurde nunmehr die endgültige Trennung der Ehegatten vollzogen. Arkadij wurde von der Mutter, dann von einer Tante erzogen. Erst gegenüber dem Siebzehnjährigen änderte sich Suworows Haltung: Er schrieb dem Jüngling einen väterlich mahnenden Brief und vertraute ihn einem jungen Verwandten an, dem er wohlwollte; kurz vor seinem Tode hat er ihn dann noch einmal zu einem Besuch empfangen.

Arkadij war – die Bildnisse bezeugen es – hochgewachsen, blond und von kräftigem Körperbau, in der äußeren Erscheinung der Mutter ähnlicher als dem Feldmarschall, einem Manne von kleiner und schmächtiger Statur. Die mangelhafte Erziehung, der Einfluß seiner Umgebung, die seine allzu große Gutmütigkeit ausnutzte, hinderten nicht, daß er schnell Karriere machte, was er offenbar nicht nur seinem Namen, sondern auch den ererbten Fähigkeiten zu verdanken hatte. Gerühmt wurden sein scharfer Verstand und seine Urteilskraft. Näheres erfahren wir aus den Erinnerungen eines Zeitgenossen und Kameraden: In Friedrich von Schuberts Memoiren »Unter dem Doppeladler« heißt es über ihn: »Er war ... ein schöner Mann, sehr liebenswürdig, ein Anbeter der Frauen, der viel Gück bei ihnen hatte, ein guter Tänzer, ein leidenschaftlicher Jäger, ein starker Spieler; er hatte bei sich immer eine offene Tafel, immerwährende Gelage, bei denen es sehr lustig zuging, wo er indessen sich und seine Würde nie vergaß; seine Offiziere unterstützte er auf seine Art und wurde von ihnen und den Soldaten seiner Division angebetet ...«

Durch Schubert und andere Quellen wissen wir auch von den Umständen seines frühen Todes. Sie waren insofern für ihn kennzeichnend, als sein Ungestüm, sein Selbstvertrauen, aber auch seine Hilfsbereitschaft eine Rolle dabei spielten: Der erst dreißigjährige Generalleutnant und Divisionskommandeur war am 13. April 1811 unterwegs zu seinen Truppen, die noch an der Moldau im Winterquartier lagen. Wegen eines Reitunfalls hatte er einen verbundenen Arm und reiste mit Begleitern in einer schweren Kalesche. Am Rymnik, an dem der Vater einen seiner größten Siege erfochten hatte, weshalb ihm und den Nachkommen der Beiname Rymnikskij verliehen worden war, waren sie anzuhalten gezwungen, denn der sonst seichte Fluß war durch Hochwasser zu einem reißenden Strom angeschwollen. Obwohl die ortskundigen

Postillione erklärt hatten, ein Passieren sei unmöglich, die Fluten würden aber in ein paar Stunden zurückgehen, erzwang er die sofortige Durchfahrt. In der Mitte des Flusses wurde der Wagen von der Strömung fortgerissen und umgestürzt. Trotz seiner Behinderung versuchte Arkadij einen Kutscher zu retten, geriet unter eines der Pferde und ertrank. Er hinterließ eine Frau, die einer der führenden Familien Rußlands angehörte, Elena Alexandrowna Naryschkin, und mehrere Kinder, darunter Maria Arkadjewna, die Urgroßmutter der Helene von Nostitz. Die Frage, ob deren Vater Arkadij ehelich geboren wurde, ist die Voraussetzung für Helenes Abstammung vom großen Suworow und muß daher in unserem Zusammenhang erörtert werden.

Der von Suworow kurz vor der Geburt eingereichte Scheidungsantrag und sein Verhalten gegenüber Frau und Sohn könnten in dieser Hinsicht Anlaß zu Zweifeln geben, die jedoch nicht überzeugen. Dagegen sprechen, neben dem weisen *non liquet* der orthodoxen Kirchenbehörde, die Eigenheiten des genialen, aber zugleich bizarren Kriegshelden. Offenbar hatte er ein gestörtes Verhältnis zum weiblichen Geschlecht. Es wird berichtet, daß er sich während der Feldzüge gelegentlich eine Dirne griff, nach Stillung seines Triebes aber sofort das Weite suchte, sich die Kleider vom Leibe riß und mit dem Rufe: »Ich habe gesündigt, gesündigt!« ins nächstgelegene Gewässer sprang, um sich von der Sünde zu reinigen – eine Gepflogenheit, die er auch in der Ehe nicht ablegte. Zu seiner Frau hatte er von vornherein kein Vertrauensverhältnis und verfolgte sie mit einer Eifersucht, die seinen Blick trübte. Um es mit den Worten Jean Jacobys, seines französischen Biographen, zu sagen: »Er mißachtete die Blume, die ihm das Schicksal gesandt hatte, wollte aber nicht, daß andere ihren Duft atmeten«.

In dieser – seiner eigenen – Sache kann er daher nicht als verläßlicher Zeuge gelten.

Abgesehen von Suworow und dem Sohn Arkadij zeigte Helene nur Interesse für ihre weiblichen russischen Vorfahren. Maria Arkadjewna, die den Fürsten Michael Galitzin geheiratet hatte und nach dem Tode ihres Mannes noch vierzehn Jahre – bis 1870 – in Italien lebte, hat sie nicht mehr gekannt, doch war sie ihr durch die Erzählungen ihrer Mutter Sophie vertraut. In ihren Jugenderinnerungen schreibt sie, die »schöne Urgroßmutter« sei in Florenz noch bis ins Alter von einer »Schar eifriger Kavaliere« umgeben gewesen:

»Wenn sie ein glühender Verehrer um ein Rendez-vous bat, antwortete sie nachlässig ›La, dove sempre‹ (Am gewohnten Ort). Das war ein Platz in den Cascine (einem Florentiner Park), wo ihr Wagen immer hielt. Diese Enkelin des großen Suworow reiste in ihrem eigenen Wagen durch Italien und warf auf ihren Fahrten Goldstücke aus dem Fenster. Sie sammelte auch Kunstwerke berühmter Meister, leider meistens Kopien. Ein reizendes melancholisches Bild, auf dem uns diese bezaubernde Frau mit verschleiertem Auge anblickt, steht jetzt in meinem Schreibzimmer und strahlt jene Mischung von verführerischer ›großer Welt‹ und Herzens-Kultur aus, die wir allein bei den russischen ›grandes Dames‹ jener Zeit finden.«

Auch ihre Tochter Alexandrine, Helenes Großmutter, die in der Familie Lina genannt wurde, besaß diese Ausstrahlung einer »grande Dame« in ihren glücklichen Jahren; in der letzten unglücklichen Periode ihres Lebens, als ihre kleine Enkelin sie kennenlernte, hatte sie freilich jeden Glanz verloren: »Meine schöne Großmutter«, schreibt Helene in ihren Erinnerungen, »sah ich nur selten im dunklen Zimmer halb erblindet in einem Stuhl sitzen. Ihre ganze Gestalt war von Trauer umwoben. Sie rief nur selten nach uns und ich kann mich an kein Wort von ihr erinnern.«

Das Leben, das so tragisch enden sollte, hatte romanhafte Züge: Die Zwanzigjährige war aus Familienrücksichten mit einem betagten und gebrechlichen Fürsten Dolgorukij vermählt worden, mit dem sie aber nur selten zusammenlebte. Er starb drei Jahre später. Schon zuvor hatte sie Georg Münster in St. Petersburg kennengelernt und sich in ihn verliebt. »Mon George, mon ange bien aimé«, nannte sie ihn in schwärmerischen Briefen, in denen sie zum Abschluß heiße Küsse durch Kreise andeutete. Ein Jahr nach dem Tod Dolgorukijs fand in Weimar, unter dem Protektorat der Großherzogin, einer Tochter des Zaren Paul I. und Freundin der Braut, die feierliche Hochzeit statt. Danach begab sich das junge

Paar nach Derneburg, dem säkularisierten Frauenkloster bei Hildesheim, das Ernst Münster nach dem Wiener Kongreß als Dotation erhalten hatte. Diesen Landsitz, seine geschichtsträchtige Düsternis wie auch seine Lieblichkeit, hat Helene von Nostitz anschaulich beschrieben: »Ein großer Park umgibt das Schloß, in dem die Bäume einzeln und mächtig wie Monumente auf den großen Wiesen stehen. Auf dem Donnersberge, wo vor Zeiten eine ungehorsame Nonne vom Blitz erschlagen wurde, erstreckt sich die mächtige Eichenallee ... Eine unheimliche Einsamkeit umgibt das Mausoleum, in dem die Münsters ihre letzte Ruhe finden. Überall ist ein wehmütiges Erinnern zu spüren, eine dunkle, dämonische Macht, die die Familienmitglieder gegeneinander treibt und Unglück zu verheißen scheint. Und doch gibt es auch dort milde, träumerische Nächte, wenn der Teich tief unten im Mondlicht schimmert ... Dann stehen die großen Buchenwälder ringsum still ... und über dem breiten Turm erklingt das leise Girren der Tauben. In den großen Rittersaal fallen die schrägen Mondstrahlen, auch in die langen Kreuzgänge, wo ein Mönch eingemauert sein soll. Aber die düsteren Gespenster meiden in diesen Nächten so viel Lieblichkeit.«

Die neue Schloßherrin hielt nach ihrem Einzug am gewohnten Lebensstil fest. Sie ließ sich sogleich eine orthodoxe Kapelle einrichten, ging in Männerkleidern auf die Jagd, schoß aus langen Pistolen, ritt, von zahlreichen Wolfshunden begleitet, durch die Dörfer und veranstaltete ländliche Feste mit Dorfmusikanten, wie sie es auf den heimatlichen Gütern gewohnt war. Dabei vernachlässigte sie nicht ihre Familienpflichten, brachte vier Söhne, von denen zwei früh starben, und vier Töchter zur Welt. Gleichwohl war das Eheglück nicht von Dauer. Die kritisch eingestellte Umgebung trug dazu bei, namentlich Georg Münsters altjüngferliche Schwestern, die Gräfinnen Julie und Thusnelde, die in der Nachbarschaft lebten und ständig durch Sticheleien und Zuträgereien die Animosität gegen die russische Schwägerin schürten. Vor allem aber stießen die Temperamente der Eheleute aufeinander, nachdem die Leidenschaft abgeklungen war. Lina lebte ganz aus dem Gefühl heraus, war von altrussischer Frömmigkeit, eine Freundin der Künste und musikalisch. Sie konnte charmant sein, schwärmen, hatte aber auch Anwandlungen von Jähzorn. Georg Münster war hingegen von großer Nüchternheit, lebensklug und emotionalen Höhenflügen abgeneigt. Helene, die Enkelin, sagte von ihm: »Nur selten schimmerte bei ihm durch, was wir das Menschliche nennen... Seine stärkste Antipathie galt wohl jeder Sentimentalität...« Die Verbindung zweier so eigenwilliger und gegensätzlicher Naturen glich einer Gratwanderung, und die Umstände trugen dazu bei, daß sie scheiterte. Georg Münster zog sich immer mehr zurück, ging auf Reisen, ließ Frau und Kinder in Derneburg, als er zum hannoveranischen Gesandten am Zarenhof ernannt wurde, und verbrachte die Wintermonate der Jahre 1857 bis 1863 allein in St. Petersburg. Lina ihrerseits wurde in dem niedersächsischen Ambiente immer unglücklicher, erreichte schließlich ihre Übersiedlung nach Venedig, wo ihr Mann sie gelegentlich besuchte, bis es im siebzehnten Jahr der Ehe zum Bruch kam. Es gab Gerüchte um Linas eheliche Treue; nach Aussagen deutscher Dienstboten hatte sie angeblich intime Beziehungen zu einem österreichischen Marineoffizier angeknüpft. Münster erschien im Februar 1863 in Venedig, veranlaßte seine dort bei der Mutter lebenden Kinder zur Abreise und reichte von Derneburg aus die Scheidungsklage ein. Lina reagierte mit einem Brief, in dem es heißt: »Die Mutter meiner Kinder wird *nie* mit ihrer Hand eine Scheidung von diesem Vater unterschreiben – und sich nie gegen die Verleumdungen und Schmutzigkeiten... aus dem Munde gezahlter Laquaien... verteidigen.« Im Scheidungsurteil, das 1864 erging, wurde sie schuldig gesprochen, zumal sie auf eine Verteidigung verzichtet hatte. Unter bedrückenden Umständen, die damals der Status einer geschiedenen Frau mit sich brachte, lebte sie noch zwanzig Jahre in Italien, zunächst in Bergamo, dann in Florenz.

»Gott erhalte mir meine Sony, Venedig 3. Februar 1863«, steht unter ihrer Photographie, die sie vor jenem Abschied der Zwölfjährigen geschenkt hatte. Zwischen Lina und ihrer dritten Tochter bestand ein enges Verhältnis, obwohl Sophie Münster in diesem Elternhaus keine leichte Jugend verlebte. Ihre von ihrer Tochter Helene in den Jugenderinnerungen festgehaltenen Erzählungen lassen auf ein Leben von einer

»verwöhnenden Exklusivität« schließen, welche die kleinen Alltagssorgen ausschloß. In den Wintermonaten residierte die Familie in Hannover im stattlichen eigenen Hause des »Erblandmarschalls«. Bei Einkäufen wurden die Kinder stets von Dienern begleitet. Die Münsters hielten sich eine eigene Kuhherde, welche beim Umzug in die Stadt und bei der Rückkehr nach Derneburg den Wagen mit dem Gepäck folgte. Auch auf dem Landsitz herrschte eine Art Hofatmosphäre, die ein zwangloses Familienleben erschwerte. Dazu trugen vor allem die Gouvernanten bei, die – wie damals in diesen Häusern Brauch war – die jungen Mädchen zu erziehen und zu bilden hatten und durch ihr strenges Regiment das natürliche Verhältnis zwischen Mutter und Kind gefährdeten. Überdies hatte Lina eigenartige Vorstellungen von Kinderpflege und Kinderernährung. Da sie um den makellosen Teint ihrer Töchter besorgt war, erhielten diese nur Brunnenkresse zum Abendessen; sie pflegten daher, um ihren Hunger zu stillen, die Brosamen unter dem Tisch aufzulesen, nachdem die Erwachsenen gespeist hatten. Wenn dennoch keine Entfremdung eintrat, so lag das an Linas im Grunde großzügiger und liebevoller Natur, wie auch an der spontanen Zuneigung der Töchter, die ihr sehr ähnlich waren, besonders Sophie, deren praktischer Verstand und Lebensklugheit das Münstersche Erbgut nicht verleugnen konnte, die aber durch ihre ungewöhnliche, ein Leben lang gepflegte Musikalität, ihre von keinen Zweifeln bedrohte Frömmigkeit, vor allem aber durch ihr starkes Gefühlsleben der russischen Mutter und deren Vorfahren wesensverwandt war. In Helenes Jugenderinnerungen heißt es: »Meine Mutter erfüllte eine Intensität dem Schmerz und der Freude gegenüber, wie sie große Künstler erleben. Mir erscheinen jetzt oft die Äußerungen anderer Menschen blaß und matt im Vergleich zu dem bewegten Tumult dieser immer aufs höchste gespannten Seele.«

Sophie Münster hatte ihren eigenen Kopf und faßte früh selbständig Entschlüsse, was bei diesen Eltern und der Situation, in der sie sich nach deren Scheidung befand, nicht verwunderlich war. So hatte sie die Anknüpfung einer Beziehung, die ihr Leben entscheidend verändern sollte, selbst zu verantworten. Die Achtzehnjährige lernte auf einem Ball in Berlin einen elf Jahre älteren Offizier kennen, der sich in sie verliebte. Er bat sie um ihre Hand, doch kam es nicht zu einer Verlobung, da sie seine Gefühle nicht in gleichem Maße erwidern konnte und ihn darüber nicht im Zweifel ließ. Als dann der Deutsch-Französische Krieg ausbrach, zog ihr Verehrer – es war Conrad von Hindenburg – ins Feld. Zuvor schrieb er ihr einen Abschiedsbrief. Darin erklärte er, daß er ohne sie nicht leben könne; da sie ihn nicht erhöre, wünsche er sich den Tod durch die erste beste Kugel. Im Gefecht von Saint-Privat wurde er schwer verwundet. Als sie davon erfuhr, erinnerte sie sich dieses Briefes. Ohne die väterliche Genehmigung einzuholen, entschloß sie sich, unter dem Druck von Schuldgefühlen, den Verwundeten zu besuchen und ihn zu pflegen. Durch ihre Anwesenheit besserte sich sein Zustand; er genas wider Erwarten. Nunmehr ergab sich ein Dilemma. Sie meinte ihre Pflicht erfüllt zu haben und wollte die Beziehung abbrechen, doch da meldete sich Vater Münster zu Wort. Er erklärte sie für kompromittiert und bestand auf einer Heirat. Die Macht der Konvention ist in unseren Tagen weitgehend gebrochen; so fällt es uns schwer, uns in die Lage hineinzuversetzen, in der sich Sophie damals gezwungen sah, ihre eigenen Empfindungen zurückzustellen und sich den gesellschaftlichen und familiären Zwängen zu beugen. Die Ehe, die sie widerstrebend einging, war daher von Anfang an mit Spannungen belastet. Die Aufgabe, vor die sich die junge Frau dadurch gestellt sah, hat sie dann freilich auf kluge, wenn auch nicht in jeder Hinsicht konventionelle Weise bewältigt. Einerseits vermochte sie es, sich liebevoll in ihren Mann einzufühlen, der mit jeder Faser seines Wesens dem alten Preußen angehörte und daher Handeln in eigener Verantwortung mit Pflichtbewußtsein und Gehorsam gegen Gott und den König vereinte; auch war sie ihm durch den gemeinsamen Glauben verbunden. Andererseits gehörte sie von Haus aus einer offeneren, über ihren engen Lebenskreis hinausgehenden Welt an und brauchte daher einen Freiraum, wenn sie nicht verkümmern wollte. Aus diesem Zwiespalt ergab sich mit Notwendigkeit ein Kompromiß: Schon von früh auf hatte ihre Liebe Italien gehört, nicht zuletzt deswegen hatte sie hier ihre schöne Stimme ausbilden lassen. Da ihre Mutter nach der Scheidung in diesem Lande lebte und ihres Beistands bedurfte, lag es nahe, daß sie ihr alljährlich längere Zeit Gesellschaft leistete: zunächst in Bergamo, dann in Florenz und in Ardenza, einem kleinen Badeort am Tyrrhenischen Meer bei Livorno. Conrad von Hindenburg hatte hingegen wenig Sinn für den Süden, weder für sein Klima, seine Landschaft und seine Kunst noch für seine Bewohner. Dem offenbar ultimativen Verlangen seiner Frau konnte er jedoch nicht widerstehen und fand sich schließlich damit ab. So ergab sich ein Modus vivendi. Er blieb in der Heimat, während Sophie, auch nach dem Tode der Mutter, einen großen Teil des Jahres auf Reisen und vor allem in Italien verbrachte. Später – 1900 – begründete sie dort – in Ardenza – einen eigenen Hausstand. Schon früher hatte ihr ein befreundeter Italiener beigestanden, der aus Pisa stammende Alessandro Becciani, den sie als jungen Offizier bei ihrer Mutter kennengelernt hatte und der ihr sein Leben lang ergeben blieb. Wenn sie durch diese Beziehung nicht ins Gerede kam, so lag das nicht nur an den damals noch wenig entwickelten Kommunikationsmöglichkeiten. Zwar entsprach ihr Verhalten nicht der Konvention, war jedoch kein heimlicher Ehebruch: Eine raffinierte viktorianische Doppelbödigkeit wäre ihrer geradlinigen und bei allem Gefühlsüberschwang disziplinierten Natur nicht gemäß gewesen. Immerhin war es unter diesen Umständen nicht einfach, den Familienfrieden zu wahren und den Spannungen, auch wenn sie meist nur unterschwellig zu spüren waren, den bedrohlichen Charakter zu nehmen.

Blieben die beiden Kinder aus dieser Ehe von alledem unberührt? Wuchs die junge Helene trotz solcher Komplikationen in Geborgenheit auf?

2. Kapitel

Die frühen Jahre

Die Hindenburgs hatten, bald nach der Genesung Conrads, am 3. Januar 1871 geheiratet. Am 1. April 1872 kam ihr Sohn Herbert zur Welt; erst sechseinhalb Jahre später, am 18. November 1878 wurde eine Tochter geboren, welche die Namen Helene Lina Olga Vera erhielt.

Über die Namensgebung des Kindes entbrannte ein Streit. Ursprünglich war Vera als Rufname vorgesehen gewesen. Nun hatte aber eine junge Russin, Vera Sassulitsch, dadurch weltweites Aufsehen erregt, daß sie am 4. Februar 1878 auf den Stadthauptmann von Petersburg, General Trepow, ein Attentat verübte und ihn schwer verwundete. Danach wurde sie von einem Geschworenengericht freigesprochen und entkam in die Schweiz, beschäftigte aber die Gemüter als Personifizierung jener nihilistischen Umstürzler, die Dostojewskij einige Jahre zuvor in den »Dämonen« beschrieben hatte. Es war daher nicht verwunderlich, daß Sophie Hindenburgs russische Verwandte gegen den ominösen Namen entschieden Einspruch erhoben. Der Familienfriede wurde schließlich dadurch wiederhergestellt, daß der Täufling den Rufnamen Helene erhielt – zu Ehren der Taufpatin Helene Galitzin. Die junge Helene hat diese unverheiratete Schwester ihrer Großmutter noch kennengelernt und als sanfte liebevolle Frau, die »wunderschön sang«, im Gedächtnis behalten. Die Großmutter Lina und Olga Münster, eine Schwester der Mutter, waren die beiden anderen Namensgeberinnen und Taufpaten; der Name Vera rückte an die letzte Stelle.

Aus Helenes ersten Lebensjahren ist nicht viel überliefert. Die Familie lebte damals in eher bescheidenen Verhältnissen, der Vater war Hauptmann bei den Gardeschützen in Berlin und hatte daher nur geringe Einkünfte, die wohl durch Zuschüsse der Schwiegereltern etwas aufgebessert wurden. So war immerhin ein Unterhalt gewährleistet, der einen standesgemäßen Haushalt in einer ruhigen Wohngegend ermöglichte. Bei Helenes Geburt wohnten die Hindenburgs in der Linkstraße, unweit vom Potsdamer Platz; drei Jahre später zogen sie in die Schlüterstraße, nahe dem Tiergarten.

In dieser Zeit erkrankte Großmutter Lina, und Sophie Hindenburg verbrachte in den folgenden Jahren viele Monate bei ihr. Die Kinder blieben in Berlin. Ihr Sohn Herbert schrieb in seinen Erinnerungen »Am Rande zweier Jahrhunderte«, er und seine Schwester hätten damals eigentlich kein Heim gehabt, »denn mein Vater hatte wenig Zeit eines zu bilden; sein Heim war das Regiment und das große Casino...; er ließ daher seine Mutter, geborene Quednau, aus Westpreußen kommen, um uns zu beaufsichtigen.«

Diese Großmutter väterlicherseits, die gefältelte Hauben trug, was ihr ein klösterliches Aussehen gab, und mit den Kindern die Gottesdienste der Zinzendorfschen Brüdergemeine besuchte, kam offenbar gut mit der kleinen Helene aus, während der Bruder sich kritisch äußerte: »Sie war eine gute freundliche Frau, hatte aber einen sehr engen Horizont und vermochte nicht mein Vertrauen zu gewinnen. Meine Schwester war noch zu klein, um in dieser Hinsicht Ansprüche zu stellen.« Er fügt dann aber Worte des Dankes hinzu und meint, ihr »gesundes bürgerliches Blut« – sie war die Tochter eines wohlhabenden Arztes – habe gegen andere »extreme« Einflüsse ein heilsames Gegengewicht dargestellt – ein Urteil, dem sich auch Helene rückwirkend anschloß.

Die stellvertretende Rolle der »Großmama Hindenburg« war freilich nur eine Episode; alles in allem blieb die Mutter, trotz der Spannungen in dieser Ehe, dominierend. Das galt namentlich für die Erziehung, die durch eine Mischung von Strenge und liebevoller Fürsorge gekennzeichnet war. Allerdings hatte die Mutter-Kind-Beziehung auch in diesem Hause nicht die Unmittelbarkeit wie heutzutage, doch lag darin auch ein besonderer Vorzug: Es gab Hausgehilfinnen, die mehr bedeuteten, als die nüchterne Beziehung ihrer sozialen Stellung vermuten ließ. Sie gehörten zur Familie, fühlten sich ihr verbunden und waren Vertrauenspersonen der Kinder.

Helene schreibt in ihren Erinnerungen: »Meine erste Jugend wurde von zwei rührenden Wesen begleitet: von Auguste und ihrer Schwester Christine Wehling, die wir Gigi nannten. Beide haben meinen Glauben an die Güte der Menschen wach erhalten. Gigi war eigentlich die Jungfer meiner Mutter, aber sie war immer für uns bereit mit ihrem warmen, nie ermüdenden Herzen. Bei Gigi zu sitzen, während sie eifrig nähte, beruhigte alle inneren Stürme. Immer fand sie das richtige Wort, lebte nur für andere und wurde dadurch zur Lichtquelle für jede Finsternis. Die Verwandten, die sie ins Haus zog, hatten die gleiche freundliche und treue Einstellung uns gegenüber von ihr mitbekommen.«

So wurde das Regiment der Gouvernanten gemildert, die – wie das auch hier Brauch war – für die Erziehung Helenes zu sorgen hatten und eine ungute Erinnerung hinterließen. »Die Gouvernante, die sich anmaßte, den Charakter junger Menschen zu formen, war meist verkrampft und selbst unglücklich, daher wenig geeignet, Frohsinn und Heiterkeit in den Kinderzimmern zu verbreiten.« Besonders galt das offenbar von einer schottischen Erzieherin mit puritanischen Zügen. Miss Blake, von der seinerzeit Sophie und Olga Münster in Derneburg betreut worden waren, hattte ein strenges eckiges Gesicht und trug um den Kopf geschlungene falsche Zöpfe. Sie war völlig humorlos und pflegte Helene ähnlich zu behandeln wie damalige Unteroffiziere ihre Rekruten. So wurde sie beim Unterricht mit Lederriemen am Stuhl festgeschnallt und die abschätzigen Bemerkungen über ihr Äußeres, ihren Charakter, die jede Regung von Eitelkeit unterdrücken sollten, stärkten nicht gerade das Selbstvertrauen.

In den verschiedenen Häusern, welche die Hindenburgs bewohnten, gab es Höfe und Hinterhöfe, aber keine Gärten; daher waren Spaziergänge ein fester Bestandteil des Tagesprogramms. Sie führten meist in den Tiergarten. Dort hatte Helene die ersten Erlebnisse, die sich ihr einprägten: »Auf der Charlottenburger Chaussee habe ich noch kleine gelb gestrichene Pferdebahnwagen mit nur einem Pferd daherzockeln sehen, während an der Ecke der Bellevue-Allee immer der gleiche Invalide auf dem Orgelkasten sein Liedchen drehte. Die Bahn klingelte laut und vernehmlich, hielt oft an und ächzte in den Fugen. Auch elegante Equipagen trabten vorbei. Am Großen Stern warteten wir auf den alten Kaiser. Wir rannten atemlos, um ihn in seiner einfachen Würde zu betrachten.« Auch Bismarck war sie dort begegnet, wenn er in der Uniform eines Halberstädter Kürassiers durch die Alleen ritt, und dem Kronprinzen Friedrich, der gern zu Fuß ging und schon die Arme ausbreitete, wenn er die Kinder von weitem erblickte. Bei der Kronprinzessin, der späteren Kaiserin Friedrich, war Helene einmal mit einer Gespielin eingeladen. Von dieser Tochter Queen Victorias blieben ihr besonders die großen freundlichen Augen und die Ruhe, die sie ausstrahlte, im Gedächtnis: Briefe schreibend saß sie an ihrem Schreibtisch und ließ sich nicht dadurch stören, daß die beiden kleinen Mädchen um sie herumtollten.

Neben solchen heiteren Eindrücken kam es zu den ersten Enttäuschungen: »Im Tiergarten hatte sich eine kleine Gruppe zusammengefunden, in der ich mich eine Weile ganz wohl fühlte. Eines Tages standen mir aber plötzlich nur Feinde gegenüber. Mit finsterem Blick erklärten mir meine Spielkameraden: ›Du willst immer nur kommandieren, das ist langweilig. Wir wollen nicht mehr mit dir spielen!‹ Das war ein harter Schlag, denn ich hatte ahnungslos manche Vorschläge gemacht, die stets einmütig angenommen wurden. Es schnitt mir ins Herz, und ich saß lange weinend auf einer Bank. Als nun auch ein kleines Mädchen erklärte, sie würde meine Locken abschneiden, auf die ich besonders stolz war, kam ich zu dem Schluß, andere Kinder seien meist grausam und störend; so begann ich, mich eingehender mit Tieren und Pflanzen zu beschäftigen. Denn auch Puppen machten mich ungeduldig. Wenn ich sie aufschnitt, um ihr wahres Wesen zu ergründen, waren sie meist mit Stroh oder Stoff gefüttert. Mich schauderte vor ihrer Leblosigkeit. Ich brachte nun kranke Vögel, Katzen und Hunde ins Haus. Mit den Erzieherinnen machte ich weiter lange Spaziergänge. Dabei beobachtete ich Raupen, Würmer, Schmetterlinge und Pflanzen. Wenn es regnete, steckte ich sie oft unter meinen Schirm, um sie zu beschützen, und unterhielt mich mit ihnen. Dann brachte ich sie nach Haus, wo sie aber bald kläglich zu Grunde gingen. An schönen Tagen ließ ich mich auf einer

Bank nieder, um meine Umwelt zu zeichnen. Doch lernte ich auch die unheimliche Seite des Lebens kennen. Als ich einmal mit meiner Wärterin nahe dem Neuen See die Straße überquerte, überfiel uns plötzlich ein Mann, um uns zu berauben. Meine Schreie und ein im gleichen Augenblick erscheinender Wagen trieben ihn in die Flucht. Ich sehe ihn noch davonstürzen. Es war das ein Bild, das mich lange verfolgte. Um so lieber kehrte ich wieder zu Tieren und Pflanzen zurück. Übrigens scheint mir [diese Notiz entstand in den dreißiger Jahren, also vor mehr als einem halben Jahrhundert!], als hätte sich durch Benzin und Großstadtverkehr die Zahl der Lebewesen verringert! Damals saßen auf Gittern und Bänken Hunderte bunter Raupen und Käfer und zahllose kleine Frösche bevölkerten die Wege.«

Zu einer Unterbrechung des Berliner Lebens kam es 1883, als Sophie Hindenburg ihre Kinder – die fünfjährige Helene und den elfjährigen Herbert – nach Florenz kommen ließ, das sie wegen der Pflege ihrer Mutter für längere Zeit nicht verlassen konnte. Ein Jahr lang blieben die Kinder in dieser Stadt:

»Einer meiner ersten Spielplätze war der Piazzale Michelangelo hoch über der Stadt, wo der David steht. Wir pflegten unsere Spaten und Bälle unter den Füßen der Statue zu verstecken. Häufig gingen wir auch in den Cascine spazieren, wo ich die charmanten Damen mit den großen Blumen- und Federhüten beneidete. Gut aussehende Kavaliere beugten sich über die Sitze in ihren Kutschen und flüsterten ihnen berückende Komplimente oder Liebeserklärungen ins Ohr. Es waren romantische Gestalten, die für immer aus unserer Welt verschwunden sind . . . Damals sah ich auch ganz aus der Nähe die Queen Victoria. Sie trug ein schwarzes Kleid, eine weiße Haube und schien in ihrer Karosse fest zu schlafen; mich beeindruckten ihre energischen Gesichtszüge.«

Im Herbst 1884 starb Alexandrine Münster-Galitzin in Florenz. Ihr Tod hinterließ bei der Enkelin keinen bleibenden Eindruck, da sie sie nicht mehr wirklich kennengelernt hat. Zur ersten bewußten Begegnung mit dem Tode kam es dann einige Jahre später. Die Lieblingsschwester Sophie Hindenburgs und Patentante Helenes, Olga Münster, Hofdame der

Kaiserin Augusta, war an Lungenschwindsucht erkrankt, der damals unheilbaren Krankheit, die in allen Bevölkerungsschichten grassierte. Sie war nach Cannes gebracht worden, wo Sophie Hindenburg sie pflegte; die nunmehr neunjährige Helene begleitete ihre Mutter. Sie durfte die Kranke öfters besuchen, die »blaß und zart in ihrem Bett lag, von Blumen umgeben«. Helene erinnerte sich, daß ein starker Eukalyptusduft das Zimmer erfüllte, da man sich davon eine heilende Wirkung versprach, und daß man sie ermahnt hatte, trotz ihres Widerwillens gegen diesen Geruch, nicht darüber zu sprechen. Die Kranke erriet jedoch ihre Gedanken, lächelte und sagte: »Es ist lieb von dir, daß du dich für mich verstellst, ich finde das auch ganz unerträglich!«

»Ich ging gern zu ihr hin«, schrieb Helene rückblickend, »denn um sie war Stille und Harmonie. Als sie starb, strahlte Licht von ihrem Antlitz aus. Ich empfand keinen Schrecken vor dem Tod. Er nahte sich mir als Tröster...« Es war eine Einstellung, die sich auch im späteren Leben immer wieder durchgesetzt hat.

Conrad von Hindenburg war 1884 nach Naumburg an der Saale versetzt worden. Die Familie folgte ihm dorthin, bald nach der Rückkehr aus Italien, kehrte aber schon ein Jahr später, als er zum Kommandeur des Gardeschützenbataillons in Lichterfelde ernannt worden war, nach Berlin zurück. Inzwischen hatten sich die Vermögensverhältnisse verändert. Sophie von Hindenburg hatte von ihrer Mutter und von ihrer Tante Helene Galitzin größere Ländereien – Güter bei Saratow an der unteren Wolga – sowie ein beträchtliches Vermögen geerbt. Das blieb nicht ohne Auswirkung auf den Lebensstil, wenn man auch nicht gerade im Luxus schwelgte. Die Hindenburgs bezogen nun in der Roonstraße 9 eine große Wohnung, zu der ein Stall gehörte. Er stand nicht leer, denn Sophie Hindenburg war eine passionierte Reiterin und beschloß sogleich mehrere Reitpferde anzuschaffen, auf denen dann häufig Ausritte in den Tiergarten unternommen wurden. Anfang der neunziger Jahre beteiligte sich auch Helene daran; sie erinnerte sich, daß man gelegentlich der Kavalkade des jungen Kaisers begegnete, der leutselig winkte, irgendein Scherzwort herüberrief und sich besonders amüsierte, wenn eines der Pferde zu scheuen begann. Nicht so lustig war freilich ein Vorfall, der leicht schlimme Folgen hätte haben können. Auf der Kurfürstendammbrücke rutschte Helenes Pferd aus; sie fiel auf den Rücken und verlor eine Weile das Bewußtsein. Die energische Mutter bestand trotzdem darauf, daß sie weiter reiten sollte: eine gut gemeinte, aber – wie heute allgemein bekannt ist – gefährliche Therapie, die nur durch den Common sense eines englischen Begleiters verhindert wurde.

Auch das Haus in der Roonstraße wird in den Erinnerungen Helenes lebendig: »Wie viele Häuser aus den Gründerjahren war alles ziemlich überladen: Es gab Marmortreppen, saalartige Räume, in denen Barockfiguren goldene Säulen umschlangen. Lange Galerien zogen sich um einen Hof, in dessen Mitte sich ein Brunnen befand, der aber nicht plätscherte wie in Italien, sondern ausgetrocknet schwieg. Wir lebten ›vorne‹ und ›hinten‹. Nach hinten gehen hieß eine enge Treppe erklimmen. Sie führte auf einen langen Gang, an dem unsere Zimmer und die unseres Vaters lagen, während meine Mutter in Räumen mit Boule-Möbeln und Kopien italienischer Meister vorne wohnte« – eine Einteilung, die geeignet war, die Phantasie anzuregen. »Hinten« hörte man die Melodien der Leierkastenmänner aus dem Hof herauf; von dort aus konnte man unbemerkt die Küche besuchen, was eigentlich verboten war; und auch Gigi wohnte hier, »die wunderbare Trösterin«. Im Nähzimmer saß oft Luise, die frühere Jungfer Olga Münsters, und schneiderte Abendkleider; in der Anrichte waltete Peter Böschen, der gestrenge Preuße, Bursche des Hausherrn, der sich mit ganzer Leidenschaft dem Putzen des Silbers widmete. Stieg man eine kleine Holztreppe hinauf, so gelangte man in dunkle Bodenkammern; in ihren Schätzen konnte man stöbern und merkwürdige Gegenstände zutage fördern. Es gab da auch Fensterchen mit vergoldeten Gittern, durch die man den Musiksaal beobachten konnte, wenn sich dort Gäste der Hausfrau einfanden, meist Musiker und Musikfreunde. Zu ihnen gehörten Cosima Wagner und ihr Sohn Siegfried, der Sänger Raimund von zur Mühlen, die Pianistin und Liszt-Schülerin Adele aus der Ohe. Wie es dem Stil der Zeit entsprach, waren die Mitglieder der

Gesellschaft nicht nur passive Zuhörer, sondern beteiligten sich am Musizieren. So sang die Hausfrau italienische Duette mit Prinz Max von Baden, dem späteren Reichskanzler, damals ein bildschöner und musischer junger Mann, der in den Berliner Salons, wie auch im Hause Wagner, gern gesehen war. Ein anderer beliebter Gesangspartner war Paul von Below, der nach bewegtem Diplomatenleben jahrelang ein schweres Leiden erdulden mußte. »Noch tönt an mein Ohr der weiche perlende Schmerz dieser Bariton-Stimme, die ich in meiner frühesten Jugend in Berlin, dann in Paris gehört habe«, schrieb Helene Nostitz in dem Nachruf, den sie ihm widmete.

Die Bemerkung zeigte übrigens, daß die kleine Helene von dieser Geselligkeit nicht ganz ausgeschlossen war; es fiel ihr sogar gelegentlich die Aufgabe zu, frühzeitig erschienene Gäste zu unterhalten, bis die Gastgeberin zur Stelle war. »Meine Mutter hörte durch die Tür, wie ich aus solchem Anlaß sagte, die Bäume bekämen schon Blätter, der Frühling werde bald kommen, denn man hatte mir eingeschärft, keine Fragen zu stellen und keine Bemerkungen über Personen zu machen; es war daher gar nicht so einfach, ein Thema zu finden.«

Anders die Stimmung im Wohn- und Arbeitszimmer des Hausherrn, in dem er auch seine Freunde empfing. »An den Wänden die Bilder seiner Vorfahren und Erinnerungen an den Siebziger Krieg zwischen Hirschgeweihen, Rehgehörnen und balzenden Auerhähnen. Auf den Tischen Geschenke seines Regiments, Soldaten aus Bronze oder Silber.« Helene beschreibt in ihrem Erinnerungsbuch, wie sie in diesem Raum eines Abends aus dem Fenster blickt, das – wie die ganze Häuserfront – Reihen von Kerzen erhellen: »Wir schauen hinaus auf die Fackelzüge, die zu Ehren Moltkes am gegenüberliegenden Generalstabsgebäude vorüberziehen. Man ahnt seinen blassen, fein gemeißelten Kopf dort an einem der Fenster...«

Die Roonstraße 9 war ein Haus der Kontraste. »Man kann sagen, die russische und die preußische Lebensart stießen hier aufeinander, was naturgemäß zu Konflikten führte, die uns in jungen Jahren oft beunruhigten.«

Beunruhigend in jenen Jahren waren auch die sozialen

Unterschiede, die krasser und auffälliger waren als heutzutage. Sophie Hindenburg sah diese Situation voller Mitgefühl und suchte mit der ihr eigenen Tatkraft zu helfen, wenn auch – wie uns im nachhinein scheinen mag – mit unzulänglichen Mitteln. So hing in der Roonstraße 9 an der Hintertür nicht das übliche Schild: »Betteln und Hausieren verboten«, sondern ein stets gefüllter Brotkorb, in welchem Bettler gelegentlich Zettel mit Bemerkungen wie »Ein Braten wäre mir lieber!« zurückließen. Brotkörbe mußten auch von den Erzieherinnen auf den obligaten Spaziergängen mitgenommen werden, und die halbwüchsige Helene wurde angehalten, von Zeit zu Zeit ein blasses Kind aus Berlin-Ost spazierenzuführen, damit es »an die frische Luft« kam.

Eben dieser soziale Impuls war es, der Sophie Hindenburg zu einem politischen Kirchenmann, der uns heute umstritten erscheint, Beziehungen anknüpfen ließ, obwohl sie seine antisemitischen Parolen entschieden ablehnte: zu Adolf Stoecker, der bis 1889 das Amt eines Dompredigers versah und 1878 die »Christlich-soziale Arbeiterpartei« gründete. Hildegard von Spitzemberg, die bei den Hindenburgs mit prominenten Gästen eingeladen war, notiert in ihrem Tagebuch: »Ich aß bei Frau von Hindenburg, die mich in der ihr eigenen sonderbaren Weise mit der Bitte eingeladen hatte, ›dafür zu sorgen, daß Stoecker ... seine christlich-sozialen Bestrebungen, nicht aber seine antisemitischen Ideen auskrame...‹« Für diese sozialen Bestrebungen aber setzte sie sich ein, und es entsprach ihrem Temperament, daß sie sich nicht nur mit schönen Reden begnügte. Ihre Tochter erinnerte sich: »Stoeckers gedruckte Predigten verteilten wir Sonntags unter den Droschkenkutschern. Manchmal wurden wir von ihnen grob abgefertigt..., aber meine Mutter war unermüdlich. In Regen und Sturm führten wir unsere Aufgabe durch. Stoecker mit seiner breiten festen Statur, dem etwas derben Gesicht, aus dem stechende und farblose Augen hervorblickten, erinnerte etwas an Luther. Jeden Sonntag besuchten wir die Kirche der Stadtmission, in der er predigte, seitdem er im Dom wegen seiner widerspenstigen Haltung nicht mehr vor dem Kaiser sprechen durfte.«

Helene war inzwischen im schulpflichtigen Alter, doch

bedeutete das keinen besonderen Einschnitt in ihren Lebensgewohnheiten. Da sie im Hause, zunächst von der jeweiligen Gouvernante, in den Schulfächern unterrichtet wurde, wozu noch Klavier- sowie Zeichen- und Malstunden hinzukamen, war sie nicht an die Zeiteinteilung der Schuljahre gebunden; der Aufenthalt in Berlin konnte daher beliebig unterbrochen werden. So war sie im Sommer oft in Derneburg bei ihrem Großvater, der sie die Namen von Bäumen und Getreidearten sowie den Umgang mit Pferden lehrte. Zuweilen fuhr man auch an die See, nach dem niederländischen Scheveningen oder nach Norderney, wo ihr ein Sommeraufenthalt, den die Siebenjährige mit ihren Eltern, ohne Gouvernante, verlebte, in besonders guter Erinnerung blieb. Sie fand dort einige Jungen als Spielgefährten, unter ihnen den Prinzen Ernst Wilhelm von Weimar, dem sie später als Großherzog wieder begegnen sollte, und dessen Vettern Reuß, von denen sie sich den einen – sie nannte ihn Henry – als Bräutigam erwählte: »Wir spielten ernst das Brautpaar, bis eines Tages ein Zirkus erschien. Ich setzte mich auf ein Kamel und ritt stolz den Strand entlang. Darauf erklärte Prinz Wilhelm Ernst feierlich: ›Wir könen nicht mehr mit dir spielen, Helene, und mein Vetter kann dich nicht heiraten, wenn du auf einem Kamel reitest!‹ ›Ich will aber gar nicht heiraten, und wenn ihr so langweilig seid, will ich nicht mehr mit euch spielen!‹ antwortete ich mürrisch. Da wurde Henry traurig, und ich fing an zu weinen. Schließlich gingen wir alle zur Herzogin, einer sehr freundlichen Frau, die ihren Sohn auslachte und uns erklärte, daß das Reiten auf einem Kamel durchaus erlaubt sei. So war der Frieden wiederhergestellt und wir bauten weiter Sandburgen, die von den Wellen immer wieder zerstört wurden.«

Auch auf größeren Reisen wurde Helene von ihrer Mutter mitgenommen, so daß sie in jungen Jahren nicht nur Italien, sondern auch andere Länder kennenlernte. Zu den bleibenden Eindrücken gehörten mehrere Besuche in englischen Landhäusern, die für die junge Helene wegen der strengen Wahrung der Formen und der strikten Einhaltung einer pedantischen Ordnung, die alles Neue, Überraschende ausschloß, bedrückend waren. »Ich entsinne mich, daß ich damals von einer dumpfen stillen Verzweiflung in den wohlgeordneten herrlichen Räumen erfaßt wurde«, schreibt sie in ihrem Erinnerungsbuch, in welchem sie auch von den Gepflogenheiten im Hause des 15. Lord Derby, eines führenden Konservativen und früheren Staatssekretärs unter Gladstone, berichtet: »Da ich erst neun Jahre zählte, waren ordnungsgemäß *nursery* und *schoolroom* mein Aufenthaltsort. Beides gab es aber in diesem Haus nicht... und da bei der strengen Einteilung kein besonderer Dienst für mich geschaffen werden konnte, mußte ich auch abends beim Dinner dabei sein, doch nur bis zum Fisch. Ich hatte dann aufzustehen und mich still zu entfernen. Wenn dieser Augenblick gekommen war, erhoben sich der alte Lord Derby und sein jüngerer Bruder feierlich und öffneten mir die Tür mit einer Verbeugung, die ich ernst erwiderte. Diese Zeremonie wiederholte sich jeden Abend in dem gleichen Stil.«

Häufig war sie auch in Paris. Ihr Großvater Münster residierte dort seit 1886 als deutscher Botschafter, und da er für seine Enkelin eine besondere Zuneigung empfand, lud er sie gern ein. »Ich war glücklich, wenn ich mit Großvater im offenen Wagen, den er selbst kutschierte, durch Paris fuhr, und sah voller Stolz, wie sich die Leute vor ihm verneigten und ihm zulächelten, denn er war bei den Franzosen sehr beliebt. Besonders freute mich auch, daß ich in den Tuilerien, wo es köstliche heiße Waffeln zu essen gab, in einem von Ziegen gezogenen Wägelchen herumfahren durfte.«

Der Betrieb in der Botschaft mit seinem etwas steifen Zeremoniell weckte indessen ähnliche Empfindungen wie in den englischen Landhäusern, ja bewirkte sogar eine rebellische Reaktion: »Ich weiß noch, wie ich einmal die breite Treppe herunterkam, auf der galonierte Diener aufgereiht standen, und wie ich plötzlich die Hand ausstreckte und mehrere silberne Knöpfe von einer roten Livree abriß. Glücklicherweise war mein Großvater nicht zugegen. Etwas verwirrt, aber triumphierend eilte ich weiter, an den lächelnden Dienern vorüber.«

Zu Beginn der neunziger Jahre unternahmen die Hindenburgs – Eltern und Kinder – mit einem Diener, einer Kammerjungfer und viel Gepäck erstmals eine Reise zu den russischen Gütern. Von der zwölfjährigen Helene waren Einblicke in die politische Lage des bereits in den Grundfesten erschütterten Zarenreichs nicht zu erwarten. Sie war denn auch entzückt über das vermeintlich so reiche und glückliche Land: die bequemen Eisenbahn-Coupés, die Fahrt auf dem Wolgaschiff mit Volksliedern und Kaviar, die von schnellen Pferden gezogenen Troikas, die Bauern in bunten Röcken – dies alles faszinierte sie, und nur als die Gutsleute niederknieten, um der Herrschaft die Füße zu küssen, wurde sie sehr verlegen.

Helenes frühe Jahre waren reich an Abwechslungen und mancherlei Anregungen; wenn sie sich gleichwohl zuweilen beengt fühlte, so lag das vor allem an der für die Mädchenerziehung dieser Zeit kennzeichnenden systematischen Einschränkung der Eigeninitiative und der ständigen Kontrolle durch die Erzieherinnen, die besonders im Berliner Tagesablauf zu spüren war. »Oft machte ich auf den langen Gängen unserer Wohnung fremde Schritte nach, um ungestört in mein Zimmer zu gelangen«, bekannte sie. Aber es gab auch ein spektakuläres Zeugnis ihres Freiheitsdrangs, der sie letztlich doch nicht dazu verführen konnte, die Realität aus den Augen zu verlieren und bestimmte Grenzen zu überschreiten: »Ich lernte damals die Tochter des holländischen Gesandten [eines Nachbarn in der Roonstraße] kennen: ein wildes ungebärdiges Geschöpf. Zuweilen durfte ich allein mit ihr spielen. Sie war von Haß gegen jede Autorität erfüllt und ersann kühne Streiche. Der Zustand, in dem ich mich befand, war ihr gerade recht. Ich geriet immer mehr in ihren Bann. So führte sie mich eines Tages auf das Dach ihres Hauses. Klein und behend schwang sie sich auf einem schmalen Brett über schwindelnde Abgründe. Schließlich wollte sie mich ganz in die Tiefe locken. ›Wir können dann wieder heraufklettern‹, meinte sie. Ich betrachtete das schräge Dach, das über der Straße hing. Nur ein schmaler Balken hätte uns dort vom Sturz in den sicheren Tod getrennt. Es war ein merkwürdiger Augenblick, der sich in meinem Leben noch oft in den verschiedensten Verkleidungen wiederholen sollte. Der Sprung in den Abgrund winkte mir. Ich aber wandte mich ab.

Ein Hohngelächter erscholl damals auf dem Berliner Dach. Wie ein böser Kobold verspottete mich der rothaarige Zwerg.

Ich aber werde nie das Freiheitsgefühl vergessen, das mich dort oben überkam, da ich die Stadt unter mir liegen sah und diese Position ganz meiner eigenen Entschlußkraft verdankte. Denn auch die Tyrannei meiner Versucherin hatte ich abgeschüttelt. So antwortete ich ihr mit fröhlichem Lachen und blickte in die Ferne.«

Als Helene etwa fünfzehn Jahre alt war, begannen die Vorbereitungen für ihre Konfirmation – mit einem etwas eigenartigen Auftakt. Nach einem mit der Familie in Scheveningen verbrachten Sommer entschied ihre Mutter, daß der Aufenthalt von Helene und ihrer Gouvernante Miss Blake verlängert und zu Studien genutzt werden sollte. Die strenge Schottin wählte das Buch eines englischen Historikers – Motleys »The dutch republic« – zur gemeinsamen Lektüre, eine Darstellung vor allem der Unterdrückung der niederländischen Protestanten durch das Schreckensregiment Herzog Albas, die dann durch eine Besichtigung der von den Spaniern verwendeten Folterinstrumente ›beispielhaft‹ ergänzt wurde. »Ich war entsetzt«, bekannte Helene rückblickend, »und mein Glaube an Gottes Allmacht und Gerechtigkeit wurde dadurch erschüttert.«

Eine weitere Ferienreise, die weitaus mehr Zustimmung fand, führte sie in das ländliche Westfalen. Wiederum in Begleitung einer Gouvernante – diesmal einer Französin – verbrachte sie dort einige Wochen bei einer Nichte ihres Großvaters. Diese Tante, eine Gräfin Holstein, war eine fromme Katholikin mit mystischen Neigungen.

»Jeden Abend, wenn wir allein waren, stellte sie sich in einen Türrahmen und sprach feierlich die Worte:

›So klein, so klein wie's Türlein fein
dein Sarg wird sein
und eines Tags mußt du hinein!‹

Ich war an diesen Brauch so gewöhnt, daß ich ihn ganz heiter hinnahm… Alles in allem gefiel mir diese Atmosphäre, da ich mich selbst zur Mystik hingezogen fühlte und auch Gefallen an katholischen Kirchen fand. Zuweilen fuhren wir in einem kleinen Pony-Wagen; wenn dann die Herbstnebel aufstiegen, wurde alles um uns her ganz gespenstisch und unheimlich. Da wir beide gern malten, unterhielten wir uns darüber in der freien Natur. Es war so etwas wie das Leben in einem Kloster. Doch diese Tante mit ihrem sanften Lächeln und ihren visionären blauen Augen bleibt mir immer in sympathischer Erinnerung.«

Die beiden Berichte vermitteln einen Eindruck von den zwiespältigen religiösen Empfindungen der Fünfzehnjährigen. Sie unterschieden sich – ein in diesem Alter nicht ungewöhnlicher Vorgang – vom naiven Glauben der Kinderjahre, von dem wir in Helenes Buch »Berlin. Erinnerung und Gegenwart« ein eindringliches Zeugnis besitzen: »Es gibt Erinnerungen, die, von einem hellen Schein umgeben, fast zu Visionen werden. So sehe ich mich mit meiner Mutter auf einer der alten Kirchenbänke [in dem von Schinkel erbauten Dom] sitzen und dem herrlichen Domchor lauschen, der hinter einem goldenen Gitter unsichtbar blieb, so daß die hohen Knabenstimmen wie aus einer anderen Welt kamen. Diese himmlische Botschaft ergriff mich damals tief und blieb mir für mein ganzes Leben ein Zuruf aus lichten Höhen...«

Dadurch wurden freilich spätere Trübungen nicht ausgeschlossen. So heißt es in den Jugenderinnerungen: »Ich war oft enttäuscht, daß die schönen und tiefen Worte von Christus und den Aposteln so selten ins Leben übertragen werden... Die vielen Widersprüche im wirklichen Leben brachten mir schon früh Ernüchterung.« Das war der *eine* Aspekt, daneben blieb ein Offensein für das, was sie »das Mystische« oder »das Unsichtbare« zu nennen pflegte, eine Bereitschaft, die aber ein behutsames Eingehen erforderte. So fügte es sich glücklich, daß sich für ihre Konfirmation ein verständnisvoller Geistlicher fand: Emil Frommel, dem Theodor Fontane im »Stechlin« ein Denkmal gesetzt hat. In diesem Gegenwartsroman läßt er ihn ein Brautpaar ansprechen, wobei »Ernst und Scherz, Christlichkeit und Humor in glücklicher Weise vereint waren«. Frommel war Hofprediger an der Berliner Garnisonskirche, aber nicht »höfisch«, sondern ein warmherziger und weltoffener Vertreter der christlichen Lehre und daher für suchende junge Menschen wie Helene der rechte Partner.

3. Kapitel

Jahre des Übergangs

Nach der Konfirmation begann ein neuer Lebensabschnitt. Das »häßliche junge Entlein« verwandelte sich nun in den Schwan, mit den äußeren Attributen einer jungen Dame: befreit von den damals auch für kleine Mädchen gebräuchlichen Matrosenanzügen, die schon die Fünfjährige hatte tragen müssen; vor allem befreit von den Gouvernanten.

Die Lehrzeit war freilich damit noch nicht beendet. Es gab einen Tagesplan für den Unterricht, an dem auch die gleichaltrige Freundin Eleonore (Lori) Harrach, teilnahm. Ein freundlicher alter Lehrer kam ins Haus. Daneben wurde die Ausbildung im Klavierspiel und in der Malerei fortgesetzt – dies alles in privatem Rahmen. Schulen, Akademien oder Konservatorien hat Helene nie besucht. Sie erhielt eine individuelle Bildung – neben den musischen Fächern wurden Geschichte, Literatur und Sprachen besonders gepflegt. Es fiel ihr nicht schwer, komplizierte Gedankengänge, auch auf englisch und französisch, in beschränkterem Maße auf italienisch, natürlich wiederzugeben. Namentlich für Mitteilungen vertraulichen Charakters machte sie ihr Leben lang hiervon Gebrauch. Anderes kam hingegen zu kurz: Die exakten Wissenschaften blieben ein Buch mit sieben Siegeln, und mit den Regeln der deutschen Orthographie hat sie sich nie recht befreunden können. Das Verhältnis zu den Eltern blieb weiter ungetrübt. Zwar nahm Helene die zwischen ihnen bestehenden Spannungen deutlicher wahr als früher, doch ergriff sie nicht Partei. Sie hatte Verständnis für die Nöte des Vaters, der sie liebevoll behandelte und oft nachsichtiger gegen sie war als die auf ihren Erziehungsprinzipien beharrende Mutter. Zu ihr hatte sie gleichwohl, trotz gelegentlicher Auseinandersetzungen, eine innige Beziehung, die sich in dieser Entwicklungszeit immer mehr vertiefte: Neben den gemeinsamen Anlagen, namentlich der Musikalität, trug hierzu der Umstand bei, daß nunmehr der persönliche Kontakt nicht mehr, wie in der Gouvernantenzeit, durch »zwischengeschaltete« Dritte behindert wurde. Beiderseitige Briefe aus jenen Jahren sind kennzeichnend für die Wärme der Beziehung. So schrieb Sophie Hindenburg im August 1899 der Tochter, die damals dem Großvater Gesellschaft leistete:

»My darling one!

Deine beiden lieben Briefe haben mir viel Freude gemacht, they come from the heart und went to the heart – and then I think I have not lived in vain. [Sie kommen vom Herzen und gehen zum Herzen, und so spüre ich, daß ich nicht umsonst gelebt habe.] Ich lebe so fort, vermisse Dich sehr, habe auch manchmal Augenblicke, wo sich mein Herz zusammenzieht und ich viel dafür geben könnte, wenn ich Dein liebes kleines Gesicht, selbst in Augenblicken, wo ich Dich ausschelte, oder vielmehr Dir *predige*, vor mir sehen könnte...«

Helene war ihrerseits der Mutter dankbar für mancherlei Hilfe. Der Neujahrsbrief, den sie ihr am 1. Januar 1902 schrieb, ist daher ein echter Ausdruck ihrer Empfindungen.

»Geliebte Mama!

Eben kommt Dein liebevoller Brief mit Ermahnungen, die – wie Du weißt – in dem Wert, den sie für mich haben, immer anerkannt werden... Immer mehr erkenne ich mit Dank, wie sehr Du mir rettend zur Seite gestanden hast und stehst. Ich hoffe, daß die innere Kraft und das Gefühl, das sie mir gibt, vorhalten wird – das Gefühl von Tannhäuser, wenn er den Hirtenknaben singen hört: Eine Wiedergeburt. Das ganze Leben ist ja schließlich eine Folge von Wiedergeburten und es werden noch viele kommen...«

Das sind Zeichen der Anhänglichkeit einer Dreiundzwanzigjährigen, die Rätsel aufzugeben scheinen. Könnten sie auf gefährliche Krisensituationen hindeuten, die nur durch den »rettenden« Beistand der Mutter bewältigt werden konnten? Aus den schriftlichen Aussagen jener Jahre ergibt sich indessen das weniger dramatische Bild einer vielleicht unverhältnismäßig langen Übergangsphase. Da ist in den Tagebüchern viel die Rede von wechselnden Stimmungen, Augenblicken des Verzagens, der Ermattung, aber auch des Aufschwungs; von Sympathiebekundungen mit erotischen Untertönen – Emotionen, die sich jedoch im wesentlichen auf den geistig-psychischen Bereich beschränkten, vor einer körperlichen Erfüllung zurückscheuten:

»Die Kraft im Leben beruht ganz auf Enthaltsamkeit, physisch und moralisch! Wenn man... überzeugt ist, daß der Geist ein Wesen unzerstörbarer Natur ist, so kann er sich auch nur mit dem Unzerstörbaren vertragen. Dumpfes Weh erfüllt ihn bei der Berührung mit dem Vergänglichen. Jede weltliche Freude hat ihren bitteren Nachgeschmack.«

»Ich lebe und leide unter einer Zeit geistiger Ermattung, wo ich gewissermaßen brach daliege und nichts zu geben habe. So empfinde ich es um so stärker, wenn ich Menschen begegne, die mich verstehen.«

»Ich bin wieder erwacht, aber dunkle, unbestimmte Gefühle erfüllen mich, dazwischen ein klares Begreifen von allem, was groß und herrlich ist. Zeitweise erfüllt mich ein großer, gewaltiger Schmerz, als müßte ich mit diesen Kräften ringen, damit man mir mein Bestes, mein Heiligstes nicht raubt. Die Stimme von H. erklingt dazwischen, und auf seinen Höhen finde ich Frieden und Sicherheit. Es wühlt in mir, als suchte etwas nach einem Ausweg.«

»Musik wird mir immer mehr zum Lebensbedürfnis, die einzige Art, in der sich mein Herz voll und frei gibt. Und das ist so ausruhend... es ist, als ruhte man in den Armen des Geliebten. Sie ist meine Erzieherin, vor ihr darf nichts Kleinliches bestehen...«

»Nur in den Tiefen des Gedankenreichs, des Schaffens fühlt man die größte Seligkeit des Lebens. Ich bin sehr dankbar, [daß,] wenn mich ein triviales Begehren von diesem Weg fortgeführt hat, ein äußerer Zufall mich wieder dorthin zurückführt. Und wie zu einem alten lieben Freund kehre ich dann ermüdet und glücklich zurück.«

Diese Betrachtungen haben einen asketischen Zug, doch entsprach Helenes wirkliches Verhalten nicht ganz ihren Gedankenflügen. Jedenfalls kam es in diesen Jahren zu einigen Begegnungen, bei denen Herz und Sinne beteiligt waren, wenn auch die Schwelle der Konvention nicht überschritten wurde. »In Liebessachen bist du noch das reine Baby«, schrieb die Mutter der Zwanzigjährigen, »von einer wirklichen Liebe kannst Du noch keinen rechten Begriff haben, das wirst Du erst erkennen, wenn Du gegenseitige wahre Liebe erfährst... Und nun: pour arriver aux palpitations des passions [um auf das Herzklopfen der Leidenschaften zu kommen], ach! ein heißer Händedruck in dem besagten Falle, was will er sagen? – ich begehre Dich, ich will Dich besitzen, wie eine reife Frucht, die man abbricht...«

Mit diesen Bemerkungen hatte es folgende Bewandtnis: Die Hindenburgs waren mit der Familie Harrach befreundet: dem Grafen Ferdinand Harrach, einem schlesischen Standesherrn, »noch etwas ancien régime«, der sich – ein Nachfahre der deutschen Romantik – als Maler einen Namen gemacht hatte, Helene in die Anfangsgründe seiner Kunst einführte und 1900 ihr Porträt malte; seiner Frau, aus der Genfer Familie der Grafen Pourtalès, Hofdame der Kaiserin Augusta und damals eine der glänzendsten Erscheinungen der Berliner Gesellschaft; den Töchtern Renata und Lori, die – Lori vor allem – mit Helene eng befreundet waren, sowie dem Sohn Hans, der die vom Vater geerbte künstlerische Begabung (er wurde später Bildhauer) mit dem angeborenen Charme der Mutter vereinte. Helene war bei den Harrachs Kind im Hause und daher oft bei ihnen zu Gast, nicht nur in Berlin; häufig verbrachte sie auch einige Sommerwochen auf dem schweizerischen Besitz Schloß Oberhofen am Thuner See. Sie schrieb darüber: »Unter diesem Dach lernte ich Freuden und Leiden des familiären Landlebens kennen und kam zu dem Ergebnis, daß sich die meisten dieser Menschen recht einsam fühlten. Der Sohn, ein begabter und gescheiter junger Mann, pflegte mich den ganzen Tag zu necken, da ich gern las und malte, er aber mein echtes Interesse anzweifelte. So mußte ich stets, wenn ich morgens erschien, ein Examen über mich ergehen lassen, was mich sehr verlegen machte, da ich mein Privatleben gern für mich behielt.«

Was Helene verschwieg, war die lebhafte Neigung, die sie für den lästigen Frager empfand – ein Gefühl, das offenbar nicht ganz unerwidert blieb: Der »warme Händedruck«, den Sophie Hindenburg erwähnt, um diese Geste abzuwerten, spricht dafür! Bald danach trat freilich eine Wendung ein: Hans Harrach verlobte sich mit der Gräfin Helene Arco und heiratete die Katholikin, obwohl seine Eltern – namentlich die, bei aller Weltläufigkeit, im Genfer Calvinismus verwurzelte Mutter – hiergegen entschiedenen Einspruch eingelegt hatten. So kam es zum Bruch, der erst später notdürftig gekittet wurde.

Helene sprach der bekümmerten Lori Mut zu und suchte die Freundin zu trösten; doch – wie diese sich erinnerte – war Helene selbst in Tränen ausgebrochen, als sie erstmals von Hans Harrachs Verlobung erfahren hatte.

Der Kummer war heftig, aber kurz. In diesem Jahr – 1899 – hatte eine neue Romanze begonnen. Im Frühjahr traf Helene ihren Vetter Wali (Wassilij) Galitzin, der mit seiner Familie (Mutter und Schwestern) Rom besuchte. Nach allem, was wir von ihm wissen, war er ein sympathisches Mitglied der damaligen russischen Oberschicht: ein Gutsherr, der für »seine Leute« sorgte, allerdings unbekümmert in seinem Lebensstil, von westlicher Kultur beeinflußt, dabei selbständig und geistreich in seinem Urteil: Das damals aktuelle Theaterstück d'Annunzios »La Gioconda«, nannte er »hart und hohl (dur et creux) wie eine Ziselierarbeit«. Mit Helenes Bruder Herbert führte er »endlose Unterhaltungen à la Dostojewskij«, wobei er, eine Zigarette nach der anderen rauchend, im Zimmer auf und ab ging und besorgt über die Zukunft seines Landes meditierte. Im »Grand Hotel« veranstaltete er Soireen mit Musikern und Künstlern, gab auch ein »russischsplendides Fest« mit vielen schönen Frauen, darunter Sophie Hindenburg und Helene.

Zu Helene fand er trotz des Altersunterschieds – er war damals zweiundvierzig – bald Kontakt. Vor ihrer Abreise aus Rom dankte sie ihm in einem französisch abgefaßten Brief für ein Gespräch, das ihr weite Horizonte eröffnet und die besseren Seiten ihres Wesens angesprochen habe. Sie hatte ihm ihre Skrupel, ihren inneren Kampf gegen die Eitelkeit, die Verlockungen des Mondänen geschildert, erhielt aber die unerwartete Antwort, sie solle »ganz einfach sich freuen« (»se jouir simplement«)! Ein angekündigter Besuch in Ardenza kam nicht zustande, doch erhielt sie einen Brief mit Ausblicken auf

Jenseitiges, vielleicht schon in Todesahnung: Auch von fernen Sternen aus werde er mit ihr verbunden bleiben, ihr beistehen! Nach zwei Jahren kehrte er noch einmal nach Italien zurück, verbrachte in Trient mit Helene und ihrer Mutter einen Abschiedsabend; sie erinnerte sich an »zwei wunderbar liebliche Augen, die mich wie ein Himmel des Glücks und der Verheißung anblickten. So strahlte auch ich auf gleiche Weise zurück.« Sie brachte ihn dann zur Bahn; vor der Abfahrt des Zuges warf sie ihm noch, »dankbar für die schöne Stunde«, eine rote Rose zu. »Die schlanke Gestalt beugte sich langsam, führte sie an die Lippen, mehr sah ich nicht.« Im folgenden November, kurz vor ihrem Geburtstag, kam dann die Nachricht von seinem Tode. Im Gedenken an seinen »Sternenbrief« notierte sie Abschiedsworte in Französisch:

»Zu meinem großen Schmerz erfuhr ich den Tod meines lieben Vetters Wali. Doch ist es nicht der Schmerz, den man bei einer grausamen Trennung empfindet, denn ich spüre, daß er in der geistigen Welt des Schönen und Guten verbleibt; daß er mir beistehen will, damit auch ich auf die Höhe gelange, die er erreicht hat. Er wird der Stern meines Lebens sein. Möge ich ihm dort oben wieder begegnen.«

Der Berliner Alltag wurde in diesen Jahren immer häufiger durch Reisen unterbrochen, die – abgesehen von den sommerlichen Landaufenthalten – namentlich nach Frankreich und Italien führten.

Eine wichtige Station war Rom. Dort pflegte sich Helene und ihre Mutter vor allem in den Wintermonaten aufzuhalten. Die wesentlichen Eindrücke, die sie hier empfing, hat sie in den dreißiger Jahren in Briefen an einen amerikanischen Freund, Wesson Bull, zusammengefaßt:

»Man braucht Rom als Hintergrund des eigenen Lebens. Der gewaltigen Welt, die aus diesen Steinen spricht, kann man aber nur durch häufige Besuche nahekommen. Während mehrerer Jahre habe ich dort lange, lange Monate verbracht... Ich liebe Rom, wie ich manchmal einen Menschen liebe.

Ich liebe seine weiten Ausblicke, seine Gleichgültigkeit

gegenüber Leben und Tod, seinen Stolz und die tausenderlei Farben der historischen Ereignisse, die noch immer Straßen und Piazzas beleben. Und wenn einen die Härte und Grausamkeit der Geschichte überwältigen will, gibt es auch stille Nächte bei den Brunnen, Morgenstunden in der Campagna, Träumereien im Hofe des Diokletian-Museums und in der Villa Papa Giulio, verborgene Statuen Michelangelos in dunklen Palästen, Gärten voller Rosen und weißer Pfauen... So könnte ich endlos fortfahren und habe noch nicht das Wichtigste erwähnt: die Sistina und die Pinturicchios in den kleinen Kirchen und die feierlichen Messen und die herrliche Natur, die in dieser Stadt so wesentlich ist und immer wieder natürliche und improvisierte Mischungen hervorbringt. Die Blumen gehören zu den Statuen und die Statuen gehören zu den Blumen. Und obwohl es so viel zu sehen gibt, ist es in Wahrheit etwas Geistiges, das die Stadt und unser Wesen durchpulst. Über ihr steht auch die große katholische Kirche, die das Unsichtbare sichtbar zu machen sucht.. Ich werde nie den Pilger vergessen, der auf dem Wege nach Rom mir in Ardenza begegnete, und der mich bat, meinen Namen in sein zerschlissenes Lederbuch einzutratgen, weil er in Rom für mich beten wollte... Und da sind die Blumen unter der Scala di Spagna – der Spanischen Treppe, die ich abends während des Sonnenuntergangs hinaufzusteigen pflegte, um dem Gesang der Nonnen in Trinità dei Monti zu lauschen. Dort schrieb ich auch Geschichten über Geschichten, die ich niemals veröffentlichen werde, die mir aber Vergnügen machten, obwohl sie keinen literarischen Wert haben... Ich lebte mit diesen Steinen und mit dieser Natur. Oh, die Villa d'Este mit ihren Springbrunnen und den schwarzen Zypressen, die vor der Campagna stehen, wie die dunkle Passion vor den Offenbarungen der weiten Seele. Und ich vergaß noch die Piazza Navona bei Nacht, wohin die Wasser frisch aus den Bergen kommen und die Gruppen nackter Götter und Göttinnen umsprühen, umgeben von den schweigenden Palästen. In einer dieser Nächte stieg ich zu einem von ihnen die Stufen empor, vor mir der Kardinal Rampolla, dem Fackelträger das Geleit gaben.«

Unvergeßliche Eindrücke von der Città Eterna! Dem römischen Gesellschaftsleben um 1900 begegnete sie hingegen mit einiger Skepsis. Über einen Hofball im Quirinal heißt es in ihren Erinnerungen: »Damals tanzten wir noch Quadrillen. Mein Partner, ein römischer Principe, erblaßte auf einmal und flüsterte mir hastig zu: ›Wir müssen fort von hier. Der Tänzer uns gegenüber gehört zu einer Familie, mit der wir seit Jahrhunderten in Fehde liegen.‹ Er schien ganz stolz auf diese Feindschaft zu sein. Ich mußte an die Geschichten aus der italienischen Renaissance denken, in denen Gift und Dolch eine solche Rolle spielen, und betrachtete ihn mit einer gewissen Besorgnis. Seine schwarzen Augen blitzten mich jedoch an, und dann begann er eines der mühsamen Gespräche, das die römischen Nobili mit jungen Mädchen zu führen pflegten: ›Wie lange bleiben Sie noch in Rom? Kommen Sie morgen auch zum Treffen bei der Caecilia Metella? Sie haben einen Schmetterling im Haar qui a l'air bien volage, der sehr flatterhaft aussieht!‹ Äußerlich war die römische Gesellschaft recht konventionell, obwohl untergründig heftige Leidenschaften herrschten. Viele vornehme Damen hatten ihren anerkannten Liebhaber... Alles in allem zog ich in Rom Kunst und Natur dem gesellschaftlichen Treiben vor.«

In Ardenza war man der Natur noch näher als in den Weltstädten. Das Seebad am Tyrrhenischen Meer diente Sophie Hindenburg seit den achtziger Jahren als Refugium. 1900 hatte sie dort ein geräumiges Haus erworben: die Villa Margherita. Sie gehörte zu einem hufeisenförmigen Gebäudekomplex, dessen eines Ende sie bildete. Diese »Casini« hatten vermögende Florentiner um 1850 im klassizistischen Stil errichtet, um dort gemeinsam den Sommer zu verleben. Ein Musiksaal mit grau-weiß gemustertem Marmorfußboden bildete den Mittelpunkt der Villa. Fenstertüren führten auf eine vorgebaute Terrasse; von dort blickte man auf eine Oleanderhecke, welche die Küstenstraße verdeckte, aber die Sicht auf die nahe See freigab. So war dies der ideale Aussichtsplatz für den Sonnenuntergang, den »tramonto«, einem Farbenspiel, das man dort bis zum Versinken des Sonnenballs im Meer zu genießen pflegte wie einen Festakt.

In Ardenza gab es wenig Geselligkeit. Nahezu die einzige Bekannte, mit der Sophie Hindenburg regelmäßig verkehrte, war Angelina Tiberini Ortolani. Die im vorigen Jahrhundert berühmte Sängerin – als lyrischer Sopran war sie eine gefeierte Primadonna in den europäischen Opernhäusern – verbrachte in dem abgeschiedenen Badeort ihren Lebensabend. Helene erinnerte sich, daß sie mit ihrer Mutter die alte Dame öfters bei Einbruch der Dunkelheit ans Meer begleitete und daß diese dort beim Tanz der Feuerfliegen und unter fernem Gitarrenklang wie in ihrer Glanzzeit eine Arie sang, zuweilen auch mit ins Haus kam, um in klaren Sternennächten auf der Terrasse zu plaudern, bis sie sich mit einem »buona notte, buon riposo«, der Kadenz aus dem »Barbiere di Siviglia«, verabschiedete.

Das ruhige Leben war Helene zunächst nicht unwillkommen, zumal es ihr nicht an Beschäftigungen fehlte; die Mußestunden kamen ihrem Klavierspiel und ihrem Maltalent zugute. Sie übte auf dem Flügel im Musiksalon, malte ihre Aquarelle im Garten hinter dem Haus unter dem Eukalyptusbaum, auf der Terrasse oder am Meer, versuchte sich auch in Porträts: eine Studie des Gärtners Garzelli, eines toskanischen Charakterkopfs, ist damals entstanden. Auf die Dauer entbehrte sie jedoch den geselligen Verkehr mit Gleichaltrigen und war erfreut und geschmeichelt, als ein junger Neapolitaner, der Marchese Carlo di Sant-Asilia, sich für sie zu interessieren begann, ihr Lieder aus seiner Heimat zur Gitarre vorsang und sie auf seine Yacht einlud. Da sie als Zwanzigjährige indessen noch nicht mündig war, mußte sie sich dem Gebot der besorgten Mutter fügen, die ihr den weiteren Umgang mit dem feurigen Verehrer untersagte. So blieb ihr nur, der Freundin Lori Harrach ihr Herz auszuschütten, die mit ihr fühlte, zugleich aber behutsam mahnte: »Ich sehe Dich in der Sonne sitzen... oder abends auf dem hohen Balkon, wenn die Sterne flimmern und Carlo vergebens seufzt, Du, wie eine wunderbare Lilie, träumerisch in die Nacht blickst... Ich verstehe Deine kleine flattered vanity bei Carlos Anblick so gut, wir sind eben alle nicht vollkommen, brauchen uns darin nichts vorzumachen. Sei nur nicht zu freundlich zu ihm, dem armen Kerl, es ist schon so für ihn hart genug...«

Das verhinderte Abenteuer mit Carlo war freilich nur eine Episode. Für Ardenza und die Villa Margherita sollten bald größere Tage kommen: die Besuche Auguste Rodins in den Jahren 1901 und 1902. Zunächst aber ist Paris Schauplatz dieser Jahre des Übergangs zum Erwachsensein. Vom guten Verhältnis des Großvaters Münster zu seiner Enkelin geben nicht nur die Besuche der Halbwüchsigen in Derneburg und in Paris ein beredtes Zeugnis, sondern auch die repräsentativen und hausfraulichen Aufgaben, in die Helene an der Seite ihrer Tante Marie hineinwuchs, Münsters ältester Tochter, die ihm das Haus führte. Als diese schwer erkrankte und im Oktober 1899 starb – mehr als ein Jahr vor dem Ende der Botschafterzeit –, war der nahezu Achtzigjährige noch mehr auf die Hilfe Helenes angewiesen.

Bis an sein Lebensende blieb der Großvater ein sportlicher Pferdefreund. Daran erinnert eine Aufzeichnung aus dem Jahre 1943 im unveröffentlichten Parisbuch über eine Ausfahrt und einen anschließenden Ritt in der französischen Hauptstadt Ende der neunziger Jahre: »Noch höre ich auf dem Holzpflaster den Trab der hannoveranischen Füchse, die mein Großvater mit leichter Hand lenkt, als er seinen Wagen zum Bois de Boulogne kutschiert. Der wohlgepflegte Bart umrahmt sein energisches Gesicht. Der Ausdruck der blauen Augen ist hart und intelligent. Der charaktervolle Mund ist fest geschlossen. Den Kopf bedeckt, etwas schief nach hinten aufgesetzt, ein eleganter grauer Zylinder. Hinter uns sitzen zwei Diener, die, wenn wir einen Augenblick halten, sogleich abspringen, um sich vor den Pferden zu postieren. Mit lässiger Sicherheit durchquert Münster die Place de la Concorde, vorüber an etwas wirren Wagengruppen. Manchmal murmelt er ›Schafskopf‹ zwischen den Zähnen, wenn ein etwas zu aufgeregter Kutscher seinen Weg kreuzt.

Ich trage, wie die Reiterinnen auf den damaligen Porträts Renoirs, einen schwarzen Zylinderhut mit dünnem Schleier; ein Veilchenstrauß steckt im Knopfloch des enganliegenden Reitkleides. Der Konvention zum Trotz ändere ich zuweilen die feierlich aufrechte Haltung und wende den Kopf dem Louvre und den Tuilerien-Gärten zu, die hinter uns wie Visionen im sanft-blauen Dunst auftauchen. Heute, an diesem

Maimorgen, steht der Arc de Triomphe wahrhaft siegreich gegen den hellen Himmel, über den die kleinen silberweißen Wolken ziehen wie auf den Bildern Monets und Signacs.

Auf der Allée des Acacias erwarten uns unsere Reitpferde. Ich muß einen nervösen Vollblüter besteigen, der nur ungern dem Zügel gehorcht. Mein Großvater reitet einen irischen Hunter. Eben, als wir in einen der stilleren Reitwege einbiegen wollen, setzt sich eines der unbeholfenen Automobile mit lautem Gepuff in Bewegung, Bouton d'Or, mein Pferd, steigt kerzengerade in die Luft, während sich der Hunter wie ein alter Gentleman nicht um solch aufgeregtes Gebaren kümmert. Die Stimme meines Großvaters ist jetzt kalt und streng: ›Beunruhige das Pferd nicht mit der Hand, sitz fest im Sattel!‹ Ich schweige und endlich gelingt es mir, eine ruhigere Gangart zu erzwingen. Inzwischen hat sich der bisher so heitere Himmel verdunkelt. Ein Regenschauer überrascht uns. ›Komm, wir wollen uns unter den großen Pilz dort stellen.‹ Eine neue Zumutung für Bouton d'Or, der ungern stillsteht, während die Tropfen niederrieseln. Da gesellt sich ein General in ordensgeschmückter Uniform zu uns; bald sind die beiden alten Herren in ein politisches Gespräch verwickelt, in welchem der anscheinend so zerstreute Botschafter geschickt pariert und bald die Oberhand gewinnt. Ich habe derweil genug mit meinem aufgeregten Pferd zu tun und bin froh, als ich wieder den Wagen besteigen kann, der uns zur Botschaft zurückbringt; vor dem großen Tor ertönt dort das sonore ›Ouvrez!‹; alsbald fahren wir in den Hof ein und halten vor dem Säulenvorbau, der an einen ägyptischen Tempel erinnert.«

Das Palais Beauharnais, das heute wieder Residenz des deutschen Botschafters ist, war in der napoleonischen Zeit Wohnsitz der Reine Hortense und hat sich seither wenig verändert. Im ersten Stock liegen die Gesellschaftsräume im Stil des Empire. Helene liebte besonders den grünen Salon mit den Stühlen, deren Lehnen goldene Schwanenhälse zieren, und die mattgoldenen Ornamente an den Wänden. Daneben lag Münsters Arbeitszimmer, wo er abends vor dem Diner an seinem großen Empire-Schreibtisch saß und sich von seiner Enkelin vorlesen ließ: Memoiren oder Artikel der französischen Tagespresse, die er mit trockenen, aber treffenden Bemerkungen zu kommentieren pflegte.

Das gesellschaftliche Leben in der Botschaft war für Helene mit Verpflichtungen verbunden, die nicht immer leicht zu erfüllen waren. Vor allem hatte sie Münster beim Umgang mit den Gästen zu unterstützen: »Ein Diner kommt mir in den Sinn, bei dem ich meinem Großvater gegenüber saß, zu meiner Rechten der Fürst von Monaco, zur Linken der Großherzog von Weimar. Mein Großvater wünschte immer, daß ich auch bei den größten Tafeln den Salat selbst zubereitete und gleichzeitig eine fließende Konversation aufrechterhielt. Dies war mit meinen Nachbarn nicht leicht, denn sie waren beide sehr schweigsam. Wenn ich aber erlahmte, traf mich ein mahnender Blick... Konversation wurde damals geübt wie Akrobatik. Einmal trafen wir aus London nach einer stürmischen Kanal-Überfahrt in Paris ein. Noch schwankte uns der Boden unter den Füßen. Doch wir mußten gleich in großer Toilette erscheinen, um den ganzen Abend zu reden.«

Es kam aber auch zu Begegnungen, die nicht nur Pflichtübungen waren. Münster legte seines Amtes wegen Wert darauf, mit den maßgebenden Politikern Fühlung zu halten. Mit Delcassé, dem Außenminister und Spiritus rector der französischen Außenpolitik in jenen Jahren, stand er – trotz der politischen Differenzen – auf freundschaftlichem Fuße. Helene beschreibt ihn als »kleinen unansehnlichen Mann mit scharfen Brillengläsern«. Ein Gegensatz zu ihm in der äußeren Erscheinung war der Ministerpräsident Waldeck-Rousseau. Er war ein hervorragender Jurist, dem Frankreich wichtige Sozialgesetze verdankte, zudem ein Mann von »eleganter, gewinnender Gestalt, ein kultivierter Causeur und Charmeur«, der ihr mit dem ebenso zweifelhaften wie abwegigen Kompliment zu schmeicheln suchte, sie erinnere ihn an »Le lys rouge« von Anatole France – an die liebeshungrige Heldin des damals vielgelesenen Romans, die mit Helene, abgesehen von ihrer Jugend, nichts gemein hatte.

Neben den Politikern verkehrten auch Mitglieder der Gesellschaft in der deutschen Botschaft; einige dieser Gestalten aus dem Faubourg Saint-Germain werden in den Erinnerungen Helenes lebendig: »Eine unvergleichliche Erscheinung war die Gräfin Greffulhe. Ich sehe sie noch auf einer unserer Soireen in einem Kleid mit rosa Flügeln, Blumen in den Armen haltend. Ihre kühnen schwarzen Augen blickten über die Menge hinweg. Man spürte, daß sie ein überpersönliches Ziel verfolgte; daß sie nicht nur mondäne Ambitionen erfüllten. Und immer wieder begegnete man bei solchen Anlässen dem Grafen Boni de Castellane. Er war so gut frisiert und hergerichtet wie eine Wachspuppe. Ich weiß noch, wie mir sein lebloser Anblick unheimlich vorkam. Die blauen Augen schienen aus Porzellan zu sein. Der blonde Schnurrbart, die gelockten Haare, die roten Backen, der weiße Teint wirkten künstlich. Doch war er nicht unbegabt und verstand sich auf die Komposition eines – allerdings sehr aufwendigen – festlichen Lebens. Er gehörte entschieden ins Rokoko und war nur versehentlich in eine Zeit hineingeboren, die bereits recht sachlich zu werden begann.« Auch den Comte Robert de Montesquiou, einen Vetter Elisabeth Greffulhes, lernte Helene damals kennen. In einem Nachruf – er starb 1921 – nennt sie ihn einen Dichter und Grandseigneur, der »nicht ohne Rachsucht und Tücke« gewesen sei, doch hätten seine verletzenden Ausfälle immer Stil gezeigt und dadurch versöhnt.

Erst später, als »À la recherche du temps perdu« seinen Siegeszug begann, stellte sie fest, daß in jenen Jahren die Gestalten, die ihr begegnet waren, einen genialen jungen Schriftsteller so fasziniert hatten, daß er sie in sein Werk aufnahm und so zu neuem Leben erweckte. Und als sie sich Ende der zwanziger Jahre in Proust vertiefte, entdeckte sie Anklänge an ihre Impressionen in seinen subtilen Schilderungen.

Besonders galt das von der Comtesse de Greffulhe, die er eine seiner »Königinnen« nannte und die in der Tat die Zeitgenossen faszinierte. Harry Graf Kessler, selten empfänglich für weibliche Schönheit, sah sie »schlank, fast mädchenhaft in ihrer Grazie«, mit dem »hübschen... feingespannten Fuß, den sie vorstreckte«, und der junge Proust, der sie in der Oper, in den Pariser Salons bewunderte, hat ihre Erscheinung in einer der Hauptpersonen von »De côté de Guermantes«, Oriane de Guermantes, festgehalten. Zwiespältiger – nicht ganz so wohlwollend wie der Eindruck Helenes – war Prousts

Einstellung gegenüber Robert de Montesquiou, der ihn ebenso fesselte wie er ihm mißtraute: Mit all seinen Bosheiten und Unverfrorenheiten hat er ihn als Monsieur de Charlus in »Sodome et Gomorrhe« porträtiert. Boni de Castellane war ihm ebenfalls wohlbekannt; er amüsierte sich höchlichst über seine Einfälle, seine Lebensart, mag auch dieser »berühmte Dandy der Epoche« in seinem Werk keine so deutlichen Spuren hinterlassen haben.

Eine Sonderstellung nahm dagegen der Abbé Mugnier ein. Dieser im Faubourg Saint-Germain heimische Geistliche, von profunder literarischer Bildung, der über Goethe ebenso gut Bescheid wußte, wie über Huysmans oder Baudelaire, war berühmt für seinen Esprit, seine Schlagfertigkeit und gehörte zu den wenigen Menschen, die Proust um ihrer selbst willen schätzte; daher blieb er ihm bis ans Lebensende verbunden, während er die meisten wieder aus dem Auge verlor, nachdem er sie in seinem Werk porträtiert hatte. Helene begegnete Mugnier im Salon der Gräfin Mimi Wolkenstein, geborenen von Buch, der Gattin des österreichischen Botschafters in Paris, einer Preußin und geistreichen Gastgeberin. Damals veranstaltete sie literarische Abende in kleinem Kreise, bei denen Mugnier eine maßgebende Rolle spielte; neben ihm waren die Gräfin Greffulhe, der ungarische Maler Jules Végh und der Pianist Radwan, ein bekannter Chopinvirtuose, ständige Teilnehmer. Bei diesen Zusammenkünften »wurde das Gespräch zum Kunstwerk, wenn auch die vollendete Formulierung manchmal leblos zu werden drohte«, schreibt Helene. »Ich erinnere mich an eine Diskussion über Alfred de Musset, in der man lange die Frage erörterte, ob Musset ›häuslich‹ (›casanier‹) gewesen sei, und inwieweit George Sand ihn darin beeinflußt habe. Wie stets in Paris sprach man über die Verstorbenen wie über Lebende, die jeden Augenblick durch die Tür hätten eintreten können, denn wenn eine Persönlichkeit hier anerkannt ist, wirkt sie über den Tod hinaus. Man zitiert ihre ›bons mots‹ und vergegenwärtigt sich ihre Bewegungen.«

1900 war das Jahr der Weltausstellung, die im April begann und Paris in einen Taumel stürzte: »Ballette, Theateraufführungen, Feuerwerke fanden oft an einem und demselben Abend statt, und ich mußte lächeln, als mir ein französischer Jüngling einmal auf einem Feste sagte: ›On est bien désappointé! Il n'y a que la comédie et le concert ce soir.‹ (Man ist sehr enttäuscht; heute abend gibt es nur Theater und Konzert.) Die damals ungewohnte Lichterfülle, die farbig leuchtenden Fontänen, die Illumination des Eiffelturms, die Sterne sprühenden Raketen sah Helene mit Maleraugen und freute sich über den bunten Trubel. Münster war seinerseits skeptisch, nicht nur über die aus diesem Anlaß von den Staatsmännern geäußerten Friedenshoffnungen: »Das Ganze trägt das Gepräge der Zeit, Verschwendung und Reklame!« heißt es in einem seiner Berichte, doch wußte er, was er seinem Amte schuldig war. So besuchte er, begleitet von seiner Enkelin und von Botschaftsangehörigen, die Pavillons der verschiedenen Nationen, um dort zu speisen. »Wir ließen uns«, schrieb Helene, »von Türken, Italienern, Ungarn, Japanern servieren, während draußen exotische Gestalten mit dumpfem Trommelklang ihre Kamele und Esel vorbeitrieben. Man fühlte sich in eine ganz fremde Welt versetzt... Im deutschen Pavillon konnte man hingegen von Potsdam träumen, denn viele friderizianische Möbel und Bilder schmückten die Räume.«

Es gab große Empfänge: in den Ministerien sowie im Élysée beim Präsidenten. Dort las Sarah Bernard mit roter Perücke hastig einige Verse und zog sich bald danach mißmutig zurück, weil sie sich nicht genügend beachtet fühlte. Stärker beeindruckt war Helene von Rodin, den sie noch nicht persönlich kannte, aber still beobachtete: »Sein Blick überflog die Menge, und die Intensität seines Ausdrucks prägte sich dem Gedächtnis ein.« Bald danach sollte es zur ersten Begegnung mit ihm in seinem Ausstellungspavillon kommen. Damit begann eine für Helenes geistige und künstlerische Entwicklung bedeutsame Beziehung.

Die Weltausstellung schloß am 12. November 1900; am Ende des gleichen Monats erhielt Münster ein kurzes Schreiben des Reichskanzlers Bülow, mit dem ihm die Ablösung als Botschafter und die Versetzung in den Ruhestand bekanntgegeben wurde. Diese Mitteilung traf ihn schwer, zumal sie unerwartet, ohne jede Vorbereitung, erfolgt war. Helene hat auch diese letzten, durch Bitterkeit geprägten Wochen und den Abschied des Großvaters von Paris miterlebt: »Die Abfahrt vom Bahnhof, zu der wegen des kurz zuvor erfolgten Ablebens der Queen Victoria, alle offiziellen Persönlichkeiten in Schwarz erschienen waren, wirkte wie eine Trauerfeier. Am letzten Abend stand ich an meinem Fenster und blickte hinaus auf den Garten, auf die Seine. Mir wurde bewußt, daß ich diese Stadt nur noch als flüchtige Besucherin wiedersehen würde. Plötzlich fühlte ich, daß ich sie wie einen Menschen liebte...«

Münster überlebte seine Entlassung nur ein gutes Jahr; er starb am 28. März 1902 in seinem Stadthaus in Hannover, wo er die Herbst- und Wintermonate verbracht hatte. Helene leistete ihm immer wieder Gesellschaft, zuletzt von Mitte Dezember bis in den Januar hinein. Dieses letzte Beisammensein verlief nicht ungetrübt: Der Achtzigjährige war meist in gereizter Stimmung, nicht nur wegen der Umstände seiner Verabschiedung und der Berufung eines Nachfolgers, des Fürsten Radolin, den er für nicht geeignet hielt; auch an den Bekannten, mit denen er in Hannover Umgang pflegte, hatte er manches auszusetzen: Das Ehepaar von der Groeben betreute den »Frauenbund«, der auf dem Gebiete der Armenpflege und der Bahnhofsmission tätig war, und die Familie Wilhelm von Moltkes, des damals kommandierenden Generals, hatte sich, namentlich unter dem Einfluß seiner Frau, dem Spiritismus zugewandt. Münster mißfiel beides, was den stillen Widerspruch seiner Enkelin hervorrief. Im Neujahrsbrief schrieb sie ihrer Mutter: »Ich... freue mich sehr, von hier fortzukommen. Denn Großvater ist entre nous unerträglich in der rohen Weise, wie er über Groebens Frauenbund, Spiritismus und die heiligsten Fragen immerfort herfällt, so daß sich mein inneres Wesen empört... Dabei sagt er immer: ›Ich bin der einzige, der dich noch vernünftig erhält...‹ Äußerlich tue ich ja ganz meine Pflicht für Großvater, es ist nie ein Auftritt zwischen uns gewesen, das ist man ja auch dem Alter schuldig. These are all my inner fights.«

Trotz ihrer Empörung über die großväterliche Kritik war indessen Helenes Einstellung zwiespältig gegenüber den spiritistischen Aktivitäten. Sie hat ihr Leben lang Verbindung mit der religiösen Welt – dem »Unsichtbaren«, wie sie das nannte – gesucht und fühlte sich daher angesprochen. Auch irritierte sie zunächst nicht, daß sich die »Lehren der Geister«, die man ihr mitteilte (an Séancen nahm sie nicht teil), auf theoretische moralische Feststellungen beschränkten, wie etwa die Aussage, »daß die Ehe, wie sie jetzt besteht, für unsere Entwicklung notwendig ist: als Läuterung«. Vor allem beeindruckte sie »das Erwachen der Seele«, das sie bei der Familie Moltke wahzunehmen glaubte: »Das enge Zusammenleben mit der unsichtbaren Welt übt einen so heilsamen Einfluß auf sie aus; aus Materialisten sind sie Idealisten geworden. Der Sohn Helmuth sagte mir, er habe an nichts geglaubt, er sei krank gewesen, jetzt sei er fröhlich und gesund. Er hätte Beweise gebraucht, um an ein ewiges Leben zu glauben. Dabei ist er ein nüchterner, ziemlich dicker, uninteressant aussehender Mensch...« Dann aber stellte sie sich doch die vorsichtige Frage, ob sich die »Läuterung« nicht auch ohne äußere Beweise, auf »edlere Weise« erreichen lasse? Einige Tage später bekannte sie in einem Brief an ihre Mutter: »Merkwürdig, wenn ich mich in Gedanken *tief* mit solchen Sachen beschäftige, fühle ich ein kaltes unheimliches Schaudern. Revoltiert da die Natur? Soll dies auf dieser Erde noch nicht für uns sein? Oder fehlt mir der Geist eines Initiés? In jedem Fall tötet es in mir die kräftige Freudigkeit, und dieser Glaube will das doch bezwecken!«

Eine Tagebuchnotiz aus jener Zeit weist in die gleiche Richtung: »Man spürt, wie schwer es ist, eine gewisse Lebensüberzeugung durchzufechten, ohne daß sie pedantisch wirkt. Denn die wahre Lebenskraft muß erfrischen.«

Abgesehen von einem gewissen naiven Interesse an hellseherischen Praktiken, hat sie sich in ihrem späteren Leben nicht mehr mit Spiritismus und Parapsychologie beschäftigt.

Obwohl Berlin in diesen Reisejahren etwas in den Hintergrund trat, blieb es doch das Zuhause, in das Helene immer wieder zurückkehrte. Mochte sie auch mit der »harten Stadt« nach der Rückkehr aus Italien oder Paris zuweilen in Unfrieden leben, so waren doch solche Empfindungen nicht von Dauer: »Ich erinnere mich«, schrieb sie einmal an Hofmannsthal, »wie ich früher in Berlin gegen Abend oft auf eine gewisse Brücke – die Moltkebrücke, die auf den Kanal und die Apfelkähne sah – ging und dort etwas erhielt, was mich wieder fröhlich machte.« Es waren aber nicht nur Natureindrücke, die sie trösteten. Auch das Berliner Gesellschaftsleben hatte manches zu bieten, wofür sie empfänglich war. Über die Gründerjahre hinweg wirkten preußische Romantik und Biedermeier noch fort, und es waren vor allem geistvolle Frauen, die in den »Salons« die Regie führten und dabei auch die Jugend zu ihrem Recht kommen ließen.

Helene hat diese Geselligkeit, außer in »Aus dem alten Europa« und einzelnen Notizen, in ihrem lange vergriffenen Buch »Berlin. Erinnerung und Gegenwart« beschrieben.

Die Familie Harrach, in deren Haus Helene aus und ein ging, spielte im gesellschaftlichen Leben Berlins eine besondere Rolle. Die Gräfin, auch am Hofe eine der glänzendsten Erscheinungen, war gesellschaftlich sehr aktiv, was durchaus auf Kritik stoßen konnte; so schrieb Hildegard von Spitzemberg in einem Brief: »Die Harrachs sind erst seit Mitte Januar hier und in einem Meer von Geselligkeit fast ertrunken. Die Mädchen [die Töchter Lori und Renata] sehen dementsprechend elend aus, ich muß aber zu ihrer Rechtfertigung sagen, daß dieses Zuviel … nicht ihre, sondern ihrer Mutter Schuld ist und ein Zug in dieser meiner theuren Freundin, der mir ganz unerklärlich ist.«

Die Gräfin versammelte in ihren Räumen am Pariser Platz, mit den Bildern des Hausherrn an den Wänden, nahezu jeden Abend einen kleinen Kreis ausgewählter Freunde. »Hier lebte noch«, schrieb Helene, »die feine alte Berliner Kultur. Die Beteiligung an allen Gegenwartsfragen wurde dadurch nicht vernachlässigt.«

Ähnliches galt von Cornelie Richter, der Tochter Giacomo Meyerbeers, welche die musikalische Tradition ihres Vaters pflegte – nicht nur Heinrich Grünfeld, der Violoncellist, gab oft bei ihr Konzerte –, zugleich aber aufgeschlossen war für geistige Anregungen und »alles Lebendige«. Zu ihrem Kreise gehörte die alte Generation, wie Bodo von dem Knesebeck, der feinsinnige Kabinettssekretär Kaiserin Auguste Viktorias und väterliche Freund Helenes, oder Marie von Olfers, die bis ins hohe Alter frohgemute Malerin und Märchenerzählerin, eine echte Nachfahrin der Romantik. Doch auch Vertreter moderner Bestrebungen fanden sich ein. Henry van de Velde hielt einen Vortrag, in welchem er sich kompromißlos für die Lebensformen des »Art Nouveau« einsetzte, und der junge Hermann Keyserling entwarf bereits »mit feurigem Auge umfassende Weltbilder«. Bei solchen Darbietungen saß die Frau des Hauses wie gewohnt »mit begreifendem Lächeln im Licht ihrer großen Lampe« und ermunterte ihre Gäste zu einem das Für und Wider abwägenden Gespräch, unterstützt von ihren Söhnen: Raoul, dem Philosophen, dessen Hofmannsthal in einem seiner schönsten Essays gedacht hat; Reinhold, dem zurückhaltenden Juristen, Hans, dem Soldaten, und vor allem Gustav, wie der verstorbene Vater ein begabter Maler, zugleich ein phantasievoller Mann der Feder, der die Gesellschaft in eine »schwingende und bunte Stimmung« versetzen konnte, jedoch von seinem schriftstellerischen Talent so wenig Aufhebens machte, daß ihn der befreundete Hofmannsthal zu den »Nichtschreibenden« zählte. Gegenüber Helene gab er sich offen, und sie war es denn auch, der er in seinem Atelier am Spreeufer »mit begeisterter Stimme« aus seinem nicht mehr erhaltenen Epos »Nausikaa« vorlas. Sie erinnerte sich: »Griechisches Meer, griechische Luft umwehte uns, und auch wir wurden gereinigt und gebessert durch die Nausikaa des Odysseus, die ihn zu Penelope führt, in selbstloser Größe. Ein Gewitter grollte, und während der Regen tropfte, erschien Hermes, das ewige Glück voraussagend, im Reich der Gedanken alles vereinend.«

Unter den Gastgeberinnen der Berliner Salons um 1900 ist vor allem eine gebürtige Italienerin zu erwähnen: Marie von Bülow, die Frau des Fürsten Bernhard von Bülow. Ihr hat Helene 1928, anläßlich des achtzigsten Geburtstags, einen Artikel gewidmet, in dem es heißt: »Eine geborene Prinzessin von Campo Reale, hatte sie feine und gründliche Kenntnisse auf allen Gebieten. Ihrer ersten Ehe mit dem Gesandten Graf Dönhoff folgte bald die Vermählung mit dem damaligen Herrn von Bülow, dessen lebendigen und schillernden Geist sie für immer zu fesseln wußte. Auf den verschiedenen diplomatischen Posten, später als Frau des Reichskanzlers, gestaltete sie einen geistigen Salon..., übte jene seltene Kunst der Enthaltsamkeit im Empfangen ihrer Gäste, die nur mutigen Frauen eigen ist. Der kleine Kreis, der sich um sie gebildet hatte, zu dem unter anderen Professor von Harnack und Walther Rathenau gehörten, traf sich fast täglich. Es wurde philosophiert und musiziert. Die Zusammenkünfte waren nicht nur interessant, sondern belebt durch Witz und Anmut... Ich entsinne mich eines Besuches im Reichskanzlerpalais, wo die Fürstin wegen ihrer offiziellen Stellung ihre Exklusivität zuweilen aufgeben mußte. Welches Erstaunen bei den Beamten, die an die düsteren, meist braunen Phantasien [der Möblierung in den Räumen] der früheren Reichskanzler gewöhnt waren! Plötzlich befand man sich in Italien, in der Renaissancezeit. Alte rote Damaststoffe bedeckten die Wände. Über florentinischen Truhen leuchteten sanfte Madonnen. Ein mattes Licht breitete sich über die goldschimmernden Rahmen und Kandelaber aus. In einem hohen purpurnen Kardinalstuhl saß die Fürstin. Ihre schwarzen Locken paßten zu diesem Rahmen. Jeder wurde begrüßt, als wäre er der Erwartete und besonders Bevorzugte. [Ich weiß noch], wie sie uns besonders nachdrücklich Viktor Hehns Buch über Italien empfahl. Die Art, wie sie dieses wohl eben gelesene Werk pries, ist mir unvergeßlich. Denn es lag in ihren Worten die warme Mitteilung eines Erlebnisses... Ich begriff in diesem Augenblick, weshalb diese Frau so viele bezaubert hat...«

Auch an den abendlichen Empfängen der verwitweten Fürstin Marie Radziwill nahm Helene gelegentlich teil. Die geborene Französin, eine de Castellane, verbarg ihre ablehnende Einstellung gegenüber Wilhelm II. hinter ihrer Weltläufigkeit, äußerte aber im übrigen offen ihre amüsanten, meist kritischen Urteile über Personen und Zeitläufte. Vor allem die jungen Damen, die ihr vorgestellt wurden, musterte sie streng. Gegen elf Uhr pflegte sie dann mit der Bemerkung, ihr kleiner Hund scheine müde zu sein, das Zeichen zum Aufbruch zu geben.

Bunter und ungezwungener dagegen waren die Zusammenkünfte bei Anna vom Rath, der Gattin eines Bremer

Bankiers, die trotz ihrer sympathischen Zerstreutheit die Prominenz jener Tage – Professoren, Diplomaten, Hoheiten, in- und ausländische Künstler – um sich zu sammeln verstand. Helene begegnete bei ihr Theodor Mommsen, dem Nestor der Historiker, der sich nach dem Essen im weichen Lehnstuhl ein Nickerchen erlaubte, »während berühmte Sängerinnen gegen die Dumpfheit der Räume ankämpften, die mit kostbaren Renaissancemöbeln und dicken Teppichen überfüllt waren«. Und sie erinnerte sich, wie eines Abends in diesem Haus »rosa und hellblaue, blonde und dunkle junge Mädchen, von höflichen und verträumten Jünglingen umgeben«, Raffaels ›Sposalizio‹ (›Mariä Vermählung‹) als »lebendes Bild« darstellten, »während sanfte Chöre wie von weither erschallten«. Ob auch sie selbst dabei mitwirkte, hat sie nicht verraten, doch ist es zu vermuten.

Während der Wintermonate lud man nicht nur bei Hofe, sondern auch in Privathäusern zum Ball, doch standen die Hoffeste im Vordergrund. Dabei erweiterte sich die »Hofgesellschaft« durch Gäste vom Lande, was Helene sehr willkommen war. »Die Herren und Damen vom Lande«, bemerkt sie in ihrem Berlinbuch, »die... zu den Hofbällen erschienen, und vor allem ihre Töchter mit blonden Haaren und roten Backen, brachten immer etwas von gesundem Kiefernduft mit, und von einer überparfümierten Salonatmosphäre, wie man sie zuweilen in London, Paris oder Rom empfindet, war hier wenig zu spüren.«

Die Auswahl der jungen Mädchen, die an den Hoffesten teilnehmen durften, wurde von der Oberhofmeisterin Gräfin Brockdorff vorgenommen. »Lächelnd hob sie die Lorgnette und betrachtete huldvoll die Debütantin, die unter mütterlicher Obhut die Zulassung zu den Festlichkeiten von ihr begehrte. Man wurde anerkannt oder mißbilligt, zumeist aber doch anerkannt. Denn Gräfin Brockdorff war im Grunde eine wohlwollende und jedenfalls ungewöhnliche Frau, welche die Pflichten der Oberhofmeisterin nicht nur in der Erfüllung gesellschaftlicher Formen sah... Dennoch war man nach solchen Veranstaltungen ganz froh, wieder unter freiem Himmel zu sein, und verließ gern die dunklen Gänge, wo der Sage nach das Gespenst der ›Weißen Frau‹ sein Wesen trieb.«

Im Thronsaal des Schlosses fand dann zu Beginn des Jahres die große »Defiliercour« statt: »Unter gedämpfter Musik zogen wir mit meterlangen Schleppen, die von den Kammerherren zurecht gelegt wurden – denn nur Prinzessinnen hatten eigene Pagen – am Kaiserpaar vorüber. Für den Neuling eine etwas ängstliche Prozedur: eine verlegene und überdies kurzsichtige Dame huschte einmal ohne die gebotene Verbeugung vorbei, und ein freundlich-ironisches ›Auf Wiedersehen‹ des Kaisers brachte sie dann vollends außer Fassung.«

Das nächste Ereignis war der Ballabend im Weißen Saal, auf den die Debütantinnen von der Ballettmeisterin vorbereitet wurden: Sie »stellte unsere Füße und drehte unsere Köpfe und bei ungenügender Aufmerksamkeit erhob sie wohl drohend den Degen eines der mitwirkenden jungen Offiziere. Am Ballabend selbst waren wir dann unserer Sache sicher – vielleicht nur benommen von der Farbenpracht des abrollenden Bildes... Vom Oberhofmarschall durch ein Anklopfen seines Stabes angekündigt, trat der Hof ein – ein langer Zug hinter dem Kaiserpaar. Der Kaiser in der ›Attila‹ der Gardehusaren oder sonst einer glänzenden Uniform, die Kaiserin meist in silbernem Kleid, bedeckt mit Kronjuwelen und eine geschlossene Diamantkrone auf dem Haupt. Der ganze Saal aber war nun ein Meer von Farben: zwischen den sanfteren Tönen von Seide und Tüll am leuchtendsten das Scharlachrot der Gardes du Corps und der Johanniterritter.« Wenn das Orchester einsetzte, begann der Rhythmus des Festes. Den Schlußreigen pflegte der Kronprinz mit einer schönen jungen Dame anzuführen, worauf eine feierliche Verbeugung der Ballgesellschaft vor den kaiserlichen Gastgebern den Abend beschloß.

Trotz aller Anziehungskraft, die das traditionelle Berlin auch für junge Menschen hatte, war es nicht verwunderlich, daß sich bei einer selbständigen und sensiblen Natur wie Helene Widerspruch regte. Dazu kam es freilich nicht von heute auf morgen. Es war eine Auflehnung gegen erstarrte Formen, die sich langsam vorbereitete, ehe sie zum Ausbruch kam. Die Begegnung mit Rodin trug dazu bei; ausschlaggebend aber war ein Gespräch mit jenem Helmuth von Moltke, den sie während ihres letzten Aufenthaltes beim Großvater in

Hannover kennengelernt und bei näherer Bekanntschaft sympathisch gefunden hatte; sie bewunderte damals seine schöne Baritonstimme und begleitete ihn zu Brahmsliedern. Ein paar Wochen später war sie dann in Berlin einen Abend mit ihm zusammen und vermerkt dazu am 17. Januar 1902 im Tagebuch:

»Erstmals in meinem Leben begegne ich in einem jungen Mann einer höheren Kraft, die mich emporziehen will, und ich notiere diesen Tag als einen wichtigen Punkt in meinem Leben.

Er hielt mir eine lange Rede gegen das Konventionelle und den Schaden, den es anrichtet. Er sagte mir, ich solle nur mit einem Menschen reden, der etwas Vitales ausstrahle. Man dürfe nicht stets seine Perlen verschenken, sondern müsse schweigsam und lebendig bleiben.

Ich danke Dir, freundschaftliche Seele. Ich weiß nicht, ob wir uns oft oder selten im Leben begegnen werden. Doch ich danke Dir für Deine Hilfe! *Heute beginnt eine neue Ära*. Wir wollen mutig den Weg außerhalb der Konvention beschreiten. Im Geiste der Wahrheit, des Lichtes helfe mir Gott, helfe mir das Gebet. Ich wartete auf ihn und er kam, aber ich sah ihn nicht.«

Und später: »Heute, 26. März, habe ich Abschied von Helmuth Moltke genommen und weiß nicht, wann ich ihn wiedersehen werde. – Dieses kurze Beisammensein ist mir wertvoll gewesen. ›Das Ende vom Liede‹, sagte er, als er schied.«

»Am 28. März starb Großvater. An seiner Bahre habe ich verstanden, was der Frieden des Todes bedeutet.«

»31. Mai 1902. Die Erinnerung an H. Moltke ist heute wieder stark erwacht, es ist mir, als könnte ich nicht von ihm lassen. So tot war mein Herz, und wie ich an ihn dachte, da schlug es warm.«

Zu einer weiteren Begegnung mit Helmuth von Moltke ist es, soweit wir wissen, nicht mehr gekommen. Er heiratete einige Jahre später und lebte auf seinem schlesischen Gut Kreisau. Helmuth James, der Initiator des Kreisauer Kreises, war der älteste seiner vier Söhne.

4. KAPITEL

Eine neue Ära

War es wirklich eine »neue Ära«, in die Helene nunmehr eintrat? In einem Brief, den sie einige Monate nach der Begegnung mit Helmuth von Moltke ihrer Freundin Lori Harrach schrieb, klingt das gleiche Thema an: »Du sagst mit Recht, Du haßtest den Herdengeist. Befreie Dich innerlich von ihm – ich weiß, daß es für Dich schwerer ist als für mich, sich von Tradition loszulösen. Es geht auch nicht ohne Kampf – denn es bringt eine große Scheidung von vielen Menschen hervor, die man erst merkt, wenn sie schon da ist. Eine innere natürlich. Man rennt sich auch überall den Kopf ein mit seinen Überzeugungen. Aber besser das und *leben* ... Bau Dir Dein Leben auf und nimm es nicht so ruhig wie ein totgeborenes Kind aus der Hand von anderen. Es umwehte mich gleich eine erstickende Luft, als ich an die A'sche Hochzeit dachte ... Ich bin jetzt mehr ausgeruht. Ich hatte mir angewöhnt, immerfort zu weinen, was sehr unbequem war. Die schönen Herbsttage haben mich beruhigt. Do'nt talk about it!«

Das mutet rebellisch an, doch hielt sich die Aufsässigkeit in Grenzen. Die Tochter aus gutem Hause wurde damals nicht zur Frauenrechtlerin, änderte nicht ihre Lebensgewohnheiten, aber sie nahm immer stärkeren Anteil an dem Aufbegehren ihrer Generation gegen den Konformismus einer alternden Epoche und war aufgeschlossen für Zukunftsträchtiges. Die Zeitstimmung um die Jahrhundertwende war zwiespältig. Neben den Erscheinungen, die man als Dekadenz zu bezeichnen pflegte, regte sich ein kräftiges Lebensgefühl, das hergebrachte Fesseln zu sprengen suchte und eine neue Ganzheit anstrebte. Helene blieb hiervon nicht unberührt, obwohl sie sich – ohne Lehrmeister, ohne systematische Vorbildung, nur gefördert durch Anregungen Gleichgestimmter – ihren Weg suchen mußte. Gelangte sie auf die »Höhen der Zeit«? Das war von einer jungen Dame, wie sie es war, um 1900 wohl nicht zu erwarten. Ihre Bildung wurde durch einen Eklektizismus bestimmt, der Vergangenes und Zeitgenössisches einschloß, überdies durch eine Mehrsprachigkeit, die sie ihrer Erziehung und den Aufenthalten in verschiedenen Ländern verdankte. Ihre Lektüre in diesen Jahren veranschaulichte ihre damaligen Neigungen und Interessen.

Da war zunächst Französisches, wobei Balzac an vorderster Stelle stand. Rückblickend – in einem Aufsatz »Begegnung mit Balzac«, der 1930 entstand – schrieb sie:

»Nur ein Genie von diesem Ausmaß kann uns ein Leben hindurch begleiten. Ich bin immer zu ihm geflüchtet, wenn meine Umwelt mich zu ersticken drohte. Bei ihm fand ich, wie bei Goethe, den Raum, in dem ich frei atmen konnte. Die Figuren, die sich in dieser wirklich ›großen Welt‹ bewegten, wurden mir bald vertraut, denn sie verliehen meinen geheimsten Visionen Ausdruck und beantworteten viele ungelöste Fragen.

Als überstrenge Erziehungsmethoden mein Leben zu verengen drohten, griff ich in Paris mit siebzehn Jahren zum ersten Mal zu ihm. Ich flüchtete aus allzu lärmigem, geselligem Getriebe in einen kleinen Raum, der auf einen stillen Hof blickte, aus dem oft die melancholischen Lieder einer Drehorgel ertönten. Sie paßten in ihrer fernen Entrücktheit zu den Beschreibungen der Straßen, Gassen und Plätze von Paris, wo die Menschen so organisch mit den Mauern, die sie umgeben, verwachsen sind wie in keiner anderen Stadt.

Dann war es in Pisa, auch in jungen Jahren: in diesem schönen, kühlen italienischen Ort... Die Schatten, die Unergründlichkeit, die mir hier fehlten, fand ich in Balzac. In dem Hotel am Ufer des Arno, vor den hellgrauen Fassaden der Pisaner Paläste, stieg eine Welt auf, die mich täglich reich beschenkte. Meine Umgebung, Natur und Menschen, wurden sinnvoller. Der Mann, die Frau, die dort einhergingen, waren von ihrem Schicksal umstrahlt. Der Sonnenuntergang, dessen Glut auf Byrons Haus ruhte, erzählte mir von menschlichem Glück, vom Schmerz der Seele, die ihre Heimat sucht. Die Verbindung zwischen dem Geschehen und meiner Gedankenwelt war hergestellt.«

Auch das Buch eines zeitgenössischen Autors beschäftigte sie in diesen Jahren: »La vie de Saint François« von Paul Sabatier, einem protestantischen Pfarrer, der damals bei liberalen Theologen beider Konfessionen und als »Freund und Beistand« junger französischer Kleriker in hohem Ansehen stand. Helene lernte ihn persönlich kennen, und Sophie Hindenburg lud ihn nach Ardenza ein. Unter seiner Führung besuchten Mutter und Tochter im Mai 1903 Perugia und Assisi. Sabatiers Buch und die Eindrücke dieses Ausflugs entsprachen Helenes Lebensgefühl und ihrem freien religiösen Empfinden. So wurde die Begegnung mit dem heiligen Franziskus im damals noch ländlichen, nicht vom Tourismus überfremdeten Assisi zu einem Erlebnis, das in ihr fortwirkte, wie ein Auszug aus ihren französisch abgefaßten Tagebuchnotizen zeigt: »Nebel umhüllen das ferne Assisi. Dann befinden wir uns im magischen Kreis des heiligen Franziskus, in welchem Schönheit, Natur, Barmherzigkeit einen vollkommenen Einklang bilden... Franziskus und Giotto geleiten uns in eine Welt der Träume, wo kein Wunder uns erstaunen würde. Es ist, als ob Engel im lichten Raume schwebten. In der Portiuncola-Kirche scheint uns der Heilige selbst entgegenzutreten. In einer dunklen Kapelle hat ein großer Künstler seine Züge wiedergegeben. Schmerz und Freude sprechen aus diesem Gesicht, in welchem die Menschlichkeit, ihre ganze Größe und Opferbereitschaft tief beeindrucken. Gesänge steigen zum Gewölbe auf, und die Landleute, die vor ihrem Heiligen knieten, erfüllte fromme und aufrichtige Hingabe.«

Neben dem Heiligen war es der »poète maudit«, der »fluchbeladene Poet« und bedeutendste französische Lyriker des neunzehnten Jahrhunderts, der sie in diesen Jahren besonders ansprach: Baudelaire. Doch war es nicht so sehr das Dunkle und Abgründige, das sie faszinierte.

> »Mainte fleur épanche à regret
> Son parfum doux comme un secret«.

Auch manche »Blumen des Bösen« (»Fleurs du mal«) strömen, wie es diese Verse sagen, »unwillkürlich ihren süßen Duft aus wie ein Geheimnis«; das gilt etwa von »Élévation«,

»Correspondances«, »La vie antérieure«, »Les phares«: für Gedichte, welche die Realität gewissermaßen ästhetisch, ja metaphysisch überhöhen und dadurch verwandeln – ein Vorgang, für den Helene besonders empfänglich war. Einiges von Baudelaire hat sie ihr Leben lang begleitet.

Auch Angelsächsisches sprach sie an: »Ich liebe sonst nicht Essays über Flammengefühle, aber dieser *Emerson* ist so unmittelbar, daß die Buchstaben zurückweichen und man das Gefühl hat, mit einem großen, verständnisvollen Freund zu sprechen.«

Helene schrieb das im Januar 1904 an Alfred von Nostitz, kurz vor ihrer Verlobung, und schickte ihm den Essayband des amerikanischen Schriftstellers und Philosophen, worin sie ihr wichtig erscheinende Stellen angestrichen hatte. Ralph Waldo Emerson, in jungen Jahren anglikanischer Geistlicher, der danach strebte, durch Wort und Schrift seine Landsleute aus puritanischer Enge herauszuführen, ohne in seichten Materialismus zu verfallen, und der für seinen religiös inspirierten Individualismus bestechende Formulierungen fand, war für sie in ihrer »neuen Ära« der erwünschte Gesprächspartner. Wenn er für Menschen eintrat, die in ihrer Entscheidungsfreiheit nicht durch Routine und Konventionen beschränkt sind, wenn er die uneigennützige Liebe zur freien Natur forderte, so war das ganz nach ihrem Herzen.

Behutsamer und weniger fordernd als Emerson gestaltete ein junger deutscher Autor Helenes Lieblingsthemen: Hermann Hesse, den sein »Peter Camenzind« mit einem Schlage berühmt gemacht hatte. Mit dem Ich-Erzähler, der auf sein bisheriges Leben zurückblickt, hatte sie manches gemeinsam: vor allem die tiefe Naturverbundenheit und die Verehrung Camenzinds für Franz von Assisi, den »seligsten und göttlichsten aller Heiligen«. Unsicherheit und scheues Verhalten des jungen Camenzind, die meist nicht zum Ziel gelangenden Versuche liebender Annäherung, das Schweben zwischen »Zeit und Ewigkeit« war ihren eigenen Gefühlserfahrungen durchaus verwandt: »Es leuchtet wie ein schönes Licht manchmal aus dem Buche heraus, und dieser ruhige Mensch tut immer das Schönste, so ganz einfach.«

Was sie in diesen Jahren zeitgenössischer deutscher Belletristik außer Hesse las, befriedigte sie nur zum Teil. So bemerkte sie zu einem der damals beliebten Heimatromane: »Wurzellocker« von Wilhelm von Polenz: »Ist er nicht etwas tendenziös gegenüber der Frau? Die einzige, die er als nützlich gelten läßt, ist doch die sogenannte *richtige* Frau Alma; eine andere, kultivierte, hat kein Herz, eine weitere nur Nervenzuckungen. Die Frau, die trotz aller Bildung und Kultur mit ihrer Wärme des Herzens und Gesundheit der Sinne weiblich bleibt, schildert er nicht, und das ist etwas, was ich nicht nur bei ihm finde, auch bei den meisten Männern...«

Zu berücksichtigen ist freilich bei diesem Urteil, daß ihr damals die bedeutendsten jüngeren Vertreter der deutschsprachigen Literatur unbekannt waren: Thomas Mann (»Die Buddenbrooks« waren 1901 erschienen), Gerhart Hauptmann, aber auch Hofmannsthal und Rilke, die späteren Freunde, blieben noch außerhalb ihres Gesichtskreises. Im Mittelpunkt ihrer deutschen Lektüre stand Goethe; »Wilhelm Meister« und »Wahlverwandtschaften« gehörten schon damals zu ihren Lieblingsbüchern.

Mit großer Anteilnahme las sie auch Werke der großen Russen. »Ich hatte Idole, die ich verteidigte«, schrieb sie rückblickend, »unter ihnen Tolstoi und Dostojewskij, Vorboten der Katastrophen und Revolutionen, die noch kommen sollten.« Offenbar beeindruckten sie vor allem die religiös-ethischen Impulse dieser Autoren, und wenn Tolstoi nach seiner »Bekehrung« in Schriften, die um 1900 auch in Deutschland große Beachtung fanden, gegen heuchlerische gesellschaftliche Konventionen und soziales Unrecht zu Felde zog, so entsprach das ihren eigenen Auffassungen. Das galt ebenso von Maxim Gorkis »Nachtasyl« – ein Stück, welches 1903 in der Regie Max Reinhardts seine Berliner und deutsche Premiere erlebte. »Das ›Nachtasyl‹ ist jeden Abend ausverkauft«, schrieb der junge Maler Sigismund (Sigi) von Winterfeld an Helene, die sich in Rom aufhielt, und schilderte ihr den tiefen Eindruck, den diese die sozialen Schranken überwindende und daher von der älteren Generation meist skeptisch aufgenommene »Szenenfolge« auf ihn gemacht habe. Damit sprach er vielen seiner Altersgenossen aus dem Herzen, und Helene schloß sich davon nicht aus. Nach ihrer

Rückkehr aus Italien besuchte sie mit ihrer Freundin Lori Harrach die Aufführung und notierte: »Das Körperliche schwindet, der Mensch bleibt. Die Klassenzwänge sind aufgehoben, auf die Menschen kommt es an, und der Baron [eine der Hauptgestalten des Stücks] fühlt erstmals unter ihnen seine Seele erwachen.«

»Man rennt sich den Kopf ein mit seinen Überzeugungen!« hatte Helene an Lori geschrieben, und es kam denn auch im Hause Hindenburg zu tiefgreifenden Differenzen. Das war etwas Neues. Bisher hatte zwischen Tochter und Eltern ein temperierter Gleichklang bestanden. Helene bewahrte zwar gegenüber dem Vater, dem ihre musischen Neigungen fremd waren, eine liebevolle Zurückhaltung, harmonierte aber um so mehr mit der Mutter. Das zeigte sich nicht nur in ihren musikalischen Vorlieben. Die Neigung zu Beethoven hatten sie gemeinsam, aber auch Wagner waren sie zugetan, worin sie damals – trotz der aus Haßliebe hervorgegangenen Kritik Nietzsches – mit den meisten Musikfreunden übereinstimmten. In den Tagebüchern und Briefen aus jenen Jahren erwähnt Helene häufig die starken Eindrücke, die sie in Bayreuth, besonders von »Tristan« und dem »Ring« empfangen hatte.

Nunmehr kam es jedoch zu heftigen Auseinandersetzungen über die neuen literarischen Strömungen. Der Vater, dessen Porträt Helene später – achtungsvoll und um Verständnis bemüht, jedoch mit spürbarer Distanz – in ihrem Erinnerungsbuch gezeichnet hat, reagierte erregt (»die Kraft seines Zorns war düster und gewaltig«) gegen eine Gesinnung, die ihm die hergebrachte Ordnung zu gefährden schien, aber auch Sophie Hindenburg hielt zur Überraschung der Tochter, in diesen Fragen auf »Tradition«. Die Maßregelung ging so weit, daß Helene einer Art Zensur unterworfen wurde. »Häufig wurde mir untersagt, die neuen Bücher zu lesen, die meine Freunde mir brachten.« Es kam auch zu Auseinandersetzungen: so über Maurice Maeterlincks »Prinzessin Maleine«, ein Märchendrama, dessen schwarze Mystik – die schöne Maleine wird von unbekannten dunklen Mächten verfolgt – den Eltern offenbar bedenklich erschien. Ein anderes Thema enthielt noch mehr Zündstoff: Herbert,

Helenes um sieben Jahre älterer Bruder, hatte nach Ableistung seines Militärdienstes einen Roman mit dem Titel »Crinett« geschrieben und 1902 in einem Berliner Verlag veröffentlicht; darin schilderte er, mit dem ihm eigenen trockenen Humor, die Erlebnisse eines Leutnants – auch dessen Abenteuer in der Berliner Halbwelt. So war ein Sittengemälde entstanden, das Erscheinungen des Fin de Siècle widerspiegelte, aber nicht gerade zu Preußens Gloria beitrug.

Herbert hatte sein »Schwesterchen« in früheren Jahren mit einer gewissen Herablassung behandelt; dann entdeckte er ihren Charme – »ich saß neben meiner Schwester, die mit ihren achtzehn Jahren wirklich reizend aussieht« – und lernte ihre unbefangene Intelligenz schätzen. Der Zwanzigjährigen schrieb er liebevoll-humorvolle Briefe mit launigen Ratschlägen, die ihren Freundschaften, ihrem künftigen Lebensweg galten, und erzählte ihr von seinen literarischen Plänen. So entstand trotz der Verschiedenheit der Temperamente eine geschwisterliche Solidarität, die sich bei den familiären Streitigkeiten über »Crinett« bewähren sollte. »Ich bemühte mich, meinen Bruder zu trösten und ihm zu helfen, denn durch sein kritisches Verhalten hatte er viel auszustehen. Er erklärte, von seinem Buche werde er kein einziges Wort zurücknehmen, und so kam es infolge der heftigen Meinungsverschiedenheiten zu Spannungen und Diskussionen in unserem Hause.«

Helene fand Rückhalt in ihrer Generation. Schon als Debütantin der Berliner Gesellschaft hatte sie sich mit ihren Freundinnen Lori und Renata Harrach einem Kreise angeschlossen, der keinen Wert auf oberflächliche Geselligkeit legte und lieber anregende Gespräche über die neuen künstlerischen und dichterischen Bestrebungen führte. Zu diesem »himmlischen Hof«, wie die Gruppe von Spöttern genannt wurde, gehörten junge Männer, die im geistigen und politischen Leben der kommenden Jahrzehnte noch eine Rolle spielen sollten. Mit den meisten von ihnen blieb Helene auch später in Verbindung. Neben dem bereits erwähnten Hans Albrecht Harrach und Gustav Richter waren es Gerhard von Mutius, ein philosophischer Kopf, der sich – eine in Deutschland seltene Erscheinung – nicht nur im diplomatischen

Dienst, sondern auch als Autor einen Namen machen sollte: er schrieb mehrere Bücher, die von seiner Lebensauffassung in der Nachfolge Kants, Goethes und Kierkegaards geprägt waren; ferner Richard von Kühlmann, ein anscheinend nüchterner Pragmatiker, jedoch, nach der Charakterisierung der lebensklugen Hildegard von Spitzemberg, »von unbewußter, begeisterter Tatkraft«, die sich später in schwieriger Position, als Staatssekretär im Ersten Weltkrieg und Verhandlungsführer in Brest-Litowsk, bewähren sollte; Kurt von Mutzenbecher, später erfolgreicher Theaterintendant in Wiesbaden; schließlich der Maler Ludwig von Hofmann, dem Helene in Weimar wieder begegnete. Am wichtigsten erwies sich aber für sie die Bekanntschaft mit Harry Graf Kessler und Eberhard von Bodenhausen, die in dem Kreise nicht nur in Kunstfragen den Ton angaben, sowie die lange Zeit problematische Beziehung zu Alfred von Nostitz, ihrem späteren Mann.

Kessler und Bodenhausen, beide 1868 geboren, waren einander zuerst als zwanzigjährige Studenten in Bonn begegnet; im folgenden Jahr trafen sie sich wieder in Leipzig, wo sie ihr Studium bis zum Referendarexamen fortsetzten und, ebenso wie Alfred von Nostitz und Gustav Richter, zu den »Canitzern« gehörten, einer — meist aus Adeligen bestehenden — freien studentischen Verbindung von hohem gesellschaftlichen Ansehen. In diesen Jahren festigte sich ihre Freundschaft, da sie manches miteinander verband, vor allem der Sinn für Musisches, der offene Blick über die nationalen Grenzen und Standesvorurteile hinaus. Schon ihre Herkunft trug dazu bei.

Harry Kessler entstammte einer Sankt Gallener Patrizierfamilie, die im neunzehnten Jahrhundert nach Norddeutschland übergesiedelt war. Der Großvater war reformierter Pastor in Hamburg, der Vater ein angesehener Bankier, dem das Adelsprädikat, später auch — durch den Fürsten Heinrich XIV. Reuß jüngerer Linie – ein in Preußen nicht anerkannter Grafentitel verliehen wurde. Die Familie lebte teils in Paris, teils in Deutschland. Die Mutter, Alice Gräfin Kessler, war eine geborene Baroness Blosse-Lynch, aus irischem Adelsgeschlecht und mit der englischen Gentry versippt. Sie war eine geistvolle Frau und von auffallender Schönheit, bevor sie –

fünfzehn Jahre lang – an einer heimtückischen Krankheit dahinsiechte. Kaiser Wilhelm I. machte ihr den Hof, jedoch in allen Ehren: die kolportierte Legende, der Sohn sei ein illegitimer Hohenzollernsproß gewesen, entspricht nicht den Tatsachen. Der junge Henry hatte viel vom irischen Naturell, vom feurigen Temperament seiner Mutter mitbekommen. Schon früh war er wechselnden Einflüssen ausgesetzt, zunächst in seiner Geburtsstadt Paris, dann in London, wo seine neun Jahre jüngere Schwester Wilma geboren wurde, die spätere Marquise de Brion. Dann besuchte er, zusammen mit Winston Churchill, die Public School Ascot und schließlich ein protestantisches Internat in Hamburg. Es dauerte daher eine Weile, bis er erkannte, daß er kein reiner Kosmopolit war, sondern im geistigen Deutschland wurzelte. Freilich verlor er nie seine Weltoffenheit und wuchs so in die Rolle eines Kunstmäzens, ja schöpferischen Anregers hinein.

Auch Eberhard von Bodenhausen war kein »Binnendeutscher«. Zwar gehörten die Bodenhausen zum niedersächsischen Landadel und der Vater war ein bodenständiger Fideikommißherr, der seine Güter verwaltete, doch entstammte die Mutter, der Eberhard die geistig-künstlerische Komponente seines Wesens verdankte, einer englisch-amerikanischen Gelehrtenfamilie, die Thomas Morus zu ihren Vorfahren zählte. Das Ehepaar lebte schon früh getrennt, so daß der Sohn seit seinem fünften Lebensjahr ohne Mutter aufwuchs, sie nur als ferne Idealgestalt verehrte. Sein Verhältnis zum nüchternen Vater war hingegen gespannt; er fügte sich nicht dem Lebensplan, den dieser ihm zugedacht hatte: einer Existenz als Grundbesitzer. Statt dessen suchte er seinen eigenen Weg, der ihn später – als teilnehmenden Freund Hofmannsthals und erfolgreichen Manager – zu einem zwischen Kunst und Industrie geteilten Dasein führen sollte, dessen Belastungen ihn vorzeitig aufrieben. Als Helene ihn kennenlernte, stand er noch am Anfang dieser Entwicklung, wobei die Freundschaft mit Kessler eine wichtige Rolle spielte. Die beiden waren auch nach der Studienzeit in Verbindung geblieben und hatten sich in Berlin einem nach dem Stammlokal »Schwarzes Ferkel« benannten Kreis junger Maler und Literaten angeschlossen, die in trinkfreudiger Runde rebellische

Reden führten und unter dem Einfluß der beiden adligen Freunde die Genossenschaft »Pan« gründeten, aus der dann, unter dem Vorsitz Bodenhausens, der sich der Organisation und Mitgliederwerbung annahm, die gleichnamige Zeitschrift hervorging.

»Pan« – der Name des Hirtengottes hatte programmatische Bedeutung – verleugnete durch die luxuriöse Ausstattung die Herkunft aus Bohème-Kreisen und hatte sich zum Ziel gesetzt, »ein ungetrübtes und vollständiges Bild der kunstschaffenden Kräfte unserer Zeit« zu vermitteln. Dieses Vorhaben nahm in den Jahren 1896 bis 1900, in denen die Zeitschrift bestand, einen wechselvollen und umstrittenen Verlauf. »Pan« gab sich unpolitisch, schwankte aber zwischen progressiv-internationalen und konservativ-nationalen Tendenzen, wobei Bodenhausen eher die konservative Richtung vertrat, während Kessler sich nicht festlegte. Alles in allem gelang es – unter großzügiger Verwendung von Graphik und mit allen Mitteln der Druckkunst –, die wichtigsten Strömungen der europäischen Moderne in Bild und Wort festzuhalten.

Helene erwähnt »Pan« in ihren Erinnerungen im Zusammenhang mit dem »himmlischen Hof«. Zwar hat sie die Zeitschrift kaum eingehend gelesen; jedenfalls gibt es über eine Lektüre keine schriftlichen Zeugnisse, doch standen die behandelten Themen im Mittelpunkt der Gespräche des Freundeskreises, und sie fanden in einer Aufbruchstimmung statt, an der sie teilhatte. Jugendstil im deutschen, Art Nouveau im französisch-belgischen Sprachraum belebten ja in diesen Jahren die Hoffnung auf einen grundlegenden Stilwandel: auf eine künstlerische Ära, die auch die Lebensbereiche des Alltags erfassen sollte. Ein Wort Bodenhausens an Helene verlieh dieser Erwartung Ausdruck: »Wir wissen gar nicht genug, in welchem Frühling wir leben; überall regt es sich!«

Es war freilich ein Frühling, den eine allzu üppige Flora gefährdete: ein sentimentaler Überschwang und die Überwucherung durch willkürliche Ornamente. Ein führender Kopf der Stilwende, der Belgier Henry van de Velde, fand daher Resonanz, als er für eine Besinnung auf konstruktivere Formen und klare Konturen eintrat.

Van de Velde, Sohn eines Antwerpener Chemikers und

Apothekers, begann als Maler und Schüler des Neoimpressionisten Seurat. Er wandte sich von der Malerei ab, als er sich über die moralischen und sozialen Aufgaben des Künstlers Gedanken zu machen begann. In einsamer Meditation reifte sein leidenschaftliches Bekenntnis zu einer zeitnahen Kunstausübung in der Einheit von Form und Funktion. »Die Linie ist eine Kraft, deren Äußerungen der Wirkung aller elementaren natürlichen Kräfte entsprechen!« lautete eine seiner Grundthesen, die er als Architekt und Kunsthandwerker zu verwirklichen suchte.

Dabei wurde das Spiel der Linien, das er anfangs übersteigert hatte, immer mehr gezügelt und vereinfacht, so daß Form und Funktion des Baukörpers oder der Kunstgegenstände nicht durch Ornamente verdeckt wurden. Auf diese Weise wirkte er beispielgebend. Er nahm überdies angesichts von Erscheinungen, die ihm als Verirrungen der neuen Bewegung erschienen, kein Blatt vor den Mund. Wie er einmal rückblickend dem Verfasser drastisch sagte: »Wenn der Jugendstil mein Kind gewesen ist, so habe ich ihm jedenfalls gründlich den Hintern versohlt!« (»Je lui ai donné une bonne fessée!«)

Bodenhausen und Kessler war es zu verdanken, daß der Siebenunddreißigjährige, nach Abschluß seiner Lehrzeit und schon im Vollbesitz seines persönlichen Stils, von Brüssel ins Reich übersiedelte. Zunächst verlegte er seine Tätigkeit nach Berlin, wo er Atelier und Werkstätten mit dem Kunstgewerbehaus Hirschfeld vereinigte und sich vor allem dem Entwerfen von Wohnungseinrichtungen zuwandte. Obwohl Wilhelms II. Abneigung gegen »van de Veldes Linien« die ihn »seelisch krank machten«, allgemein bekannt war, faßte dieser dank seiner deutschen Freunde bald Fuß in der Gesellschaft. Helene hatte ihn vermutlich bei jenem Vortragsabend am 30. März 1900 bei Cornelie Richter kennengelernt, an dem er seine Ideen über den neuen Wohnstil darlegte und dabei eine Bemerkung einfließen ließ, die sie amüsierte: Inmitten des Salons mit seinem Renaissance-Dekor rief er seinen Zuhörern zu: »Werfen Sie Ihre Vorurteile und alten Möbel aus dem Fenster, schrecken Sie nicht vor den äußersten Konsequenzen zurück!«

Es blieb nicht bei der negativen Kritik: van de Velde konnte auf seine eigenen Raumgestaltungen verweisen. Zwei Jahre zuvor hatte er die Einrichtung für Kesslers Vierzimmerwohnung entworfen: kleine helle Räume mit elegantem, aber einfachem Mobiliar; weißes schlankes Gestühl mit violetten Bezügen, Graphik entlang den Wänden, dazwischen die »Poseuse«, ein großformatiges Aktbild Seurats.

Die ältere Generation verhielt sich skeptisch. Hildegard von Spitzemberg, die von Kessler zusammen mit van de Velde in sein neues Appartement »zum Frühstück« geladen worden war und bei dieser Gelegenheit mit dem belgischen Neuerer diskutiert hatte, notierte in ihrem Tagebuch, sie könne »die Spreu vom Weizen nicht scheiden«, und zog das Fazit: »Meiner Ansicht nach muß eine solche Überschätzung der Kunst als Erziehungsmittel, eine solche Abhängigkeit von Form und Umgebung zur Entnervung führen.«

Van de Velde erhielt weitere Aufträge, darunter einen, der für Helene eine besondere Bedeutung erhalten sollte, Auftraggeber war Alfred von Nostitz. Er gehörte zu den Bekannten der Hindenburgs, auch zum »himmlischen Hof«, aber nicht zu Helenes näherem Freundeskreis.

Alfred, am 21. Dezember 1870 auf dem Familiengut Schweikershain bei Leipzig geboren, also fast acht Jahre älter als Helene, war der jüngste Sohn von Oswald von Nostitz und Anna von Wilkens-Hohenau. Der Vater war von 1873 bis zu seinem frühen Tode im Jahre 1885 sächsischer Gesandter am preußischen Hofe und Bundesratsbevollmächtigter gewesen. Seine Jugend verbrachte Alfred auf Internaten und in Berlin; nach dem Militärdienst studierte er in Leipzig, wo er sich als »Canitzer« vor allem mit Gustav Richter und Harry Kessler anfreundete. 1897/98 hielt er sich wieder in Berlin auf, als Attaché an der sächsischen Gesandtschaft; damals lernte er Helene kennen. Von seiner Seite war es Liebe auf den ersten Blick, doch wurden seine Gefühle nicht erwidert. Die vergebliche Werbung warf einen tiefen Schatten auf die nächsten Jahre, da ihm in Helene die Frau seines Lebens begegnet war. Er kehrte nach Sachsen zurück, war im Verwaltungsdienst tätig, unternahm eine einjährige Weltreise. Seit Anfang 1902 war er abermals in Berlin, nunmehr als

Legationssekretär an der sächsischen Gesandtschaft. Mit Kessler war er all die Jahre in freundschaftlicher Verbindung geblieben, hatte an seinen kulturellen Bestrebungen teilgenommen und dem Förderkreis für den »Pan« angehört; ihm verdankte er auch die Bekanntschaft mit van de Velde, dem er den Auftrag zur Gestaltung seiner Wohnung gab. Dabei brachte er, in einem eingehenden Briefwechsel, seine persönlichen Wünsche in die Entwürfe ein; sein Interieur wurde daher gediegener, weniger grazil als das Kesslersche, aber ebenso einheitlich im Stil. Helene gehörte, mit ihren Eltern, zu den ersten Gästen, die er einlud:

»Ich war sehr gespannt auf den ersten Eindruck, den diese, wie viele sagten, ›verrückte‹ Zimmereinrichtung auf mich machen würde. ›Und die Bilder!‹ sagte [der sächsische Gesandte] Graf Hohenthal. ›Erkennen tut man nichts, man sieht nur einige Flecken, bis einem der begeisterte Alfred erzählt, sie stellten den Mont Saint-Michel dar. Ich weiß nicht, was in diesen sonst so vernünftigen Menschen gefahren ist!‹

So begaben wir uns denn um die Mittagszeit in die Viktoriastraße Nr. 12. Bei uns lebte ich zwischen Boule-Möbeln und roten Damaststoffen, mit Kopien italienischer Meisterwerke an den Wänden. Als wir eintraten, blickte ich nun sogleich auf ruhige Flächen und edle, zurückhaltende Formen. Ich fühlte, das war eine Welt, nach der ich mich sehnte, zu der ich gehörte. Jede Blume, jedes Bild kamen hier zu ihrem Recht. Auf den dunkelblauen Teppichen standen die Möbel wie Monumente... Das sinnlose Anhäufen von Gegenständen, die keine Beziehung zueinander hatten, gab es hier nicht. Noch nie habe ich einen Fliederbusch in einer japanischen Vase vor einem alten goldenen Wandschirm so leuchten sehen. Darauf betrat man die Bibliothek mit dem Kupferstichschrank, mit dem Schreibtisch, der in ausholender Schwingung den Schreibenden gastlich einlud, sich in seine abgeschlossene Welt zu begeben. Ja, hier herrschte der Ernst eines vertieften Studiums, nachdem die Farbenpracht der anderen Räume den Besucher zum Verweilen verlockt hatte... Und dann gelangten wir ins Eßzimmer. Auf dem Tisch standen Dahlien vor einer hellgelben Wand und vor mattlila und gelb irisierenden Vorhängen. Über den lila Samtstühlen mit weißen Lehnen leuchteten Signacs ›Mont Saint-Michel‹ und Rysselberghes blaues Meerbild wie Edelsteine.«

Dieser Eindruck von einer »Welt, zu der sie gehörte«, schien zunächst ohne Folgen zu bleiben: Das Eis war noch nicht gebrochen. Helene sah ihren künftigen Mann gelegentlich in den Häusern, in denen sie beide verkehrten, aber es waren unergiebige, wenn nicht sogar quälende Begegnungen. In einem Brief Alfreds an Helene vom März 1904 – kurz vor der formellen Verlobung und daher noch ohne das vertrauliche Du – heißt es über eine Begegnung im Dezember 1902: »Gefrühstückt habe ich noch einmal bei Harrachs in den alten Räumen, an die sich doch manche liebe Erinnerung für mich knüpft – noch im vorigen Jahr waren Lori und Renata eigentlich die einzigen, die mir ein klein wenig Licht und Wärme gaben. Ich mußte auch an den Abend vor Weihnachten denken, als ich Sie dort in Begleitung Ihres Vaters traf. Sie trugen das schwarze Kleid (mit den goldenen Münzen) und saßen neben Lori auf dem Sofa; und Ihnen wie mir gefroren die Worte im Munde – es war ganz schrecklich – und ich war sehr traurig...«

Aber auch im folgenden Jahr hatte sich die Situation kaum verändert. Ende September 1903 war die Hochzeit Loris mit dem Grafen Launi (Heinrich) Hochberg in Schloß Oberhofen am Thuner See, damals im Besitze der Harrachs; Alfred und Helene gehörten zu den Gästen. Sie schilderte ihrem Vater ausführlich den Verlauf dieser bunten Tage: »Die Festlichkeiten fingen mit einer Dampfschiffahrt an... Weniger angenehm waren die fortwährenden Böllerschüsse auf einer Seite und eine laute Musik auf der anderen. Graf Harrach kam manchmal, um bei mir Trost zu suchen. Doch in den Pausen unterhielten wir uns gut und waren sehr lustig. Alle Menschen waren überhaupt so besonders nett, warm und reizend zu mir, so daß ich ganz gerührt war... Lori und ich tanzten [am Polterabend] meistens im selben Carré, wir machten noch Unsinn wie früher, aber mit einer gewissen Wehmut, an den Abschied denkend...« Unter den Gästen waren der »dicke Eulenburg, die Hohenthals«. Sodann hieß es: »Ach übrigens Nostitz, der sehr nett und zartfühlend war, aber ich sagte mir doch wieder: impossible.«

Im Tagebuch vermerkte sie über Oberhofen: »Viele Gestalten aus früheren Jahren traten dort wieder auf, doch ich hatte mich gewappnet und ließ keine falsche Stimmung aufkommen.«

Sie schien gefeit zu sein gegen nostalgische Anwandlungen, weil sie stärker als bisher in der Gegenwart lebte. In einer anderen Notiz aus diesen Tagen heißt es: »Ich fühle mich so an die Erde gekettet mit allen Fasern in dieser Zeit, daß mir der überirdische Traum weit entrückt ist und nicht einmal wünschenswert erscheint. Die kleine Leidenschaft zu W., die jetzt mein Wesen erfüllt, mag der Grund sein...«

Mit W. war ihr siebzehnjähriger Vetter Wladimir (Wladi) Münster gemeint, der Sohn ihres geistesschwachen Onkels Ernst (Eri) und seiner rumänischen Frau, einer geborenen Ghika. Eri, der Erstgeborene, war entmündigt worden; sein jüngerer Bruder Alexander (Zander) hatte daher das Erbe von Helenes Großvater angetreten – ein Vorgang, der zu langwierigen Auseinandersetzungen führen sollte. Dieser »Münstersche Erbfolgestreit« wurde erst nach jahrelangen Prozessen durch die Abfindung Wladimirs mit dem Nebengut Kniestedt beendet. Damals war aber der Konflikt noch nicht offen zum Ausbruch gekommen. Der junge Mann war in jenen Wochen in Derneburg zu Gast, und auch die Hindenburgs – Eltern und Tochter – hatten sich dort eingefunden. Harry Kessler, der sie besuchte, vermerkte in seinem Tagebuch vom 5. und 6. September 1903:

»Zu Besuch von Hindenburgs bei Münsters in Derneburg. Hier noch Alexander Münster und seine Frau, Wladimir Münster und seine rumänische Mutter, der kleine A., verkrachter Garde-du-Corps-Leutnant.

Nach Tisch im Mondschein mit Frl. von Hindenburg, der Gräfin Münster-Ghika, Wladimir Münster und A. auf dem See gerudert... Schloß und Park sehr schön, wirklich fürstlich. Etwas peinlich fortwährendes Mitgefühl für den armen Wladimir, der ein netter Junge ist, und dem diese ganze Herrlichkeit ohne seine Schuld an der Nase vorbeigegangen ist. Er wird statt Fürst Marineleutnant, the poor man's profession, und der gute Onkel schwimmt im Geld.«

Helene trug ihrerseits in ihr Tagebuch ein: »Derneburg.

Besuch von Graf Kessler. Es waren warme, träumerische Tage. Fahrten auf dem Teich im Mondenschein – still standen die finsteren Bäume und spiegelten sich im hellen silbernen Wasser. Ich fühle in dieser Zeit ein Aufwachen meiner ganzen Natur, als möchte ich alles fassen und viel geben: als öffneten sich wunderbare Möglichkeiten. – Spaziergang mit W.«

Die »kleine Leidenschaft zu W.« sollte sich freilich als wenig bedeutsame Episode erweisen; auch die »wunderbaren Möglichkeiten« schienen sich nicht zu verwirklichen. Nach dem Oberhofener Zwischenspiel ereignete sich nichts, was sie hätte weiterführen können. Im Oktober war sie wieder in Italien und besuchte ihren Bruder in Rom.

Herbert von Hindenburg war damals Sekretär an der Deutschen Botschaft. Am 21. Februar 1903 hatte er eine schottische Adlige geheiratet: Marie Hay, Tochter des Viscount Dupplin, die sich später als Autorin historischer Romane (»The German Pompadour«; »The Winterqueen«) einen Namen machte. Beim Zustandekommen der Ehe hatte Helene eine Rolle gespielt. Sie war Marie – einer Nichte der schottischen Frau Alexander Münsters – in Derneburg begegnet; es entwickelte sich eine exaltierte Freundschaft, wobei die Initiative von der etwas älteren, sehr selbstbewußten Schottin ausging. Diese nannte die Freundin, der sie dann die Bekanntschaft ihres künftigen Mannes verdankte, »my bluebell« (meine Glockenblume), wozu nach der Heirat noch die Anrede »my most darling sister in love« hinzukam. Später war das Verhältnis distanziert, zumal Helene an der – wie sie fand – überheblichen Kritik Anstoß nahm, die Marie nunmehr zuweilen in den Strom ihrer Liebenswürdigkeiten einfließen ließ. In jenen Herbstwochen in Rom war die Beziehung zur Schwägerin noch ungetrübt, und sie empfand »die Zeit mit Herbert... wie eine friedvolle Zwischenpause im Leben. Keiner verlangt etwas von dem anderen und wir verstehen, trotz einiger Differenzen, vieles gleich.«

Wenn gleichwohl eine unbeschwerte Stimmung nicht aufkommen wollte, so lag das an der Begegnung mit zwei Kollegen ihres Bruders, Johannes von Flotow, dem späteren Botschafter in Rom, und Charly Lardy, einem jungen Schweizer Diplomaten: Verehrern Helenes, zu denen sie sich hingezogen fühlte, ohne Trennendes überwinden zu können. Zwei Szenen, die sie in ihrem Tagebuch festhielt, lassen diese Aporie erkennen: »*Spaziergang mit Herbert und Lardy.* Durch dunkle Straßen zogen wir verträumt; wir meinten an einem anderen Ort zu sein, in einer anderen Zeit. Wir ruhten aus im gemeinsamen Verständnis; über uns... die schwarzen Paläste. Unter dem großen Farnese saßen wir lange like little pilgrims, lined on the way, Tränen auf unserem Weg uns gegenseitig streuend und doch uns nicht helfen könnend in der Not, Lardy und mir. Da war ein kleiner Platz, wo zwei graziöse Jünglingsgestalten einen Brunnen stützten, heiter und sorglos inmitten der großen Paläste. Immer finsterer wurde es, dann bogen wir in eine dunkle Gasse ein – das Ghetto.«

Schauplatz der anderen Szene war ein römisches Restaurant. Helene hat sie auf französisch beschrieben: »Ich dachte an Lardy, der fortgegangen war, und an seine letzten etwas bitteren Worte, die mich betroffen gemacht hatten. Ich wünschte dringend, ihn wiederzusehen, als er auf einmal erschien, blaß, ein armer Junge; er wirkte auf mich wie ein kleines krankes Kind und das Herz schmerzte mir. – Dann trat Flotow ein; Lardy war verzweifelt und ärgerlich, Flotow wiederum ruhig und voller Spott. Ich versuchte Lardy zurückzuhalten, aber er entschwand. Wann werde ich ihn wiedersehen? Es war ein tragischer Augenblick mit all diesen im Grunde noch so jungen Herzen, die einander weh taten; dazu die harte Notwendigkeit, die Zeit, die verfliegt und uns alle voneinander trennt!«

Im November war Helene wieder in Deutschland. Ein Landaufenthalt bot Gelegenheit zu ruhiger Überlegung. Einem Wunsche, den sie in den letzten unruhigen Wochen verdrängt hatte, verlieh sie jetzt Ausdruck. In Erinnerung an die Derneburger Begegnung notierte sie: »Heute morgen, nach einer schmerzlichen Leidensperiode, stieg ein großer Wunsch in meiner Seele auf. Ich fühlte immer stärker, daß der Freund, mit dem ich dieses Buch angefangen, der einzige ist, der mir Glück bringen kann im vollen Ausleben aller meiner Kräfte. Und wie ich so stark wünschte und dachte, trat Luise [die Jungfer] ins Zimmer und sagte: ›Der erste Schnee ist gefallen, da geht ein schöner Wunsch in Erfüllung, wenn man ihn ausspricht!‹ Da wünschte ich mir K [Kessler] als Mann und Begleiter, und sah hinaus auf die weiße märchenhafte Landschaft, die wohl ein Wunder zu verbergen schien.«

Es ist ihre einzige bekannte Äußerung zu diesem Thema. Wahrscheinlich hat keine offene Aussprache zwischen den beiden darüber stattgefunden. Helene war in diesen Dingen zurückhaltend. Avancen zu machen, hätte ihrem angeborenen Taktgefühl nicht entsprochen.

Aus Kesslers Tagebuch (Eintragung vom 4. November 1906) erfahren wir, daß er in einem Gespräch mit Hofmannsthal bekannt hat, daß Helene die Frau sei, die er heiraten würde, wenn eine Ehe für ihn in Betracht komme. Daß er sich hierfür nicht geschaffen fühlte, geht aus anderen Äußerungen hervor. So bemerkte er einmal gegenüber Hofmannsthal in anderem Zusammenhang, er habe oft mit verzehrender Intensität geliebt; stets sei dann aber eine »zersetzende Kritik« gefolgt. Ob er damit das wirkliche Motiv für einen Eheverzicht aufdeckte, ist allerdings fraglich.

In seiner lebenslangen Beziehung zu Helene, einer intensiven geistigen Freundschaft, sind derartige Konflikte nicht sichtbar geworden.

Daß sich Helenes Erwartung nicht erfüllte, bewirkte offenbar weder Enttäuschung noch Resignation. War es die Rückkehr in das vertraute Berliner Ambiente, die sie tröstete und stärkte? Ihre Schilderung eines Dezembernachmittags, den sie mit Bodo von dem Knesebeck im Grunewald verbrachte, scheint dafür zu sprechen: »Harmonie nach viel buntem Getriebe – wie stark empfindet man sie, wenn man sie in den Menschen, in der Umgebung lange entbehrt hat! Ein großer Friede war im Walde, wo Schneeflocken noch grünes Gras durchblicken ließen. Der Sonnenuntergang, und Knesebeck Verse aufsagend: Dies alles glitt an mir vorüber. Es gibt Zeiten, wo man lange in starken Empfindungen gelebt hat und plötzlich ein Augenblick der Ruhe kommt, die nicht Empfindungslosigkeit ist, und wo doch alles fern und unpersönlich erscheint. Da soll sich das arme Herz ausruhen. So erging es mir heute nachmittag.«

Diese Ruhe war freilich nicht von Dauer. Schon bald kündigte sich eine Lebensentscheidung an. Alfred von Nostitz, von dem sie noch in Oberhofen so entschieden abgerückt war, beschäftigte ihre Gedanken und weckte unbestimmte Empfindungen. In der Neujahrsnacht spürte sie bereits, daß eine Entscheidung bevorstand: »Sylvester. Mit meiner geliebten Mama, mit dem armen Onkel Eri habe ich es verlebt. Ein neuer Sprung ins Ungewisse hinein, doch die Liebe dürfen wir als sicheres Gut mitbringen, für jetzt und über das Grab hinaus. Ich sende Grüße den lieben Fernen, die mir nahe sind im Geist, Rodin, Lori – auch Herbert und Marie einen Gruß, wenn sie auch etwas ferner jetzt weilen als früher: God bless them – und den Freunden. Einer steht und wartet, ich seh ihn trauernd stehen, wie wird es werden? Es ist noch alles Frage.«

5. Kapitel

Die Heirat

Alfred von Nostitz, der bisher im Schatten gestanden hatte und nun in Helenes Leben eine entscheidende Rolle zu spielen begann, gehörte einer Familie an, die seit dem dreizehnten Jahrhundert in der Oberlausitz ansässig war. Im neunzehnten Jahrhundert traten Nostitze im Dienste des sächsischen Staates hervor. Oswald von Nostitz, sächsischer Bundesratsbevollmächtigter in der Bismarckzeit, wurde schon erwähnt. Dessen älterer Bruder Hermann führte als Innenminister eine grundlegende Reform der sächsischen Verwaltung durch. Beide waren Söhne Gustavs von Nostitz, eines sächsischen Generalleutnants und Kriegsministers.

Alfred war vierzehn Jahre, als der Vater, Oswald von Nostitz, an einem Krebsleiden starb. Den Großvater hatte er nicht mehr gekannt. Beiden – namentlich dem Vater – hatte er charakterliche Eigenschaften zu danken. Gustav und seine Frau, eine geborene Gräfin Wallwitz, wurden von ihrem Sohn Oswald wie folgt geschildert: »Der Vater war ein Mann von entschiedener, strenger Sinnesart, in allem, was er unternahm, durch und durch praktisch. Bedeutende Geistesgaben erleichterten ihm die Führung seiner Geschäfte. Die Mutter war ganz das Gegenteil, unentschlossen, ängstlich, ziemlich unpünktlich und in Geschäften unerfahren, aber von der trefflichsten Gemütsart... Bei meinem Vater überwog der Verstand, bei meiner Mutter das Herz...«

Oswalds Intelligenz war der des Vaters ebenbürtig, doch war er besinnlicher und ausgeglichener. In der »Schilderung seiner selbst«, die er als Achtzehnjähriger verfaßte, nennt er als Wesensmerkmale einen schwächlichen Körper, ein »gelassenes leidenschaftsloses Gemüt« sowie einen »lebhaften und beweglichen Geist«, bezeichnet sich aber zugleich als

»nachdenkend und überlegend«. Er erwähnt nicht seine Musikalität – er war ein begabter Klavierspieler –, nur seine Phantasie, die ihm »das Bild wirklicher und geträumter Gegenstände« lebendig vor Augen führe. Vermeintliche Mängel übergeht er nicht und sieht als seinen »Hauptfehler« die »nachgiebige Schwäche gegen die Meinung anderer«, »das Streben zu gefallen, in welcher Weise es auch sei«, eine offenbar überspitzte Selbsteinschätzung. Jedenfalls deckt sie sich nicht mit dem Urteil des Historikers Heinrich von Poschinger, der ihm in seinem Werk »Fürst Bismarck und der Bundesrat« kritische Veranlagung bescheinigte und feststellte, »eben dieser kritische Geist« habe bewirkt, daß er im Verlauf seiner Berliner Tätigkeit, ohne sich etwas zu vergeben und ohne blinde Verehrung des Kanzlers, dessen Größe anerkannt und sein Vertrauen erworben habe, so daß »umgekehrt auch Bismarck ihm zum Schlusse das Gefühl entgegenbrachte, welches bei seiner sonstigen Menschenverachtung besonderen Wert hat, nämlich das des Respekts«.

Nach Oswalds frühem Tod wurde dessen Bruder Hermann Vormund der noch unmündigen Söhne; das eigentliche Oberhaupt der Familie war aber Mutter Anna, die dafür alle Voraussetzungen mitbrachte. Sie war die Tochter eines hessischen Ministerialbeamten: von Wilkens-Hohenau; die lange Jahre kranke Mutter, die sie aufopfernd pflegte, war eine geborene von Bergh. Ihre Vorfahren gehörten – wie Helene in ihrem Nachruf bemerkt – einer »bunten Welt« an, deren hinterlassene Kostbarkeiten, chinesische Lackschränke, venezianische Spiegel, Pastelle, Miniaturen und Spitzen, sie getreulich hütete. Die meisten dieser Dinge stammten von den Neales, einem Geschlecht irischen Ursprungs, das seit Beginn des siebzehnten Jahrhunderts in den Niederlanden ansässig gewesen war und Plantagen in Surinam besessen hatte. Der dort geborene Stefan Laurentius – ein »Kavalier von großem Reichtum«, dessen Porträt als Cellospieler noch erhalten ist – ließ sich auf Einladung Friedrichs des Großen um 1750 in Berlin nieder, wo er in einem Palais an der Münzstraße ein exotisch-prunkvolles Leben führte. Die Neales spielten dann in der Berliner Gesellschaft und am preußischen Hofe eine nicht unbedeutende Rolle bis ins neunzehnte

Jahrhundert hinein. Sophie Neale, eine Enkelin von Stefan Laurentius, die einen Freiherrn von Bergh heiratete, war Alfreds Urgroßmutter. Er selbst hat Angehörige dieser Familie, die ohne männliche Nachkommen blieb, nicht mehr gekannt, doch faszinierte ihn ihre Geschichte. Dieses Interesse übertrug sich auf Helene, die sich in ihren letzten Lebensjahren näher mit den Neales beschäftigte.

Mutter Anna gedachte ihrerseits dieser Ahnen mit Pietät, doch war deren Lebensstil nicht der ihre, da sie »die Fülle und Buntheit der Welt« bewußt mied. Statt dessen führte sie eine anspruchslose, bis ins letzte geordnete Existenz, die von gottesfürchtiger, lutherischer Frömmigkeit und tätiger Nächstenliebe geprägt war. In diesem Geiste widmete sie sich der Erziehung ihrer Söhne, die sich dann auch im Leben bewährten: Karl Neale, der Älteste, wurde Gutsherr von Schweikershain und Kreishauptmann im sächsischen Verwaltungsdienst. Benno war zunächst Offizier, übernahm dann das Gut Sohland an der Spree und war der letzte Landesälteste der Oberlausitz, ein aus dem Ständewesen hervorgegangenes Amt. Alfred, der jüngste, unterstand vor allem dem gütigen, aber strengen mütterlichen Regiment. Er war nicht aufsässig, aber wenn er einmal ein Gebot übertrat – wie nach der Abiturfeier, als er sich einen Schwips antrank –, bekam er das unnachgiebig zu spüren. Mit dem Großvater und dem Vater hatte er manches gemeinsam, vor allem, neben dem kritischen Sinn, die Gewissenhaftigkeit und das Verantwortungsgefühl, doch war er verletzlicher und empfindsamer als diese – eine Veranlagung, die durch die gutgemeinte, aber wenig einfühlsame Pädagogik der Mutter noch gefördert wurde.

Hinzu kam, daß er im Grunde ein einsames Kind war. Weder in Berlin noch auf dem Familiengut Schweikershain fand er nähere Freunde seines Alters, und auch in der Schulzeit war er ein wohlgelittener, aber einzelgängerischer Kamerad. Rückblickend bemerkte er, das viele Alleinsein in der Jugend habe wahrscheinlich zu einem »Mangel an Frische und Liebenswürdigkeit« beigetragen – eine Eigenheit, die vielleicht auch durch eine »überdurchschnittliche Sensibilität« zu erklären sei. In seiner Leipziger Studentenzeit hat er dann zwar Freundschaften geschlossen, jedoch jenen Grundzug seines Wesens nie ganz verloren. Noch Hofmannsthal, der ihm erst nach mehrjähriger Bekanntschaft wirklich nahekam, nannte ihn 1925 – in einem Brief an Carl Jacob Burckhardt – einen »scheuen zarten, durch ein übermäßiges Verantwortungsgefühl fast für das Leben verdorbenen Menschen«.

Die Schwierigkeiten, die so lange einer Beziehung zu Helene entgegenstanden, erscheinen so erklärlich. Jene schon geschilderte Szene, in der ihr und ihrem scheuen Verehrer »die Worte im Munde gefrieren«, ist kennzeichnend für eine Hemmung, die damals unüberwindlich schien. Auch eine unerwartete Hilfe, die dem Bedauernswerten gewährt worden war, hatte nichts daran ändern können: der Brief, den ihm Sophie Hindenburg schrieb, als er sich auf seiner Weltreise befand; auf herzliche und teilnehmende Weise hatte sie sich darin nach seiner religiösen und weltanschaulichen Einstellung erkundigt und um eine ausführliche Auskunft gebeten – eine Aufforderung, der er sich, trotz anfangs geäußerter Bedenken, nicht entzog.

Der lange Antwortbrief aus Arizona vom 4. September 1900 ist mit seinen sorgfältig gefeilten Formulierungen ein für den dreißigjährigen Grübler höchst aufschlußreiches »Document humain«. Darin ist zunächst die Rede von der Erziehung »im Geiste eines strengen und dabei warmen Christentums«, dem der Schreibende »trotz mannigfacher Zweifel und Anfechtungen« während seiner Jugend treu geblieben sei. Lange Überlegungen, für die weder »die sogenannten exakten Resultate der heute ohnehin überholten materialistischen Wissenschaft« noch persönliche Erlebnisse entscheidend gewesen seien, hätten ihn dann aber zu dem Schluß geführt, »daß die wahre Bedeutung Christi nicht in seinem mystischen Stellvertretungs- und Erlösungswerk, sondern ausschließlich in seiner mit dem Tode besiegelten *Predigt*« beruhe. Dabei sei er sich bewußt, daß sich der »Weg ohne ›persönlichen Heiland‹ oft als einsam und hart«, erweise, jedoch dürfe man sich »um keines Preises willen Anschauungen anempfinden und aufzwingen« lassen, die man »im Innersten bei ehrlicher und vorurteilsloser Prüfung nicht für die volle Wahrheit halte. Andererseits gebe er die

Hoffnung nicht auf, daß Gott »den ehrlich Suchenden, aber auch nüchtern Prüfenden« Wahrheit und Frieden finden lassen werde, »in diesem oder jenem Leben«.

Sophie Hindenburg hatte in ihrem – nicht erhaltenen – Brief offenbar die Vermutung geäußert, daß »ästhetischer Genuß« für ihn wesentlich sei. Im zweiten Teil des Briefes kommt er daher auf seine »weltlichen Ideale« zu sprechen, bei denen die Kunst nur eine sekundäre Rolle spiele: »Was meinem Leben Inhalt und Richtung verleiht, sind neben jenem Suchen nach Wahrheit meine politischen und sozialpolitischen Interessen, in erster Linie das Interesse an der einen großen Aufgabe, von deren Lösung Deutschlands ganze Zukunft abhängt: unseren arbeitenden Klassen zu einem völligen Genuß ihrer Menschenwürde zu verhelfen und sie gleichzeitig dem nationalen Gedanken zurückzugewinnen. Ich verlange nichts Besseres, als für dieses Ziel einmal meine ganze Persönlichkeit einsetzen zu dürfen...«

Es folgen Betrachtungen über zeitgenössische Kunst, insbesondere über seine Einstellung zu van de Velde, die mit Weltanschauung wenig zu tun habe, doch schätze er ihn als Erneuerer des »stark vernachlässigten Kunstgewerbes« und als Bahnbrecher gewisser »sozial-ästhetischer Ideale«.

Wir wissen nicht, ob Helene diese Konfession zu lesen bekam, jedenfalls hat sie nicht darauf reagiert. Ihre Mutter bewahrte hingegen dem jungen Manne, der sich so aufrichtig und ernsthaft erklärt hatte, ihr Wohlwollen und ließ die Verbindung nicht abreißen, doch sollte es noch mehr als drei Jahre dauern, bis eine Entscheidung heranreifte.

»Wie wird es werden? Es ist noch alles Frage«, hatte Helene Ende des Jahres 1903 notiert. Worte, die sie einige Tage später niederschrieb, deuteten an, daß sie sich mit dem Gedanken trug, statt einer Lebensbindung die Einsamkeit zu wählen.

»Der Augenblick kommt im Leben, wo man fühlt, daß man allein, ganz allein, ist und sich zu viel hat tragen lassen; daß man es kaum aushalten würde, wenn diese Stützen fehlten, und daß man doch lernen muß, sie zu entbehren. Es liegt auch eine Wollust in diesem Begreifen. Das eigene Innere ist ein heiliges, unantastbares Gut, das niemand berühren kann! Dafür muß man auch leiden können!«

Dieser Vorsatz war jedoch nicht von Dauer, ja er wurde sogleich widerrufen. Wenige Tage später kam es zu der Begegnung mit Alfred von Nostitz, die trotz der siebenjährigen Bekanntschaft für Helene eine Überraschung bedeutete und ihr Leben veränderte: »15. Januar 1904. Ich fühle, daß eine große Entscheidung naht. Gestern im Walde habe ich in eine so schöne Seele hineingeblickt, daß es mir war, als ob die Sonne, die durch die Baumwipfel hindurchschien, mich auch erleuchtete. So rein, so groß, so schön waren die Stunden. Nein, es ist doch keine Wollust in der großen Einsamkeit, mehr im gegenseitigen Begreifen!«

Aus den ersten beiden Briefen, die sie ihrem künftigen Mann schrieb, erfahren wir Näheres über diese Begebenheit. Zunächst hatte ein vorbereitendes Gespräch stattgefunden, das die so lange verschlossene Tür aufstieß, aber nach einer Fortsetzung verlangte. Davon handelt der erste Brief:

»Ich danke Ihnen, daß Sie so ehrlich und menschlich zu mir gesprochen haben. Es ist das erste Mal in unserem ganzen Verkehr, daß wir uns *wirklich* etwas näher getreten sind, denn ich liebe keine Zwischenwege, und die, die mich verstanden, haben mir das auch abgefühlt, wie Sie jetzt auch. Ja, unser Verkehr war bis jetzt, abgesehen von einzelnen Momenten, unerquicklich. Besonders das letzte Mal war ich ganz deprimiert, denn warum sollte man sich weh tun? – Und wenn wir Freundschaft halten wollen, so soll es etwas Harmonisches und Schönes sein. Sie fühlen auch, daß ich Ihnen nie etwas Halbes werde geben wollen, und obwohl ich tastend ahne (denn wir kennen uns ja eigentlich noch gar nicht wirklich), daß unsere Ideale nach der selben Richtung gehen: ein freies menschliches hilfreiches Wirken, frei von allem Beengenden und Hergebrachten – ich meine damit das Konventionelle –, so ist das nicht genug, wie Sie wissen. – Aber nochmals, wir wollen eine schöne Freundschaft miteinander halten, ganz ehrlich miteinander sein und uns gegenseitig immer zum Höchsten und Menschlichsten anspornen.

Um ruhig sprechen zu können, wollen wir uns doch Donnerstag morgen neun Uhr 30 am Lehrter Bahnhof treffen und zusammen allein nach dem Grunewald fahren. Nicht wahr, Sie schreiben mir einige Worte, ob es Ihnen so recht ist? Auf Wiedersehen ... In treuer Freundschaft

Helene Hindenburg.«

Einige Tage nach dem Waldspaziergang heißt es dann: »Ich habe das Bedürfnis Ihnen heute zu schreiben. Es ist merkwürdig, seit dem Tage, an dem wir uns eigentlich zum ersten Mal gesprochen haben, sind Sie ganz anders für mich geworden. Ich habe das Bedürfnis, von Ihnen zu hören und Sie zu sprechen. Vorher war es mir ziemlich gleichgültig, ob ich Sie sah oder nicht. – Sie haben meine heiligsten großen Träume berührt und mich darin verstanden, und das war so ausruhend und so schön! Und was noch mehr ist wie Träume: Sie haben meinen Drang nach wirklichem Tun verstanden, weil Sie ihn selber haben...

Give me some news today, denn dieses Sehen [nur in Gesellschaft] zwischen *wirklichen* Freunden... ist doch sehr unerquicklich, da müssen so viele Stimmen schweigen.

H. N.«

In den nächsten Wochen kam es denn auch zu häufigen Zusammenkünften außerhalb des gesellschaftlichen Rahmens, wobei freilich die »Konvention« eingehalten wurde: Man sah sich nach vorheriger schriftlicher Verabredung am frühen Nachmittag, und Helene wurde zu den Rendezvous von ihrer Jungfer begleitet. Im übrigen fand eine Korrespondenz statt, besonders, wenn sich Helene auf Reisen befand. Als sie sich im März mit ihrer Mutter mehrere Wochen in Monaco zu Besuch beim Fürsten Albert aufhielt, kommt sie in einer ausführlichen Betrachtung auf jenen Tag des »ersten wirklichen Gesprächs« zurück und entwickelt ihre Vorstellungen von einem künftigen gemeinsamen Leben:

»Sehen Sie, ich möchte Ihnen gern das Gefühl nehmen, daß ich dem Zusammenklang der Oktaven huldige; das würde ja nie eine himmelstürmende Symphonie abgeben, und die wollen wir doch in unserem Leben zusammen komponieren. Es muß nur ein Zusammenklingen in einigen wesentlichen Punkten stattgefunden haben.

Am ersten Tag, als wir vom Grunewald in der Bahn zurückfuhren, haben wir doch zum Beispiel über die [Glücks-]

Lotterie und das Los der armen Mädchen gesprochen. Hätte ich nun in diesem Augenblick bei Ihnen ein leichtes, wenn auch verstecktes Entsetzen über meine Reden bemerkt, wie viele Männer das haben würden, und eine gewisse konventionelle Stellung der Sache gegenüber, dann wäre wohl nicht alles aus gewesen, aber einen großen Grundstein hätten Sie eben dann noch nicht gelegt. Wenn Sie mich dann noch in einer nebensächlichen Stimmung verletzt hätten, hätte ich mich vielleicht in meine Schale zurückgezogen. Sie wären dann aber auch nicht der gewesen, der Sie sind.

Nun, statt dessen zeigten Sie mir da eine solche Weite und Größe, die Ihnen ganz natürlich kam, so daß ich sofort nicht nur darin, sondern überhaupt und für alles in eine ganze Welt von Verständnis, Mitgefühl, Erbarmen, Wärme blickte – der Grundstein war damit gelegt und wird nun immer bleiben; denn hätten Sie nachher in den stimmungsvollsten Augenblicken auch die unharmonischsten Sachen gesagt, es hätte mich nicht gestört. Und wenn wir uns hoffentlich noch oft entzweien werden, wenn ich auch vielleicht eine Attacke meines *tempers* bekomme, so wird das unseren Ewigkeitsverkehr nicht stören, nicht wahr!

Ich meine nicht, daß man immerfort in Streit zu leben braucht, aber auch im Frieden ist man glücklicherweise verschieden! Jeder muß seine eigenen Kreise ziehen, wenn man noch so sehr vereint ist, und man soll sich nicht zu sehr gegenseitig anpassen, das wird sonst langweilig und tot: Tout est permis hors le genre ennuyeux! [Alles ist erlaubt, nur das Langweilige nicht.]«

Die grundsätzlichen Betrachtungen schließen humorvoll. Hierzu muß man wissen, daß Alfred wenig tanzfreudig war und gewiß kein Anhänger des Cake-walk, eines um 1900 aus den USA importierten grotesken Tanzes der Schwarzen, bei dem ein großer Kuchen (cake) als Präsent winkte: »Ich glaube, Sie könnten jetzt auf dem wunderschönen Palatin oder auf einer antiken Säule den ›Cake-Walk‹ aufführen – es würde mich nicht stören, und vielleicht wäre das gerade amüsant – wenn Sie's könnten!«

Auch andere Briefe Helenes aus der Verlobungszeit verraten Gespür und kritischen Blick für das ungewollt Komische einer Situation. So ein Bericht vom März 1904 aus Monaco, über einen Opernabend in Monte Carlo: »Gestern abend ›Bohème‹ von Puccini mit Caruso, der ganz begeisternd singt. Es ist eine rührende Oper, die immer die kleinen Tränentropfen bei mir fließen läßt. Das Theater ist mit viel Gold überladen; wir sitzen in einer großen bekrönten Loge... unter uns (wie Sie das lieben) das Volk. Wir geruhen auch manchmal, auf den Balkon des Foyers zu treten. In dicker Luft bewegen sich die Demimondänen en grand décolletage mit ›duften‹ Mammuthüten. Ich hatte auch meinen auf, der dagegen zwergenhaft erschien. Man sieht durch geöffnete Türen in die Spielsäle; viele Menschen mit unzufriedenen Gesichtern gehen dort ein und aus; ein kleiner Dandy mit übermäßig großer Blume steckt sich ärgerlich eine Zigarette an: Er hat verloren! L'homme n'est pas à son mieux ici. [Der Mensch zeigt sich hier nicht von seiner besten Seite.] Der kleine Maler hat eine schlimme Eigenschaft: Er erzählt Opernsujets in den Zwischenpausen. Da muß ich dann meine Augen so in Ordnung halten, daß sie nicht zu stieren anfangen!«

Und im Juli schreibt sie an Alfred aus Wiesbaden, wo sie – von der Jungfer Elisabeth Boremski begleitet – ihrem Vater während eines Kuraufenthaltes Gesellschaft leisten mußte: »Also Schelte hat's gegeben, und ich bin doch so artig. – Ich habe wirklich das Gefühl, vor lauter Artigkeit langweilig zu werden. Ich halte mich in Ordnung wie ein Rekrut, äußere nie eine Meinung, adaptiere mich vollkommen. Es ist höchste Zeit, daß Dein demoralisierender Einfluß wieder geltend wird. Sieben Tage – without having kicked out once [ohne daß ich ein einziges Mal ausgeschlagen hätte]. Sogar Elisabeth ist in ihrer neuen Würde gouvernantenhaft geworden: ›Machen sich Fräulein Helene nur keine Tintenflecke! [Ein schwarzer Klecks auf dem Briefpapier wurde zu einem Raben umstilisiert!] Fräulein Helene dürfen aber ohne Jacke nicht ausgehen! Fräulein Helene dürfen da nicht hineingehen, das ist eine Herren-Rasierstube!‹ (Ich wollte mir zwei Stühle zum Malen holen.)«

Sie setzt sich auch zur Wehr, wenn Alfred sie »mein Schätzeken« oder »Frauenzimmerchen«, frei nach Lessing, nennt, ihr »Sensationsbedürfnis« unterstellt, zu einem Theaterstück bemerkt, es sei »nicht für junge Damen...«

»Very naughty indeed, mir solche Ausdrücke zu schreiben... Zur Strafe wird ein hübscher Brief, den ich gestern abend an Sie angefangen hatte, nicht abgeschickt...«

Auch in Fragen der Garderobe, dem Tragen von Kneifern, von Stehkragen, bekommt der »ungezogene kleine Junge« einiges zu hören: »You naughty little boy, als ob Sie mir nicht auf den Knien dafür danken sollten, daß ich Ihnen den gräßlichen Nasenreiter abgewöhnt habe – ich wünschte, ich hätte ihn zerstört!«

Solche Bemerkungen waren nur die Würze eines vorwiegend ernsten Gedankenaustausches, der – obwohl warmes Gefühl immer wieder durchbrach – dem üblichen Liebesbrief-Schema nicht entsprach: Neben Persönlichem und Familiärem spielten darin Weltanschauliches und aktuelle Zeitprobleme eine beträchtliche Rolle. Helene blieb auch hier ihrer Devise treu, zog »ihre eigenen Kreise«, ohne sich anzupassen. In ihrer impulsiven Art erwies sie sich weiter als Gegnerin jeder »Konvention«, als sanfte, aber entschiedene Individualistin mit weltbürgerlichen Zügen, und scheute daher auch nicht davor zurück, Tabus anzutasten. Alfred seinerseits zeigte sich aufgeschlossen, betonte das Gemeinsame, so daß sich unter anderem in religiösen Fragen kein wesentlicher Dissens ergab, zumal Helene für seine Einstellung zur (evangelischen) Kirche Verständnis zeigte. Sie wolle nicht, schreibt sie ihm, »daß Du denken könntest, ich legte im mindesten Wert darauf, daß Du ein Kirchengänger würdest... Wir wollen uns zusammen durch wirkliches Tun einen Glauben erkämpfen und uns hüten vor jeder starren Überlieferung... Über eine solch persönliche Religiosität heißt es in einem anderen Brief: »Nein, aus der Kirche ist der lebendige Glaube bis auf wenige Ausnahmen geflohen, und wir brauchen unsere Gebete nicht aufzuhören, weil wir an ihre starren Satzungen nicht glauben können, denke ich. Ich hatte wirklich ein schönes Erlebnis neulich Nacht. Ich war sehr unruhig... eine schreckliche Unruhe erfüllte mich... Da habe ich die Hände gefaltet und von Herzen gefleht um Ruhe und Frieden. Im gleichen Augenblick fühlte ich eine warme *persönliche* Nähe von etwas Wohltätigem und ein solcher Frieden kam über mich. Ich fühlte, wie das Blut wieder ruhig und gleichmäßig floß und schlief gleich wie lächelnd ein...«

Wir wissen aus anderem Zusammenhang, daß Helene den protestantischen Affekt gegen den Katholizismus nicht teilte, ja, daß sie franziskanische Frömmigkeit, aber auch der Ritus der römischen Kirche beeindruckt hatten. In den Verlobungsbriefen bleibt das Thema ausgespart und wird nur einmal gestreift, als Alfred – anläßlich der Lockerung des während des Kulturkampfes erlassenen Verbots des Jesuitenordens – im März 1904 bemerkte, er »*hasse* eigentlich diese Todfeinde des freien und stolzen Menschen«. Die Äußerung ließ Helene nicht unwidersprochen: Sie meinte, er möge sich für Politik interessieren, »aber ohne Haß! Die Jesuiten erfüllen mich durch ihre Organisation mit Bewunderung« – eine Zurechtweisung, die ihr Verlobter stillschweigend hinnahm.

In anderer Hinsicht war er hingegen weniger tolerant, namentlich, wenn Helene Dinge ansprach, die sein nationales Credo berührten. So schrieb sie ihm, sie könne »auch deutsch fühlen«, wenn es sich um das »Ewigkeitsrecht« des Deutschen handele, um das »Himmelsbürgertum«: »nicht um das unruhige Zugreifen nach mehr oder weniger Länderstücken, das kommt mir immer wie ein Foxterrier-Spiel vor!«

Und zu einem Text Alfreds, in welchem er »amerikanische Individualisierung« dem deutschen Bürokratismus gegenübergestellt hatte, bemerkte sie: »Ihr Aufsatz... hat mich interessiert. Aber wie Sie das Heil bei uns auch von der Armee erwarten, die doch gerade auf Nivellierung, Ertötung der Individualität hinausgeht, das müssen Sie mir noch erklären!«

Aus solchen und ähnlichen Aperçus entspann sich eine Diskussion über Wert und Unwert von Krieg und Militarismus, die Alfred schließlich mit einer für die damalige Zeitstimmung kennzeichnenden Betrachtung beendete: »Nun, über Militarismus werden wir uns fürs erste wohl nicht ganz verständigen... Es handelt sich bei dem National- und Waffenstolz und allem, was damit zusammenhängt, um starke Gefühle, in denen ich vorderhand noch eine sehr wesentliche *Bereicherung* meines Lebens erkenne... Was speziell den

Waffenstolz angeht, so spricht natürlich die Freude an Glanz und Flitter mit, der Reiz der Gefahr... Das Wesentliche ist aber doch etwas ganz anderes... *Das Bewußtsein der gemeinsamen Todesbereitschaft* zu Gunsten des Vaterlandes, eines völlig idealen Begriffs... Und vergessen Sie nicht, daß dies die einzige Form des Gemeinschaftsgefühls ist, die dem Durchschnittsmenschen, und vielleicht nur diesem, nach dem Verlust des Kirchenglaubens noch bleibt... Überhaupt die einzige Form des Idealismus... das Einzige, was ein ganzes Volk heute noch als Gefahr empfindet, ist eben der Krieg, und darin liegt m. E. seine sittliche Bedeutung...«

Helene mag über dieses Bekenntnis den Kopf geschüttelt haben, hat sich aber, soweit wir wissen, dazu nicht geäußert.

Damals hatte sie auch Bertha von Suttner kennengelernt, die ebenfalls beim Fürsten von Monaco zu Gast war. Wenngleich sie die Anschauungen der Friedenskämpferin im wesentlichen anerkannte, harmonierte sie persönlich nicht mit ihr.

»Es wurde neulich über das Aquarium im Museum gesprochen, und der Fürst konstatierte, daß die großen Fische immer die kleinen fressen, worauf die Suttner etwas ölig sagte: ›Mais cela ne devrait pas être comme ça!‹ Obwohl mir ihre Gedanken an sich, abgesehen von diesem, ganz sympathisch sind, irritiert sie mich immer wieder, ich weiß nicht warum. Es ist so ein Mangel an Aufrichtigkeit in ihrem Enthusiasmus; ob sie es ›for show‹ macht?... Ich weiß nicht.«

»Die Suttner fährt heute fort. Sie nahm so zärtlich Abschied von mir, küßte mich auf beide Backen und hoffte, mich im Leben wiederzusehen, daß ich mir nach meiner médisance in meinem Lächeln ganz hypokritisch vorkam; sympathisch ist sie mir aber doch nicht!«

Nicht ganz so kontrovers wie das Kriegsthema war das Problem der deutschen Kolonien, auch ein Anliegen Alfreds. Helene zeigte dafür ein gewisses Verständnis, doch berichtete sie ihm aus Monaco über ihr Gespräch mit einem französischen Afrikakenner, der sich im Auftrag des Fürsten mit der Behandlung der Eingeborenen in den Kolonien befaßt hatte und von dort sehr kritische Eindrücke mitbrachte: auch die deutschen Kolonisatoren seien »sehr roh«, überdies »schutzmännisch«; das Unwichtige werde verboten, die Ausbildung der Eingeborenen vernachlässigt. Helene zog als Fazit: »Es hat mich interessiert, von einem Manne zu hören, der ohne Überschwenglichkeit aus der trockenen Praxis heraus so menschlich sprach. Ich finde die [durch die Kolonien gestellte] Aufgabe eine sehr schöne, aber wie sie jetzt betrieben wird, kann doch nur Widerwillen auslösen!« – ein Urteil, das Alfred vorsichtig einzuschränken oder zu korrigieren suchte.

Die Gebildeten um 1900 waren wissenschaftsgläubig. Unter anderem diskutierte man damals über die Auswirkungen der Mendelschen Erbgesetze, und Ibsens düsteres Vererbungsdrama »Gespenster« gehörte zum Theaterrepertoire. So war es nicht verwunderlich, daß Alfred in seinen ersten Gesprächen auch diese Frage angeschnitten hatte. Helenes Reaktion äußerte sich in einigen mit Bleistift hingeworfenen Zeilen: »Nachts. Ich kann nicht schlafen. Meine Gedanken quälen mich, da schreibe ich sie lieber auf. Es geht mir durch den Kopf, was Sie da über Vererbung sagten, und wie ich eben in Puccinis Oper Des Grieux und Manon sah – Gestalten, die durch die Kraft ihrer Leidenschaft wohl ewig leben werden – dachte ich: Würden die sich gegenseitig über ihre Ahnen befragt haben und ihre Eigenschaften? Nein, als zwei Ewigkeitskinder stehen sie sich gegenüber. Sie können nicht anders. Sie sündigt, er nimmt sie wieder auf, ohne an etwas zu denken. – Und ich, wenn ich jemanden liebe, er könnte das größte Verbrechen begehen, ich würde ihn wieder aufnehmen, ohne weiter zu denken...«

Eine solche Wirkung seiner Grübeleien hatte Alfred offenbar nicht erwartet. Jedenfalls beeilte er sich, der Besorgten zu versichern, daß er in jedem Fall zu ihr stehen werde, auch wenn sich herausstellen sollte, daß sie ein Findelkind wäre.

Ein verwandtes Thema war die Rassenfrage, die seit Gobineaus provozierendem Werk über »Die Ungleichheit der Rassen« die Geister bewegte. Helene machte sich darüber ihre eigenen Gedanken, wobei sie, wie es ihrer Natur entsprach, intuitiv urteilte oder von persönlichen Eindrücken ausging: »Gewiß, es liegt eine Größe in der Verschiedenheit der Rassen und ihrer Ausdrucksweise, aber besteht der Unterschied nicht eher in einer Verschiedenheit der Töne? Denn hinter diesen Erscheinungen gibt es doch wohl eine Urkraft, eine Urseele, die allen gemeinsam ist! Die Genies drücken sie lebendig aus und gehören deshalb keinem besonderen Landstrich an. Und etwas von diesem Himmelsbürger-Funken lebt wohl in jedem. Deshalb sage ich: Wenn möglich, trete man zunächst den Menschen entgegen, ohne ihren Namen, ohne ihr Land zu kennen; so wird man am ehesten dieses Gut wahrnehmen, das uns wirklich zu Brüdern macht!«

Alfred sah das etwas anders. Auch hier ging er, wie das seine Art war, behutsam und abwägend an das Problem heran, vertrat nicht Gobineaus Elitethese, aber gab zu bedenken, daß die Verschiedenheit der Rassen keine Oberflächenerscheinung sei, sondern die Vielfalt der Kulturen hervorgebracht habe; auch sei das Genie nicht schrankenlos unabhängig: »Ganz selbständig – Du magst Dich noch so sehr dagegen sträuben, ist überhaupt keine Persönlichkeit, und Gott sei Dank, daß eine gewisse Bedingtheit durch Rasse und Umgebung besteht!« Es kam noch zu weiteren Erörterungen über Themen wie das Verhältnis zwischen Wissenschaft und Kunst, Wissenschaft und Religion oder über die Zulässigkeit von Verallgemeinerungen: Helene erschien jedes »Generalisieren« unerlaubt und verdächtig, doch ließ sie sich belehren. Überhaupt war sie trotz ihres »tempers«, ihres Widerspruchsgeistes, gutwillig in diesen Auseinandersetzungen. Daß Alfred seine Formulierungen feilte und »ziselierte«, wie er zu Beginn des Briefwechsels einmal eingestand, worunter »die *Unmittelbarkeit* des Ausdrucks, die allem, was *Sie* schreiben soviel ›Charme‹ verleiht«, zu leiden habe – auch diese skrupulöse Korrektheit stieß sie nicht ab, ja sie empfand sie als hilfreiche Ergänzung ihrer spontanen Überlegungen: »Soll ich Ihnen etwas sagen? Was mich so unendlich im gedanklichen Verkehr mit Ihnen erfrischt und erfreut, eben, daß Sie nicht gleich mit mir zufrieden sind und mich gerade auf gewisse Grenzen in mir aufmerksam machen. Ich kann mich mit Ihnen gedanklich ›ausstrecken‹, und Sie erschrecken nicht, das gibt mir ein Unendlichkeitsgefühl voller Hoffnung...«

Andererseits lag ihr daran, den Verlobten für die Dinge zu erwärmen, die ihr Lebensbedürfnis waren. Vor allem galt das von der Musik: für sie nicht zuletzt ein Ausdrucksmittel für seelische Regungen. Wenn sie daher Menschen, die ihr nahestanden, Beethoven vorspielte, so ging es ihr weniger um die Vermittlung eines Kunstgenusses als um Mitteilung eigener Empfindungen. Alfred hingegen war weit heimischer in der Welt der Gedanken als im Reiche der Töne und fühlte sich daher in dieser Hinsicht Helene unterlegen.

»Bitte, bitte«, schrieb er ihr, »setzen Sie doch nicht immer musikalische Empfänglichkeit ›gleich Herz‹, dabei könnte ich vielleicht doch schlechte Geschäfte machen. Sie vergessen immer, daß solche Empfänglichkeit in hohem Grade von körperlicher Anlage (Konstitution der Gehörgänge und Gehirnnerven) und von der Ausbildung dieser Anlagen durch Übung abhängt...«

Er war aber auch hier um Gemeinsamkeit bemüht. Helene hatte ihm von Bayreuth erzählt, von den Eindrücken, die sie dort in den letzten Jahren von Aufführungen des »Ring«, des »Fliegenden Holländers«, des »Tristan« empfangen hatte. In ihren Tagebuchnotizen heißt es: »Die Wagnersche Musik ist in Bayreuth rein und groß, vom Sinnlich-Aufreizenden befreit, durchgeistigt... Noch nie hörte ich eine so unkörperliche Musik...« Von solchen Hinweisen fühlte Alfred sich angeregt. Nach gründlicher Vorbereitung, die freilich weniger der Musik als dem geistigen Gehalt, den Intentionen des »Gesamtkunstwerks« galt, besuchte er im Sommer 1904 zusammen mit Helene und ihrer Mutter eine Aufführung des »Tannhäuser«.

Auch in den letzten Monaten der Verlobungszeit riß zwar der Gedankenaustausch über Weltanschauungsprobleme nicht ab, doch rückten nunmehr Fragen der Gestaltung des künftig gemeinsamen Lebens in den Vordergrund. Für die Zukunft des jungen Paares bot sich der auswärtige Dienst oder als Alternative eine Tätigkeit Alfreds in der sächsischen Verwaltung mit Wohnsitz in Dresden an. Helene neigte zunächst der ersten Möglichkeit zu, die ihrem bisherigen Lebensstil besser zu entsprechen schien. Dresden hatte sie zwar in jungen Jahren mit ihrer Mutter besucht und war damals, wie sie rückblickend schrieb, entzückt von der »lieblichen Stadt an dem breiten Strom«, zumal sie für einige Tage die Befreiung vom »lästigen Zwang strenger Erzieherinnen« ge-

noß. Nunmehr befürchtete sie indessen »beengende Verhältnisse« in dem ihr unbekannten Milieu und erwartete überdies
Komplikationen durch einen zu nahen Umgang mit der dort
ansässigen Schwiegermutter. Sie fügte sich aber bald den auch
von Sophie Hindenburg unterstützten Argumenten Alfreds,
der die Aussicht auf einen sozialpolitischen Wirkungskreis
einem unruhigen Diplomatenleben vorzog und die Bedenken
hinsichtlich seiner Mutter leicht zu zerstreuen wußte. Anfang
August schrieb sie einen Brief an Mutter Anna, der eine
lebenslange freundschaftliche Beziehung zwischen ihnen begründete:

»Nichts Förmliches möchte ich in diese Zeilen hineinlegen
– Sie sollen Ihnen nur ausdrücken, wie von Herzen tief *innerlich* glücklich ich durch Ihren Sohn geworden bin.

Ich hatte schon gedacht, daß ein solches Verständnis und
eine solche Wärme, wie ich sie jetzt gefunden habe, nur ein
Traum wäre, den man nie erreichen könnte, und jetzt ist er
Wirklichkeit geworden – und Sie sind seine Mutter! Es muß
ein herrliches Gefühl für Sie sein, einen solchen Sohn zu
haben! Ich weiß auch, daß er, wie ich, durch neue Bande nie
den alten untreu oder fremd werden würde, – daß Sie ihn
deshalb in keiner Weise verlieren werden. Denn ich weiß, wie
schwer ein solcher Abschied für eine Mutter ist, weil ich ihn
mit meiner eigenen durchgemacht habe, und jetzt, bei allem
Glück, habe ich auch Alfred gesagt, daß mir die Trennung
von meiner Mutter ganz unendlich schwer wird. Wir haben
so lange innig verbunden zusammen gelebt! Aber ich werde
durch mein Glück auch frischer und kräftiger werden und ihr
doch noch viel sein können.

Dieser Brief ist mir nicht schwer geworden, obwohl wir uns
ja, ich möchte beinahe sagen, fremd noch gegenüberstehen –
denn er kam mir vom Herzen…«

Das war nicht Höflichkeit, sondern Ausdruck echter Empfindungen, wie sie auch das Verhältnis Helenes zur eigenen
Mutter bestimmten. Dieses war in der Tat – anders als die
prekäre Beziehung zum Vater – der Cantus firmus ihres bisherigen Lebens, auch wenn gelegentlich Dissonanzen und
Meinungsverschiedenheiten auftraten. Angesichts der bevorstehenden Zäsur spürte sie besonders deutlich, was sie ihr zu

verdanken hatte. Sie schrieb an den Verlobten: »Wie schön, daß Du Mama, auch unabhängig von mir, so verstehst, dann verstehst Du zugleich den größten Teil meines Lebens, der nie ausgelöscht werden kann!«

Auch ihre lobenden Worte über Alfred waren keine Übertreibung. Schon in den ersten Briefen hatte sie sich natürlich und unbefangen ausgesprochen, wenn sich auch das vertrauliche Du erst nach mehreren Monaten einstellte. Ein gemeinsamer Aufenthalt in Ardenza – im Beisein der Mutter – trug zur Vertiefung des Vertrauens und der Zuneigung bei. So schrieb Helene im Spätsommer, als sie sich, diesmal allein mit ihrer Mutter, wieder in Ardenza aufhielt: »Ich bin so ganz von Liebe und Sehnsucht erfüllt. Ich glaube, Du faßt es noch nicht, wie unendlich ich Dich liebe: ja, Du faßt es, aber sagen möchte ich es Dir doch immer wieder... Die Sterne habe ich von Dir gegrüßt und sie deshalb wieder angesehen, da fiel mir einer leuchtend entgegen... nie solltest Du durch mich wieder leiden. Erinnere mich daran, wenn ich je wieder hart werden sollte...«

Angesichts dieser Steigerung der Gefühle wurde die Beendigung des beschwerlichen Zwischenzustandes, den damals die Verlobungszeit bedeutete, immer dringlicher, doch waren für eine Hochzeit noch nicht die Wege geebnet. Während Sophie Hindenburg Alfred schon seit Jahren ihr Wohlwollen schenkte, wurde es ihm von Helenes Vater verweigert. Daß seine Tochter ihren langjährigen Verehrer recht kühl behandelt hatte, war ihm nicht entgangen und wohl auch von ihm gebilligt worden. Nunmehr zeigte er für den Wandel ihrer Gefühle kein Verständnis. Hatte er sich einen anderen Schwiegersohn gewünscht, der seinem eigenen, durch das alte Preußen geprägten Lebenskreis besser entsprach? Wir wissen nichts Näheres über die Motive einer Ablehnung, die jedenfalls so entschieden ausfiel, daß sich seine Frau lange nicht getraute, ihn über die Entwicklung der Beziehung ins Bild zu setzen. Daß Alfred und Helene mehrere Wochen in Ardenza verbrachten, wurde ihm daher ebenso verheimlicht wie der, von Sophie Hindenburg geförderte, Abschluß eines Mietvertrages über eine Dresdener Villa, welche das junge Paar nach der Hochzeit beziehen sollte. Schließlich wurden besondere Vorkehrungen getroffen, um ihm das Unabänderliche mitzuteilen: Während des Sommeraufenthaltes in Derneburg begaben sich Helene und ihre Mutter mit ihm zum Grabe des Großvaters Münster, um an dieser Stätte das heikle Thema zur Sprache zu bringen. Über das Ergebnis berichtete Sophie Hindenburg am 5. August 1904 ihrem »lieben Freund Nostitz«. Der von ihr eingangs erwähnte Brief handelte von dem Einverständnis zwischen Helene und Alfred: »Sie werden etwas enttäuscht sein, daß ich meinem Mann den Brief nicht zeigte, und (auf meines lieben Vaters Grab sitzend) ihm *vor Helene* alles sagte, was in dem Briefe stand; auch, daß Sie mit Helene korrespondierten diese Zeit, sagte sie selbst ihrem Vater, nur das eine nicht, daß Sie in Ardenza waren; *das*, und daß wir *schon jetzt* das Haus mieteten, muß *leider* ewig ein Geheimnis bleiben... Mein Mann fiel fast um vor Schrecken, die Stätte war heilig und er war dort nicht heftig!!! Es kann noch kommen! Ich habe großes Mitleiden mit Ihnen und ihm... ich fürchte im Oktober kann die Hochzeit noch nicht sein...«

Diese Prognose war zu pessimistisch. Conrad Hindenburg fügte sich und gab, nachdem Alfred schriftlich um Helenes Hand angehalten hatte, seine Zustimmung. Die Verlobung wurde daher offiziell bekanntgegeben und die Hochzeitsvorbereitungen konnten beginnen. Den inneren Widerstand gab freilich der alte Soldat fürs erste nicht auf, was er der empfindsamen Helene nicht zu verbergen vermochte. Ihre Reaktion – Anwandlungen von Niedergeschlagenheit – findet Ausdruck in ihren Briefen aus jenen Wochen. Ende August schreibt sie aus Derneburg: »Ich habe es ganz deutlich erkannt, dieses tote, umschleierte Gefühl war nur Nervenmüdigkeit und der Einfluß meines Vaters, der immer alles in mir erstarren macht – wenn er auch noch so freundlich ist und sich jetzt so gut benimmt wie möglich... Aber du brauchst dich nicht zu ängstigen, denn ich kenne diesen Einfluß und weiß mich vor ihm zu wahren – ihm entgegen zu *handeln*...«

Und Mitte Oktober heißt es im gleichen Ton: »Vater quält mich äußerlich in keiner Weise. Aber sein Fluidum ist so ermüdend und Mama sagt mir, daß er hinter meinem Rücken doch noch sehr gegen die Heirat ist... I write so gloomy, talking will be better [ich schreibe so düster, besser sprechen wir darüber] . . . Ich weiß, es ist nur vorübergehend, und das ist der Trost!«

Bald danach, am 26. Oktober, fand die Hochzeit statt. Sie war vom Derneburger Hausherrn, Helenes Onkel Alexander (Zander) Münster und seiner Frau Muriel, geborene Hay, einer Tante Marie Hindenburgs, der Schwägerin Helenes, ausgerichtet worden. Beide waren Helene gewogen und sorgten denn auch für ein festliches Ambiente. Gleichwohl war die Stimmung der Anverwandten nicht ungetrübt. Das lag nicht so sehr an den Spannungen im Hause Hindenburg; die Festesfreude wurde vor allem durch den Schmerz über die bevorstehende Trennung von der Familie überschattet – ein Ereignis, das man damals intensiver empfand als heutzutage. Der von Helene geschilderte Abschluß des Tages deutet darauf hin: »Auf der weiten Rasenfläche vor dem Schloß spielte eine Militärkapelle, als der ›Daumont‹ vorfuhr [ein nach dem Duc d'Aumont benanntes Vierergespann, das nicht vom Kutschbock aus, sondern von zwei Reitern gelenkt wurde, die auf dem vorderen Pferdepaar saßen]. Als wir abfuhren, wurde meine Mutter beinahe ohnmächtig, mein Vater und mein Onkel weinten, und ich kam zu dem Schluß, eine Hochzeit mit all ihrem Zeremoniell sei doch eine komplizierte und tragische Angelegenheit.«

Von den nahen Freunden waren nur wenige nach Derneburg gekommen. Auch Harry Kessler, mit dem Helene während der Verlobungszeit in Verbindung geblieben war, hatte abgesagt, was ihm, wie er später wissen ließ, »ein sehr wirklicher Kummer« gewesen sei. Zuvor hatte ihm Alfred freundschaftliche Worte gesandt, die er herzlich erwiderte. Helene schrieb ihm daraufhin: »Ihr warmer schöner Brief hat mir so viel Freude gemacht, daß ich Ihnen gleich danken möchte, um Ihnen auch noch zu beweisen, daß Alfreds Botschaft wirklich von Herzen so gemeint war! Ja, ich hoffe, daß Sie in Zukunft sich immer, wie bei zwei wirklichen Freunden, bei uns erfrischen und erwärmen, und daß wir gemeinschaftlich noch manches Schöne genießen und fördern!« Es waren Wünsche, die in Erfüllung gehen sollten.

Etwas Besonderes hatte sich Gustav Richter ausgedacht. Er

erteilte Alfred und Helene in einem langen Brief Ratschläge für einen Besuch des ihnen noch unbekannten Venedig, das sie als erste Station ihrer Hochzeitsreise gewählt hatten. Sein kleiner Cicerone wandelt das bekannte Thema mit Weisheit, Phantasie und Humor ab:

»... der herrliche Augenblick vor genau 400 Jahren (1506/07)! Auf der Piazzetta steht plaudernd ein Trupp junger Leute, teils Nobili, teils sezessionistische Maler. Tiziano, Giorgione, Palma Vecchio sind darunter und auch ein blonder langhaariger, etwas hyper-italienisch gekleideter Deutscher, der schüchtern abseits steht. Da kommt eine Gruppe sehr alter Herren vorbei; sie werden ehrerbietig gegrüßt und sogleich beginnt das Getuschle: welch ein Knote dieser Carpaccio; und Gentile Bellini, ein wahrer Idiot; seht nur diesen Süßmeier von Cima de Conegliano! Nur über den 80jährigen Giovanni Bellini, ihrer aller Lehrer, wagen sie nicht zu spötteln. Der übrigens kommt ihnen entgegen, geht gerade auf den Deutschen zu und sagt: ›Seht mir den Dürer, das ist ein Kerl!‹

Aber dennoch herrlicher als diese Tage war die Zeit des 13. und 14. Jahrhunderts, die wieder aufsteigt, wenn man sich in die Sculpturen und Capitäle an der Außenseite des Dogenpalastes versenkt und nachher zu Haus Ruskins wundervolle ›Stones of Venice‹ liest.

Ob das alles eigentlich nötig ist anzusehen, wenn man sehr glücklich ist, weiß ich nicht. Jedenfalls läßt man wohl manches gern aus. Aber vor gewisse ganz große Sachen zu treten, sollte man doch nicht versäumen, da ... man zu ihnen für das ganze spätere Leben in einer inneren gemütvollen Beziehung bleibt, wenn ihr Genuß uns einst die schönsten Stunden geweiht hat ...

P. S. Wie ich höre, soll die Errichtung eines neuen Marcusturms van de Velde übertragen worden sein (natürlich streng constructiv mit moderner Linie und elektrischer Birne statt Engel auf der Spitze).«

Bis Ende Dezember blieb das junge Paar in Italien, nach Venedig in Orten, die Helene seit langem vertraut waren: zunächst in Rom, anschließend in Ardenza. Mit dem Einzug in Dresden im Januar 1905 begann ein neuer Lebensabschnitt.

6. Kapitel

Die Freundschaft mit Rodin

Auguste Rodin war, als Helene den Sechzigjährigen 1900 auf der Pariser Weltausstellung kennenlernte, ein angesehener, aber umstrittener Bildhauer. Eine seiner bedeutendsten Arbeiten, die Balzac-Statue, hatte der Auftraggeber, die »Société des Gens de Lettres«, drei Jahre zuvor zurückgewiesen. Dadurch wurde ein Streit zwischen den Vertretern gegensätzlicher Kunstauffassungen entfacht: Die Erneuerung der Plastik durch Rodin fußte auf vielen Traditionen, nicht nur der Antike, der Renaissance und barocken Elementen; sie war gekennzeichnet von beseelter Sinnlichkeit und dynamischer Naturempfindung, aber auch von Präzision der Formgebung. Das anscheinend Unversöhnliche wurde durch Rodins Ingenium als Einheit gestaltet. So entstand ein persönlicher Stil, der mit den Kriterien der konservativen akademischen Schule nicht in Einklang stand, den Geboten des spätklassizistischen Salon-Idealismus wie auch des gefälligen naturalistischen Genres zuwiderlief, aber eben dadurch die für die moderne Kunst Aufgeschlossenen beeindruckte. Deutsche Interpreten wirkten hierbei als Vorreiter, insbesondere Rilke und Georg Simmel durch ihre Werkanalysen, und auch junge Künstler fühlten sich unmittelbar von Rodin angesprochen. So schrieb Käthe Kollwitz rückblickend in einem Nachruf: »Worin lag das Zwingende, leidenschaftlich Hinreißende seiner Schöpfungen? Darauf kann ich nur antworten: in seinem Vermögen, den seelischen Gehalt, die plastische, überzeugende, nur diesem Gehalt zugehörige Form zu finden. Der Mensch Rodin, der seelische Gehalt seiner Werke, die Form, die er schuf, sind eins. Auch eins mit ihnen ist die Wirkung, die beim Anschauen der Werke auf den Beschauer überströmt. Mir ist es jedenfalls immer so ergangen, daß ... eine starke Erregung vom Werk auf mich überströmte. Die von Rodin ausgehende Kraft, die sein Werk ganz individuell belebte, setzte mich in Schwung.«

Die junge Helene hatte Rodin schon auf Empfängen gesehen, aber nicht gewagt, ihn anzureden. Es gab jedoch einen Mittler, von dem sie Näheres erfuhr: Harry Kessler. Er war bereits damals ein intimer Kenner der europäischen Kunstszene und mit dem »Maître« seit 1897 näher bekannt. So konnte er Helene auf die Begegnung mit ihm vorbereiten – »Rodin spricht ungern, Sie werden ihn sehr schweigsam finden!« – und Sophie Hindenburg eine Empfehlung mitgeben, in welcher er dem verehrten Meister die Tochter des deutschen Botschafters, des Grafen Münster, vorstellte, übrigens ohne die begleitende Enkelin ausdrücklich zu erwähnen. Derart eingeführt, fanden sich die Besucherinnen an einem sonnigen Junimorgen im Pavillon de l'Alma ein, den man, nach langwierigen Verhandlungen, Rodin als besonderen Ausstellungsraum zur Verfügung gestellt hatte. Hier waren mehr als hundert seiner Werke zu sehen.

Der Eindruck, den Helene damals empfing, entsprach in seiner Intensität dem von Käthe Kollwitz geschilderten; hinzu kam aber noch die persönliche Begegnung mit dem Künstler.

»Als wir den Pavillon betraten, stand Rodin in einer Ecke des Raums... über eine Plastik gebeugt. Von weitem wirkte seine kurze, untersetzte Gestalt eher unscheinbar, bis Haupt und Blicke die Gewalt der Persönlichkeit verkündeten. Seine Werke standen vor hellen Wänden, überall flutete die Sonne hinein, die er sein Leben lang suchte. ›Nur die gewissenhafte und ehrliche Arbeit kann das Spiel des Lichtes und der Schatten vertragen‹, pflegte er zu sagen, aber eben deshalb brauchte er dieses Licht nicht zu fürchten. Wir betrachteten sogleich die beiden einander umschlingenden Gestalten, um die das Weltall zu kreisen scheint: ›L'éternel Printemps‹. Und da geschah mir etwas Merkwürdiges. Lichtwellen schienen den Marmor zu umspielen. Zum ersten Mal wurde ich von dem Anblick einer Plastik so erschüttert, daß meine Augen sich mit Tränen füllten. Ich war dann gar nicht erstaunt, daß, als ich mich umblickte, Rodin hinter mir stand; denn er mußte gefühlt haben, daß sein Werk mir ein ungewöhnliches und erstmaliges Erlebnis geschenkt hatte. Und es fielen die ersten Worte zwischen uns, mit denen unsere lange Freundschaft begann.«

Es war in der Tat eine beständige, niemals in Frage gestellte Freundschaft, die zu weiteren Begegnungen führte: zunächst in Meudon, im Hause Rodins, der seinerseits in den Jahren 1901 und 1902 in Ardenza bei Sophie Hindenburg, im Beisein der Tochter, zu Gast war. Es folgte ein erneuter Besuch Helenes und ihrer Mutter 1903 in Meudon und im Frühjahr 1907 ebendort ein längerer Aufenthalt der inzwischen Verheirateten in Begleitung ihres Mannes, um für die Marmorbüste Modell zu sitzen. Hinzu kam ein Briefwechsel, in den auch Sophie Hindenburg einbezogen war – ein intensiver Gedankenaustausch, der notgedrungen durch den Ausbruch des Ersten Weltkrieges ein Ende fand. Über das alles hat Helene aufgrund ihrer Tagebuchnotizen Anfang der dreißiger Jahre in dem Buche »Rodin in Gesprächen und Briefen« sowie in der Einleitung zu der deutschen Ausgabe der Rodinbriefe: »Auguste Rodin, Briefe an zwei deutsche Frauen«, berichtet. Unter dem Eindruck dieser Schilderungen bemerkte ein kluger Kritiker – Bruno E. Werner –, die Beziehung zwischen der jungen Frau und dem großen Bildhauer habe sich gleichsam auf einer imaginären Insel abgespielt; damit war eine Freundschaft zutreffend gekennzeichnet, die trotz ihres schwärmerischen Charakters auf der geistigen Ebene verblieb. Es bleibt noch hinzuzufügen, daß sie damit nicht nur innerhalb der Epoche, sondern vor allem im Leben des Bildhauers eine Ausnahme darstellte; so erklärt sich, daß nüchterne Zeitgenossen, die über Rodins Begegnungen mit Frauen manches vernommen hatten, ihre Verwunderung nicht verhehlten. Zu ihnen gehörte der Maler Max Liebermann, mit dem Helene im März 1902 das Thema berührte, wobei sie offenbar ihrer Begeisterung über den französischen Meister freien Lauf ließ. Liebermann, der ihr als ein »frischer aufrichtiger Geist« erschien, bezeichnete seinerseits Rodin als das »einzige Genie«, das Frankreich zur Zeit habe, fügte dann aber hinzu, im persönlichen Umgang sei er »nicht immer angenehm« – ein Hinweis, mit dem er bei seiner Gesprächspartnerin auf kein

Verständnis stieß. Er kenne ihn eben nicht »dans ses heures sublimes«, notierte sie in ihr Tagebuch.

Daß die Beziehung zu »unserem lieben Genie« – wie Helene Rodin in Briefen an ihre Mutter zu nennen pflegte – von den »sublimen Stunden« geprägt wurde, erklärt sich aus den besonderen Umständen, die für diese Freundschaft zwischen zwei der Herkunft und dem Milieu nach verschiedenen, aber durch gemeinsame künstlerische Impulse verbundenen Menschen kennzeichnend waren.

Rodin hat sein künstlerisches Bekenntnis einmal folgendermaßen umschrieben: »Es kommt entscheidend darauf an, erschüttert zu sein, zu lieben, zu hoffen, zu schaudern (frémir), zu leben: Mensch zu sein, bevor man Künstler ist.« Ergänzend fügte er noch hinzu: »Kunst ist nichts anderes als Empfindung. Doch ohne die Wissenschaft von den Volumen, den Proportionen, den Farben, ohne Handfertigkeit ist auch die lebendigste Empfindung gelähmt.«

Helene spürte von Anfang an den Gleichklang mit Rodins Credo; zugleich sah sie sich dadurch in Regungen bestärkt, die sie bereits im stillen gegen eine akademisch ausgerichtete Ästhetik empfunden hatte, wie sie Ferdinand Harrach, ihr bisheriger Mentor in Kunstdingen, vertrat. Durch Rodin fühlte sie sich nunmehr in ihrer jugendlichen Aufsässigkeit gegen solche »Konventionen« ermutigt. Sie schrieb ihm im März 1903: »Ich habe Ihnen vielleicht noch nicht genug gesagt, was Sie und Ihre Kunst für mein Leben bedeutet haben. Das geträumte Ideal haben Sie für mich zu einer Wahrheit werden lassen, und seit ich der wahren Schönheit begegnet bin, gehe ich kraftvoller und begeisterter meinen Weg. Sie sind in einem Augenblick in mein Leben getreten, als der Künstler, dessen Vorstellungen und Empfindungen ich als verfehlt erkannt hatte, mich bitter stimmte. Ich kannte ihn seit meiner Kindheit. Ihre Kunst hat mich aufgerichtet. Dafür bin ich Ihnen dankbar!«

Ihre Rebellion war jedoch begrenzt, erstreckte sich nur auf die Kunstsphäre, nicht auf den menschlichen Umgang. Wie bei den anderen Begegnungen in diesen Jahren verstand sie es auch hier, ihren Gefühlen Ausdruck zu verleihen, ohne auf eine erotische Erfüllung angewiesen zu sein. Solch eine Enthaltsamkeit entsprach allerdings nicht Rodins Lebensstil. Wenn er das »Menschsein« als Vorbedingung künstlerischer Kreativität ansah, so schloß er dabei ein sinnliches Sichausleben mit ein. Bekanntlich sind seine Modelle häufig auch seine Geliebten gewesen.

Helene gegenüber schwieg er hierüber, wenn er sich auch in gewissen Äußerungen seiner Briefe – etwa: »Die Seele ohne Leib inspiriert mich nicht«; »das Fleisch gilt ebensoviel wie der Geist« – zu erkennen gibt. Der Eindruck, den er schon bei der ersten Begegnung auf sie gemacht hatte, blieb von solchen Andeutungen unberührt und wäre auch durch offenere Formulierungen kaum beeinflußt worden. Argwohn entsprach nicht Helenes Natur. So hielt sie fest an jener ans Schwärmerische grenzenden Verehrung, die sie einmal in die Worte faßte, er, Rodin, sei einer »der seltenen Auserwählten«, die, wenn sie diese Welt verließen, von sich sagen könnten: »Ich weiß, weshalb ich gelebt habe!« Übrigens war das ein Vorrecht, das sie für sich selbst nicht in Anspruch nahm: Ausdrücklich bekennt sie in einem ihrer Briefe, da sie nicht *wirklich* Künstler sei, müsse sie »diesseits der Mauer« bleiben, vermöge aber wenigstens das für sie Unerreichbare von fern zu erkennen!

Rodin war seinerseits von ihr hingerissen und sprach sich offen darüber aus, zuweilen in überschwenglicher Weise: »...Ihr Brief schenkt mir wieder Ihre liebe Gegenwart! Ich liebe so sehr Ihre Gedanken und meditiere über das Wohltuende Ihres Wesens: Sie sind gebildet, streng, unvoreingenommen und zugleich sanftmütig; es fällt schwer, mehr Tugenden zu haben.« Auch Sophie Hindenburg schloß er in seine Huldigung ein, die jedoch einen klaren Kopf behielt, ihre Mutterrolle wahrnahm und, wie sie einmal der Tochter schrieb, »ohne Worte, durch Gedanken und Ablenkungen von der Erde« dazu beitrug, den Verehrer »im Zaum zu halten«.

Die beiden Besuche in Ardenza, die jeweils im Spätherbst der Jahre 1901 und 1902 stattfanden, verliefen denn auch harmonisch, wenn auch zuweilen in einer sehr gefühlsbetonten Stimmung. Helene hat diese Tage, die »erfüllt waren von Betrachtungen der Natur, von Musik und von den Stimmen der großen Dichter«, in ihren Schilderungen festgehalten: »Ich lernte, wie ein Tag aufgebaut wird gleich einer Symphonie. Des Morgens wanderten wir oft am Meer entlang... Einmal bückte ich mich nach einem schöngeformten Stein. Er war modelliert wie eine Plastik. ›Das ist ja mein Balzac!‹ rief Rodin mit kindlicher Freude und steckte ihn in seine weite Manteltasche. Dann wieder betrachteten wir gequälte Baumstämme, die sich an Felsen anklammerten und immer wieder dem Sturm der Elemente ausgeliefert waren. Aus einem ihrer Zweige wuchs Grün wie eine Flamme. Die verzweifelte Bewegung der Äste erinnerte Rodin an Gestalten in Dantes Höllengesang... Überall belebte sich das Gestein unter seinen Augen. Dort, in jener Felsenhöhle, wurde Andromeda von Perseus befreit. Die Meereswogen verwandelten sich in Nixen und Ungeheuer... Des Mittags stiegen wir oft den Hügel nach Montenero hinauf zu der kleinen Wallfahrtskirche, deren wundertätige Madonna die Schiffbrüchigen beschützt. Trat man aus der dunklen Kapelle hinaus, in der Rodin die Ewigen Lampen wie ›Seelen im All‹ schweben sah, schweifte der Blick bis zu den weißen Carrarabergen. Auf dem Platz vor der Kirche aber tummelte sich das bunte Volk und kaufte und verkaufte geweihte Münzen und Kerzen, und Frauen schritten vorüber, in den schmalen Hüften leicht sich wiegend. Sie trugen Krüge auf dem stolz erhobenen Haupt. ›Erinnern sie nicht an griechische Vasenbilder?‹ meinte Rodin, ›und zeigen sie nicht die gleiche Majestät wie die Landschaft?‹... Langsam gingen wir den Berg hinunter, an kleinen bunten Häusern vorüber. Vor dem einen saß einmal eine blinde alte Frau, in mattrote Tücher gewickelt. Sie erinnerte Rodin an die Fresken der großen Meister. ›Alle wurden von der wundertätigen Madonna erhört, nur sie muß weiter im Dunkeln sitzen; schreiben Sie doch über diese tragische Gestalt!‹ sagte er dann unvermittelt. Immer wieder fragte er mich, ob ich auch ›Notizen‹ gemacht hätte. Den Schaffensdrang auch in anderen zu erwecken, schien ihm eine besonders wichtige Aufgabe.«

Helene erfüllte seinen Wunsch. Sie notierte nicht nur ihre Eindrücke, sondern fühlte sich auch zu kleinen dichterischen Versuchen ermuntert. Zwei davon übersandte sie ihm nach seinem ersten Besuch mit bescheidenen Begleitworten: »Hier

Gedanken, die an unsere lichterfüllten Spaziergänge erinnern. Sie dürfen Sie nicht als Verse ansehen, denn die bringe ich nicht zuwege:

> Les airs sont remplis d'une belle cadence,
> L'espace est lumineux,
> La plaine est immense,
> Infinis sont les cieux.«

(Ein schöner Rhythmus erfüllt die Lüfte, / In Licht ist der Raum getaucht, / Unermeßlich dehnt sich die Ebene, / Unendlich darüber der Himmel.)

Auch die Ewigen Lampen in der Wallfahrtskirche regten sie zu einer lyrischen Betrachtung an: Sie sah die Lämpchen gegen das dunkle Nichts ankämpfen und mit äußerstem Mut dem Tode entrinnen, indem sie in sanftem Schwanken ihr Leuchten behaupteten:

> »Le combat est passé, le néant obéit.
> Doucement agitée la lampe balance et luit.«

Rodin war ein dankbarer Empfänger: »Ebenso wie Ihr Brief entzückte mich die Strophe über die Schönheit des Raumes und seinen Rhythmus. Und das kleine Gedicht über die Lampen symbolisiert Demut und Tatkraft.«

Unter seinen in Ardenza entstandenen Zeichnungen befindet sich auch eine Skizze des Kirchplatzes in Montenero mit seinen »eleganten Arkaden«. Offenbar hatte ihn aber diese Stätte nicht nur ästhetisch beeindruckt. In seinen Briefen ist öfter von Montenero die Rede. So spricht er am Jahresende 1902 von dem »großherzigen Gebet« (la prière généreuse) in der kleinen Kirche, von dem Glücksgefühl, das er verspürt habe, als er sie erstmals betrat, im Juni 1904 kommt er wieder »auf die ihm so besonders liebe Kirche« zurück, von der ihm »diese kleinen Lichter, dieses Dunkel« gegenwärtig geblieben seien, und Ende 1905 bittet er Sophie Hindenburg sowie Helene, sie möchten doch, unter Mitteilung von Tag und Stunde, eine der Madonna von Montenero geweihte Kerze für ihn anzünden – ein Auftrag, den sie getreulich ausführen.

In diesem Herbst 1901 in Ardenza traf man sich in der Regel nach den Wanderungen bei sinkender Sonne im weißen Saal der Villa Margherita. Es war die Stunde der Musik. Helene setzte sich an den Flügel, begleitete ihre Mutter, die alte italienische Arien sang, spielte dann Klavierstücke, meist Beethoven-Sonaten oder Gluck. Rodin war ein passionierter Zuhörer, lauschte versunken, griff aber auch manchmal zum Zeichenblock, um die Gestalt Helenes, ihre Bewegungen, ihren Ausdruck mit einigen meisterlichen Strichen festzuhalten. Während des Sonnenuntergangs pflegte man auf die Terrasse hinauszutreten, betrachtete, eingestimmt durch die Musik, dieses Naturschauspiel und das Nachglühen über dem Meer, die vorbeigleitenden Segelschiffe.

Nach dem Abendessen saß man wieder beisammen, wobei Helene oft von Rodin gebeten wurde, etwas vorzulesen. Während seines ersten Besuches waren es vor allem französische Lyriker des neunzehnten Jahrhunderts, die er hören wollte: den Wohlklang der romantischen Verse Lamartines, die kräftigen und suggestiven Oden Victor Hugos, aber auch die durch ihre neuartige, provokante Bildersprache bestechenden Gedichte Baudelaires aus den »Fleurs du mal«.

Der Frieden dieser Abende wurde nur einmal durch einen unerwünschten Besucher gestört; einen prominenten Berliner Bekannten der Hindenburgs, den Hofarchitekten Ernst von Ihne. Er begann, den berühmten Bildhauer einem regelrechten Interview zu unterziehen: Welche Qualität Bronze er verwende, welcher Marmor sich am besten bearbeiten lasse? »Rodin hob den Kopf, versuchte erst höflich zu antworten, dann verstummte er bald ganz. Plötzlich stand er auf und ging leise und vorsichtig ohne sich zu entschuldigen aus dem Zimmer. Der Architekt schaute etwas befremdet auf die sich sanft schließende Tür. Da er aber ein Mann von Welt war, meinte er, der Meister sei wohl müde, und verabschiedete sich mit der Zusicherung eines baldigen neuen Besuches. Als ich Rodin am nächsten Morgen traf, sagte er nur: ›Der gestrige Besucher hat alle die Bilder, die wir entworfen hatten, ausgelöscht...‹«

Die kleine Episode blieb jedoch ohne Nachwirkungen: Rodin äußerte wiederholt, wie glücklich er über den Aufenthalt sei, und der Abschied nach zehn Tagen bestätigte diese Empfindung. Helene notierte in ihr Tagebuch: »6. November. Es war der Abschiedstag nach einer schönen Zeit. Noch einmal fuhren wir am Rande des Meeres wie am ersten Tage. Still drückten wir Rodin manchmal die Hand, so groß war seine Bewegung...«

Als er im Herbst 1902 wieder auf dem Weg nach Ardenza war, trafen ihn Helene und ihre Mutter zunächst in Florenz. Die Begegnung mit den Kunstwerken der Hochrenaissance hinterließ einen so nachhaltigen Eindruck, daß in Gesprächen und Briefen immer wieder von ihnen die Rede war, vor allem von den Skulpturen Michelangelos: den Figuren des Monuments für Papst Julius II. und der Medici-Grabkapelle. Rodin bewunderte ihren Bewegungsrhythmus, der, so meinte er, einer Ellipse und damit kosmischen Gesetzen entspreche: dem Lauf der Planeten. Eine These, die er später in Ardenza anhand von Erinnerungsskizzen und kleinen Tonmodellen erläuterte.

Michelangelo war ihm schon seit seiner ersten Italienreise im Jahre 1875 vertraut; eine überraschende Entdeckung dieses Florenz-Besuchs aber bedeutete ihm das Triptychon Peruginos in Santa Maria Maddalena dei Pazzi: eine Darstellung der Kreuzigung auf einem großen Wandbild: in der Mitte die kniende Magdalena vor dem Kreuz und, als stehende Gestalten, die Mutter Gottes neben Johannes auf der einen Seite, die Heiligen Bernhard und Benedikt auf der anderen. Erst nach langem gemeinsamen Schweigen äußerte sich Rodin über das Geschaute. Besonders beeindruckte ihn die stille, schon dem Jenseits zugewandte Versenkung der Trauernden vor der lieblichen, von leichtem Nebel verschleierten Landschaft. Noch Jahre später, am 5. Mai 1904, schrieb er Helene von »unserem Perugino, schön wie ein Kunstwerk der Antike, doch mit einer neuen Seele, die der unseren näher ist und uns zum Schmelzen bringt wie Wachs.«

Ein Besuch der Certosa di Montesanto, eines alten Kartäuserklosters im toskanischen Hügelland, vermittelte verwandte Eindrücke, die Rodin Ende Dezember 1902 in einem Brief festgehalten hat: »Welch ein Bild des Friedens! Dieser Garten, die schlanken Gewölbebogen, einander gleichend wie glückliche Tage, der Brunnen voller Symbolik, das kleine Fenster, an dem Ihre Gestalt in anmutiger Bewegung die Schönheit der Ferne zu erkunden suchte und an dem Sie verweilten, um noch Ihren Gedanken nachzuhängen. In Kontemplation versunken waren, glaube ich, nicht nur die Mönche, sondern auch wir, trotz unserer andersartigen Kleidung; ein Wunder hätte mich in diesem Augenblick nicht überrascht, und war es nicht eines, daß unser Denken so frei von Schwere war? So war dieser Tag mehr als nur ein paar Stunden, mehr als nur ein Tag!«

Kritischer gestimmt war Rodin in Lucca. Hier kam es sogar zu einem kleinen Zwist mit Helene, als er die vielbewunderte Figur Jacopo della Quercias auf dem Grabmonument im Dom ablehnte und gegen sein Urteil keinen Widerspruch duldete. Helene vermerkte: »Die Lieblichkeit der jungen Frau mit dem Rosenkranz, zu deren Füßen ein Hündchen liegt, konnte ihn nicht überzeugen... Und als wir nun in dem kleinen Wagen weiterfuhren, verstummte er immer mehr und verzichtete auf weitere Eindrücke: »Il ne faut pas multiplier les impressions!« (Man darf die Eindrücke nicht häufen!) – ein Wort, das Helene im Laufe ihres Lebens oft erwähnte und zu beachten suchte. Auf dem Heimweg nach Ardenza gelang es ihr dann, das Schweigen zu überwinden, als sie Rodin ein der Madonna gewidmetes Gedicht von Maurice Maeterlinck zeigte:

>»À toute âme qui pleure
>À tout péché qui passe
>J'ouvre au sein des étoiles
>Mes mains pleines de grâces,
>
>Il n'est péché qui vive
>Quand l'amour a parlé
>Il n'est âme qui meure
>Quand l'amour a pleuré...«

(Jeder Seele, die weint / Jeder Sünde, die vergeht / Öffne ich inmitten der Sterne / Meine Hände voll der Gnaden, // Keine Sünde hat Bestand / Wenn die Liebe gesprochen hat // Keine Seele stirbt / Wenn die Liebe geweint hat.)

Durch diese heute vielleicht sentimental anmutenden Verse fühlte Rodin sich angesprochen; Helene mußte sie ihm abschreiben. Später teilte er ihr in einem Briefe mit, daß er oft sein Notizbuch hervorziehe, um sie zu lesen.

Von der Madonna war während dieses zweiten Aufenthaltes noch des öfteren die Rede, namentlich kurz vor dem Abschied, wohl unter dem Eindruck von Gretchens Gebet: »Ach neige/Du Schmerzensreiche/Dein Antlitz gnädig meiner Not!« aus Goethes »Faust«, das Helene zuvor – in der französischen Übertragung von Paul Sabatier – vorgelesen hatte und das Rodin bisher nicht kannte.

»Ich fragte ihn: ›Haben Sie jemals eine Madonna dargestellt?‹«, heißt es in ihrem Tagebuch. »›Wie Sie meine Gedanken erraten! Ja, das würde ich gern, aber ich brauche ein lebendiges Wesen, um mich zu inspirieren. *Sie* möchte ich modellieren! Aber wann?‹ Wie schön war der Gedanke, in dieser Gestalt unter seiner Hand fortzuleben. Und ich versprach ihm zu kommen...«

Dieses Gespräch fand an Helenes vierundzwanzigstem Geburtstag statt, der zugleich Rodins letzter Tag in Ardenza war. Sie hat daher den Verlauf dieses 18. November im einzelnen aufgezeichnet. Die Gefühle, die Rodins zweiter Besuch noch stärker als der erste auslöste, werden nicht verschwiegen.

Es war ein Regentag mit stürmischem Meer, so daß sich das Leben im Hause, meist im weißen Saal, abspielte. Morgens formte Rodin eine »wunderbar bewegte Tonfigur«, um daran nochmals Michelangelos Bewegungsrhythmus – er sprach von einer »Wellenbewegung« – zu demonstrieren. Danach schenkte ihm Helene eine Rose, die er länger betrachtete, bevor er sie verwahrte. Nach einer Weile begann er sich mit dem Modell der kleinen Büste zu befassen, die ihn in all diesen Tagen beschäftigt hatte und die er in Meudon vollenden sollte. Während der Arbeit sagte er zu Helene: »Jetzt habe ich die gleiche Empfindung, die auch Sie haben, wenn Sie die großen Dichter lesen! – sie haben griechische Linien in all ihrer Schönheit.« Später wurde musiziert. Helene spielte eine Beethoven-Sonate und begann darauf mit der schon erwähnten Lesung des »Faust«. Sie notierte: »Bei Gretchens

Gebet hatte Rodin Tränen in den Augen, wir waren alle sehr bewegt. Als ich dann abends das Adagio [aus der »Appassionata«) spielte, spürte ich seine Ergriffenheit; er begann zu schluchzen. Unsere Rührung steigerte sich noch bei den letzten Worten des sterbenden Gretchens. Dann nahte von neuem der schwere Abschied. Und als er das Haus verließ... vergoß ich heiße Tränen. Es war auch sein tiefer Schmerz, den ich fühlte, und der mich weinen ließ. Doch es war ein schöner Geburtstag, ›un jour de suprême beauté‹, wie Rodin sagte. Eine Oase in der Wüste.«

Einige Tage später kam sein erster Brief: »Welch ein Traum! und zuletzt dieser Geburtstag! Dieser Tag, der Ihnen allein gewidmet war und an welchem, bei der Lesung des ›Faust‹, die uns so schmerzliche Wunden schlug, Ihre Begabung sich so wunderbar entfaltete, nuanciert, ausgewogen und zugleich bestimmt durch Ihr eigenes Herz!

Derart bedrückt, war mein Abschied verwirrt, unbeholfen, verzeihen Sie's bitte!«

Alle Pläne zu einem neuen Besuch in Ardenza zerschlugen sich, doch kam er in seinen Briefen an Mutter und Tochter immer wieder auf das gemeinsam Erlebte zurück. Helene fühlte sich ihrerseits durch die empfangenen Eindrücke zu einer näheren Beschäftigung mit Michelangelo angeregt. Sie begann mehrere seiner Sonette ins Französische zu übertragen, um sie Rodin zu vermitteln, der das Italienische nicht beherrschte; freilich geschah das nur in freier Paraphrase. Überdies war philologisches Recherchieren nicht ihre Sache; so war ihr entgangen, daß Michelangelos schon bald nach seinem Tode verstümmelten oder sogar verfälschten Dichtungen im neunzehnten Jahrhundert in der ursprünglichen Fassung wiederentdeckt worden waren; die seither maßgebende Ausgabe von Carl Frey (1897) hat sie daher nicht berücksichtigt. Ihre »Poèmes en prose« erfüllten gleichwohl ihren Zweck, und Rodin sparte nicht mit Lob und Dank. »Sie sind eine Schülerin Michelangelos geworden«, schrieb er ihr im März 1903, »und haben seine maßvolle Maßlosigkeit, seine zarte und fromme Liebe wiedergegeben... Der alte Mann, reif an Erfahrungen und weise, spürt, daß sein Herz frei ist, und kehrt nun ins Nest zurück, um sich daraus wieder aufzuschwingen, ein ungestümer Vogel, der mit Gott selbst Umgang sucht. Solche Gedanken kamen mir beim Lesen der Sonette, die Sie für mich übersetzt haben.« Ein halbes Jahr später schreibt er ihr, er wolle drei dieser Texte, »die dem ganzen Leben neuen Ausdruck verleihen«, an die Wand heften: »Meine kleine Kollektion befindet sich in meinem Schlafzimmer, zu dem niemand Zutritt hat.« Und in einem Brief vom 30. August 1904 heißt es: »Ich hatte geheime Eingebungen, die vielleicht von Ihnen und Ihren Übertragungen Michelangelos herrühren. Es versteht sich, daß ich meinem Traum und meinen Heiligen die Treue halte... Möge mein Geist nie der Trockenheit verfallen und immer von Poesie und Erinnerungen genährt werden, bis zu meiner letzten Minute.«

In den gleichen Zusammenhang gehört ein Bekenntnis, das er Helene in einem Brief Anfang November 1903 mitteilte, als sie ihn in niedergeschlagener Stimmung um seinen Zuspruch gebeten hatte. Es ist eine verhüllte Liebeserklärung, zugleich aber ein eigenartiges Credo, in welchem Religiosität, künstlerische Inspiration und irdischer Eros eine sehr persönliche Synthese eingegangen sind:

»Ich denke, es ist der Wille des verehrungswürdigen und geheimnisvollen Schöpfers, daß unser Herz und unser Leben durch göttliche Leitersprossen, aus Fleisch und Blut in all ihrer Schönheit, Licht empfangen, sodann aufflammen wie die untergehende Sonne in Ardenza, bevor sie erlöschen. Gott ist zu groß, um uns unmittelbar zu erleuchten; angesichts unserer Schwäche trifft er seine Vorkehrungen und sendet uns seine irdischen Engel; ihr Herz, ein schon von großer Liebe gezeichneter Ruhealtar, verleiht uns Kraft, so daß wir von dort aus zu Ihm gelangen.

Für uns Künstler ist die sanfte Frau ein mächtiger Bote; sie, die hochheilige, erweckt im Herzen unsere Schöpferkraft; sie ist auch der göttliche Same, der in uns die Liebe emporsprießen läßt, damit wir sie hundertfach in unseren Werken wiedergeben.

Verzeihen Sie, Freundin, wenn ich so stolz daherrede; irre ich mich, so erwarte ich Ihren Tadel – wie von einer neuen Beatrice.«

Der Tadel für diese pathetischen Worte blieb aus; vielmehr hat Helene sie später oft zitiert, wenn sie auf Rodin zu sprechen kam.

Es klangen aber auch dunklere Töne an. Doch hat Rodin über seine »Irrungen und Wirrungen« mit seiner »geistigen Freundin«, wie er Helene einmal nannte, nie gesprochen. So wußte sie nichts vom Schicksal Camille Claudels, von dem erst in unseren Tagen nähere Einzelheiten bekannt wurden: von ihrem Liebesverhältnis mit Rodin, dem Bruch im Jahr 1898 und dessen tragischen Nachwirkungen. Sie waren tragisch auch für ihn selbst, zumal er sich mitschuldig fühlte. Es liegt nahe, daß er aus einer solchen Stimmung heraus Helene am 16. Oktober 1903 – damals lebte Camille noch einsam und psychisch gefährdet in Paris – folgendes mitteilte: »Ich sehe, daß ich alles allmählich verliere... Ich habe ein Relief ausgeführt, von dem ich Ihnen vielleicht schon sprach; ich muß jetzt wieder daran denken, da es mir aktuell zu sein scheint. Ein Mann ertrinkt, sein Leben zieht an seinem Geist vorüber; man sieht nur den Kopf, die Hände aus dem Meer auftauchen, das ihn fortreißt; am Firmament zeigt sich ein nachdenkliches, auf die eine Hand gestütztes Gesicht; seine Anmut steht im Gegensatz zum Schmerz.

Wie doch eine Vorahnung zu uns spricht. – Ich hoffe noch immer, daß meine Erstarrung, meine Schwäche vergehen werden.«

Sie antwortete ihm: »Sie sagen, daß Sie alles allmählich verlieren. Nein, das trifft nicht zu! Sie haben etwas erschaffen. Sie erschaffen für die Ewigkeit. Sie erwecken große Gefühle, die werden Ihnen immer bleiben...« Auf das Relief »La dernière vision« geht sie nicht ein. Wir wissen nicht, ob ihr Rodin im Gespräch Näheres darüber mitteilte. Die Ähnlichkeit des nachdenklichen Mädchengesichts und die – für Helene charakteristische – den Kopf stützende Handbewegung sprechen jedenfalls dafür, daß er sich von ihrer Erscheinung inspirieren ließ.

In den Briefen aus jenen Tagen erwähnt Rodin auch die in Ardenza begonnene kleine Büste, von der Helene später meinte, sie sei von den gemeinsamen Florentiner Erinnerungen beeinflußt; der »sonst so ganz auf sich selbst gestellte

Künstler lehne sich darin an Donatello und Mino da Fiesole an: »Es ist, als wollte er sich führen lassen und Erinnerungen festhalten, die außerhalb seines sonstigen Werkes liegen.« Die Ausführung, fern vom lebendigen Modell, bereitete Rodin jedoch Schwierigkeiten. »Diese kleine Büste«, schrieb er Helene am 26. Oktober 1903, »ist nur ein Traum, und ich bin ständig unzufrieden damit; sie ist nicht wirklich genug, es haben sich Züge eingeschlichen, die Ihnen nicht ähneln.«

Um so mehr wünschte er Helene herbei. Im gleichen Brief heißt es: »Etwas Neues hat meinen Geist erfaßt, es lebt ständig in mir, es stammt von Ihnen...« Ich meißele meinen Marmor, ich arbeite, ich hänge meinen Erinnerungen nach und spüre, daß die Modelle, die in mein Atelier kommen und die ich bisher bewunderte, nunmehr dahinter zurückbleiben...«

Ein halbes Jahr später äußerte er seinen Wunsch noch deutlicher, sie als Modell bei sich zu sehen. Dabei ging es nicht mehr um die Madonna, von der am Abschiedstag in Ardenza die Rede gewesen war, sondern um eine Gestalt Dantes: Francesca da Rimini, von der er wußte, daß ihr Helenes Sympathie gehörte. Am 6. April 1904, wenige Tage, nachdem Mutter und Tochter Rodin in Meudon einen kurzen Besuch abgestattet hatten, wobei er offenbar das Thema nicht berühren konnte, schrieb er: »Wo soll ich für die Frau, die Ihnen gefällt, ein Modell finden? Der weibliche Schmerz ist stets verborgen; als Modell brauche ich eine junge Frau, die nur am Schmerz jugendlicher Schönheit leidet und deren reine Seele das Leben vorausahnt und erfühlt. Für mich wäre es eine Ehre, wenn ich *Sie* erfühlen und für dieses Werk nachbilden könnte, so wie ich Victor Hugo ein wenig erfühlt habe...«

Der Hinweis auf Victor Hugo bedeutete freilich eine Einschränkung, denn Rodin hatte den Dichter, als dieser es ablehnte, für seine Büste regelrecht Modell zu sitzen, nur auf Grund zahlreicher Einzelbeobachtungen zu einer »plastischen Skizze« aufgebaut. Gleichwohl hätte die Nachbildung Francesca da Riminis mit den Zügen einer jungen Dame in der damaligen Zeit erhebliche Probleme aufgeworfen, auch wenn Rodin die von Dante in die Hölle Versetzte einmal »die

Heilige der Liebe« genannt hat, da sie das stille Mit-Leiden der Frau symbolisiere. Es hatte jedoch einen persönlichen Grund, wenn Helene auf das Angebot des Meisters nicht einging, ja es nicht einmal in ihren Briefen erwähnte: Wie eine Tagebuchnotiz erkennen läßt, sah sie schon zu Beginn jenes Jahres eine Lebensentscheidung auf sich zukommen, doch teilte sie Rodin ihre Verlobung mit Alfred von Nostitz erst am 24. August mit.

Sie suchte jedoch einen anderen Wunsch Rodins zu erfüllen. In dem erwähnten Brief hatte er sie auch um ihre »dichterischen Werke« gebeten, die er brauche, »um die Leere auszufüllen« und sich Inspirationen für sein Thema zu holen. Sie sandte ihm daraufhin »La vague«, ein Märchen über eine Welle, das sie an dem »von Göttern bewohnten Meer« Ardenzas geschrieben habe. Rodin antwortete spontan: »... Die Welle, die ruhelose, die lieben und sterben möchte, – ist sie nicht das Sinnbild des Herzens, des Pulsschlages? ... In einem meiner Gips-Entwürfe haben Sie ein Thema erahnt, bei dem es ebenfalls um die Welle geht: eine junge, von den Armen Amphitrites emporgehobene Woge, die sich sehnt und sich hingibt. Dieses Thema gefällt mir ungemein ...«

Am 30. August 1904 beglückwünschte er sie dann verständnisvoll, doch mit etwas gesucht-feierlichen Worten, zu der bevorstehenden Heirat: »Ihre Entscheidung ist weise. Das ist der Augenblick, da sie in die kraftvolle Schönheit des Lebens hinaustreten müssen. Sie haben das Herz und die Klugheit. Sie haben die Schönheit. Noch nie hat ein schöneres Schiff den Hafen verlassen ...«

In Helenes neuem Lebensabschnitt wurde der Briefwechsel im gewohnten Ton fortgeführt. Da war die Rede von Kunst- und Natureindrücken, von Rodins Antikensammlung und Raffaels Sixtinischer Madonna, von Lesefrüchten und gemeinsamen Erinnerungen, von den Gärten der beiden in Meudon und in Dresden, Helenes neuem Wohnsitz, aber auch Schmerzliches klang an. Rodin klagte wieder über seine Lebensführung: »Es gibt zuviel schwarze Steine in meinem Lebensmosaik«; »mein Turm ist zu hoch, meine entsprechenden Kräfte sind zu schwach ...« Helene hatte ihrerseits eine schwere Zeit nach der Geburt ihres ersten Kindes, und geplante Begegnungen kamen nicht zustande. Erst am 3. April 1907 konnte sie dann eine Mitteilung machen, die Rodin sogleich freudig begrüßte: Ende des Monats werde sie mit ihrem Mann nach Paris kommen; gegebenenfalls stehe sie dann für das Modellieren der Büste zur Verfügung; ihrem Mann dieses Geschenk zu machen, sei ihr sehnlichster Wunsch!

Es handelte sich um eine lebensgroße Marmorbüste: ein eigenständiges Werk, nicht um die Fortführung der in Ardenza begonnenen und später in mehreren Exemplaren aus Glaspaste hergestellten »kleinen Büste«. Die zu erwartenden Kosten waren daher zwar erheblich und überstiegen die finanziellen Möglichkeiten der jungen Eheleute; das Vorhaben wurde jedoch dadurch ermöglicht, daß Sophie Hindenburg den Betrag übernahm – ohne Rodin gegenüber als Spenderin in Erscheinung treten zu wollen.

Rodin lud Alfred und Helene, nachdem sie die ersten Tage in Paris verbracht hatten, für die Zeit der auf etliche Wochen bemessenen Arbeit zum Wohnen in Meudon ein; dort stellte er ihnen »La Houlette« zur Verfügung, ein kleines Atelierhaus im unteren Teil seines Gartens, das aus drei übereinanderliegenden Sälen bestand. Rilke, den Helene damals noch nicht kannte, hatte es als Sekretär des Meisters bis zum Mai 1906 bewohnt. Seither diente es Rodin als Refugium, wenn er die Einsamkeit suchte. Im Ersten Weltkrieg, ein Jahr nach seinem Tode, wurde es durch eine verirrte Granate des deutschen Ferngeschützes, das der Volksmund die »dicke Bertha« nannte, weitgehend zerstört. Über die Innenräume in ihrem damaligen Zustand sind wir jedoch durch Schilderungen Helenes und Harry Kesslers, der das Ehepaar dort besuchte, gut unterrichtet: Im Erdgeschoß befanden sich Abgüsse von Bildwerken aus französischen Kathedralen; es war zugleich Boudoir und Empfangsraum. Das Obergeschoß hatte Glaswände; in ihm waren Zeichnungen und Entwürfe auf Gestellen untergebracht. Im großen Saal des mittleren Stockwerks aber schmückten grünseidene Vorhänge die zahlreichen Fenster, und mitten zwischen Abgüsse des »Penseur« und der »Bourgeois de Calais« hatte Rodin zwei große Empirebetten stellen lassen. Als Robert de Montesquiou während einer

Stippvisite bei den Nostitzens diesen Raum betrat, äußerte er sein Entzücken mit einem Bonmot: »Je vois, Rodin n'est pas seulement sculpteur mais aussi poète; c'est charmant cette chambre à coucher anonyme!« (Ich sehe: Rodin ist nicht nur Bildhauer, er ist auch Dichter; charmant, dieses anonyme Schlafzimmer!)

Die Umgebung war idyllisch, Blütenbäume ringsum. Ganz im Stil der Zeit belebten weiße Schwäne die Rasenflächen. »Sie inspirieren mich, es sind persische Miniaturen«, sagte Rodin von ihnen. Hier und dort standen Skulpturen aus seiner Antikensammlung, und auch eine Buddha-Statue hatte einen besonderen Platz erhalten. Als Helene am ersten Morgen aus dem Fenster blickte, sah sie, wie ein griechischer Torso aufgerichtet wurde, um den sich alsbald die Schwäne lagerten: ein Willkommensgruß des Gastgebers.

Es gab Ruheplätze, an denen sie schreiben oder an ihren Aquarellen arbeiten konnte. Gegen Abend leistete sie dort Rodin Gesellschaft, der sich mit seinen Zeichnungen zu beschäftigen pflegte, sie mit zarten Farben kolorierte und zuweilen interessiert Helenes Malversuche betrachtete. »Ich erlebe mit Rodin jetzt schöne Stunden«, berichtete sie in einem Brief, »wir machen keine Modellsitzung daraus, sondern ein Zusammenleben.«

Es war ein »Zusammenleben« unter dem Vorzeichen taktvoller Zurückhaltung. Helene – ebenso wie Alfred von Nostitz – respektierte die Privatsphäre des Meisters, bedrängte ihn nicht mit neugierigen Fragen. Wie ihr das Schicksal Camille Claudels unbekannt war, so wußte sie auch nichts von der Frau, die in jenen Jahren einen unheilvollen Einfluß auf Rodin ausübte: die Duchesse de Choiseul, eine Amerikanerin französischer Abstammung. Seit 1906 war sie seine Geliebte, hielt sich allerdings in jenem Frühjahr auf ihrem Landsitz auf. Und auch Rose Beuret, Rodins Lebensgefährtin – wie wir heute sagen würden – und Mutter seines Sohnes, die ihm den Haushalt führte und die er erst kurz vor ihrem Tode heiratete, kannte sie nicht einmal mit Namen und nahm sie nur als eine Art Schattenwesen wahr: »Manchmal huschte flüchtig eine alte Frau vorüber«, erinnerte sie sich, »Madame Rodin«. Einmal habe sie ihr unvermittelt einen Rosenstrauß überreicht, sei dann aber gleich wieder verschwunden. »Ruhelos wie ein gequälter Geist«, sei sie »zwischen den Wunderwerken des Genius, dem sie im Verborgenen diente«, umhergeirrt.

Helene war ihrerseits, trotz der »schönen Stunden«, durch Rodins Arbeitsrhythmus sehr in Anspruch genommen. Ein Wort Maillols aus jenen Tagen über Rodin, das Kessler in seinem Tagebuch überlieferte, ist charakteristisch: »Nur durch die Arbeit erreicht er solch ein Ergebnis. Eine Büste wie die der Frau von Nostitz oder der Comtesse de Noailles könnte er in zwei Sitzungen ausführen; mit seinen Fähigkeiten würde er das schaffen. Er will aber etwas ganz Gutes zustande bringen: *durch seine Büsten wird er weiterleben*, das spürt er...«

So kam es denn zu einunddreißig Sitzungen, die meist im Pariser Atelier stattfanden. Rodin liebte die Vorortbahn nicht und pflegte daher Helene an diesen Arbeitstagen in einem kleinen Wagen, einem Einspänner, abzuholen, der die Rue de l'Université über den Bois de Boulogne erreichte. »Wir fuhren in den Frühling hinein. Auf den Kastanienbäumen standen die Blüten wie Kerzen. Alle Erscheinungen der Natur begrüßte er freudig. Ich entsinne mich einer Fahrt im Regen, die er absichtlich verlängerte: ›On voit si bien la douceur du paysage!‹ (So sieht man am besten die Lieblichkeit der Landschaft.)

Zuweilen aber war er auch düster gestimmt und meditierte über die Zeitläufte. »Nous sommes mal orientés« (Unsere Richtung stimmt nicht), wiederholte er dann immer von neuem. »Doch konnte ihn der Anblick eines Blütenbaums wieder so beglücken, daß er alles darüber vergaß.«

Im Atelier begann sogleich die konzentrierte Arbeit. Während der ersten Sitzungen nahm er genau Maß, da er nichts von einer vagen Inspiration hielt und überzeugt war, daß nur genauestes Arbeiten vor der Natur »das Wunder« vollbringen könne. Um jegliche Starrheit während der langen Sitzungen zu verhindern, hatte er ein großes Harmonium aufstellen lassen. Er bat Helene etwas von Beethoven zu spielen oder den Chor der Seligen aus Glucks »Orpheus und Eurydike«, den er besonders liebte. Er hatte es gern, wenn sie ihm wie in

Ardenza Gedichte vorlas: neben Baudelaires »Fleurs du mal« die beschwingten Verse von Anna de Noailles, deren Büste er soeben vollendet hatte. »Wenn er oder ich jedoch«, berichtete Helene, »ein Nachlassen der Kräfte spürten, betrachtete er die Arbeit in dieser Stunde als nutzlos. Eine Stelle am Hals ist daher bei der Büste unausgeführt geblieben, weil die Biegung des Nackens nicht Nachdenklichkeit zeigt, sondern diese ›fatigue‹, die Leere für ihn bedeutete.« Andererseits erinnerte sie sich an Stunden nervöser Anspannung, in denen er »mit der Materie rang. Wenn er in dieser Stimmung war, gestalteten sich unsere Gespräche herb und abgerissen.« Auch ihr Widerspruch regte sich dann, und es dauerte geraume Zeit, bis ein befriedigendes Ergebnis zustande kam. An solchen Tagen verließen sie das Atelier erst am Nachmittag, »nach flüchtiger Mahlzeit auf einem Marmorblock«.

Nach mehreren Wochen, Ende Mai, war dann die Arbeit so weit gediehen, daß Rodin die Büste auch Dritten, unter ihnen Maillol und Kessler, zeigen konnte. Er war, wie Kessler berichtet, befriedigt, da die Flächen stimmten (»les plans sont justes«), so daß man sie nunmehr dem hellen Tageslicht aussetzen könne. Auch Maillol, der auf Grund seines eigenen Stilempfindens häufig Rodins Behandlung der Oberflächen, seine »Verschwommenheit« ablehnte, äußerte sich zustimmend, als er die Büsten Helenes und Anna de Noailles nebeneinander sah, denn hier sei alles »précis et serré«« (präzise und dicht) in der Formgebung. Während Helene auf dem Harmonium ein Präludium von Bach zu spielen begann, »saß Rodin«, wie Kessler notierte, »in sich zusammengesunken, mit geschlossenen Augen da, die Hände auf dem Schoß gefaltet: Maillol, der hinter ihm stand, zog sein Skizzenbuch hervor und zeichnete ihn: ›Wie schön ist das, wie ein Block! Wohnte er in meiner Nähe, würde ich ihn modellieren!‹«

Zwei Wochen später sah Kessler in Begleitung des Ehepaars Nostitz die Büste nochmals nach ihrer Vollendung. Wie er im Tagebuch festhält, war Rodin damals nicht zufrieden. In der letzten Sitzung habe er etwas verdorben: »Er zeigte, was er meinte: ›Sie ist eine Frau geworden, die zuhört; sie empfängt, vorher war sie eine Gebende.‹ (›C'est devenue une femme qui écoute, elle reçoit, avant elle donnait.‹) Und dann der Rücken: ›Der ist jetzt etwas rundlich. Vielleicht ist das die Ermüdung.‹ In der Tat zeigte der Vergleich mit einem etwas früheren Abguß, daß die Schulterblätter, wie wenn man sich gehen läßt, etwas hervorgetreten waren. Rodin hatte diesen Ausdruck, ohne es zu bemerken, vom Modell angenommen und bedauerte jetzt das Resultat. Sein nachtwandlerisches Schaffen im Bann der Natur trat einem durch die Verwandlung der einen Büste in die andere sichtbar vor Augen.« Diese Kritik blieb jedoch ohne Nachwirkungen. Als die Büste im Herbst 1908 – sie war zuvor in London und Berlin in Ausstellungen gezeigt worden – im Hause Nostitz eingetroffen war, schrieb Helene von »der Freude und dem Licht«, die dieses Werk mitteile, und in Rodins Antwort hieß es, er denke »an die Büste, *die Ihnen gefällt*; ich habe sie in meinem Herzen gesehen, bevor ich sie in Marmor ausführte; Klugheit, Schönheit und Lieblichkeit (douceur) vereinigen sich zwanglos in ihren Zügen.« Diese Zeilen sind auch deshalb bedeutsam, weil sie die Bestätigung enthalten, daß er selbst die Büste in Marmor ausgeführt hat, was er gewöhnlich einem »Practicien« überließ, ein Verfahren, das von Maillol kritisiert wurde!

Die letzten Wochen verliefen geselliger als die ersten: Kessler veranstaltete ein Dejeuner mit Rodin und Maillol im Pariser Haus seiner Mutter; eine Plastik Rodins stand dabei auf dem Eßtisch, eine Statue Maillols zwischen Irisbüschen, und die beiden Bildhauer führten eingehende Gespräche über ihre Arbeiten. Ein anderes Mal war Rodin der Gastgeber in der »Tour d'Argent« und ließ sich geduldig vom Wirt, dem alten Frédéric mit Ibsen-Kopf, über dessen künstlerische Leistungen und Reminiszenzen berichten: »Je peux dire à Monsieur que je suis un peu son compère; moi aussi j'ai fait de la sculpture« (Ich kann Ihnen sagen, daß ich gewissermaßen Ihr Kollege bin; auch ich habe gebildhauert), worauf er einen Holzbecher mit Ornamenten präsentierte. Auch Ambroise Vollard, der Kunsthändler und Memoirenschreiber, der Cézanne bekannt gemacht hat, lud die Nostitzens mit Kessler und dem spanischen Maler Sert in seinen renommierten Keller zum Diner ein, wobei Anekdoten der Pariser Kunstszene das Hauptgesprächsthema bildeten. »Wir waren im Bummelanzug«, notierte Kessler, »Helene ausgeschnitten, mit Perlen.«

Trotz solcher Ablenkungen verliefen diese Tage nicht ungetrübt. »Die Sitzungen in der Rue de l'Université waren zuletzt voller Depressionen und Ermüdungen für uns gewesen, denn wir fühlten wohl ahnend die schwere Last der dunklen Zukunft«, schreibt Helene in ihrem Rodinbuch. Es waren aber nicht nur Zukunftssorgen, die sie bedrückten, es war auch eine Begebenheit, die sie in ihren Aufzeichnungen nicht erwähnt und von der sie auch nur ungern gesprochen hat, die aber in die Geschichte dieser Freundschaft hineingehört:

Rodin hatte seine »geistige Freundin« bisher nicht erotisch bedrängt, sie als seine »Béatrice«, als »trait d'union entre ciel et terre« (Bindestrich zwischen Himmel und Erde), verehrt und als Frau respektiert. Das längere Zusammensein in diesen Wochen, in denen Alfred Nostitz zwar anwesend war, sich aber diskret zurückhielt, so daß sich immer wieder – nicht nur auf den Wagenfahrten nach Paris und im Atelier – Gelegenheiten für Kontakte unter vier Augen ergaben, baute offenbar Schranken ab, die den Sinnenfrohen bisher zurückgehalten hatten. So kam es schließlich zu einer abendlichen Szene am Gartentor, in deren Verlauf er Helene zu küssen versuchte, was sie jedoch verwehrte. Die näheren Umstände sind nicht bekannt. Sie konnte indessen das Vorgefallene nicht als Bagatelle empfinden und erzählte es ihrem Mann, der Rodins Verhalten ruhig und entschieden verurteilte, jedoch davon absah, ihn zur Rede zu stellen, so daß ein Eklat vermieden werden konnte. Sie unterrichtete dann auch ihre Mutter, die in ihrer impulsiven, aber zugleich besonnenen Art antwortete: »... Der arme Rodin thut mir sehr leid und ich unterschreibe jedes Wort, das Alfred darüber sagt, d. h. die Diktion, daß es bedauerlich ist, daß dieses große Genie der Leidenschaft in voller *Selbstsucht* die Zügel schießen lassen *möchte*; hättest Du Dich nicht so gut und *richtig benommen* ... so wäre für immer ein Schatten ... für Dich zurückgeblieben! ... Der Kuß ist die Vereinigung, damit giebt sich die Frau. Ja, es ist mir eine Freude, daß Du dies so *tief* und *wahr* empfunden hast, für Dich war es besonders schwer, da Du so leicht das Mitleid manchmal gegen die Vernunft sprechen läßt. – Wie konntest Du nur denken, daß ich Rodin schreiben würde! Weder schreiben noch es je erwähnen, das würde ja gar keinen Zweck haben, – nur schaden... Nun dies noch für Alfred: Ich drücke Dich in Gedanken... an mein Herz, in Freude darüber, daß Du Dich so edel, so klug und *menschlich* benommen hast. – Wenn alle Männer so wären wie Du, würden die Frauen glücklicher sein, und die Liebe zwischen Eheleuten wäre fester und treuer!...«

Die verständnisvolle Behandlung des Zwischenfalls trug dazu bei, daß die Freundschaft mit Rodin nicht gefährdet wurde. So kam es zu einem harmonischen Abschluß dieser gemeinsamen Zeit mit einem Besuch des Louvre, der vor allem den alten Italienern und antiken Skulpturen galt. Rodin erläuterte sein Verhältnis zu ihnen und nannte sie eine Augenweide (»Ça nourrit l'oeil!«). Zum Abschied – es sollte der letzte sein – sagte er zu Helene: »Ne tombez jamais dans les mains des mauvais artistes!« (Fallen Sie nie schlechten Künstlern in die Hände!) – ein Wort, das sie nicht vergessen hat!

Die Korrespondenz wurde in den folgenden Jahren fortgeführt und blieb freundschaftlich. Allerdings ging die Zahl der Briefe zurück, auch zeigten sich in der Diktion Rodins kleinere Unterschiede gegenüber der ersten Phase. Die Schlußformeln – wie etwa »votre fidèle et respectueux serviteur« – wurden nun etwas formeller, und zuweilen scheint Resignation durch, so wenn Ende Dezember 1907 ein Brief folgendermaßen beginnt: »Dank für Ihren Brief; in unseren weit voneinander entfernten und verschiedenen Existenzen ist er ein guter kleiner Händedruck!« Vor allem aber fand seine Unzufriedenheit mit der eigenen Existenz einen noch deutlicheren Ausdruck als bisher. In einem Brief vom 11. Juli 1909 heißt es: »Welch ein enttäuschendes Leben muß ich nachgerade führen! Es würde mir gefallen, wenn ich eitel wäre, doch ist es nicht nach meinem Geschmack. Wahre Freundschaft gibt es nicht in meinem Hause, das sozusagen mit Kunden überfüllt ist... Ich bin ständig erschöpft durch dieses vernunftwidrige Dasein, das meinen Kräften so wenig entspricht!« Für solche Klagen bestand in der Tat ein konkreter Anlaß, den er wiederum verschwieg: Er war damals immer mehr in Abhängigkeit von der bereits erwähnten Duchesse de Choiseul geraten, von der er sich erst 1912 getrennt hat. Bis dahin herrschte die geschäftstüchtige und trinkfreudige Dame, die sich als »die Muse« bezeichnete, im Palais Biron, hielt die Freunde vom Meister fern und zwang dem Alternden einen seiner Gesundheit abträglichen Lebensstil auf.

Auch der Zeitgeist mißfiel ihm: »Unsere Epoche ist auf falschem Wege und die gescheiten Leute von einst sind Krämer heutzutage!« So zog er das Fazit: »Das ganze Leben ist zerrüttet, ausgenommen die Erinnerung.«

»Diese Handvoll Erinnerungen«, schreibt er im Herbst 1908, sei die Summe des ganzen Daseins, »alles übrige bleibt im Geist nicht haften: wie welkes Laub!« Zu dem im Gedächtnis Bewahrten aber gehörte das Gedenken an seine »Beinahe-Schülerin«. Als er im Juli 1908 krank im Bett liegt – neben sich die in Ardenza entstandene kleine Büste Helenes –, schreibt er ihr »aus diesem Exil«, er staune »wie die Freundschaft trotz allem stark bleibt!« Helene war ihrerseits in diesen Jahren durch Ehe und Familie – sie brachte zwei Söhne zur Welt – und die Tätigkeiten an der Seite ihres Mannes physisch und seelisch sehr belastet. Rodin gehörte jedoch weiter zu ihrem Leben. Das zeigen ihre Briefe, mit denen sie die persönliche Verbindung aufrechtzuerhalten suchte, zeigte ebenso die Rolle, welche diese Freundschaft in ihrer Beziehung zu Rilke spielte. Sie zehrte auch nicht nur von den Erinnerungen, nahm Anteil am Wohlergehen des Kränkelnden und suchte ihn aus seinen Depressionen herauszureißen. Seine große Kraft, schreibt sie ihm im Februar 1908, müsse doch die Plackereien und Ärgernisse überwinden, von denen er berichte, so wie die Sonne in kurzer Zeit die Folgen eines Regenschauers beseitige. Sie begnügte sich nicht mit solchen allgemeinen Trostworten, suchte ihn dadurch aufzurichten, daß sie neue Gedanken auf die ihnen gemeinsame musische Sphäre lenkte. Gern kam sie daher seinem Wunsche nach und übertrug – genauer gesagt: paraphrasierte – für ihn weitere Gedichte Michelangelos, versuchte sich überdies an der lyrischen Beschreibung einer Statue Apollos im Garten von Meudon: dort, inmitten der Schwäne, habe der griechische Gott wieder eine Heimat gefunden.

Das alles fand große Resonanz bei Rodin, konnte freilich ihre persönliche Gegenwart nicht ersetzen, geschweige denn seine trübe Grundstimmung aufhellen. In seinem letzten Brief vom 10. April 1914 spricht er von seiner schwierigen Rekonvaleszenz nach einer Erkrankung und von den Ärgernissen, die immer bedrückender wurden: »Doch dazwischen erinnere ich mich zuweilen an uns und an Ihre Briefe...«

Bald danach fällt der Vorhang; der Erste Weltkrieg beendet alle Kontakte. 1917 in Wien, an einem düsteren Novembertag, erfährt Helene durch die Zeitungen den Tod ihres großen Freundes.

7. KAPITEL

Die ersten Ehejahre

Sophie von Hindenburg schrieb im März 1904 dem künftigen Schwiegersohn: »Helene hat so viele Eindrücke im unruhigen Leben gesammelt, daß ich glaube, eine ruhige und gleichmäßige Existenz würde für die Entwicklung ihrer Gaben und für ihre Gesundheit und Nerven sehr gut sein.«

Die mütterlichen Wünsche sollten sich freilich nur bedingt erfüllen. Das Leben des jungen Paares in Dresden war jedenfalls alles andere als eintönig. Es gab gesellschaftlichen Verkehr mit ansässigen Familien, vor allem aber kamen Gäste und auswärtige Besucher ins Haus, darunter solche aus aller Herren Länder; auch fehlte es nicht an Festlichkeiten, welche der Hof und private Gastgeber veranstalteten. So schrieb Helene an einem Julitage 1907 an Hofmannsthal: »Dresden ist jetzt in einem reizenden Augenblick. Obwohl ich Menschen liebe, freue ich mich eigentlich, wenn die Häuser leer sind und niemand beleidigt in ihren Mauern sitzt (und darüber nachdenkt, ob man ihn besucht hat oder nicht). Überall blühen die Rosen und ich male viel draußen am Ufer des Japanischen Palais...«

Alfred war Regierungsrat im sächsischen Innenministerium und Reserveoffizier bei den Gardereitern, einem renommierten Regiment. So genoß er ein gewisses gesellschaftliches Ansehen, befand sich aber noch auf einer unteren Sprosse der Karriere und bezog nur ein bescheidenes Gehalt. Zur Aufrechterhaltung des erwünschten Lebensstils war er daher auf finanzielle Unterstützung angewiesen, die ihm seine Mutter, vor allem aber seine Schwiegermutter bereitwillig gewährten. Sophie von Hindenburg verwaltete auch ein Helene überschriebenes Kapital, dessen Zinsen sie überwies – Beträge, die sie durch großzügige Zuschüsse ergänzte. Das Ehepaar war daher in der Lage, eine geräumige Villa mit großem Garten in Dresden-Neustadt zu mieten und einen Diener sowie zwei weibliche Hausangestellte zu halten. Ferner galt es, Alfreds von Henry van de Velde entworfene Einrichtung den neuen Verhältnissen anzupassen; neben den Schlafzimmern mußte ein großer Wohnraum, in welchem der Konzertflügel stand, möbliert werden. Bald fanden sich Besucher ein; nur die wichtigsten hat Helene in ihren Notizen vermerkt. Unter den ersten Gästen war Cosima Wagner, die zum Bekanntenkreise Cornelie Richters und Sophie von Hindenburgs gehörte. Helene kannte sie daher von Jugend auf: »Diese bedeutende Tochter Liszts verstand es stets, den wichtigen Augenblick zu erfassen und dafür das passende Wort zu finden. Überflüssiges existierte für sie nicht. Als sie unser Dresdener Haus betrat, blickte sie um sich und fragte: ›Wo ist Ihr Goethe?‹ Es stellte sich heraus, daß sich seine Werke neben dem Leseplatz meines Mannes befanden, was sie befriedigte.«

In ihrer ganzen Strenge zeigte sie sich aber bei einem Vorfall, der von einem jungen Engländer provoziert wurde; dieser sollte als bahnbrechender Regisseur und Bühnenbildner in die Theatergeschichte eingehen, erregte aber bereits – nicht nur als Autor von »On the art of the theatre« – Aufsehen: Edward Gordon Craig. Mit Kessler war er befreundet, der ihn bei den Nostitzens eingeführt hatte. In jenen Jahren lebte er in Berlin, ebenfalls auf Kesslers Veranlassung, und war zu einer Ausstellung eigener Zeichnungen nach Dresden gekommen. In seinen Erinnerungen »Index of the story of my days« schildert er seinen Besuch im Nostitzschen Hause, der am 1. Mai 1905 stattfand:

»Ich aß bei der Familie Nostitz zu Mittag. Cosima Wagner war unter den Gästen. Ich bin heute noch dafür dankbar, daß ich Frau Cosima dies eine Mal sehen konnte und die Ehre hatte, zu ihrer Rechten zu sitzen. Ich erinnere mich nicht, wer sonst noch zugegen war: zwei oder drei Personen. Ich wußte damals nicht viel von dieser großen Frau, wußte nur, wann ich mich wohl fühlte und wann nicht. An jenem Tage fühlte ich mich wohl; so redete ich natürlich viel, besonders über das Theater. Wahrscheinlich ging ich vielen Leuten sehr auf die Nerven, wirkte auf einige als Ansporn, während mich wiederum andere ganz komisch fanden. Ich entsinne mich nicht mehr genau, worüber wir uns bei Tisch unterhielten, aber ich wurde ganz aufgeregt, als die Rede auf Wagners Musik kam, und sagte Frau Cosima, meiner Meinung nach entsprächen die Kulissen in Bayreuth und sonstwo in keiner Weise den Visionen, die seine Musik heraufbeschwöre. Ich glaube mich an ihre Frage zu erinnern: ›Was für Bilder sehen denn *Sie*, Herr Craig?‹ Darauf schilderte ich ihr so ungefähr die wilden Pampas Südamerikas, Windesbrausen, vielleicht auch einen Präriebrand und dergleichen. Als ich dann zu Frau Wagner hinschaute, konnte ich kaum mehr ihr Gesicht erkennen, denn es hatte die Farbe des Tischtuchs angenommen; sie schien darin zu verschwinden. Gott sei Dank hielt ich rechtzeitig inne – irgend etwas hatte mich in die Wirklichkeit zurückgerufen. Inzwischen standen alle vom Tisch auf; nach einer Weile verabschiedete ich mich von den Anwesenden und küßte Frau Wagners schöne Hand: ›Gnädige Frau...‹ Erst viele Jahre später, in Paris erzählte mir Helene Nostitz, was Frau Cosima damals gesagt hatte: ›Er ist aber noch sehr jung!‹ – als wenn ein Dreißigjähriger genau so denken und sich benehmen müßte wie ein betagter Sechziger! – Nein, ich erinnere mich nicht mehr genau, was ich damals bei Tisch in dem sehr charmanten Dresdener Hause geschwatzt habe...«

Helenes Gedächtnis war in diesem Punkte verläßlicher. Sie wußte noch, daß er gewagt hatte, an ein Arkanum Bayreuths zu rühren: an die »Parsifal«-Inszenierung und die altmodischen Bühnenbilder, ja, sie entsann sich seiner Worte: »Couldn't we do the Parzival together? I think, your decorations are so oldfashioned.« Wer hätte in dieser Stunde ahnen können, daß Craig damit die Zukunft vorwegnahm und daß ein Wagner-Enkel ein halbes Jahrhundert später zum Vollstrecker seiner Wünsche und Vorstellungen werden würde! Oder war es schon diese Zukunftsvision, die Frau Cosima erstarren ließ?

Craig fügte noch etwas hinzu: »Ich glaube, sie war wirklich ärgerlich! Eigentlich hätte es sie doch freuen müssen, daß sie einen jungen Menschen fand, statt jene altmodischen Käuze, die Bayreuth mühelos zu Dutzenden produzieren konnte... Und wenn ich damals so jung aussah und mich jugendlich aufführte, so vergesse man nicht: Ich hatte gerade Topsy kennengelernt, das war Glücks genug; und Glück äußert sich stets in einem unmöglichen und gesegneten Jungsein!«

Mit »Topsy« war Isadora Duncan gemeint, die amerikanische Tänzerin, die sich, als eine der ersten ihrer Generation, für einen »natürlichen« Tanz nach antiken Vorbildern einsetzte. Craig hatte sie in Berlin kennengelernt und lebte mehrere Jahre mit ihr zusammen. Auch Helene war ihr begegnet; im Februar 1906 besichtigte sie — zusammen mit Kessler, Max Reinhardt und dem Ehepaar Hofmannsthal — die von Isadora gemeinsam mit ihrer Schwester Elisabeth gegründete Tanzschule im Grunewald. Kessler gibt von diesem Besuch in seinem Tagebuch folgende Schilderung: »Ihr Haus, in dem sie dreißig kleine Mädchen ausbildet, ist innen ganz einfach und fast kahl, in hellen und braunen Tönen gehalten. Nur einige griechische Reliefs und Vasenbilder an den Wänden, Blumen und weiße Sessel in den Zimmern. Ein Zimmer ist ganz leer und mit einem grauen Teppich ausgelegt, und hier erschienen die kleinen Mädchen, alle zwischen vier und acht Jahren, kleine blonde, rosige Geschöpfe, mit bloßen Füßen, zu einer Art Reigen und dann einem Tanz. Eine große Frische und Grazie herrscht in allen.«

Offenbar unter dem Eindruck dieser Vorführung lud Helene die kleinen Tänzerinnen nach Dresden in ihr Haus ein. Sie erinnerte sich:

»Einige Menschen waren schockiert, da die Kinder nur griechische Tuniken anhatten und barfüßig tanzten.

Ihre ganze Aufmachung wirkte damals recht sonderbar. Ich weiß noch, daß ich sie und Elisabeth Duncan am Bahnhof abholte und mit ihnen an einer erstaunten Menschenmenge vorüberzog. Ihr Tanz in unserem Wohnzimmer wurde dann ein großer Erfolg.«

Neben Isadora Duncan fand in jenen Jahren eine andere amerikanische Tänzerin große Beachtung: Ruth Saint-Denis, mit der Hofmannsthal Nostitzens bekannt machte. Hiervon — wie von den Besuchen Hofmannsthals in Dresden — wird daher erst im folgenden Kapitel die Rede sein.

Eine kleine Sensation anderer Art war der Empfang eines asiatischen Staatsmannes in der Wiener Straße: Chang Chitung war ein hoher chinesischer Beamter mit dem Ehrentitel eines Vizekönigs. Als einer der einflußreichsten Berater der Dynastie des Reiches der Mitte in ihren letzten Jahren, bemühte er sich vor allem um eine Reform des Erziehungs- und Hochschulwesens. Im Jahre 1906 kam er auf einer Europareise nach Berlin und anschließend nach Dresden. Von chinesischen Studenten eskortiert, besuchte er an einem Frühlingstage das Nostitzsche Haus – eine wegen einiger Kontaktschwierigkeiten nicht ganz geglückte Veranstaltung: »Der Vizekönig äußerte sich nur über Pflanzen, Blumen und unseren Hund; menschliche Wesen, die sich mit ihm unterhalten wollten, schien er kaum zu beachten. Er ließ sich auf einem stattlichen roten Sessel nieder, den er als eine Art Thron betrachtete, und begann Süßigkeiten zu essen, die er mit seinen langen gelben Fingernägeln ergriff. Mit seinen unbeweglichen Gesichtszügen erinnerte er mich an einen Buddha... Die chinesischen Studenten, die ihn umgaben, wirkten ebenso teilnahmslos.«

Auch ein indischer Maler, Sohn eines Maharadschas, war in der Wiener Straße willkommen und quälte Helene so lange, bis sie sich »schlecht von ihm zeichnen ließ«. Sie überredete ihn, im Kostüm seiner Heimat zu einem Diner zu erscheinen. Da er sich gesträubt hatte, weil er sich persönlichen Bemerkungen nicht aussetzen wollte, hatte sie ihm versprochen, daß niemand sich um sein Aussehen kümmern werde. »Er kam, sah phantastisch aus, doch war er enttäuscht, weil niemand hiervon Notiz zu nehmen schien... Auch die Asiaten sind widerspruchsvolle Naturen!«

Die Weltoffenheit der Nostitzens erregte einiges Aufsehen; man neckte sie oft mit ihrer »Menagerie«, besonders als eine preziöse Pariser Bekannte zu einem mehrwöchigen Besuch eingetroffen war: eine Madame Deslandes, geschiedene Princesse de Broglie, die gern mit diesem Namen und ihren literarischen Versuchen kokettierte. Helene charakterisierte die Dresdener, die kaum mit Ausländern verkehrten, als »strenge Gestalten in schlichten schwarzen Kleidern. Man konnte kaum glauben, daß sie etwas mit August dem Starken zu tun hatten, dem Erbauer dieser heiteren Barockstadt, der selbst die farbenfrohen Modelle für die Meißener Porzellangruppen entwarf.«

Es gab jedoch einige Gastgeber, die dieser Tradition treu blieben, so Georg von Metzsch, der damalige Innenminister. Helene erinnerte sich, als an einen ihrer ersten Dresdener Eindrücke, an eine musikalische Soiree in seinem Stadtpalais in der Seestraße, bei der trotz der vielen Gäste und des bunten Bildes – die Damen modisch elegant, die Herren im dunkelgrünen »Chiffrefrack« mit goldenen Knöpfen oder blauer Galauniform – der private Charakter gewahrt blieb. Und als »letzten Gruß von Barock und Rokoko« empfand sie die Gastlichkeit des Grafen Friedrich Vitzthum bei einem Besuch in seinem Schloß Lichtenwalde: Am Nachmittag hatte der Hausherr, der »mit seinem gepuderten Haar über dem zart geröteten Gesicht« selbst einer Gestalt jener Epoche glich, seine Gäste im Viererzug durch die Umgebung und den Park mit seinen Wasserspielen kutschiert. Am Abend gruppierte sich dann die Gesellschaft im Kerzenlicht um einen großen Tisch, der mit Blumen und augusteischem Porzellan geschmückt war: »Poudrierte Diener in scharlachroten Livreen mit gelben Westen bedienten uns. Durch die geöffneten Fenster blickte man in die blaue Nacht und den Garten, in welchem Springbrunnen zwischen den Blumenbeeten plätscherten.«

Es war in der Tat ein »letzter Gruß«, für den schon die folgende Generation kein Verständnis mehr aufbrachte. Helene erinnerte sich, daß ihr Vitzthums Sohn und Erbe in breitem Sächsisch erklärte, dieser ganze Luxus sei völlig überflüssig!

Sie pflegte auch Umgang mit Dresdener Künstlerkreisen. Zu ihnen gehörten damals der Graf Kuno Hardenberg – ein kunstsinniger und unterhaltsamer Literat, der später Hofmarschall des Großherzogs Ernst Ludwig von Hessen wurde – sowie das Ehepaar von Königsbrun.

Franz von Königsbrun war vielseitig gebildet, ein Ästhet und Liebhaber der Antike, der sich aufs Schriftstellern verlegt hatte. Er schrieb philosophische Gedichte, Märchen, einen »Roman aus Neu-Österreich: Die Bogumilen«, »Japanische

Liebesgeschichten«, Schauspiele, darunter eines, »Fortuna«, gemeinsam mit seinem Freunde Otto Julius Bierbaum, dem Autor des Schlüsselromans über die zeitgenössische Literaturszene: »Prinz Kuckuck«. Mit alldem erzielte er höchstens Eintagserfolge, doch war er sich seines Wertes bewußt, was er seine Umgebung spüren ließ. Bald nach Helenes Ankunft in Dresden heiratete er die zwanzig Jahre jüngere Elisabeth von Kracht; auch sie war künstlerisch begabt, er untersagte ihr jedoch, sich als Malerin ausbilden zu lassen. »Nur die Dichter können dich verstehen, meine arme Windsbraut! Du bist ja nur dazu da, daß Dichter ihre Geschichten schreiben können!« pflegte er zu sagen, im übrigen sei *ein* Künstler im Hause genug, und das sei er: die damals nicht ungewöhnliche Einstellung eines Ehemannes, die er erst auf dem Sterbebett bereute.

Elisabeth war vom Glück nicht verwöhnt; sie selbst nannte sich einmal »Versuchskaninchen des Schicksals«. Mit den Eltern – der gestrenge Vater war Offizier, die Mutter stammte aus einer Bankiersfamilie – lebte sie in Unfrieden, hatte sich schon als Kind ständig mißverstanden und gedemütigt gefühlt, so daß für sie die Ehe mit Königsbrun, trotz seiner tyrannischen Anwandlungen, erstmals ein Zuhause bedeutete. »Seit er tot ist«, bekannte sie, »habe ich keine Heimat mehr!« Auch eine zweite Ehe, mit einem Freiherrn von Dungern, die nach sechs Jahren geschieden wurde, vermochte den Verlust nicht aufzuwiegen. Wie Helene verstand sie sich indessen darauf, Menschen zusammenzuführen, unaufdringlich und ohne äußeren Aufwand zu vermitteln und anzuregen – eine Kunst, für die sie in Dresden ein Betätigungsfeld fand.

Die Königsbruns hausten in einer Dachwohnung, die aber durch die originelle Einrichtung – viele Lampen auf Konsolen, Spiegel und bunte japanische Holzschnitte an den Wänden, ein dozierender Buddha in Goldbronze auf dem Schreibtisch des Hausherrn – zum Verweilen einlud. Gern fanden sich dort die Freunde zu zwanglosen Zusammenkünften ein. Elisabeth erinnerte sich: »Wunderbar belebt ging man auseinander, es gab nur Tee, belegte Brote, etwas Kuchen, doch blieb man oft bis in die Nacht; es war eine Harmonie! Und was für Geschichten erzählte Bierbaum, und welch ein Geist leuchtete, wenn Königsbrun seine Kritiken äußerte über Werke, über Kunst...«

Helene hatte sich sogleich mit dieser Frau angefreundet, mit der sie nicht nur das gleiche Geburtsjahr, sondern musisches Interesse und die malerische Begabung verband; auch in ihrem Urteil über Menschen und Dinge stimmten beide oft überein. So ergab sich eine zwar häufig unterbrochene, aber lebenslange Verbindung, die lediglich darunter litt, daß Elisabeths schriftliche Äußerungen allzu chaotisch ausfielen – ein Mangel an Konzentration und Gedankenführung, der offenbar durch die unglücklichen Lebensumstände verstärkt worden war. Helene, die sich im Laufe der Jahre immer intensiver um eine eigene, anderen zugängliche Form bemühte, nahm hieran zwar nicht schulmeisterlich Anstoß, konnte aber freundschaftliche Mahnungen nicht ganz unterdrücken. So schrieb sie 1936: »Immer wieder bedaure ich, daß die Fülle Deiner Gedanken und Gefühle nicht in die Form gegossen wurde, die sie der Öffentlichkeit zugänglich macht, denn unser kurzes Dasein drängt nach einer solchen Mitteilung.«

Alfreds Stellung in Dresden brachte es mit sich, daß er mit seiner Frau auch an offiziellen Geselligkeiten teilzunehmen hatte, wobei die Veranstaltungen des Hofes im Mittelpunkt standen. In ihren unveröffentlichten Erinnerungen hält Helene ihre Eindrücke fest:

»Die Hofbälle waren sehr prächtig. Die Buffets bedeckten Schalen und Platten in Gold und Silber. In den mit Edelsteinen verzierten Vasen standen große Rosen-, Lilien- und Veilchensträuße, die von Lampen angestrahlt wurden. Die Kunstschätze der sächsischen und polnischen Könige, vor allem Meißener Porzellane, entzückten das Auge mit ihren sanften Farben.

Es gab keine Königin, denn die Gattin Friedrich Augusts, eine geborene Prinzessin von Toskana, war geflohen, was einen großen Skandal verursacht hatte. Der König wirkte sehr natürlich und gutmütig. Zu mir war er recht freundlich. Oft forderte er mich zum ersten Walzer auf und tanzte ihn mit großem Schwung. Im Sommer lud er uns manchmal in den Garten seiner Sommerresidenz zum Abendessen ein. Einmal trug ich einen sehr großen Hut. Der König hörte, wie eine

Dame sagte: ›Frau von Nostitz hat aber einen viel zu großen Hut!‹, und korrigierte sie sogleich: ›Was Frau von Nostitz trägt, ist immer das richtige!‹ Ich war sehr gerührt, daß er mich so ritterlich in Schutz nahm.

Das Zeremoniell des sächsischen Hofes hatte eine sehr alte Tradition. Für den Neujahrsempfang war ein Brauch des französischen Hofes übernommen worden: *Le jeu du Roi.* Der König und seine Hofleute spielten Karten, während die Festgesellschaft vorüberzog und sich verneigte, die Damen mit ihren langen Schleppen auf dem Arm. Nach Abschluß der Zeremonie sonderten die Kammerherrn einige von ihnen aus, um sie dem König nochmals vorzustellen. Bei dieser Gelegenheit fragte Seine Majestät eine junge Mutter: ›Macht Ihr Kind oft ins Bett?‹ und lachte dann herzhaft. Und bei einem Konzert im Schloß sagte er zu einem berühmten Sänger: ›Sie haben ja gebrüllt wie ein echter Seemann!‹ Es war ein seltsamer Eindruck, daß sich dieser Monarch, unter Mißachtung des altmodischen Zeremoniells und inmitten all des Prunks, wie ein munterer Hauswirt aufführte. Er pflegte auch allein durch die Stadt zu gehen und sich väterlich mit seinen Untertanen zu unterhalten. Damit kündigte sich schon der demokratische Lebensstil an.«

Die Zeit dafür war freilich noch nicht gekommen wie eine Szene aus der Semper-Oper zeigt: In der mit gelben Teerosen geschmückten Fürstenloge saßen der König von Sachsen und der König von Spanien; ihnen gegenüber war ein Offizier der Gardereiter postiert, der, sobald der Vorhang gefallen war, zum Zeichen seiner Dienstbereitschaft den von einem silbernen Löwen gekrönten Goldhelm aufsetzte. In den Pausen der Festvorstellung hielt der spanische Gast, Alfons XIII., Cercle; Helene war beeindruckt von seinem Charme und fühlte sich an Velasquez' Porträts seiner Vorfahren erinnert.

Die Dresdener Oper hatte damals ihre große Zeit. Graf Seebach, ein weltmännischer Intendant, der Sänger und Musikliebhaber zu Empfängen ins Opernhaus einlud, hatte ein hervorragendes Ensemble unter dem Dirigenten Ernst von Schuch engagiert und Dresden zur bevorzugten Premierenstadt gemacht. Am 9. Dezember 1905 fand die Uraufführung der »Salome« von Richard Strauss statt. Helene sah die Oper erst ein Jahr später in der Berliner Erstaufführung, unter der Leitung des Komponisten, seit 1898 Hofkapellmeister. Das Verhältnis Wilhelms II. zu ihm war ambivalent. »Da habe ich ja eine schöne Schlange an meinem Busen genährt!« soll er geäußert haben – dennoch ernannte er ihn später zum Generalmusikdirektor. Mit seiner Ablehnung der »Salome« stand der Kaiser, trotz des Welterfolgs der Oper, nicht allein. Die Umdeutung des biblischen Berichts in der von Strauss übernommenen Version Oscar Wildes, wonach die Tochter des Herodes das Haupt Johannes des Täufers »zur eigenen Lust« verlangt – ein freilich durch die Musik sublimiertes Motiv –, erregte Anstoß nicht nur in religiösen Kreisen: In Wien wurde »Salome« erst 1918 von der Zensur freigegeben, aber auch Cosima Wagner nannte die Oper lapidar »Wahnsinn« und Unfug, und Wilhelm II. war der Meinung, das Werk werde dem Komponisten »furchtbar schaden« – eine Strauss hinterbrachte Äußerung, zu der dieser bemerkte, daß er von dem Schaden seine Garmischer Villa habe bauen können. Die kaiserliche Genehmigung für die Berliner Aufführung wurde – widerstrebend – erst erteilt, als der Intendant von Hülsen-Haeseler den anachronistischen Einfall hatte, den Stern von Bethlehem in der Schlußszene aufleuchten zu lassen.

Bald danach kam es zu einer Begegnung Helenes mit Wilhelm II. auf einem Kostümball, den der Kronprinz in seinem Palais »Unter den Linden« veranstaltete: »Der Kaiser trug die Uniform seines Vorfahren, des Großen Kurfürsten und wirkte sehr imponierend mit dem großen Federhut. Die jüngeren Mitglieder der Gesellschaft pflegte er nicht wegen gleichgültiger Dinge anzusprechen. Instinktiv spürte er, daß ich der modernen Kunst und den neuen Ideen zuneigte. ›Haben Sie Straussens ›Salome‹ gesehen?‹ fragte er mich. ›Jawohl, Majestät, es ist eine sehr schöne Aufführung!‹ ›Die Aufführung mag schön sein, aber das Thema mißfällt mir‹, erwiderte der Kaiser streng. ›Ich werde nicht gestatten, daß ›Salome‹ weiter in meinem Opernhaus gezeigt wird, denn ich wünsche, daß die Zuschauer durch die Kunst erzogen und nicht demoralisiert werden. Das Theater soll eine Erziehungsanstalt für mein Volk sein, und für die Dinge, die wir es sehen lassen, tragen wir eine große Verantwortung! Ich möchte, daß Frieden und Glück in meinem Lande herrschen, und die Welt muß wissen, daß ich keinen Krieg will!‹ Die letzten Worte sagte er ganz unvermittelt; sie paßten kaum in unser Gespräch. Seine Augen blitzten, als er mich anschaute, wobei die mächtige Straußenfeder jeder seiner temperamentvollen Bewegungen folgte. Ich war sehr beeindruckt von seiner Vitalität. Er nickte dann kurz und ging weiter.«

In den Briefen aus den Dresdener Jahren ist nicht nur vom unruhigen gesellschaftlichen Leben die Rede, sondern auch von den stillen Stunden, vom Malen von Aquarellen am Elbufer, von abendlichen Gängen durch Felder und Gärten mit dem Terrier Wizzy als vertrautem Begleiter, vom »Gefühl großer und reiner Stille« bei Fahrten durch die Landschaft: »weite grüne Flächen um uns, während die Stadt schon so grau und winterlich ist...« Auch Lektüre und Klavierspiel werden nicht vernachlässigt. »Eben habe ich mich wieder mit dem lieben alten Freund Balzac unterhalten«, schreibt Helene an Hofmannsthal, und Rodin berichtet sie öfters vom Musizieren. »Wenn ich kann, spiele ich Beethoven. Erst jetzt habe ich verstanden, wie er zur Natur gehört..., wie er ihre Stimme ist«, heißt es in einem Brief an ihn vom 1. Januar 1906, in welchem sie zugleich mitteilt, daß sie ein Kind erwarte und oft unter Beschwerden leide.

Am 6. Juli 1906 wurde dann eine Tochter geboren, die nach Helenes verstorbener Lieblingstante den Namen Olga erhielt und Olly genannt wurde. Die großen Hoffnungen, die sie begleiteten, sollten sich jedoch nicht erfüllen. Es war eine schwere Geburt für Mutter und Kind. Helene war mehrere Wochen geschwächt und bettlägerig; in einem Brief an Rodin vom 1. November 1906 heißt es: »Ich war lange verstummt, denn mein Kind und ich haben düstere und schmerzhafte Tage hinter uns, die Gott sei Dank nun vorüber sind. Nie werde ich vergessen, wie meine Mutter nach Wochen der Dunkelheit zu mir kam und mir die ersten Rosen brachte. Wie bewegend, die Farben und das Leben wiederzusehen! Weshalb kann man nicht Kinder aus den Händen der Natur im Schweigen des Waldes bekommen..., ohne die beklemmende und erschreckende Apparatur mit Doktoren, mit

Hebammen, die kein Herz und Gefühl haben und einem die Seele gefrieren machen!«

Sophie von Hindenburg kam ihrer Tochter zu Hilfe und mietete eine Wohnung in dem mit Blick auf Dresden hoch über der Elbe in Weinbergen gelegenen Schloß Albrechtsberg, das im Stil Schinkels für den Prinzen Albrecht von Preußen, einen Bruder Wilhelms I., erbaut worden war. Helene erholte und kräftigte sich dort den Sommer über.

Olly gab hingegen auch weiterhin Anlaß zu ständiger Sorge. Sie war ein wohlgestaltetes Kind mit besonders schönem blonden Haar, doch war das Gehirn bei der Geburt schwer geschädigt worden. Zwar schien sich der Zustand zunächst zu bessern: »Ich sitze wieder hier beim Baby, das ganz vergnügt seine Flasche trinkt«, schrieb Helene am ersten Weihnachtstag 1906 an Hofmannsthal. Doch von der Einjährigen berichtete sie: »Sie entwickelt sich recht langsam und nimmt eigentlich noch gar nicht Anteil am Leben.« Und im September 1908 gesteht sie »den großen Kummer, daß es der kleinen Olly noch immer nicht besser gehen will«.

Offenbar hatte sich damals schon herausgestellt, daß Pflege und ärztliche Bemühungen vergeblich waren und die immer wieder auftretenden Krämpfe ein Erwachen zum Teilnehmen am Leben verhinderten.

Im Jahre 1907 traten Geselligkeiten mehr und mehr in den Hintergrund. Den Mai und den Juni verbrachte das Ehepaar in Paris und Meudon, wo Helene, wie schon erwähnt, Rodin Modell saß. In der zweiten Jahreshälfte erwartete sie wieder ein Kind und mußte mit ihrer Gesundheit haushalten. Am 4. April 1908 kam Oswalt als ältester Sohn zur Welt.

Diesmal war es eine Geburt ohne Komplikationen, doch verlief auch sie nicht leicht, und die Erholung machte nur langsam Fortschritte. Inzwischen war ein Ereignis eingetreten, das ein vorzeitiges Ende der Dresdener Zeit zur Folge haben sollte. Dabei ging es um einen kühnen Vorstoß Alfreds auf dem Gebiete der Landespolitik.

In dem um 1900 schon stark industrialisierten Sachsen galt, wie in Preußen, das Dreiklassenwahlrecht, wobei die Wahlberechtigten entsprechend ihrem Steueraufkommen in drei Gruppen eingestuft wurden, jede von ihnen bestimmte

Wahlmänner in gleicher Zahl, die ihrerseits die Abgeordneten wählten. Die Minderbemittelten (die große Mehrheit des Wahlvolks, namentlich die Arbeiter) gehörten zur dritten und größten Gruppe und waren dadurch nahezu politisch entmündigt. Auf diese Weise wurde gegen das Vordringen der Sozialdemokraten ein Damm aufgerichtet und die Herrschaft der Konservativen gesichert. Die konservative Partei übte überdies auf außerparlamentarischen Wegen ihren Einfluß aus.

Wie erwähnt, war für Alfred von Nostitz die Aufgabe, »den arbeitenden Klassen zum vollen Genuß ihrer Menschenwürde zu verhelfen«, ein Gewissensanliegen. »Ich verlange nichts Besseres, als für dieses Ziel einmal meine ganze Persönlichkeit einsetzen zu dürfen«, hatte er Sophie von Hindenburg geschrieben. Nunmehr sah er dafür die Gelegenheit gekommen, so daß er alle Bedenken, die sich aus seiner Position als junger Staatsbeamter ergaben, zurückstellte. Als im Juli 1907 eine Vorlage der Regierung, die eine behutsame Änderung des Wahlrechts vorsah, diskutiert wurde, hielt er im Verein der Konservativen eine Rede, in der er sich für eine Wahlrechtsreform einsetzte und an den Methoden konservativer Parteipolitik Kritik übte. Es hieß darin u. a.: »Wir wollen, mag man uns dafür von links und vielleicht auch von rechts mit Hohn überschütten... wir wollen nicht müde werden zu sagen, daß es zu ringen gilt... nicht etwa um flüchtige Popularität, sondern um die Seele des arbeitenden Volkes, mit der wir die Fühlung nahezu verloren hatten... unter dem Druck der wirtschaftlichen Entwicklung und unter dem Einfluß einer gewissenlosen Demagogie, aber auch nicht ohne unsere und unserer Väter Schuld!«

Die Rede endete dann mit dem Hinweis, »daß seit Jahren auf den Gang unserer Staatsmaschine Einflüsse ausgeübt worden sind, die nicht rechtswidrig waren, aber gleichwohl nicht hätten geübt werden sollen, weil ihnen nur die parlamentarische Macht, kein Rechtstitel und vor allem kein Amt als Grundlage diente, das der Krone und der Öffentlichkeit verantwortlich gewesen wäre. Heute ist diesen Einflüssen bereits Einhalt geboten, aber was geschehen ist, ist geschehen. Meine Herren: Was diese *Nebenregierung* bei vielen unserer Besten – Würdenträgern so gut wie schlichten Bürgern – an Groll und Bitterkeit gezeitigt hat, wie viele sie an der konservativen Sache hat irre werden lassen – trotz aller Scheinerfolge –, das wissen Sie so gut wie ich!«

Daß dieser Diskussionsbeitrag mehr war als eine rein verbale Meinungsäußerung, wurde sogleich von Freunden und Gegnern empfunden. »Ich freute mich *sehr* über die Rede Ihres Mannes..., ich konnte sehr wohl fühlen, daß es keine bloße Rede war, sondern eine Handlung!« schrieb Hofmannsthal an Helene, und sie antwortete ihm: »Es hat uns *gefreut*, was Sie über die Rede gesagt haben. Das ist ja auch für mich die Hauptsache – der lebendige Mut darin...« Die Resonanz in der Öffentlichkeit ging denn auch über den lokalen Bereich hinaus, namentlich die Ausführungen über die »Nebenregierung« machten die Runde und wurden unter anderem von der Berliner Presse aufgegriffen. Um so größer war das Mißfallen amtlicher Kreise und die Entrüstung der konservativen Parteiführung, gegen die sich die Attacke vor allem gerichtet hatte. Hinzu kam, daß Graf Hohenthal, Alfreds Chef, früher als sächsischer Gesandter in Berlin, jetzt als Innenminister, mit den Auffassungen seines Untergebenen sympathisierte und deshalb durch dessen offene Worte in Bedrängnis geraten war.

Unter diesen Umständen erschien es ratsam, den unbequemen Kritiker für eine Weile aus dem Verkehr zu ziehen. Zunächst wurde er an die Dresdener Kreishauptmannschaft versetzt; dann bot sich eine noch elegantere Lösung an. Das Ehepaar Nostitz war in Weimar nicht unbekannt. Zwar lebte Harry Kessler schon damals mit dem Hofe in Unfrieden, doch stand sich Alfred gut mit Hugo von Fritsch, dem Oberhofmeister, und der Großherzog war der Spielkamerad Helenes in Scheveningen gewesen. Sondierungen wegen einer Anstellung in Weimar führten denn auch schließlich zu einem positiven Ergebnis: Im Frühjahr 1908 quittierte Alfred den sächsischen Staatsdienst und wurde zum Regierungsrat im Staatsministerium von Sachsen-Weimar ernannt, wo er sich mit auswärtigen und kulturellen Angelegenheiten zu befassen hatte. Im Frühsommer siedelte die Familie nach Weimar über.

Die beiden Weimarer Jahre, die nun folgten, waren für Helene eine besonders fruchtbare Lebensstation. »Ich fühle, daß ich Menschen, Dinge, Tiefen dort gewonnen habe, die ich nie verlieren werde«, erklärte sie rückblickend, doch stellte sich dieser Gewinn erst allmählich ein. »Ich muß einen Ort erst ganz durchleben, ehe ich ihn wirklich liebe. Zunächst tanzt man nur so herum und findet dies hübsch und das schön«, schreibt sie in einem Brief aus jenen Tagen.

Das erste Anliegen war die Wohnungssuche. Es fand sich eine Villa in der von Kastanien umsäumten Tiefurter Allee am Anstieg vom Weimarer Ilmtal zum höher gelegenen Tiefurt: ein noch heute erhaltenes schlichtes, aber geräumiges Haus aus gelbem Backstein mit Veranda und hohem Dach, das durch den parkähnlich angelegten Garten recht stattlich wirkte und einen ruhigen, aber nicht allzu abgeschiedenen Aufenthalt gewährte. »Wir genießen hier jetzt die Stille«, schrieb Helene, »die schöner ist als auf dem Lande, weil einige Töne der Stadt doch heraufdringen und abends aus der Kaserne der Zapfenstreich.«

Die Einrichtung bereitete keine größeren Schwierigkeiten, denn das Interieur entsprach im wesentlichen dem Dresdener; nur die Möbel des großen Wohnzimmers wurden durch einen zweiten Flügel ergänzt, der fortan zum unverzichtbaren Inventar gehörte. Auch die Aufstellung der Büste Helenes von Rodin, die erst jetzt von einer Ausstellung eintraf, mußte bedacht werden. Sie erhielt ihren Platz im Arbeitszimmer des Hausherrn. Zunächst hatte Alfred sie auf einem Treppenabsatz postieren wollen, diesen Plan aber aufgegeben, als ihn der schlagfertige Henry van de Velde zurechtwies: »Mon cher ami, on met sa femme à la porte, mais pas sur l'escalier!« (Lieber Freund, man setzt seine Frau vor die Tür, doch nicht auf die Treppe!).

Es dauerte aber noch Monate, bis man das gesellige Leben wieder aufnahm. Das lag vor allem an Helenes Schwächezustand, einer Nachwirkung der schweren Geburten. So fand sie zunächst nur die Kraft zu einsamen Spaziergängen, in denen sie sich mit der Landschaft, ihren »schönen Lichtern«, den »wundervollen Linien« der Hügel befreundete. Auf ärztlichen Rat verbrachte sie dann – zunächst mit Alfred – meh-

rere Wochen zur Kur in Sankt Moritz, während die Kinder –
Olly in ihrem »armen kleinen Traumleben« und Oswalt –
unter der Obhut der Pflegerinnen und der Schwiegermutter
zurückblieben. Helene erholte sich jedoch nur langsam und
fühlte sich von der Bergwelt erdrückt, trotz freundlicher Begegnungen mit den Hofmannsthals und mit der von dem
Dichter verehrten schönen Amerikanerin Gladys Deacon.
Wieder in Weimar, berichtete sie ihm: »Ich war die letzte Zeit
in St. Moritz sehr unglücklich allein und litt auch an einer
schrecklichen Depression, die mich einige Tage auch hier
verfolgt hat... Zuletzt bin ich noch einmal mit Gladys Deacon [in einer Droschke] gefahren... Wir sind fast gegen einen
Felsen dieser feindlichen Natur zusammen zerschmettert
worden und sprachen dann über Wilhelm Meister weiter. Ich
hatte dann aber genug und reiste ab. Es schien mir, als wollten mich alle diese großen Berge verschlingen.«

Einige Wochen danach ist die Krise ganz überwunden. In
einem Brief an Rodin von Anfang November 1908 heißt es:
»Wir haben jetzt noch sonnige Tage. Gestern hat sich mein
kleiner Sohn in unserem Garten zum ersten Mal aufgerichtet,
um das Licht besser zu sehen. Die Hühner, die Tauben um-
ringten verwundert sein Wägelchen und all dieses Weiß, dieses Erstaunen im Sonnenlicht war entzückend.

Nach mehreren Monaten der Ermüdung bin ich so dankbar, daß die Schleier, Gott sei Dank, verschwunden sind, und
daß ich wieder freudig ans Musizieren denken kann. Ich sage:
Schleier, denn es scheint mir immer, daß man in diesen Perio-
den auch die Farben nicht so gut wahrnimmt«.

Die wiedererwachte Lebensfreude wirkte sich auch auf den
Umgang aus. Es traf sich gut, daß Harry Kessler Anfang
Dezember nach längerer Abwesenheit wieder in Weimar eintraf. Helene und Alfred hatten ihn schon im April 1905 in
seinem Hause in der Cranachstraße besucht, als Hofmannsthal einen Vortrag in der Weimarer Shakespearegesellschaft
hielt. Damals leitete er das Großherzogliche Museum für
Kunst und Kunstgewerbe – ein Ehrenamt, das er im Juni
1906 aufgeben mußte: Aus Anlaß einer Hofintrige wegen
einer Rodinausstellung mit angeblich obszönen Zeichnungen
des Meisters war er damals vom Großherzog brüskiert wor-

den und hatte seinen Abschied genommen, behielt aber sein Weimarer Haus als Hauptwohnsitz und Mittelpunkt seines Freundeskreises. Mit den Nostitzens ergab sich sogleich ein nachbarlicher Verkehr. Schon am 14. Dezember notierte er in seinem Tagebuch, daß er Helene zu einem Spaziergang nach Tiefurt abholte und am gleichen Abend das Ehepaar bei sich sah. Der Bildhauer Max Klinger, die Maler Graf Kalckreuth und Liebermann gehörten zu den Gästen: Liebermann habe »bis zur Lyrik begeistert« über Cézanne gesprochen; als dann aber Helene erschien – die Nostitzens kamen erst nach Tisch –, sei er »nur noch Courmacher« gewesen!

Auch in den folgenden Monaten sah Kessler Helene häufig: auf Spaziergängen, im eigenen oder im Nostitzschen Hause. Das Zusammensein mit ihm wirkte auf sie anregend und belebend: »Der Drang, überall das Wesentliche zu begreifen, schuf um Harry Kessler diese Atmosphäre voller Spannung und Bewegung, in der Glut und Kälte, Nähe und Ferne, Reinheit und Farbenglanz, Verzicht und Umfassen alles Widersprüchlichen, was diese Welt ausmacht, enthalten waren.«

Er vermerkte seinerseits im Tagebuch ihre Schönheit, ihre Eleganz und zog sie – neben Alfred – hinzu, wenn Besucher zu ihm kamen, die ihm wichtig erschienen. Unter ihnen waren die verschiedensten Naturen: Hofmannsthal gehörte in jenen Jahren zu den gemeinsamen Freunden. Es gab aber auch Gäste, die Helene im Grunde fremd waren, wie etwa Maurice Denis, der um die Schlichtheit alter Meister bemühte Künstler und Kunsttheoretiker. Der Maler von »Engeln und kindlichen Waldnymphen« wirkte auf sie wie ein biederer Bürger, »nicht ohne das rührende Element, das die anderen Nationen den Deutschen so oft verargen«. Wesentlicher war für sie die erste Begegnung mit Gerhart Hauptmann. Auf Einladung Kesslers las er eines Abends von zehn bis ein Uhr seine »deutsche Komödie« »Griselda« vor. In Abwandlung der letzten Novelle aus dem zehnten Tag des »Decamerone« Boccaccios handelt sie von der spannungsgeladenen Beziehung zwischen einer charakterstarken Bauernmagd und einem aus übersteigerter Eifersucht gewalttätigen Feudalherrn. Weniger der Text fesselte die Hörer – unter ihnen Hofmannsthal – als die

Lebendigkeit des Vortrags. Kessler hob die »Schönheit und Kraft« einzelner Szenen hervor. Helene faszinierte die Gestalt der Griselda, vor allem aber »Hauptmanns wundervoller Kopf«.

Zu den Gästen Kesslers, denen Helene in der Cranach-straße begegnete, gehörte Richard Dehmel, der sie durch seine Dichtung, mehr noch durch sein Aussehen beein-druckte. In seinem Gesicht sah sie »die beiden großen Ele-mente des Lebens, die erhabene Geistigkeit, die alles spren-gende Sinnlichkeit, ungewöhnlich plastisch ausgedrückt«; ferner Dehmels Frau, Ida Coblenz, die von Stefan George geliebt und verehrt worden war, ihn zum »Jahr der Seele« inspiriert hatte, bevor sie ihn verließ und sich Dehmel zu-wandte. Helene schätzte ihre »breite erdgeborene Mensch-lichkeit«, ihre Bereitschaft zu Gesprächen, wie man sie »im Walde oder auf Bergen« hätte führen können. Auch Alfred Walter Heymel lernte sie damals kennen, den Mitbegründer des Insel-Verlages, den sie als »schillernde Erscheinung« be-schreibt. Sie bewunderte seine Großzügigkeit, seine Schenk-freude, sein Streben nach einer Überfülle des Erlebens, die ihn »zu seinem frühen Tode drängte« (er starb im Sommer 1914, zuletzt von van de Velde betreut, an Schwindsucht). Ein weiterer Gast war Georg Brandes, der dänische Kritiker und Literarhistoriker, der als streitbarer Wortführer materialisti-scher und antiromantischer Kunstauffassungen internationa-les Ansehen erlangt hatte. Helene erfuhr davon wenig in den Salongesprächen, die auch Rodin und Meudon zum Thema hatten, war aber amüsiert über seinen Witz, die ihm eigene Mischung von Sarkasmus und geistigem Höhenflug.

Kesslers Haus war nicht der einzige Treffpunkt des Freun-deskreises, in welchem Helene nunmehr heimisch wurde. Zu denen, die dem neuen Weimar Gesicht und Farbe gaben, zählten auch Henry van de Velde, der durch Vermittlung Kesslers nach Weimar berufen worden war, wo er 1902 eine Kunstgewerbeschule ins Leben gerufen hatte und den Wohn-stil der Freunde durch seine Ideen und Entwürfe prägte; der Dichter Ernst Hardt, der die Weimarer Szene durch seine phantasievollen Einfälle belebte; der Maler Ludwig von Hof-mann, der van de Velde zur Seite stand und dessen herbe

Klarheit in der Linienführung durch »liebliche Visionen« dekorativ ergänzte; der Pianist Walter Lampe, der »Mozarts unkörperliche Feinheiten wie kein anderer wiederzugeben verstand«. Sie wurden von ihren Frauen unterstützt, die van de Velde in seinen Lebenserinnerungen so treffend porträtiert hat: »Die Götter«, schreibt er, scheinen ihre Hände über die jungen Frauen unseres Kreises gehalten zu haben. [Es waren] Schönheiten ganz verschiedener Art: Elly [Eleonore] von Hofmann, Tochter des... Archäologen Kékule von Stradonitz, das vollendete Beispiel römisch-klassischer Schönheit... meine Frau [Maria van de Velde, geborene Sèthe] mit allen Merkmalen keltischer Herkunft: blaßblaue, kühle, gletscherfarbene Augen, weizenblonde Haare, eine ruhige, distanzierte Haltung... Polyxena [Polly] Hardt, geborene von Hoeßlin, die deutsch-griechische Frau Ernst Hardts, eine kleine schlanke Gestalt mit Gesichtszügen wie eine Meißener Porzellanfigur, eine außergewöhnlich offene, lebhafte und vornehme Natur; Else [Lampe, geborene] von Guaita... aus einer, vor langer Zeit aus Italien eingewanderten Bankiersfamilie. In ihren Zügen mischte sich Exotisches mit Altflorentinischem...« Auch Helene erwähnt van de Velde in diesem Reigen; er spricht von der nie erlahmenden »Spannkraft ihrer Bewegungen«, der »Suche nach neuen künstlerischen Erlebnissen«.

Es war in der Tat dieser Elan, der sie kennzeichnete – nicht nur in den Weimarer Jahren –, doch fand sie damals ein besonders fruchtbares Wirkungsfeld in einer ihr gemäßen Umgebung. Wie es ihre Art war, hat sie wenig darüber mitgeteilt; im Weimarer Kapitel ihres Erinnerungsbuches beschreibt sie vor allem die Freunde – die Männer eingehender als die Frauen, die sie jedoch nicht als Rivalinnen empfand – und ihre Häuser; der Alltag in der Tiefurter Allee tritt hiergegen zurück. Doch besitzen wir glücklicherweise das Zeugnis eines Zeitgenossen ihrer Generation: des Dichters und Schriftstellers Otto von Taube. Der gebürtige Balte war seit dem Herbst 1909 Mitarbeiter am Weimarer Goethe-Museum und naher Nachbar der Nostitzens. Man sah sich nahezu täglich. Darauf fußend, enthält sein Buch »Stationen auf dem Wege« eine Schilderung, der wir folgendes entnehmen:

»Nostitzens hatten ein großes Haus in der Tiefurter Allee schräg gegenüber dem unseren [Taubes Elternhaus] gemietet. Ich war schon von Halle aus einige Male bei ihnen gewesen, hatte dort sogar eines Abends im kleinsten Kreise eigene Verse vorlesen dürfen. Jetzt entspann sich zwischen dem Ehepaar und mir ein ungemein reger nachbarlicher Umgang. Herr von Nostitz in seiner zurückhaltenden ruhigen und reifen Art trat damals für mich jungen Mann vor seiner Frau noch in den Hintergrund. Sie war lebhaft, willensstark, durch das russische Blut, das sie von ihrer einen Großmutter hatte, von starker Ursprünglichkeit und Unbekümmertheit, immer irgend etwas unternehmend, dabei mit Erfolg durchsetzerisch. Ihre Energie, ihre Überzeugtheit und ihr persönlicher Zauber – der Zauber einer lebendigen, mit Einbildungskraft begabten und immer berückend angezogenen jungen Frau – waren die Waffen, mit denen sie immer siegte. Dabei war sie weder berechnend noch – damals – überhaupt bewußt. Sie beging Verstöße, man verzieh sie; sie lud Menschen, die einander nicht vertrugen, zusammen ein – und es ging; jene aber verließen ihr Haus als gute Freunde... Immer gewann sie durch drei Tugenden: Treue gegen Freunde, Einsatzbereitschaft für das, was sie hochhielt, und bedingungsloses Wohlwollen gegen jedermann. Aus Wohlwollen überschätzte sie leicht. Nie habe ich sie schlecht von anderen sprechen hören... [Sie] unternahm die verschiedensten Sachen. Ich sah sie malen in Goethes altem Garten, was [der Museumsdirektor] von Oettingen ihr gestattet hatte; er hatte sie wegen ihrer Schwärmerei für Kunst und dergleichen ›Madame Culture‹ genannt... Dann wieder traf man Helene Nostitz zwei Malerinnen gleichzeitig zum Bilde sitzend, von vorn malte das Fräulein von Spielberg, von der Seite die Gräfin Cessy Wedel unsere Nachbarin, deren Züge einst Rodin gebildhauert hatte, und leicht seufzend warf Frau von Nostitz, als beide Malerinnen gegangen waren, vor mir die Bemerkung hin: ›Ach ja, Rodin hat mir schon geweissagt: Un jour Vous tomberez entre les mains de mauvais artistes.‹ (Einmal werden Sie in die Hände schlechter Künstler fallen.) Sie spielte eifrig Klavier, vierhändig oder auf zwei Flügeln mit Herrn von der Gabelentz, der es vollendet beherrschte; er musizierte bei ihr oder sie in seiner geräumigen Junggesellenwohnung... da wie dort durfte ich zuhören. Was Frau von Nostitz aus Menschen zu machen verstand, zeigte sich gerade an Gabelentz. Dieser steife Schweiger, der einen so grenzenlos langweilen konnte in seiner Stummheit – die aus Verlegenheit kam –, wurde von ihr zum munteren Plauderer gemacht, der einen feinen Humor und, keineswegs schüchtern, feste Grundsätze offenbarte. Diese neuentdeckten Vorzüge brachte Herr von der Gabelentz aber fortan nicht nur Frau von Nostitz gegenüber zur Geltung, sondern auch gegenüber allen, die ihn einmal hatten auftauen sehen. Hardts, Nostitzens, Gabelentz und ich, wir bildeten in dem weiteren Nostitzschen Kreise einen kleinen, fest zusammenhaltenden Kern, zu dem beinahe noch van de Veldes gehörten.«

Taubes humorvoller und großzügiger Vorgesetzter, Wolfgang von Oettingen, ebenfalls baltischer Herkunft, hatte auch zu Alfred und Helene ein gutes Verhältnis, das nach den Weimarer Jahren fortdauerte. Erst recht galt das von Hans von der Gabelentz, der das heikle Amt eines großherzoglichen Privatsekretärs versah (der Vorgänger war von seinem Herrn in Ungnaden entlassen worden), später Burghauptmann der Wartburg wurde und mit Helene bis kurz vor ihrem Tode korrespondierte.

Für das von Taube hervorgehobene »bedingungslose Wohlwollen« Helenes gab es ein bezeichnendes Beispiel: ihr Verhalten gegenüber Elisabeth Förster-Nietzsche. Die Schwester des Philosophen, die, wie sich nachträglich herausstellte, dessen Nachlaß mehr schlecht als recht betreut hat – residierte im Nietzsche-Archiv über der Stadt und genoß, nicht nur in Weimar, hohes Ansehen, stieß aber auch hier und da bereits auf Kritik. Kessler, der viel mit ihr zu tun hatte, kam zu dem Schluß, sie sei »im Grunde doch eine kleine spießige Pastorentochter« (Notiz vom 20. April 1911), und Hofmannsthal schrieb am 25. April 1908 an Helene vor ihrer Übersiedlung nach Weimar: »Hier ist etwas Vorsicht am Platze... Sie ist eine sonderbar gemischte Person, die Gute. Manchmal, besonders unter vier Augen, wirkt sie sehr schön, manchmal ist sie von einer süßlichen pastörlichen Kleinbürgerlichkeit und *Tactlosigkeit* daß man die Wände hinauflaufen möchte. Auch Kessler hat sich schon oft furchtbar über sie geärgert. Ich sage das alles, weil sie Ihnen sehr nachlaufen wird ... aber es ist gut wenn man sich so einrichtet daß man es niemals notwendig hat, sie zu *distancieren*.«

Es war indessen nicht Helenes Art, solche Warnungen, auch wenn sie von guten Freunden kamen, zu beherzigen. Sie ließ es sich daher gefallen, daß sie von der auf diese Weise Kritisierten besonders zuvorkommend aufgenommen wurde: Im Gedenken an Nietzsches letzte Tage verbrachte sie öfters besinnliche Stunden in dem von van de Velde gestalteten Empfangsraum des Archivs mit der Klingerbüste, und ebendort versammelten sich auf Initiative der Gastgeberin die Freunde unter den Klängen eines Beethoven-Trios und dem Gesang vertonter Nietzsche-Gedichte, als die Nostitzens von Weimar Abschied nahmen. Auch Jahre später, 1924 in »Aus dem alten Europa«, findet Helene nur freundliche Worte für die Schwester des Philosophen, mit dem »im Alter noch kindlichen Gesicht«, die so bereit gewesen sei »mitzufühlen ... soweit ihr Gefühl die Welt ihres Bruders dabei bejaht fand«. Ein Jahrzehnt danach, im Sommer 1934, kam es jedoch zu einem Nachspiel: Während eines kurzen Aufenthalts in Weimar hatte sie das Bedürfnis, Elisabeth Förster aufzusuchen. Sie ließ ihren Begleiter, den Amerikaner Wesson Bull, vor dem Hause im Auto warten. Nach einigen Minuten kehrte sie mit hochrotem Kopf zurück und murmelte erregt: »She is a very wicked woman!« (Sie ist eine sehr böse Frau!) Über den Vorfall selbst schwieg sie sich aus, doch zeigt er immerhin, daß jenes »Wohlwollen« Grenzen hatte, deren Überschreitung eine leidenschaftliche Reaktion auslösen konnte.

Von den näheren Bekannten in Weimar seien zwei noch besonders erwähnt. Zunächst van de Velde, der vor allem mit Alfred auf vertrautem Fuße stand und bei Helene als Mensch und Künstler auf Sympathie stieß, mochte sie auch ihm gegenüber nicht jene Wärme empfinden, die ihre Freundschaften mit Rodin oder mit Hofmannsthal kennzeichnete. In ihrem Erinnerungsbuch beschreibt sie, wie sich seine »sehnige Gestalt mit dem etwas spanischen Kopf, den klugen, festen, schwarzen Augen« während eines Vortragsabends temperamentvoll unter seinen Gästen bewegte, »sein Witz traf den Punkt mit der Schnelligkeit des Blitzes«; sie erwähnt »die herben ungeschminkten Gesichter« seiner Mitarbeiterinnen, die von ihm entworfene »anonyme, eher dunkelfarbige Kleidung« der Geladenen vor den mattgrauen Wänden des hallenartigen Raumes, mit einigen Tänzerinnen auf Bildern Ludwig von Hofmanns als »einzigen Farbflecken«, alles in allem eine Nüchternheit, die nichts Festliches an sich hatte und nicht die ihre war, die sie aber als ein »Bild der Zeit« auf sich wirken ließ.

Näher verbunden fühlte sie sich freilich einem Antipoden dieser strengen Moderne: Ernst Hardt, mit dem sie manches gemeinsam hatte. Der Westpreuße aus Graudenz, Sohn eines Hauptmanns, war schon als Sechzehnjähriger eigene Wege gegangen, hatte sich der Literatur verschrieben und eine Weile dem Umkreise Stefan Georges angehört, was auf die Entwicklung seiner dichterischen Form nicht ohne Einfluß geblieben war. Seine Theaterstücke, die dann nach der Jahrhundertwende entstanden, gehörten, wie das Frühwerk Hofmannsthals, zur vorexpressionistischen Gegenbewegung gegen den Naturalismus und wandten sich in ihrer kunstvollen Sprache, der Wiedergabe subtiler Seelenregungen an den Kreis der für solche Feinheiten Empfänglichen. Daß Helene zu ihnen gehörte, hatte er bald erkannt. Ihre Photographie stand in jenen Weimarer Jahren auf seinem Schreibtisch, und sie war eine Gesprächspartnerin, der er seine Gedanken über die Arbeitsweise des Dramatikers, über den Schönheitskult der jungen Generation mitteilen konnte. Aus solchem Austausch entstand auch der Plan, Hardts »Ninon von Lenclos« im Nostitzschen Garten aufzuführen. Der Einakter mit seiner Folge kontrastierender Stimmungen bis zum tragischen Ende (der letzte leidenschaftliche Verehrer der berühmten Kurtisane ist ihr eigener Sohn, der sich nach der Enthüllung dieser Beziehung das Leben nimmt) war in der Tat für diese Umgebung wie geschaffen. Einige Jahre zuvor schien Rilke dies in einem Gedicht, das er Hardt und seinem Stück gewidmet hatte, schon vorweggenommen zu haben:

»...Wie habt Ihr jene wunderliche Nacht
heraufgerufen, glühend und verdüstert,
mit allem, was in ihren Büschen flüstert,
mit allem, was auf ihrem Grunde wacht...«

Die Aufführung fand in den Nachtstunden des 16. Juni 1909
statt. Alfred und Helene hatten für die Rolle der Ninon eine
bedeutende Tragödin gewinnen können: Adele Doré (Milan),
eine Wienerin, die von den Zeitgenossen als ideale Darstelle-
rin von Grillparzers »Medea« gefeiert wurde. Ihr Partner war
Deussen, ein junger Schauspieler, der bald danach bei einer
Adlerjagd ums Leben kam. »Dieser Garten«, schrieb Helene,
»war wirklich empfindend, mitleidend und mehr als eine
Bühne. Schweigend und ergriffen saßen die Zuschauer da, als
die letzte Gestalt des Dramas hinter den Büschen wieder
verschwand. Keine Hand wagte zu klatschen.«
Am Tage danach notierte sie: »›Es war wirklich Poesie‹,
sagte Frau Doré. Die Essenz der Dichtung wirkte ganz von
allein unter den Schatten der Büsche, aus dem die Paare
auftauchten und wieder entschwanden... Als wir, Frau Doré
und ich – zu dieser Stelle kamen, lag das Tuch der Ninon, die
Blätter, mit denen sie sich die Stirn gekühlt hatte... auf dem
jetzt sonnigen Boden und erinnerten uns daran, daß alles
nicht nur ein Traum gewesen war.«
Als Abschluß der Weimarer Zeit erlebte der Nostitzsche
Garten noch ein letztes Fest mit einer Darbietung, die wiederum Hardt zu verdanken war. Angeregt durch eine abendliche Aufführung des Goetheschen Singspiels »Die Fischerin«,
hatte er ein Ballett konzipiert, bei dem Fackeln schwingende
Nymphen aus den Büschen hervorkamen, in feurigem Reigen
einen Faun umtanzten und dann wieder ins Dunkel zurück-
flohen. Als der Faun mißmutig entschwunden war, erschienen sie von neuem, umkreisten die Flammen einer Opfer-
schale, bis diese erloschen waren. Sodann erklang aus der
Finsternis Musik, welche die Gäste, die im Stil der Goethezeit
kostümiert waren, zum Tanz ermunterte, »und schließlich
tanzte alles in der Sternennacht«, schrieb Helene, »Traum
und Wirklichkeit vermischten sich mehr und mehr. Es war
ein phantastisches Fest!«

Bald forderte die Wirklichkeit wieder ihr Recht. Das Weimarer Intermezzo hatte sein Ende gefunden, da man in Sachsen die Zeit für die Heimkehr des »verlorenen Sohnes«, die Wiedereinstellung Alfreds in den sächsischen Staatsdienst, gekommen sah. Im Juli 1910 wurde er zum Amtshauptmann in Auerbach im Vogtland ernannt.

Das Jahr hatte für die Familie Nostitz unter einem traurigen Vorzeichen begonnen: Ende Januar starb Olly, die dreieinhalbjährige Tochter, die nie wirklich zum Leben erwacht war. »Das Unbegreifliche umspielt uns in zahllosen Gestalten, bald furchtbar, bald reizend – wir aber sind ans Begreifliche gewiesen, und sollen uns daran halten!« schrieb Hofmannsthal an Helene, als er die Nachricht erfahren hatte. Damit kam er der Haltung entgegen, die sie schon früher beim Ableben ihr Nahestehender bewiesen hatte und die auch bei diesem Kindestod um so mehr ihrer Einstellung entsprach, als er nicht unerwartet eingetreten war, ja als Erlösung empfunden werden konnte. So versuchte sie das »Unbegreifliche« ins Faßbare und Versöhnende zu verwandeln: »Die arme kleine Olly ist gestorben, die schon lange gestorben war. Ein wunderbarer Glanz lag auf ihren Zügen, ein Licht. Wir brachten sie unter der großen Sternennacht ins Totenhaus... dort liegt sie nun, so weiß und still, mit Blumen in der Hand, die sie nie im Leben hat fassen dürfen. Gott behüte sie.«

Einige Monate später, im Frühsommer, galt es dann, von Weimar Abschied zu nehmen. In Notizen hat Helene einige Eindrücke aus diesen Tagen festgehalten: einen abendlichen Gang in der Tiefurter Allee mit den Klängen eines Karussells in der Ferne; letzte Besuche im Belvedere-Garten mit der Orangerie und in Goethes Gartenhaus; Gespräche mit den alten Schauspielern, »etwas zerfetzten und verträumten Gestalten«, die im nahe gelegenen, heute noch erhaltenen Marie-Seebach-Stift ihren Lebensabend verbrachten und am Leben des Nostitzschen Hauses, auch an den Gartenfesten, nachbarlich teilgenommen hatten. »Oft flogen unsere Tauben zu den Alten herüber, jetzt sagten sie traurig: ›Nun werden die Tauben nicht mehr kommen!‹«

Zuletzt ein Besuch an Ollys Grab mit weißen Lilien, die »weithin vom Hügel herableuchteten«.

Bei der Abfahrt an einem sonnigen Morgen entbot eine »Vertreterin des alten Weimar, die noch von der Zeit Franz Liszts träumte«, doch auch bereit war, »das Neue mitzuempfinden«, einen Abschiedsgruß. »Voller Würde und Trauer, einige rote Rosen in der Hand«, stand die alte Dame, Therese von Helldorf, auf der Tiefurter Allee – ein Bild, das sich Helene als letztes fest einprägte.

8. Kapitel

Die Freundschaft mit Hofmannsthal

Helene von Nostitz ist Hugo von Hofmannsthal erstmals als junge Frau in Weimar begegnet. Sie war damals sechsundzwanzig und seit einem halben Jahr verheiratet, er einunddreißig. Wir kennen das Datum, denn an jenem Sonnabend, dem 29. April 1905, hielt der Dichter seinen Vortrag »Shakespeares Könige und große Herren« in der Shakespeare-Gesellschaft. Er war mit seiner Frau Gerty über das Wochenende nach Weimar gekommen und wohnte im Hause Harry Kesslers, dem er damals noch in ungetrübter Freundschaft verbunden war.

In ihrem Erinnerungsbuch »Aus dem alten Europa« hat Helene von Nostitz die Eindrücke dieses besonderen Tages festgehalten:

»Das Feuer brennt im Kamin und wirft einen Schein auf die festlichen Reiter des Parthenonfrieses. Hellgelbe Bücher stehen in weißen Schränken. In den Glasvitrinen aber schauen liebliche kleine Frauengestalten Maillols in Spiegel, die ihre reinen, strengen Formen wiedergeben. Über dem mattlila Diwan ziehen die Nymphen Maurice Denis' durch einen phantastischen Wald... die Tür ist nach dem Schreibzimmer geöffnet... die Bilder französischer Impressionisten erglühen wie bunte Blumen...

Das erste Mal, als ich dieses Haus betrat, spielte Ansorge ein Stück von Beethoven. Herb und fein zogen die Töne durch die hellen Räume. Über dem Klavier hing ein nachdenkliches Selbstporträt van Goghs. Hofmannsthal lauschte im anderen Zimmer versonnen unter dem Wandbild Maurice Denis' mit jenem Blick, den er nur dem Entscheidenden gegenüber öffnet. Er sollte den selben Vormittag seinen Vortrag über ›Shakespeares Könige und große Herren‹ für den Shakespearetag halten. Zum ersten Male hörte ich hier die Sprache, die auch Zwischendinge, welche nicht nur mit Liebe und Tod zu tun haben und doch bestimmend für uns sind, so lebendig macht. Wie aus einer Landschaft ein Bild klar in unserer Seele bleibt, so denke ich immer noch an die Stelle des Vortrags, die von Brutus erzählt, wie er dem schlafenden jungen Lautenspieler die Laute wegnimmt, damit sie nicht zerbricht. Diese sanfte kleine Bewegung mitten zwischen Tod und Verderben! Dann vereinigten wir uns vor den Bildern Monets in einer Ausstellung, die Kessler veranstaltet hatte. Wie die Tonfolgen eines Musikstücks reihte sich alles aneinander, bis der Tag seinen Ausklang im Park von Belvedere fand.«

Die Schilderung wird durch ein Bilddokument ergänzt, das anläßlich jener Ausstellung entstand. Vor einer Wand mit Bildern Monets sieht man eine Gruppe der zur Vernissage Geladenen. In ihren schweren Seidenkleidern mit den hohen Federhüten sitzen die Damen – unter ihnen Gerty von Hofmannsthal, Maria van de Velde, Helene von Nostitz –, während die Herren – man erkennt Kessler, Henry van de Velde, Alfred Walter Heymel, Alfred von Nostitz – etwas steif hinter ihnen aufgereiht sind. Helene blickt versonnen vor sich hin; neben ihr, von den anderen sich abhebend, steht Hofmannsthal und stützt den Unterarm leicht auf die Lehne ihres Stuhls. Man hat den Eindruck, als sei ein eben begonnenes Gespräch zwischen ihnen nur vorübergehend unterbrochen worden.

Zu dieser Weimarer Begegnung kam es nicht ohne Vorbereitung. Auch hier war Kessler der Vermittler. Im Sommer 1903 hatte er eine Ausstellung französischer und deutscher Impressionisten in Weimar veranstaltet und hierzu Alfred von Nostitz, mit dem er seit der gemeinsamen Leipziger Studienzeit befreundet war, und Hofmannsthal eingeladen. Beide trafen am Abend des 25. August in Weimar ein, waren bei ihm zu Gast, besuchten am folgenden Tage mit ihm die Ausstellung und nahmen dann an einem Mittagessen in seinem Hause teil, bei dem auch Henry van de Velde und Théo van Rysselberghe, der belgische pointillistische Maler, zugegen waren. Nostitz erwarb damals eine Meereslandschaft Rysselberghes und den »Mont Saint-Michel« Paul Signacs; von Hofmannsthal wissen wir aus einer Tagebuchnotiz Kesslers, daß er für Signacs Bilder besonderes Verständnis zeigte. So ergab sich ein erster Kontakt in Kunstdingen. Im Oktober des gleichen Jahres war Hofmannsthal in Berlin und besuchte das Haus Cornelie Richters in Wannsee, wo er neben Kessler und Bodo von dem Knesebeck wiederum Alfred von Nostitz begegnete. Es ist daher anzunehmen, daß er Helene von Hofmannsthal erzählte, der seinerseits von ihrem Berliner Ambiente einen Eindruck gewonnen hatte, bevor er sie in Weimar kennenlernte.

Die Sympathie bei diesem ersten Zusammensein war offenbar gegenseitig und so nachhaltig, daß er den Faden weiterzuspinnen suchte. Anlaß hierzu bot das Manuskript seines Shakespeare-Vortrags, dessen Übersendung Hofmannsthal Helene versprochen hatte, was indes auf Schwierigkeiten stieß. So schrieb er der »gnädigen Frau«, erklärte etwas umständlich die Gründe der Verzögerung, um mit einer sorgfältig getarnten und die Konvention wahrenden Freundschaftserklärung zu schließen:

»Meine Frau und ich erinnern uns mit unglaublicher Freude der drei Tage in Weimar und bitten Sie, Herrn von Nostitz von uns zu grüßen.

Ihr sehr ergebener Hofmannsthal.«

Diese Zeilen schienen jedoch zunächst ohne Folgen zu bleiben. Erst nach einer längeren Pause kam es im folgenden Jahr zu einem Wiedersehen in Berlin anläßlich der Uraufführung von »Ödipus und die Sphinx« am 2. Februar 1906 im Deutschen Theater, die durch die Regiekunst Max Reinhardts zu einem großen Erfolg wurde. Anschließend hielten sich Hofmannsthal und seine Frau mehrere Tage in Berlin auf, wo sie der dortige Freundeskreis freundlich aufnahm. Helene und Alfred waren aus Dresden herübergekommen und nahmen an den Geselligkeiten teil, zu denen auch Max Reinhardt hinzugezogen wurde. Helene hatte ihn schon im Jahre 1903 kennengelernt, als sie ihn – unter dem Eindruck seiner Inszenierung von Gorkis »Nachtasyl« – gemeinsam mit ihrer Mutter in seinem Berliner Haus aufsuchte und von ihm »sehr charmiert« war – eine Begegnung, an die sie nunmehr anknüpfen konnte. Wie aus dem Tagebuch Kesslers hervorgeht, lud dieser am Tag nach der Premiere die Ehepaare Hofmannsthal und Nostitz sowie Max Reinhardt in die Weinstube Borchard zum Mittagessen ein; am 6. Februar verbrachten Max Reinhardt, Kessler und die Hofmannsthals eine Teestunde bei Helene und ihren Eltern Hindenburg in der Roonstraße; der gleiche – durch die Heykings und die Harrachs erweiterte – Kreis kam am folgenden Tage im Hause Cornelie Richters zusammen; am 9. Februar traf man sich nochmals bei den Hindenburgs und besuchte gemeinsam – wie schon erwähnt – die von Elisabeth Duncan, der Schwester Isadoras, im Grunewald eröffnete Tanzschule.

Offenbar waren durch diese Berliner Begegnungen Hofmannsthals Weimarer Erinnerungen so lebendig erwacht, daß sie einen produktiven Prozeß auslösten. Das Ergebnis findet sich in dem Prosastück »Unterhaltung über den Tasso von Goethe«, das er im Frühjahr und im Sommer 1906 in zwei Phasen niederschrieb. Darin diskutieren zwei befreundete Ehepaare, der Dichter und seine junge Frau sowie der Major und die Baronin, deren Vorname Helene erst am Schluß genannt wird, über Goethes Stück, das sie zuvor gemeinsam gesehen hatten, und vor allem über die Rolle der Prinzessin. Die Frau des Dichters äußert beredt ihre Abneigung gegen diese Gestalt und ruft den Widerspruch ihres Mannes hervor, während der Major nur durch eine beiläufige Bemerkung über die schlechten Manieren, den Mangel an Takt in den »modernen bürgerlichen Dramen« in das Gespräch eingreift und die Baronin sich im wesentlichen auf Gesten beschränkt. Als die Frau des Dichters ihre Kritik näher erläutern soll, scheint sie ihr »mit einem leichten Nikken erratend oder verstehend« zu Hilfe zu kommen, und als die andere im weiteren Verlauf »ein wenig ihr Gesicht verzog«, heißt es ergänzend: »und die Baronin lächelte.«

Der Unterhaltung folgt noch ein Epilog: Einige Wochen später liegt auf dem Frühstückstisch des Dichters ein Kuvert, das in Maschinenschrift einen Text mit der Überschrift »Die Prinzessin« enthält. Übrigens ein kleines Meisterwerk, das der mit Hofmannsthal befreundete Felix Braun mit Bedacht auswählte, als er nach dessen Tod das Programm für die Trauerfeier im Wiener Josefstädter Theater zusammenstellte. Da das Kuvert nur den »Stempel vom Landgut des Majors«

trägt, stellt sich die Frage nach dem Urheber. Die Diskussion, die sich daher zwischen dem Ehepaar entspinnt, bietet Anlaß, die Partner des Tassogesprächs näher zu charakterisieren. Der Dichter entscheidet sich zunächst für die Autorschaft des Majors: »... und ich möchte sogar für möglich halten, daß seine Frau gar nichts davon weiß, daß er dies aufgeschrieben hat, denn seine Scheu ist ebenso groß als seine Zartheit im Denken und Empfinden, und eben an dieser Zartheit erkenne ich ihn hier.« Es ist das ein Wesenszug, der auf Alfred von Nostitz hinweist; hat ihn doch Hofmannsthal zwei Jahrzehnte später in jenem schon erwähnten Brief an Carl Jacob Burckhardt von 1925 fast mit den gleichen Worten charakterisiert.

Ist aber nicht doch die Baronin Helene die Autorin? Die Argumente, die dafür sprechen und die taktvollerweise der Frau des Dichters in den Mund gelegt werden, erweisen sich als gewichtiger, so daß ihr Mann schließlich nachgibt. In diesem Zusammenhang ist die Rede von Helenes Lächeln. Hat sie damit nicht, meint der Dichter, die Argumente seiner Frau *gegen* die Prinzessin unterstützt, während im Aufsatz *für* sie Stellung genommen wird? Die Frau darauf: »Wer sagt mir, daß sie mir da recht gab? Ihr Lächeln ist das undurchsichtigste und vieldeutigste von der Welt. Sie mag damals ebensogut gegen mich gelächelt haben als für mich.« Ferner wird hervorgehoben, daß englische Wendungen in den Aufsatz eingeflochten sind, wozu die junge Frau des Dichters anmerkt: »... sie hat mir selbst gesagt, daß sie manchmal englisch denkt...« Und auch der Gebrauch »seltener strenger Fremdwörter« spreche nicht gegen sie: »Das ist *sie*, und es macht einen so guten Kontrast mit dem hübschesten Mund und dem reizendsten Kinn von der Welt, das sie hat.«

Durch solche Merkmale – nicht nur den gleichen Vornamen – war Helene von Nostitz als Urbild der »Baronin« für Nahestehende unschwer zu erkennen: Die Anmut ihrer Erscheinung, ihrer Gesichtszüge ist uns durch die Bildnisse aus jenen Jahren überliefert. Englisch war die ihr vertrauteste Fremdsprache; englische Passagen finden sich damals häufig in ihren Briefen. Und mochte sie auch noch nicht fähig sein, so treffend und geistvoll zu formulieren wie die fingierte

Verfasserin jenes Aufsatzes, so verfügte sie doch über entsprechende Möglichkeiten, die Hofmannsthal intuitiv wahrnahm. Jedenfalls aber besaß sie schon damals – nicht nur durch ihre Gesten, ihr »vieldeutiges« Lächeln – jene Ausstrahlung ohne Worte, die eine in Hofmannsthals »Aufzeichnungen« wiedergegebene Bemerkung über »H. N.« (Helene Nostitz) umschreibt: »Das ist eine Frau, die in bewundernswerter Weise ihre Individualität wahrt, ohne den Mund aufzumachen.«

Der Ausspruch stammt von Gladys Deacon (spätere 9. Duchess of Marlborough), die Helene in Sankt Moritz durch Hofmannsthal kennengelernt hatte; dieser nannte Gladys »gewissermaßen die glänzendste Person«, die er jemals gesehen habe. Und bald nach dem Abschluß der »Unterhaltung über den Tasso von Goethe«, in einer Tagebuchnotiz vom 17. August 1906, erwähnt er die beiden Frauen, die er als so bedeutsam für seine dichterische Produktion empfand:

»Die Gestalten der Frau von Nostitz, Gladys Deacon in mir anschauend, wird mir bewußt, daß ich nun erst so weit bin, daß weibliche Erscheinungen in meinen Kreis tretend mir als notwendig, schicksalhaft hingesetzt erscheinen, mir die Welt und mich selbst, Tiefe und Grenzen zu zeigen, mich zur höchsten Leistung aufzufordern, mich zu prüfen...«

Im Herbst des gleichen Jahres kommt es dann wieder zu einer Begegnung: Hofmannsthal hat einem Dresdener Verein eine Lesung zugesagt und möchte die Gelegenheit zu einem Besuch im Nostitzschen Haus nutzen. Auf seine Anfrage teilt ihm Helene mit, daß ihr Mann gerade um diese Zeit mit dem sächsischen König nach Portugal reisen müsse, doch freue sie sich sehr auf das »baldige Wiedersehen«.

Hofmannsthal findet sich denn auch am Nachmittag des 29. Oktober, einem Sonntag, in der kleinen Villa in Dresden-Neustadt ein und verbringt dort fünf abwechslungsreiche Stunden. Es ist das erste längere Beisammensein unter vier Augen. Schon am nächsten Tage berichtet Helene darüber ausführlich ihrem Mann:

»My Darling one,

...Der Abend gestern mit Hofmannsthal 5–10½ war

wirklich sehr genußreich. Er sagte, es wäre sehr schön gewesen, und ich fühlte es auch. Wie wir aber in Deine Zimmer gingen wurde ich traurig und sagte die müßtest *Du* beleben, das wäre Dein Werk. Er stand aber lange begeistert vor dem Signac, den ich doch auch jetzt immer schöner finde.

Ich fühle doch, daß ich mit solch einem Menschen wirklicher sprechen kann, seit ich mehr wirklich gelebt habe.

Denk Dir, zuerst war zu unserer Verzweiflung der W. aus Weimar da, der mich damals bei Frau Förster N. so gelangweilt hatte, er bleibt bis Weihnachten. Hofmannsthal verlangte nach dieser Conversation ¼ Stunde allein mit Wizzy, und ich ging zum Baby, where he joined me afterwards. Er erzählte mir nachher sehr packend über den Mann, der das Gespräch über die Formen geschrieben, mehr mündlich, und über die Duse und über so vieles. Er hat über uns übrigens im ›Tag‹ ein Gespräch geschrieben, wo Du als Major und ich als Helene vorkommen. Wir sprachen über Tasso. Er will es mir schicken.

Er will nicht, daß ich zu seiner Vorlesung komme. Er würde zu sehr leiden, sagt er... [Er] will wiederkommen, möchte dann aber auch in einem kleinen Loch bei uns wohnen. Das wird ja herrlich werden. Wir sind doch vom Geschick sehr verwöhnt mit unseren Freunden. Wenn Du nur erst da wärst. Hofmannsthal hat mir lange gesprochen darüber, daß Du Amtshauptmann werden müßtest und nicht so weiter. Das wollen wir ja auch.

Gott behüte Dich. Ich umarme Dich
Helene

Hofmannsthal hat auch lüften und Türen zumachen müssen. Wir mußten sehr lachen. Ich erzählte ihm von Dir.«

Was uns als die wesentliche Information des Briefes erscheint, wird nur beiläufig erwähnt: daß Alfred und Helene von Nostitz – Helene vor allem – den Dichter zur »Unterhaltung über den Tasso bei Goethe« anregten; daß Hofmannsthal darin beide porträtiert hat, wird ausdrücklich bestätigt.

Im übrigen vermitteln diese Zeilen, die noch unter dem unmittelbaren Eindruck des Besuches entstanden, etwas von der ungezwungenen Atmosphäre, in welcher er stattfand: Nachdem der unerwünschte Teegast gegangen war und sich der sensible Dichter, in ›Gesellschaft‹ des ›taktvollen‹ Terriers Wizzy – der »graue Hund«, an den er sich später, in einem Brief vom 3. Oktober 1908, erinnert –, ein wenig erholt hatte, kommt bald ein Gespräch auf. Wie Hofmannsthal Monate danach Rudolf Borchardt berichtet, liegt auf dem Schreibtisch dessen im Vorjahr erschienenes »Gespräch über Formen« (eine Betrachtung über die Übertragungen antiker Schriftsteller, namentlich Platons, das in ein Lob auf Hofmannsthals Übersetzung der »Alkestis« von Euripides ausklingt): »Vielleicht macht Ihnen dies eine kleine Freude: Sie schreiben schon jetzt nicht nur für Literaten, wie Sie in Ihrem Briefe sagen. Auf dem Schreibtisch der anmutigsten und schönsten jungen Frau, die ich in Deutschland kenne, lag Ihr Gespräch über Formen, als ich nach Dresden kam.«

Helene ist der Autor offenbar unbekannt, und so kann ihr Hofmannsthal von ihm erzählen. Ein weiteres Thema ist Eleonora Duse, die von beiden bewunderte. Hofmannsthal hatte sie schon 1892, nach den Wiener Theaterwochen, eine »geniale Künstlerin« genannt; im Vorjahr hätte sie beinahe seine »Elektra« gespielt. Zwischendurch geht man – des abwesenden Hausherrn gedenkend – durch die Räume, deren Stil, namentlich das Eßzimmer und das Arbeitszimmer, durch Henry van de Velde geprägt ist. Im Eßzimmer harmoniert das Gelb der Wände und der mattlila Samtbezug der Stühle mit den blaulila Tönen von Signacs »Mont Saint-Michel« und der Meereslandschaft Rysselberghes – eben den Bildern, die Hofmannsthal schon von der gemeinsam mit Alfred Nostitz und Kessler besuchten Weimarer Ausstellung her bekannt waren. Es kommt zu einer lustigen Szene, als abends die Zimmer gelüftet und sodann die Türen zum Garten geschlossen werden müssen – eine Verrichtung, die der Hausherr offenbar nur widerwillig auszuführen pflegte und zu der nunmehr der etwas erstaunte Gast angehalten wird: »... wir mußten sehr lachen! Ich erzählte ihm von Dir.«

Vor allem aber geht es um ernstere Dinge. Helene setzt sich an den Flügel und spielt ein Stück von Beethoven. Hofmannsthal ist ein guter Zuhörer, kommt dann ins Erzählen, liest aus seinen Gedichten. Doch bleibt es nicht bei Persönlichem. Hofmannsthal äußert seine Sorgen und Hoffnungen. In dem erwähnten Brief werden diese Höhepunkte des Zusammenseins ausgespart, doch hat sie Helene in einer Tagebuchnotiz festgehalten, die daher eine wesentliche Ergänzung bildet:

»... Gespräch mit Hofmannsthal. Er las mir seine Gedichte vor. Beim Magier [»Ein Traum von großer Magie«] sagte er: ›Dieses Gedicht habe ich in einem großen Glücksgefühl geschrieben. Ich war lange krank gewesen und mußte beim Militär dienen. Ich besaß ein wildes unheimliches Pferd. Es war ein merkwürdiges Verhältnis zwischen uns. Es war wie ein Dämon, dieses Pferd. Eines Tages ging es durch, wir flogen durch die Wälder. Es war schön, denn die Sonnenstrahlen schossen durch die Baumstämme und flimmerten um uns. Ich wußte, daß wir dem sicheren Tode entgegenritten, denn vor uns lag ein Walddickicht mit harten aneinander gepreßten Stämmen. Da, plötzlich besann sich das Pferd und trabte, langsamer werdend, in eine andere Richtung. Wir kamen in ein freundliches Dorf.

Ein schönes böhmisches Mädchen trat mir entgegen, den Körper nur mit einem losen Hemde bekleidet. Zum ersten Male nach langen Wochen fühlte ich Hunger; ich bat sie um ein Glas Milch und trank es aus. Dann saß ich noch eine Weile. Der Mond ging auf, und in seinem Schein ritt ich nach Hause. Ich habe ein solches Glücksgefühl wie in den Stunden niemals empfunden.‹

Die Worte sind nicht ganz die gleichen, aber er hatte mir durch diese Bilder ein ähnliches Glücksgefühl mitgeteilt, das ich nicht vergessen möchte.

Wir sprachen über Deutschlands graue Luft der Häßlichkeit, und er meinte, Deutschland wäre eine große dunkle Masse, aus der zeitweise die Blitze aufleuchteten. Goethe, Beethoven. Aber arbeiten wollen wir wenigen daran, daß es heller Tag werde, wo auch Blumen blühen.«

Etwa ein Jahr später – Ende November 1907 – kam Hofmannsthal nochmals nach Dresden. Diesmal war auch Alfred Nostitz zugegen. »Ich würde so gern in der Wiener Straße wohnen, denn es gibt manchmal so nette Momente des Zusammenseins. Wie freue ich mich auf Ihr Klavier, die Lampen, die Stille!« schrieb er Helene, die sofort zusagte: »Wir freuen uns beide sehr darauf!« Er blieb dann bis Anfang

Dezember; anschließend besuchte er Kessler in Weimar und berichtete ihm über diesen Aufenthalt: »Ich habe dort, ich möchte fast sagen, die zehn nettesten Tage meines Lebens verbracht!«

Dieses Lob schloß eine junge Tänzerin mit ein, die Hofmannsthal bei den Nostitzens einführte: die schon erwähnte Ruth Saint-Denis. Sie war, wie Isadora Duncan, eine Amerikanerin, aber kanadischer Herkunft mit französischen und indianischen Vorfahren. Hofmannsthal hatte ihr nach der ersten Begegnung in Berlin den Aufsatz »Die unvergleichliche Tänzerin« gewidmet, worin er ihre von orientalischen, vor allem indischen Vorbildern inspirierte, aber eigenständige Tanzkunst, »die ungeheuere Unmittelbarkeit dessen, was sie tut«, bewundernd hervorhob. Die Sympathie, die er für sie empfand, teilte sich Helene mit, so daß sich bald ein ungezwungener Umgang ergab. Sie erinnerte sich, daß Ruth, wie Hofmannsthal sie nannte, eines Nachmittags in der Wiener Straße erschien und »im Alltagskleide und mit bescheidener Grazie« wunderbare Schals des venezianischen Modekünstlers Mariano Fortuny ausbreitete, deren Muster an die altgriechischer Gewänder erinnerten.

Unter diesem Eindruck begab man sich ins Museum, um griechische Vasenbilder und Skulpturen zu betrachten. »Und dann tanzte sie uns, improvisiert vor den grauen Wänden ihres kleinen Pensionszimmers, den ›Pfauentanz‹ und, unter flammendroten Seidenstoffen niedersinkend, den ›Sonnenuntergang‹.« Dazu Hofmannsthal – in einem Brief aus Berlin vom Dezember 1907, nach den Dresdener Tagen: »...die St. Denis – sie war wundervoll: es war ein so bizarrer und zu Herzen gehender Contrast zwischen dem alltäglichen Besuchskleid das sie trug und diesen kleinen und so unendlich intensiven Gebärden in denen sie manchmal ihre ganze Seele nach oben warf, ihren charme und ihre Güte so ohne alles ›Getue‹ ohne allen Pomp verschwendete«.

Der Briefwechsel, der nach dem ersten Dresdener Besuch intensiv eingesetzt hatte und nach vorübergehenden Unterbrechungen immer wieder fortgeführt wurde, endete erst 1928, ein halbes Jahr vor Hofmannsthals Tod. Er läßt sich schwer in eine bestimmte Kategorie einordnen. Obwohl literarische Themen öfters anklingen, steht die dichterische Produktion nicht im Vordergrund. In diesem echten Zwiegespräch ergibt erst der Zusammenklang der beiden eigenständigen, jedoch respondierenden Stimmen die besondere Melodie der Beziehung, in welcher keiner der Partner dominiert, denn auch Helene wahrt ihren eigenen Ton. »Ich will immer wieder versuchen, klare und in Bezug auf mich wahre Worte zu sagen, die ich meine«, schreibt sie und braucht sich dabei nicht anzustrengen, denn bemühte Blaustrümpfigkeit ist für sie keine Versuchung, auch kennt sie keine intellektuellen Hemmungen: »Ich schreibe Ihnen so alles hin, wie es kommt«, ist ihre Devise, und mag eine Formulierung manchmal nicht brillant sein, so kann sie sich doch auf ihr Taktgefühl verlassen. »Im Dunkel tastend, aber doch sicher den nötigen Weg gehend, erfüllen wir unser Geschick, wenn wir lebendige Menschen sind«, bemerkt sie einmal und hält sich daran in ihren Äußerungen. Lieber verzichtet sie auf eine Mitteilung, wenn ihr natürliche Ausdrucksmöglichkeiten dafür nicht zu Gebote stehen: »Ich erlebe viel Merkwürdiges, kann es aber in Worte nicht fassen«, heißt es in einem Brief vom Neujahrstage 1923.

Der Eindruck, den Hofmannsthals Briefe gerade an sie hinterlassen, ist komplizierter. Auch seine Formulierungen haben nichts Künstliches, doch wirkt er zuweilen gehemmter als sie: Man spürt dann, daß »der Schwierige« viel von seinem Autor mitbekommen hat, und daß dieser, wie Kari Bühl, kein einfacher Partner ist, wenn es sich um die Pflege menschlicher Beziehungen und deren Bewährung im Alltag handelt.

Zum Glück hat er es mit einer Partnerin zu tun, die nichts übel nimmt und zwischen den Zeilen zu lesen weiß. Als er beispielsweise gegen ein geplantes Treffen in München komplizierte und etwas weit hergeholte Einwände vorbringt, lautet die Antwort, sie habe seinen Brief völlig verstanden: »Die Mühsale, die wir jetzt durchmachen, sollen unsere Freundschaft nicht stören...« Sie räumt denn auch das Hindernis aus dem Wege, und es kommt zu einem harmonischen Zusammensein.

Ähnlich war die Reaktion, wenn Hofmannsthal an ihr

Kritik übte. So, als sie ein seinem Empfinden nach falsches Wort gebrauchte. Dabei ging es um den Begriff »merkwürdig«, den Hofmannsthal noch in der ursprünglichen Bedeutung als »bemerkenswert«, »denkwürdig« und nicht im heutigen Wortsinne als »sonderbar«, »seltsam« verstand. Helene hatte die Französin Madeleine Deslandes, die Hofmannsthal wegen ihrer Affektiertheit wenig schätzte, eine »merkwürdige Frau« genannt. Das war Anlaß zu einer kleinen Strafpredigt, die mit der Bemerkung schloß: »Bitte sagen Sie nicht, daß solche Menschen *merkwürdig* sind. Das ist so ein Wort aus dem falschen Salon-Jargon, das paßt gar nicht zu Ihnen. Alle Worte die Sie gebrauchen, müssen so reinlich und bestimmt Ihnen gehören, wie Ihre Handbewegungen oder Ihr Gehen.« Darauf die Antwort: »Lieber Herr von Hofmannsthal, das gefällt mir sehr, wenn Ihnen etwas nicht gefällt, darauf kann man eine *wirkliche* Freundschaft aufbauen und nicht nur lächelnd aneinander vorübergleiten – wie Schatten. Ich mache mir jedesmal Vorwürfe, wenn ich es unterlassen habe, nahestehenden Menschen gegenüber...«

Vor allem zu Beginn des Briefwechsels zeigen sich bei Hofmannsthal solche pädagogischen Anwandlungen. So berichtet er der Neunundzwanzigjährigen am 29. Mai 1908 von dem Genuß, den ihm die Lektüre der Memoiren Casanovas bereite, fügt dann aber in einem späteren Briefe hinzu: »Noch etwas: ich habe, glaub ich,... sehr von Casanova geschwärmt, er ist auch reizend, ein Genie des Lebens, aber kaufen Sie das Buch nur ja *nicht*, es ist ein *unmögliches* Buch für eine Frau. (Ich sage das ganz im Ernst).«

Darauf erhielt er freilich eine Antwort, die eher ein amüsiertes Lächeln der Schreiberin als Ernst verrieten: »...Ich wäre für Bücher, die ich lesen *darf* (did you forget the wicked school girl instinct in me, als Sie *unmöglich* sagten?) sehr dankbar.«

Die Memoiren gelangten denn auch bald in das Bücherregal ihres Schreibzimmers.

Aus der gleichen Zeit sei noch eine kuriose Episode erwähnt, die allerdings weniger für den Erzieher als den Komödienschreiber Hofmannsthal kennzeichnend war. Im Frühjahr 1908 setzte er sich in den Kopf, seinen Freund Georg von

Franckenstein zu verheiraten, der ihm mit seinen dreißig Jahren trotz ernster Veranlagung vorkomme wie ein »Don Juan wider Willen«. Er entwirft daher ein Szenario, bei dem die Werbung um eine junge M. S. aus einem angesehenen deutschen Hause im Mittelpunkt steht: Franckenstein soll die Familie in Florenz besuchen, und da Helene – Hofmannsthal nennt sie nach wie vor »liebe gnädige Frau« – mit der Braut in spe bekannt ist, erwägt er ihre Mithilfe: Könne sie nicht, falls sie es nicht für zu gefährlich halte, »das Mädchen auf jemanden aufmerksam zu machen«, einen vorbereitenden Brief an M. S. schreiben, damit diese den Franckenstein nicht von vornherein für einen »trivialen jungen Herrn« ansehe?

Als er, von einer Griechenlandreise zurückgekehrt, noch immer keine Antwort Helenes vorfindet, wird er unruhig. Habe ihr etwa eine »Nuance« seines Briefes mißfallen? Sei ihr Schweigen aus einer »Art Verstimmung« zu erklären? fragt er besorgt und sucht sich zu rechtfertigen. Da die Nostitzens gerade im Aufbruch sind – sie stehen vor dem Umzug von Dresden nach Weimar –, schreibt sie ihm zunächst nur einige beruhigende Zeilen: »... Eine Verschiedenheit der Meinung über Dinge würde mich auch in Menschen nie stören. – Ich habe sogar über das sehr Positive Ihres Briefes sehr gelacht. Aber gerade dieses sehr Positive des Menschen ist das Knochengerüst, das wir brauchen, um wirklich Freunde zu sein.« Inzwischen scheint der Plan am Widerstand der Mutter zu scheitern, doch Hofmannsthal sondiert nochmals: Hat Franckenstein bei seinem Florentiner Besuch vielleicht doch der Tochter gefallen? Er schreibt: »Können Sie das mir zuliebe zu meiner Information herausbringen, damit ich weiß, ob ich diese Combination aufzugeben habe oder nicht?«

Nunmehr muß Helene Farbe bekennen: »Ich möchte nichts bei M. S. ausfinden. Man muß ja vielleicht manchmal solche Dinge combinieren, aber es ist meinem ganzen Wesen und [meiner Auffassung] dieser Dinge zu entgegengesetzt.« Dazu ein konzilianteres Postscriptum: »Mündlich könnte ich ja M. S. einmal fragen ... Aber das ist nicht abzusehen wann, da ich sie jetzt wohl nicht sehe.«

Zweieinhalb Jahre später – in einem Brief vom 13. Dezember 1910 – kommt Hofmannsthal, anläßlich einer zufälligen

Begegnung mit dem Vater der M. S., nochmals auf das Thema zurück. Es ist gleichsam ein Epilog zu einem mißglückten Theaterstück: »...Das Mädchen hat also noch niemanden geheiratet; der Franckenstein auch nicht, die ganze Geschichte sollte mich nichts angehen, ärgert mich aber mehr als ich sagen kann, sooft ich daran denke, weil sie aus meinem Kopf entsprungen war (und aus einer sicherlich richtigen Intuition über die 2 Menschen) und in der dummen Regie der Wirklichkeit so kläglich ausgegangen ist. —«

Man würde nun aber fehlgehen in der Annahme, der Briefwechsel sei im wesentlichen geprägt durch Episoden wie diese mit ihren »Combinationen« sowie durch Diskussionen über Menschen und schwierige Verabredungen! Naturerlebnisse, musische Themen: Theater-, Musik- und Kunsteindrücke, Betrachtungen über Werke Hofmannsthals, aber auch über gemeinsam verehrte Größen des Geistes, wie Goethe, Balzac, Dostojewskij, daneben Hinweise auf Lesefrüchte – dies alles klingt immer wieder an, und vor allem ist Zuneigung als Grundton in den Briefen beider unüberhörbar. Mag der sensible Dichter auch seine Gefühle gern hinter konventionellen Wendungen verstecken oder sie von einer Liebeserklärung abzugrenzen suchen (»es liegt so gar nichts von dem drin, was man montiert sein für jemanden nennt«), so erkennt man doch die Art seiner Zuneigung mehr oder weniger deutlich zwischen den Zeilen. Namentlich ist das der Fall nach längeren Schreibpausen, die sich offenbar aus dem Arbeitsrhythmus erklären; wie er einmal schreibt, müssen seine »Beziehungen zu den Menschen, so lieb sie mir sind, intermittierend« sein. Nach solchen Unterbrechungen sieht er sich häufig veranlaßt, seine Verbundenheit zu bekräftigen. Und so kommt es – zwei Jahre nach der ersten Begegnung im Brief vom 15. Mai 1907 – zu folgendem Bekenntnis: »...ich freue mich so sehr, daß Sie existieren, und in einem gewissen Sinn, den Sie niemals zu ergründen brauchen und der Sie niemals bekümmern kann, *brauche* ich Sie sehr notwendig für mein Leben, für das Leben meiner Phantasie oder meiner Gedanken, und dies Sie-Brauchen ist der einzige Unterschied zwischen meinem Gefühl für Sie und der sehr lebhaften Sympathie, die ich für Ihren Mann empfinde...«

So wird denn diese Helene Nostitz zu einer Gestalt seiner Phantasie – zu einer Partnerin innerer Gespräche, für die er ihrer physischen Präsenz nicht bedarf. »Drei lange Monate«, heißt es in einem Brief vom 2. April 1907, habe er – ohne zu schreiben – »so oft mit ihr gesprochen, innerlich, meine ich und über so vielerlei Dinge. Oder sind es vielleicht nicht vielerlei Dinge, sondern Dinge von einerlei Art, über die ich – wenn ich allein bin – gerade mit Ihnen spreche? Nein, es sind doch vielerlei Dinge – Dinge, die an andere Menschen anknüpfen, an Begegnungen, an Bücher, an Gedanken – aber alle nach einer Seite gesehen, alle nach einer Richtung gleichsam ihr Gesicht wendend, wie manchmal alle Blumen eines Beetes ihre Gesichter nach einer Seite kehren.

Das ist das Eigentliche an den menschlichen Beziehungen, glaube ich. Jede wirkliche Beziehung hat diese Kraft, gewisse Gruppen von Gedanken des Anderen so zu regieren – oder vielleicht existieren diese Gedanken nur durch diese Beziehung, jedenfalls ruft sie sie hervor, sie schafft das geistige Klima, in dem sie existieren können. So besitzt der Eine in dem Anderen Ländereien, Landschaften, Gärten, Abhänge, deren Leben nur die Strahlen dieses einzigen Sternes speisen und tränken, wie auch nur sie dieses Leben erweckt haben.«

Eines wird durch diese in eine anschauliche Metapher einmündende Überlegung offenkundig: das »Brauchen« der Partnerin im kreativen Prozeß ist kein Vorgang, in dem sie – wie ein Versuchsobjekt in einem geistigen Labor – eine rein passive Rolle spielte; die Begegnung mit ihr hat vielmehr ein »geistiges Klima« entstehen lassen, in welchem sie dem Dichter als ein wirkendes Gegenüber erscheint. Nur so wird ein Gespräch möglich, das die Gedanken in eine bestimmte Richtung lenkt. Und es liegt auf der Hand, daß dieser Prozeß, der ein Geben und Nehmen bedingt, nur zustande kommen kann, wenn gewisse Gemeinsamkeiten des Fühlens, Denkens und Wahrnehmens zwischen den Partnern bestehen. Sympathie und Freundschaft mögen für die Genese einer solchen besonderen Beziehung nicht ausreichen, aber sie bilden zweifellos deren notwendige Voraussetzung und Grundlage!

Andererseits wird dadurch etwas in Gang gesetzt, was ein Eigenleben gewinnt. Kreativ sein bedeutet ja grundsätzlich etwas anderes als ein Kopieren der Realität; das gilt in besonderem Maße für Hofmannsthal. So kann es denn geschehen, daß ihn das Gespräch, welches er mit der imaginären Helene führt und als echtes Bedürfnis empfindet, auf Wege führt, die sich vom ursprünglichen Bilde entfernen und ihm dieses sogar als fremd erscheinen lassen. Eine Stelle aus dem schon erwähnten Brief vom 15. Mai 1907 macht das deutlich: »Sie wissen nicht, ... wie mich dieses Nichtschreiben... gequält hat, diese sinnlose Unfähigkeit, an Sie zu schreiben... ich fühle, wie Sie durch dieses Schweigen entfremdet werden mußten und ich zugleich war nicht weiter von Ihnen weg, im Gegenteil, ich sprach oft und lebhaft mit Ihnen, und jetzt wo ich Sie zum ersten Mal wieder antworten höre, kommt mir Ihr Ton wieder fremder vor, ich sehe Sie wie weiter weg, wie durch ein verkehrtes Opernglas.«

Das war jedoch nur ein vorübergehendes Phänomen, welches die persönliche Beziehung nicht beeinträchtigte. Äußerungen am Ende des gleichen Jahres zeigen das deutlich. So schreibt er am 4. Dezember 1907, nachdem er mehrere Tage bei den Nostitzens als Hausgast verbracht hatte: »Der Dresdener Tage erinnere ich mich eigentlich nicht, sondern sie sind wie unter einem Gaze-Schleier einfach da und rollen sich mit dem Gang der Uhr aufs neue ab.«

In einem weiteren Brief spricht er dann seinen besonderen Dank aus: »Liebe gnädige Frau, Sie können nicht wissen, wie ich es Ihnen danke, daß ich mich wieder freuen kann, Menschen und Dinge wieder so lebhaft, mit Freude fühle – doch das ist ja für Sie ein détail.«

Im August 1908 sieht man sich dann anläßlich eines Engadiner Kuraufenthalts in Sils-Maria. Es ist nur ein kurzes Treffen der Ehepaare in ungewohnter Umgebung; gleichwohl schreibt Hofmannsthal: »Daß man sich gesehen hat, war doch gut und schön ganz ohne Einschränkung. Denn die Umstände sind gegen dem Wesentlichen, daß man einander Aug in Aug sieht und die tausend kleinen netten Dinge, doch nur was der Rahmen von einem Bilde ist, und die Handschrift des Malers bleibt doch immer die gleiche, ob der Rahmen eng oder weit.«

Die Begegnungen in Weimar in den folgenden Jahren, 1909

und 1910, haben insofern einen besonderen Charakter, als sie mit der Entstehung zweier Werke Hofmannsthals verknüpft sind; überdies standen sie im Zeichen der Freundschaft des Dichters mit Harry Kessler, die damals, trotz schon beginnender Spannungen, ihre produktivste Phase erreichte. Er wohnte denn auch während seiner Weimarer Aufenthalte stets im Hause Kesslers, worüber dieser eifersüchtig wachte. Das Nostitzsche Haus in der Tiefurter Allee lag jedoch in der näheren Nachbarschaft, und so sah man sich beinahe täglich.

Hofmannsthals Besuche hat Kessler in seinem Tagebuch festgehalten. Unter dem 9. Februar 1909 notierte er: »Mit Helene Nostitz [und Hofmannsthal] nach Tiefurt gefahren und im schneebedeckten Park spazieren. Hofmannsthal fragte mich nach Claude Terrasses ›Travaux du Monde‹... Ich erzählte dann im Anschluß daran Terrasses Faublas-Operette. Hofmannsthal entzückt. Das sei ja gerade etwas, wie er es für Strauss machen möchte. Er werde gleich den Faublas wieder vornehmen und sehen, ob er einen Stoff hergebe. Wenn das gelänge, dann sei er auf Jahre hinaus materiell geborgen. Mit dem Gelde, das so eine lustige Spieloper von Strauss eintrage, könne er seine ganzen Kinder erziehen. Er werde dann viel freier sein, um Anderes zu schaffen.«

Das waren die Anfänge des »Rosenkavalier«. Denn die erwähnte Operette (genauer Titel: »L'ingénu libertin ou la marquise et le marmiton« von Louis Artus mit Musik von Terrasse) fußte ihrerseits auf dem »Faublas« (genauer: »Les amours du Chevalier de Faublas« von Jean-Baptiste Louvet de Couvray), einem galanten Roman aus dem achtzehnten Jahrhundert, den Kessler Hofmannsthal geliehen hatte und auf den dieser nun wieder hingewiesen wurde. Der Operette und dem Roman lag also derselbe Stoff zugrunde, der schon in Umrissen die Handlung der Oper enthielt, freilich ohne die Faszination, die dann Hofmannsthals Dichtung und die Vertiefung der Charaktere dem Werke verlieh. Waren aber diese Konturen schon im ersten Gespräch zu erkennen? Helene, die daran teilnahm, meinte sich daran zu erinnern. Allerdings weicht ihr Erinnerungsbild etwas vom Kesslerschen ab, da sie von einer Frühlingslandschaft statt vom winterlichen Park berichtet: »In dem Tiefurter Park fielen auch die ersten Worte

von Hofmannsthal und Kessler über den »Rosenkavalier«...
Einige Bewegungen und Szenen zeichneten sich schon ab.
Und wie ich dann mehrere Jahre später bei der glänzenden
Premiere... auf das Ticken der goldenen Pendüle.. melan-
cholisch lauschte, stieg der Frühlingsmorgen im Tiefurter
Park vor mir auf... und ich hörte das Zwitschern der Vögel,
das leise Rauschen der Ilm, an deren Ufer die Gestalten des
Rosenkavaliers und des Barons Ochs von Lerchenau zum
ersten Male vor uns erschienen waren.«

Helene war an den folgenden Tagen, dem 10. und 11. Februar, im Kesslerschen Hause. Am 12. Februar kamen dann
Kessler und das Ehepaar Hofmannsthal zum Mittagessen in
die Tiefurter Allee. Wir wissen, daß Hofmannsthal und Kessler damals das Szenario der Spieloper skizzierten. »Der Rosenkavalier« war offenbar das Hauptthema der Gespräche;
Helene hat daher auch hier und nicht nur auf jenem Parkspa-
ziergang an ihnen teilgenommen. Könnte sich etwas von
ihrem Wesen in der Gestalt der Marschallin, in einzelnen
ihrer Züge vielleicht, wiederfinden? Sichere Anhaltspunkte
lassen sich hierfür jedoch nicht ausmachen.

Anders steht es mit dem zweiten Werk Hofmannsthals,
für das er mit Kessler ein Jahr später wiederum gemeinsam
ein Szenario entwarf: Am 23. Februar 1910 traf Hofmannsthal in Weimar ein. Er erzählte Kessler, daß er sich mit dem
Gedanken trage, eine Gesellschaftskomödie zu schreiben:
»Der Schwierige«. Er wolle sie »aus vielen kleinen aneinan-
dergereihten Szenen« aufbauen. Kessler bestimmte ihn jedoch, diesen Plan fallenzulassen und »auf die klare Architektur von drei Akten einzugehen: I. Akt: Hans Karl will ja
sagen. II. Akt: Er sagt nein. III. Akt: Er sagt doch ja.«
Sie beginnen dann mit der Skizzierung des Szenarios des
ersten Aktes. Auch in den folgenden beiden Tagen sind sie
ausschließlich mit dem Entwurf der Komödie beschäftigt.
Am 26. Februar kommen Alfred und Helene zum Abendessen.

Am 27. Februar notiert Kessler:
»Hofmannsthal das Décor der drei Akte vorgelegt.
I. Es wird Musik gemacht, mittelmäßige Sängerin, Prinzes-
sin...

II. Buffet. Ein alter Assyriologe, der alles auffrißt, der alte O. (?)

III. Vestibül ... in erster Etage mit Blick auf das Treppenhaus. Empire.

Bei Nostitzens gefrühstückt, wo Hofmannsthal aus Schröders ›Hama‹ vorlas.«

Wie beim »Rosenkavalier« kann man davon ausgehen, daß das Szenario beim Zusammensein mit Alfred und Helene Gesprächsthema war. Freilich ist das auch in diesem Fall kein ausreichendes Indiz für einen Zusammenhang zwischen Helene Nostitz und Helene Altenwyl, zumal Hofmannsthal bekanntlich den Stoff lange liegen ließ und das Stück erst acht Jahre später vollendete. Es gibt jedoch andere überzeugende Anzeichen, die dafür sprechen, daß die wirkliche Helene Vorbild oder Modell für jene Gestalt der Komödie gewesen ist. Zwar besitzen wir hierfür kein schriftliches Zeugnis wie beim »Tassogespräch«, doch hat Helene Ende der dreißiger Jahre einem verläßlichen Zeugen, dem Schriftsteller Gert Podbielski, versichert, sie *wisse*, daß es ohne sie die Helene Altenwyl nicht gegeben hätte. (Vermutlich bezog sie sich dabei – wie Podbielski zu verstehen gab – auf eine Mitteilung Hofmannsthals.)

In diesen Zusammenhang gehört auch eine Bemerkung Kesslers im Anschluß an eine Aufführung des »Schwierigen« – des »Mannes ohne Absichten«, wie ein früherer Titel des Stückes lautete – in Max Reinhardts Berliner Theater, der »Komödie«: Er notiert am 10. Oktober 1930 in seinem Tagebuch, er müsse zugeben, daß Hofmannsthal »in der Figur des Kari und auch im Verhältnis des ›Schwierigen‹ zu ›Helene‹ wohl (woran ich bis heute nie gedacht hatte) ziemlich starke Anleihen bei mir und bei der Beziehung zwischen Helene Nostitz und mir gemacht hat«. Mag nun auch der Hinweis auf die eigene Person nur eine – durch keine weiteren Anhaltspunkte gestützte – Vermutung darstellen, so verdient doch die Erwähnung von »Helene Nostitz« Interesse, gerade angesichts des Umstandes, daß Kessler an der Entstehung der Komödie in jenen Weimarer Tagen beteiligt gewesen ist!

Wichtiger noch als diese äußeren Umstände sind freilich

psychologische Merkmale, die für eine Wesensgleichheit der beiden Helenen sprechen. Einige Bemerkungen in Hofmannsthals Briefen sind in dieser Hinsicht aufschlußreich. So heißt es in einem seiner letzten Briefe an die Freundin, vom 17. November 1927, auch ihr Mann habe »an Freiheit, der Welt gegenüber, gewonnen«, worauf er in Klammern hinzufügt: »diese brauchten Sie nie zu gewinnen, sie war Ihnen von Geburt an gegeben.«

Man vergleiche damit einige Aussprüche Helene Altenwyls. Als Neuhoff ihr sagt: »... Sie wurden gefunden, Helene Altenwyl, vom stärksten Willen ... in der kraftlosesten aller Welten«, erwidert sie: »Ich bin aus ihr und bin nicht kraftlos.«

Als Hans Karl darüber klagt, daß er nicht wisse, »woran man mit sich selber ist«, ist ihre Antwort: »Ich brauchte nie nachzudenken, woran ich mit mir selber bin.«

Dazu noch eine an sie gerichtete Bemerkung des »Schwierigen«: »... Sie sind ja unzerstörbar, das steht ja deutlich in Ihrem Gesicht geschrieben ... An Ihnen ist ja nicht die Schönheit das Entscheidende, sondern etwas ganz anderes: in Ihnen liegt das Notwendige.« Man vergleiche auch die Bemerkung Hofmannsthals im Brief von Ende Juli 1909 an die »liebe gnädige Frau«: »Und nun hören Sie mir zu, schnell entschieden und leichtbeweglich, wie Sie auch – wie Sie eigentlich sind...«, mit Helene Altenwyls Haltung, namentlich in der achten Szene des dritten Akts bis zum Schluß, die durch die folgende Regieanweisung gekennzeichnet wird: »hier und weiter in einer ganz festen, entschiedenen Haltung und in einem leichten, fast überlegenen Ton«.

Von einer sehr anderen Gefühlslage zeugt ein kleiner Satz in einem Brief Helenes vom 15. Dezember 1912: »Ich hatte, besonders wie ich ganz jung war, etwas so Fernes in mir, daß ich sehr oft kaum eine Gegenwart realisierte.«

Doch auch hier gibt es eine Entsprechung, wenn Helene Altenwyl im Gespräch mit Hans Karl auf einmal erklärt: »Was soll denn die Welt mit einer Person anfangen, wie ich bin? Für mich ist ja der Moment gar nicht da, ich stehe da und sehe die Lampen dort brennen, und in mir sehe ich sie schon ausgelöscht. Und ich spreche mit Ihnen, wir sind ganz allein in einem Zimmer, aber in mir ist das jetzt schon vorbei: wie wenn irgendein gleichgültiger Mensch hereingekommen wäre und uns gestört hätte ... und das schon vorüber wäre, daß ich mit Ihnen allein dagesessen bin ...«

Und noch ein weiterer Aspekt: Ein Wesenszug der wirklichen Helene, der ihren Lebensweg bestimmt hat und der Hofmannsthal nicht entgangen ist, war ihre Fähigkeit und ihr Bedürfnis, Freundschaften zu schließen, ihre Zuneigungen nicht nur auf einen engen, vorgegebenen Kreis zu beschränken. Trotz mancher Konflikte vermochte sie dieses ihr Gefühlsleben mit den Geboten ihrer Ehe in Einklang zu bringen. Ein Wort, das der Dichter dem Gegenspieler des »Schwierigen«, Baron Neuhoff, in den Mund legt, dürfte daher sowohl für Helene von Nostitz wie für Helene Altenwyl gelten: »Unter dieser vollkommenen Einfachheit, diesem Stolz der guten Rasse verbirgt sich ein Strömen der Liebe, eine alle Poren durchdringende Sympathie: es gibt von ihr zu einem Wesen, das sie sehr liebt und achtet, namenlose Verbindungen, die nichts lösen könnte, und an die nichts rühren darf. Wehe dem Gatten, der nicht verstünde, diese namenlose Verbundenheit bei ihr zu achten, der engherzig genug wäre, alle diese verteilten Sympathien auf sich vereinigen zu wollen.«

In anderem Zusammenhang wurde schon darauf hingewiesen, daß Hofmannsthal die Realität nicht einfach kopiert; sie ist das auslösende Moment für den kreativen Prozeß, in dessen Verlauf sich der Dichter von ihr entfernt oder sogar – wie hier – zum norddeutsch-preußischen Urbild ein österreichisches Gegenbild mit der Gestalt der Helene Altenwyl entwirft, wobei er gewisse Eigenheiten der wirklichen Helene auf die Phantasiegestalt idealisierend projiziert. So ist es Helene Altenwyl, die sein Verdikt gegen den sinnentleerten »Salonjargon« wiederholt, vor dem der Dichter in einem seiner ersten Briefe Helene von Nostitz wegen eines »falschen Wortes« warnen zu müssen glaubte: »Wenn uns vor etwas auf der Welt grausen muß«, läßt er die Helene seiner Komödie sagen, »so davor: daß es etwas gibt wie Konversation; Worte, die alles Wirkliche verflachen und im Geschwätz beruhigen.«

Und im gleichen Brief vom 12. Dezember 1906 an Helene von Nostitz findet sich die Bemerkung: »Ich ... sehe sehr viele Menschen in einer bunten Aufeinanderfolge, die mich sehr unterhält, nur aber jeden einzeln, so daß nie die entsetzliche ›Conversation‹ eintritt.«

So sind denn Helene Altenwyl und Helene Nostitz zwar nicht miteinander identisch, doch wesensverwandt.

Im Sommer 1910 hatte das Ehepaar Nostitz Weimar verlassen und war nach dem Städtchen Auerbach im Vogtland gezogen, wo Alfred das Amt des Amtshauptmanns angetreten hatte.

Hofmannsthal nahm Anteil an dieser Veränderung und ließ sich von der neuen Umgebung berichten. Im Januar 1911 besuchte er dann die Freunde und verbrachte mehrere Tage in ihrem Hause, erfüllt von Berliner Eindrücken, da einige Wochen zuvor, am 17. November 1910, Max Reinhardt Sophokles' »König Ödipus« in Hofmannsthals freier Übertragung aufgeführt hatte: »das klassische Trauerspiel in der Manege«, wie ein Kritiker schrieb, denn Schauplatz war die Arena des Zirkus Schumann. Vor der Kulisse eines dorischen Palastes schritten mehrere Sprechchöre eine breite Freitreppe hinab – in violettem Dämmerlicht, nur die Hauptdarsteller hell angestrahlt. Die Inszenierung wurde ein großer Erfolg, doch war Hofmannsthal ihr gegenüber eher kritisch.

Helene notierte: »Hofmannsthals Besuch vom 14. bis 18. Januar 1911. Fahrt durch wunderbare abendbeleuchtete Schneelandschaft. Gespräch zu Hause über Reinhardt und Ödipus. Fluktuierende Massenbewegung muß wieder zur Vereinfachung führen. Reinhardts Stücke aus seiner Hand gegeben, sind schon nach zwei Aufführungen verroht. Hofmannsthals Kritik an der eigenen Übersetzung, die er jetzt strenger halten würde. ›Die Deutschen vermischen alles: Wertheim [das Berliner Kaufhaus] und Beethoven, so auch die Volksfestspiele.‹« Eine Bemerkung, die offenbar nicht nur den Massenszenen in der »Manege« galt, sondern sich allgemein auf das geistige Klima im Deutschland jener Jahre mit seiner Mischung von materialistischen und idealistischen Vorstellungen bezog.

Der Auerbacher Gedankenaustausch beschränkte sich nicht auf die zwiespältige Gegenwart. Hofmannsthal las Goethesche und dann auch chinesische Gedichte vor, die er mit langsam auf einem Fluß dahingleitenden Kähnen verglich. Es gab besinnliche Gespräche auf Spaziergängen durch die winterliche Landschaft.

Zehn Tage später traf man sich in Dresden anläßlich der Premiere des »Rosenkavalier«. Hofmannsthal bat Helene – in Abendtoilette – zu einem kleinen Souper vor Beginn der Vorstellung. Sie notierte: »Souper allein mit Hofmannsthal bei Peterer, weißer Atlas mit Grün. Stimmung des alten Wien.« Und über die Aufführung schrieb sie rückblickend: »Über Bühne und Zuschauerraum war ein berückender Glanz gebreitet. Man spürte aber angesichts der Marschallin, die von Margarethe Siems so ergreifend dargestellt wurde, mit seltsamer Intensität die Vergänglichkeit alles Schönen. Es war wie ein letztes Aufleuchten vor dunklen Schicksalsjahren und der sich schon ankündigenden Wende des Zeitalters.«

Noch ein weiteres Theaterereignis bewegte 1912 die Strauss- und Hofmannsthalgemeinde: die Uraufführung der »Ariadne auf Naxos«, zu der sich Hofmannsthal und sein Freundeskreis – darunter die Nostitzens – am 10. Oktober in Stuttgart einfanden. Helene schrieb darüber am 5. November an Hofmannsthal: »Ich denke noch gern an die Tage in Stuttgart. Es war auch eine besondere Freude, Kessler etwas nach der langen Zeit zu sehen, und die Gräfin [Ottonie] Degenfeld bleibt mir in besonders sympathischer Erinnerung. Dann auch [der Romanschriftsteller Jakob] Wassermann, der so viel Wärme hat. Er spricht wie einige Menschen in Dostojewskij.«

Vor allem aber unterhielt sie sich eingehend mit Max Reinhardt und berührte dabei ein zentrales Thema, das er achtzehn Jahre später in seiner »Rede an die Schauspieler« variieren und vertiefen sollte. Sie notierte: »Gespräch mit Reinhardt über die Aufrichtigkeit der Schauspieler, wie im Leben die begründende Eigenschaft. – Jeder Akt Shakespeares ein abgerundetes Ganzes, während bei den Jetzigen kaum ein Stück etwas Abgerundetes gibt.«

Anfang Dezember des gleichen Jahres kam dann Hofmannsthal zu seinem zweiten Besuch nach Auerbach, an welchen sich wieder ein gemeinsamer Aufenthalt in Dresden anschloß. Dieses Zusammensein war in mehrfacher Hinsicht bedeutsam: Zunächst, weil Helene damals auf die Entstehung eines Hofmannsthalschen Prosastücks Einfluß nehmen konnte. Es handelte sich um den Aufsatz »Die Statuen«, den dritten Abschnitt der »Augenblicke in Griechenland«, in dem der Dichter Eindrücke seiner Griechenlandreise festhielt. Diese hatte schon im Frühjahr 1908 stattgefunden, doch zog sich die Arbeit über Jahre hin. Im Frühjahr 1912 besuchten dann auch Alfred und Helene Griechenland, und am 6. April schrieb Helene an Hofmannsthal aus Athen: »Sehr gern bin ich morgens in dem kleinen Akropolis-Museum bei den lächelnden archaischen Frauen; dort kommt man vielleicht dem Empfinden dieser Zeit am nächsten.«

Hier klang das Thema an, das Hofmannsthal in seinem Aufsatz behandeln sollte. Während der Begegnung im Dezember war dann wieder die Rede von den »archaischen Frauen«, und einige Tage später schickte ihm Helene die Photographie einer jener Koren von der Akropolis.

Hofmannsthal dankte mit den Worten: »Das Bild wird mir mehr als irgend etwas in der Welt nützen können den dritten Aufsatz zu schreiben – an dieses unausdeutbare Gesicht sind jetzt schon alle Hoffnungen etwas unausdeutbares Inneres irgendwie doch an den Tag zu bringen, geknüpft.«

Das gerahmte Bild der Kore hing in seinem Arbeitszimmer bis zur Vollendung des Aufsatzes. In dessen Schlußbetrachtung, die den Standbildern im »kleinen Museum« gewidmet ist, heißt es: »... die Augen der Statuen waren plötzlich auf mich gerichtet, und in ihren Gesichtern vollzog sich ein völlig unsägliches Lächeln. Der eigentliche Inhalt dieses Augenblickes aber war in mir dies: ich verstand dieses Lächeln.«

Neben der fernen Vergangenheit forderte aber auch in jenen Dezembertagen die Aktualität ihr Recht. Es war die Zeit des ersten Balkankrieges, und das »unheimliche Beben..., das von Osten her... durch den Kontinent lief«, wie Helene später schreibt, wurde von Hofmannsthals wachem Geist wie von einem Seismographen wahrgenommen: »Im Verfolg ernster Gespräche las Hofmannsthal uns Goethes merkwürdige, durch Wielands Tod angeregte Betrachtungen über die Unsterblichkeit. Als aber die Unterhaltung sich literarischen und künstlerischen Fragen zuwenden wollte, brach er plötzlich schroff ab und sprach mit seltsam seherischem Ausdruck von kommenden Zeiten schwerster Gefahr..., vor deren Not alle nur ästhetischen Werte als belanglos verblassen würden. Dann las er sein Vorwort zu den neu erschienenen ›Deutschen Erzählern‹ mit dem ergreifenden Schluß, der, von düsterer Vorahnung bewegt, sich doch über alles Zeitgebundene erhebt...«

Helene spricht hier nur von dem allgemeinen Schicksal, das seine Schatten vorauswarf, und auch in der Tagebuchnotiz, in der sie diesen Besuch schildert, ist von dem Persönlichen, das sie damals bewegte, nur in Andeutungen die Rede. Sie berichtet von Aussprüchen Hofmannsthals und erwähnt die Themen seiner Lesungen; aufhorchen läßt allerdings ein kleiner Satz: »Spaziergänge im Sternenschein über dunkle Felder. Gespräch über Liebe.«

Im Anschluß an den Besuch fährt sie dann mit Hofmannsthal nach Dresden, wo sie zusammen eine Aufführung der »Ariadne« und eine Generalprobe des »Jedermann« sehen, die Gemäldegalerie im »Zwinger« aufsuchen und sich in Tizians »Venus in der Landschaft« vertiefen. Vor allem kommt es aber zu einem Gespräch über persönliche Dinge, das sie in der folgenden Notiz festhält: »Spaziergang mit H. im Garten des Japanischen Palais. Die Stadt wie ein Edelstein, blaurosa in der Dämmerung, und wie eine Antwort auf unsere Fragen dem geheimnisvollen Leben gegenüber verschwand sie ganz in der Nacht, nur noch einige Lichter spiegelten sich in dem schwarzen Fluß.«

Auch hier bleibt es bei Andeutungen. Wir wissen jedoch: Es handelte sich um eine leidenschaftliche Neigung Helenes, die ihre Ehe gefährdete. Einzelheiten gehören in den Auerbacher Lebensabschnitt, hier sei lediglich vorweggenommen, daß sich Helene hilfesuchend an Hofmannsthal wandte, der ihr seinen Rat nicht vorenthielt. Seine freundschaftliche Anteilnahme, ja die in ihm nachschwingende innere Bewegung, spricht aus den Zeilen, die er ihr bald danach schrieb: »Ich denke sehr viel an Sie und dies alles. Es ist Sorge, als wären Sie zu Schiff, auf einer nicht ganz ungefährlichen Fahrt – aber nicht der Wunsch, daß dies hätte nicht kommen sollen. Ich habe nie so sehr gefühlt, daß Sie *da* sind, nicht bloß als ein menschliches Wesen sondern als eine Frau, wie diesmal.«

Es wurden dann noch zwei kürzere Briefe gewechselt, ehe eine längere Pause eintrat, die sich bei beiden Partnern aus besonderen Umständen erklärte. Helene hatte »schwere dunkle Monate« zu bestehen: neben dem Schmerz, den ein unabdingbarer Verzicht bedeutete, die schwere Erkrankung ihres Vaters, die im März 1913 zu seinem Tode führte. Hofmannsthal fühlte sich seinerseits durch sein Eingreifen in den Konflikt der Freundin beschwert und gehemmt. Wiederum wird deutlich, wieviel er mit Kari Bühl, seinem Schwierigen, gemein hatte.

Die Verkrampfung wurde erst im Mai 1913 durch einen Brief Helenes behoben, in welchem sie im gewohnten Ton erkennen ließ, daß sie die Periode des Nicht-Schreiben-Könnens und der Benommenheit durch das ihr Widerfahrene überwunden hatte.

Hofmannsthals Antwort kam umgehend: »Wie gut von Ihnen, wie wirklich gut, daß Sie mir wieder schreiben. Ich dachte ja so oft, so oft, Ihnen zu schreiben, wollte es – wie sehr – und konnte nicht. Es war eine völlige innere Hemmung. Ich war damals zu nah gekommen, Verantwortung lag auf mir, ich bereute freilich nichts, aber daran zu denken, bedrückte mich. Ihr guter Brief hat es gelöst.«

Doch dann tritt wieder eine Stockung ein: Hofmannsthals nächster Brief mit dem Datum vom 23. Januar 1914 beginnt und schließt mit Entschuldigungen: »Leben Sie wohl. Ich bin immer anhänglich, nur manchmal gebunden.« Das ändert sich nicht bis zum Kriegsausbruch.

Die Hochstimmung, die auch Hofmannsthal im August 1914 erfaßt, verflüchtigt sich bald. Er beschäftigt sich nunmehr intensiv mit dem Wesen Österreichs, dem Verhältnis zwischen den Österreichern und den Deutschen, vollzieht eine Wendung zum Politischen, die immer stärker unter europäischen Vorzeichen steht. Als Alfred von Nostitz im Sommer 1916 zum sächsischen Gesandten in Wien ernannt wird – ein Posten, den er bis zum Oktober 1918 innehat – ergeben sich viele Gemeinsamkeiten zwischen den beiden Männern. Man kann sagen, daß ihre Freundschaft wesentlich vertieft worden ist. Hofmannsthals Wiener Briefe, die in jener Zeit meist an Alfred von Nostitz gerichtet sind, zeugen von diesem lebendigen Kontakt, der auch in den Nachkriegsjahren andauert: Sein Brief vom 24. Juni 1924, der über die persönliche Beziehung hinaus vom tiefen Verhältnis zu den deutschen Freunden Rechenschaft ablegt, erbringt hierfür die schönste Bestätigung.

Die freundschaftliche Beziehung zu Helene tritt demgegenüber nur scheinbar in den Hintergrund. Allerdings erweist sich die räumliche Nähe in den Wiener Jahren eher als Hindernis. Hofmannsthal, der sich vom Wiener Gesellschaftsleben stets ferngehalten hat, ist in dieser Zeit äußerster Spannungen noch mehr auf Abgeschiedenheit bedacht und meidet den Salon in der Prinz-Eugen-Straße. Es gibt auch einen kritischen Brief aus jener Zeit, den er an Alfred von Nostitz richtet, als er Grund zu der Annahme zu haben glaubt, daß Helene unvorsichtigerweise über Vertrauliches gesprochen habe: »... Es gehört ja zu ihrer absoluten candeur in diesen Dingen, daß sie absolut nicht vorsichtig ist, aber jeder Mensch hat die Fehler seiner Vorzüge, wenn man dies überhaupt einen Fehler nennen kann.«

Das ist indessen nur eine vorübergehende Verstimmung. Auch hat sich ein Modus vivendi herausgebildet: Der Dichter erweist sich als ein begeisterter, wunderbarer »Cicerone« seines Landes. Man wandert mit ihm durch die österreichische Landschaft oder sieht ihn in seinem kleinen Rodauner Barockhaus. In den ersten Tagen des Wiener Aufenthalts besucht ihn Helene dort einmal gemeinsam mit Rilke, der sich damals ebenfalls in Rodaun aufhielt: »Am Abend stehen wir vor Hofmannsthals Haus. In den sanft rosa Barockräumen leuchten schon matte Lampen und Kerzen. Hier wird Österreichs Seele gespürt und gehütet. Wir sitzen im Kreise in Hofmannsthals Schreibzimmer, und er beginnt in der suchenden Art, in der er immer tiefer in das Wesen der Dinge eindringen möchte, indem er sie umwendet, stark beleuchtet und dann wieder in den Schatten zurücksinken läßt, uns dieses Wien, dieses Österreich darzustellen, in dem wir nun leben sollen und das er so glühend liebt...«

Auch die kleine Wiener Stadtwohnung des Dichters erscheint ihr als charakteristische Äußerung seines Wesens: »Grauseidene Vorhänge deckten das ganze Zimmer, auch die Wände, die Tür, und trennten es entschlossen von der Außenwelt. Als einziger Schmuck stand da ein großer chinesischer Teller von phantastischer Pracht. ... Hier war das Gespräch tief, ohne Schwere, fern von allem und doch weltumspannend. Im anderen Zimmer hing noch ein Stilleben van Goghs über einem Bett, das im »Rosenkavalier« hätte stehen können.«

In den Nachkriegsjahren haben die Freunde lange mit materiellen Schwierigkeiten zu kämpfen. Das Reisen ist erschwert und damit die Möglichkeit gegenseitiger Besuche; das Leben wird hektischer, so daß auch die Korrespondenz nicht mehr mit der gleichen Stetigkeit geführt wird. Doch spürt man aus den spärlichen Briefen die unveränderte Verbundenheit heraus; wenn sie zuweilen betont wird, ist das keine bloße Redensart. Im Sommer 1920 sieht man sich in Salzburg bei der Uraufführung des »Jedermann« und findet trotz des Trubels der Festspieltage Zeit für einige gute Gespräche. Flüchtiger verläuft eine Begegnung in Weimar im Mai 1926 anläßlich der Premiere der Oper »Hypathia« des Principe Bassiano-Gaetani vor einem internationalen Publikum, darunter Kessler, Rudolf Alexander Schröder, Rudolf Kassner, Roland und Jennie de Margerie.

Im November 1927 kommt Hofmannsthal dann eine Woche nach Berlin. Aus diesen Tagen stammt eine Notiz Helenes über einen mit ihm im Hause Goldschmidt-Rothschild verbrachten Abend, der trotz der festlichen Kulisse kommendes Unheil anzukündigen schien: »Pracht und Melancholie, über denen ein Bild von van Gogh thronte. Im Gartensaal hinter dem blau schimmernden Vorhang, der wie azurenes Wasser floß, der kirchhofartige Dachgarten. Ich saß mit Hofmannsthal und schaute auf das Fest, das trotz Glanzes und schillernder Farben immer trauriger zu werden drohte. Unter einem gemalten Himmel sehnten wir uns nach der Pracht der ewigen Nacht. Noch saßen wir zwischen drei und vier Uhr nachts, traumverloren; die Paare wie verängstigt, als schwebte ein Geschick über ihnen. Welch geheimnisvolle Trauer wollte uns diesen Abend nicht verlassen!«

Hofmannsthals Rückblick auf das Berliner Zusammensein wirkt freilich unbeschwert von solch düsteren Anwandlungen: »Liebe Helene, es war eine große Freude, Sie nach Jahren wieder einmal in der Atmosphäre Ihres eigenen Hauses wiederzusehen. Wie ganz Sie die Gleiche geblieben sind – nur vielleicht mit mehr Ruhe und Freiheit in Ihrem eigenen Wesen sich bewegend. Auch Alfred ist der gleiche Mensch, den mich die Jahre mit immer größerer Wärme zu umfassen gelehrt haben.«

Ein Jahr später erinnert Helene in ihrem letzten Brief an die Begegnung im Schloß Ernstbrunn des Prinzen Reuß im August 1928, welche die letzte sein sollte: »Ich denke eben an den schönen Nachmittag..., als wir unter dem Baum saßen, inmitten der Kinder, nach dem Anschauen der Bibliothek.« Später heißt es rückblickend in »Aus dem alten Europa«: »Er war entzückt von der erlesenen, ungewöhnlich reichen Bibliothek des Hausherrn, und sie gewann durch ihn vielfältiges Leben. Auf allen Gebieten machte sich wieder seine umfassende Kenntnis geltend und sein differenziertes Gefühl, das in sich eine Vielfalt von Kulturen vereinigte – und dabei stets den inneren Zusammenhang aller äußeren Erscheinungen sah: dies vor allem gab seinen Worten ihr ungewöhnliches Gewicht. Schon längst nicht mehr war er nur der bezaubernde Dichter von ›Tizians Tod‹; je älter er geworden, um so mehr bedeutete er ein kulturelles Kraftzentrum, wie kaum jemand nach ihm«.

Im gleichen Sommer hatte sie ihn zum letzten Mal bei der Uraufführung einer Strauss-Oper erlebt: »Ein Jahr vor Hofmannsthals Tod eilte ich geheimnisvoll getrieben, obwohl sich alle Umstände dagegen verschworen, noch im letzten Augenblick nach Dresden zur Premiere der ›Ägyptischen Helena‹. Gegen Abend kamen wir verspätet in die Vorstellung – in demselben Hause, wo wir die strahlend festliche Aufführung des ›Rosenkavaliers‹ erlebt hatten. Heute war ich seltsam erschüttert; es schien mir diese Dichtung nur von Abschied, Verzicht und Tod zu sprechen... Am nächsten Tag fand ich noch eine stille Stunde. Kaum je habe ich so unmittelbar mit Hofmannsthal reden können; und es war wieder die Stimmung, aus der heraus ich ihm einst nach der Aufführung von ›Der Abenteurer und die Sängerin‹ geschrieben und er mir geantwortet hatte: ›Ein kurzer Brief zuweilen spricht den ganzen Menschen aus, gibt dem Empfänger das ganze Gefühl einer wesenhaften Gegenwart, unverlierbar, solange nicht der Tod dazwischentritt, nein unverlierbar auch über den Tod hinaus.‹«

9. Kapitel

Die Freundschaft mit Rilke

Die erste Begegnung mit Rilke fand am Abend des 22. Januar 1910 in Jena statt, wo der Dichter auf Einladung einer Studentengruppe aus dem Manuskript seines eben vollendeten »Malte Laurids Brigge« vorlas. Helene von Nostitz schreibt darüber in »Aus dem alten Europa«: »Man fuhr von Weimar nach Jena wie in eine unbekannte, etwas wildere freie Welt. In dem kleinen, halbdunklen Saal trat Rilke auf das Podium, in der zeitlosen matten Tracht, die er liebte, mit der fliegenden Krawatte. In diesem Anzug lag etwas von Paris, seinem geliebten Paris, von der Seine mit den kleinen Dampfbooten, die so rasch hin und her fahren und an deren Bug oft ein melancholischer junger Maler mit weichem kleinen Hut steht. Rilke zog langsam dunkelgraue Handschuhe aus und erhob auf seine Zuhörer die milden tiefblauen Augen, die das übrige Gesicht auslöschten. Dann las er von dem ›verlorenen Sohn‹ aus ›Malte Laurids Brigge‹ ... Es machte sich ganz von selbst, daß wir den Abend nach der Vorlesung zusammen verbrachten ...«

Diese Schilderung war geeignet, Kritik herauszufordern, schien doch manches daran dem Klischee zu entsprechen, durch welches Rilke, unter Überbetonung gewisser Eigenheiten, in einer künstlichen Welt angesiedelt wird. Karl Kraus ließ sich denn auch die Gelegenheit zu einer Satire nicht entgehen, zumal er der Freundin Hofmannsthals wie auch Rilke, dem Vertrauten seiner Herzensdame Sidonie von Nádherný, nicht eben gewogen war. Als er im Oktober 1925 in seiner »Fackel« unter der Überschrift »Aus der Barockzeit« das Erinnerungsbuch »Aus dem alten Europa« rezensierte, wobei er an der Verfasserin kein gutes Haar ließ, griff er daher jene Szene heraus, in der Rilke vor seiner Lesung »langsam dunkelgraue Handschuhe auszieht« und die Zuhörer durch seine »milden tiefblauen Augen« fasziniert, und bemerkte hierzu: »Rätselhafte Vorgänge an diesem Leseabend, bei mir waren solche Handlungen nie zu beobachten...«

Dieser selbstgefällige Spott war freilich allzu billig und traf nicht das Wesentliche. Verfolgt man, unbeirrt von solchen Äußerlichkeiten, die Entwicklung dieser Freundschaft, so wird man bald gewahr, daß es sich dabei nicht um ein ästhetisch-esoterisches Phänomen, geschweige denn – wie Karl Kraus insinuierte – um »Schmockerei« oder Snobismus, sondern um eine völlig ungekünstelte Sympathie handelte, die zwei feinfühlige Menschen der gleichen Generation zusammenführte.

In Rilkes erstem Brief an Helene vom 26. Januar 1910 heißt es: »Denken Sie, daß seit Jahren gerade *die* Menschen, an denen ich bewundernd oder sonst herzlich theilnehme, mir Ihren Namen sagten, wieder und wieder, – es war, als versprächen sie mir, daß ich Sie einmal sehen würde. So bestätigte mir gleichsam unsere Begegnung alle die, die mir lieb sind und gab ihnen recht. Der Wunsch, bald nach Weimar zu kommen und Sie wiederzusehen, beschäftigt mich viel seither, und ich nehme ihn sehr ernst.«

Das war nicht nur eine liebenswürdige Höflichkeitsformel. Mochte auch Rilkes Verhältnis zu Rodin damals schon problematisch sein, so blieb die beiderseitige Beziehung zu dem großen Bildhauer doch etwas Gemeinsames. Aber es gab noch andere gemeinsame freundschaftliche Verbindungen. So gehörten der Dichter Ernst Hardt und der Maler Ludwig von Hofmann zum Weimarer Freundeskreis des Ehepaares Nostitz und waren zugleich gute Bekannte Rilkes. Vor allem aber galt das von Harry Kessler, der Rilke – nach früheren Briefkontakten – im Herbst 1907 näher kennengelernt hatte und ihn seither öfters besuchte. In Kesslers Tagebüchern werden mehrere Gespräche erwähnt, meist in Paris, im Palais Biron, dem späteren Musée Rodin. Es liegt auf der Hand, daß bei diesen Unterhaltungen auch von Weimar und von Helene von Nostitz die Rede war. Als Mittler kann ferner Hofmannsthal gelten, der seit Rilkes Besuch in Wien und Rodaun im Jahre 1907 öfters Umgang mit ihm hatte.

Über die Beziehungen Rilkes zu Frauen – die menschlichen Beziehungen, die von den Aussagen des Dichters zu unterscheiden sind – wurden wir erst nach seinem Tode näher unterrichtet. Das Verhältnis zu Clara Rilke-Westhoff nimmt eine Sonderstellung ein; hiervon abgesehen, hatte er viele Freundschaften, die vorwiegend erotischer Natur waren, ihn zunächst entflammten, ja inspirierten, dann aber bedrückten, Konflikte mit seiner Arbeit heraufbeschworen und seine Aktivität lähmten, so daß das verheißungsvoll Begonnene meist mit Enttäuschungen endete. Die Entwicklung der Verbindung mit Magda von Hattingberg (»Benvenuta«), auch mit Loulou Albert-Lazard, ist hierfür kennzeichnend. Daneben gab es Frauen, die Rilke durch ihre fürsorgende Zuneigung und ihre Lebenserfahrung einen gewissen Ersatz für sein gestörtes Mutterverhältnis boten. Man denke nur an Lou Andreas-Salomé, die nach den ersten stürmischen Jahren eines nahen Zusammenlebens in diese Rolle hineinwuchs, oder an die Fürstin Marie von Thurn und Taxis, die ihrem »Serafico« häufig in seinen Irrungen und Wirrungen beistand. Helene von Nostitz gehörte zu keiner dieser beiden Kategorien. Sie lebte in einer Ehe, die von Rilke niemals in Frage gestellt wurde, obwohl zwischen ihm und Alfred von Nostitz nicht jene Freundschaft entstand, die dessen Verhältnis zu Hofmannsthal prägte, vielmehr Gefühle der Achtung und eines distanzierten Wohlwollens bestimmend blieben. Für Rilkes Beziehung zu Helene bedeutete dies, daß Komplikationen des Gemütslebens – sowohl extreme Annäherungen wie nachfolgende Trübungen und Enttäuschungen – nicht auftraten. Andererseits entschloß er sich auch nicht zu intimen Vertraulichkeiten wie gegenüber den mütterlichen Freundinnen, was sich auch daraus erklärte, daß sie drei Jahre jünger war und daher nicht über den Erfahrungsschatz des späteren Lebens verfügte. Überdies fand sie sich selbst nur schwer zu Äußerungen über ihr Innenleben bereit und achtete ebenso die Zurückhaltung ihrer Freunde: um diese zu verstehen, glaubte sie sich nicht auf Worte angewiesen.

Die Jenaer Begegnung ermöglichte die Aufnahme eines ersten persönlichen Kontaktes; mehr konnte diese abendliche Unterhaltung nicht sein, die sich – wenn man Rilkes ersten Brief wörtlich nimmt – auf eine »halbe Stunde« beschränkte, »in die überdies eine Menge fremde Leute hineingehörten«. So konnten nur einige Themen gestreift werden, unter anderem Rilkes kritische Einstellung gegenüber Berlin, auch gedachte man mit freundlichen Worten der Beziehung zu Rodin, ohne näher auf sie einzugehen.

Über das prekäre Verhältnis zwischen Rilke und dem »Maître« war Helene damals noch nicht unterrichtet. Zwar hatte ihr Rodin, bald nachdem er im Juni 1906 seinen »Privatsekretär« vor die Tür gesetzt hatte, beiläufig mitgeteilt, er habe sich mit Rilke »aus Ungeduld« überworfen (»Je me suis fâché avec Rilke par impatience«), doch hatte sie diese Bemerkung wenig beeindruckt, zumal sie den Dichter damals noch nicht persönlich kannte. Jedenfalls ahnte sie nichts von den Nachwirkungen dieses Zerwürfnisses; dagegen sprach ja auch, daß beide Künstler im Palais Biron – Rilke wohnte damals Wand an Wand mit Rodins Atelier – nachbarlichen Umgang pflogen. So schrieb sie denn am nächsten Tage an Rodin, um ihm von der Begegnung mit Rilke zu berichten, und fügte arglos hinzu, jetzt begreife sie, was ihm Rilke als Freund bedeuten müsse; daher freue es sie, ihn in seiner Nähe zu wissen – Äußerungen, auf die Rodin in seiner Antwort mit keinem Wort einging!

Um so positiver reagierte Rilke, als sie brieflich auf seine Lesung zurückkam. »Eine Art Scheu«, schrieb sie, habe sie zurückgehalten, »nachdem so tiefe Dinge gesagt worden sind, sie sogleich zu berühren. Aber meine Seele hat so mitgeklungen, wie seit langer Zeit nicht, und das Wunderbare ist, wie Sie diese feinen seelischen Erlebnisse dann immer wieder an die Natur bringen. Sie werden nie künstlich. Sie müssen so sein, sie sind in uns, aber sie vertragen auch das Licht der Sonne, die Käfer, die Herden. Ganz neu sind Ihre Bilder geboren. Sie haben die liebliche Frische des wirklich neu Erwachten. Sie kommen aus den geheimen Tiefen und sind durch nichts vorher berührt worden, und die Seele, die ihre Heimat kennt, weil sie selber diesen Stoff des ganz Neuen immer wieder in sich hat, lacht ihnen entgegen.«

Rudolf Kassner hat Rilke einen Menschen des Auges genannt; er leitete daraus Rilkes Raumgefühl her, das ihn befähige, geistige Zusammenhänge räumlich und sinnhaft zu erfassen. Helene traf also Wesentliches, als sie in ihrer Beschreibung der Lesung Rilkes dessen Augen hervorhob und in ihrem ersten Brief erkennen ließ, daß sie seine Bilder, über deren äußere Erscheinung hinaus, durch den geistigen Gehalt besonders berührt hätten. Damit erwies sie sich selbst als besonders empfänglich für optische Eindrücke. Es war eine Gemeinsamkeit, die im Verlauf dieser Beziehung immer wieder hervortrat und sogleich Resonanz beim Partner fand. »...Wirklich, ich danke Ihnen für jedes Wort«, hieß es in Rilkes Antwort.

Er hielt denn auch die Verbindung aufrecht und nahm gern die Gelegenheit zu einer neuen Begegnung wahr. Sie ergab sich schon nach einigen Wochen, als ihn Helene telegraphisch nach Weimar einlud. Der Anlaß war Hofmannsthals Lesung seiner neuen Spieloper – des »Rosenkavalier« –, wozu Kessler den Freundeskreis gebeten hatte. Am 1. März 1910 kam Rilke von Leipzig herüber, wo er bei Kippenbergs noch mit der Reinschrift seines »Malte« beschäftigt war, und fand sich um die Mittagszeit in der Tiefurter Allee ein. Otto von Taube, damals ein junger Student, dessen Elternhaus der Nostitzschen Villa benachbart war, sah ihn an diesem freundlichen Vorfrühlingstage in einem Einspänner vorfahren und nahm später mit dem ihm noch unbekannten Dichter am Mittagessen teil, wovon er »nur angenehme Eindrücke« in Erinnerung behielt.

Am gleichen Abend fand Hofmannsthals Lesung im Kesslerschen Hause statt. Rilke erwies sich dabei, wie sich Helene erinnerte, als aufmerksamer und nachdenklicher Zuhörer. Im übrigen war Zeit genug für ergiebige Gespräche mit der Gastgeberin, wofür eine abendliche Wanderung im Park von Belvedere – »das Ocker des Schlosses leuchtete in der Abendsonne« – und am anderen Morgen ein Spaziergang die Allee hinunter nach Tiefurt den geeigneten Hintergrund bildeten. »Es war wunderbar, mit ihm zu sprechen«, notierte sie, »als ginge man in einer sehr weiten neuen Landschaft spazieren...«

Eines der Hauptthemen, das allerdings nicht nur erfreuliche Perspektiven eröffnete, war Rodin. Wir wissen, daß Rilkes Verhältnis zum »Maître« trotz der äußerlichen Versöhnung, die ein freundschaftlicher Brief Rodins bewirkt hatte, weiterhin getrübt blieb; auch die Nachbarschaft im Palais Biron und gelegentliche Unterhaltungen, die sich daraus ergaben, führten zu keiner Änderung, ja ließen Rilkes Idealbild vom über alle Daseinsnöte erhabenen Meister vollends verblassen. Statt dessen sah er in ihm nunmehr einen alten Mann, der auch durch sein Werk nicht vor den existentiellen Ängsten und Bedrängnissen gefeit war.

»In Rodin hatte ich die Verwirklichung des schön Alterns zu sehen geglaubt. Aber plötzlich fiel alles zusammen, und das, was in den Werken lag, hatte das Leben nicht durchdrungen« – so gibt Helene von Nostitz in ihren Aufzeichnungen Rilkes Aussage wieder; er sprach nun offen aus, was er bei der ersten Begegnung in Jena noch nicht berührt hatte. Über ihre eigene Reaktion äußerte sie sich nicht; offenbar nahm sie Rilkes Bericht entgegen, ohne für ihre eigene Beziehung daraus die Konsequenzen zu ziehen: Wie sich in ähnlichen Situationen immer wieder zeigte, entsprach es nicht ihrer Natur, ihre persönliche Einstellung zu Freunden und Mitmenschen nach dem Urteil eines anderen auszurichten.

Im Falle Rodins bestätigte sich dies einige Jahre später: Durch eine Zeitungsnotiz hatte sie im Januar 1914 von einer Lungenentzündung des großen Bildhauers erfahren und telegraphierte sogleich an Rilke in Paris, um ihn um Auskunft zu bitten: »... können Sie erfahren, ob mein Kommen, das jetzt für mich sehr schwierig, dringend erwünscht wäre?« Nach einer Unfreundlichkeit Rodins gegenüber Clara Rilke-Westhoff und seiner Weigerung – entgegen einer ersten Zusage –, Lichtbilder für eine Monographie des Insel-Verlags zur Verfügung zu stellen, hatte Rilke die Beziehungen zu ihm abgebrochen. Nunmehr sah er sich veranlaßt, seine ablehnende Haltung zu begründen: »... Auch dies ist ja eine von den wunderlichen Begrenzungen innerhalb der menschlichen Näherungen, daß es einem versagt scheint, oder wenigstens die Kraft übersteigt, mit jemandem, mit dem man im Größesten sich zu benehmen wußte, eines Tages Halbes, Bedingtes, Geringeres zu erleben.« Auf indirektem Wege hatte er freilich erfahren, daß Rodins Zustand nicht besorgniserregend sei, was er der Freundin im gleichen Brief mitteilte.

In ihrer Antwort ging sie nur kurz hierauf ein: »*Wie* dankbar bin ich Ihnen für Ihre Nachricht!« Sodann betonte sie, wie sehr die Nachricht von der Erkrankung sie getroffen und das Gefühl sie gequält habe, »man könnte das Versäumte des Nicht-Hinfahrens nie wieder gut machen«. Rilkes ausweichender Reaktion – »es ist mir jegliche Ablenkung verhängnisvoll, verhängnisvoll, Orte wiederzusehen, wie Menschen...« – begegnet sie mit größtem Verständnis für seine innere Situation, weiß aber auch ihre eigene Einstellung zu wahren, ganz ohne Verletzung des anderen.

Offenbar war der Rahmen der Gespräche auf den Weimarer Spaziergängen weit gesteckt, wenn uns auch konkrete Hinweise fehlen. Wir wissen nur, daß im Park von Belvedere, vor dem Wasserspiel der Orangerie, die Rede auf Rom – Rilkes nächstes Reiseziel – und die Brunnen dort kam, welche Helene immer wieder beeindruckt hatten. Vielleicht kannte sie damals schon Rilkes im Jahre 1906 entstandenes Sonett »Römische Fontäne«; jedenfalls erhielt sie einige Wochen später – am 9. April 1910 – einen Brief Rilkes aus Rom, in welchem er das Thema in einem regelrechten »Poème en prose« abwandelte:

»Es vergeht kein Tag, liebe gnädige Frau, an dem ich nicht Ihren Auftrag an die Brunnen weitergebe, an alle die schönen Brunnen. Ich sehe fast nichts als sie, und ich glaube, es hängt mit den Grüßen zusammen, die ich ihnen zu bringen habe, daß ich Wesen und Wunder jedes einzelnen Wasserspiels diesmal besonderer, erstaunter, mit noch vollständigerer Bereitschaft erlebe, als ich schon immer dafür hatte. Auch geht es mir zum ersten Mal auf, wie geschlossen die Wasser in Paris sind, wie sehr aufs Spiegeln angelegt, der Eitelkeit der dortigen Natur entgegenkommend, oder als *panache* zu ihrem Schmuck bestimmt, während hier aus den uralten Maskenmunden das wirklichste, unaufhörlich neue Wasser entspringt, das Wasser für Menschen, Vögel und Maulthiere, ein Element wie die Zeit, aber ohne Schicksal – ein Lebhaftes und Lebendiges, eine Gottheit (wenn man will), die ewig kommt und sich herabgelassen hat.«

Bemerkenswert ist noch eine andere Übereinstimmung. Sie betraf Gerhart Hauptmanns Drama »Michael Kramer«, in welchem sich Vater und Sohn, als gesellschaftlich anerkannter Künstler und als talentierter Bohemien, gegenüberstehen. »Die Gestalt des Sohnes, der mit dem rasenden Laufen nach dem Fluß hin endet, wird man nie vergessen, und die Dinge, die Michael Kramer über den Tod sagt«, schrieb Helene und spielte damit auf den versöhnlichen Schlußmonolog des Vaters an, in dem es heißt: »Der Tod ist immer das Große... Der Tod und die Liebe... der Tod ist verleumdet worden, das ist der ärgste Betrug in der Welt!! Der Tod ist die mildeste Form des Lebens, der ewigen Liebe Meisterstück.« Dieser Brief veranlaßte Rilke, ihr die Generalprobe zu schildern, auf der er, in persönlichem Kontakt mit dem Dichter, dessen Werk erstmals kennengelernt und ihm und seinem »Michael Kramer« daraufhin die ersten beiden Ausgaben seiner Gedichtsammlung »Das Buch der Bilder« gewidmet hatte: »... meine Vorstellung von Hauptmann, mein überzeugtes und sozusagen ewiges Verhältnis zu ihm (das unabhängig ist von allem Sichsehen oder -Nichtsehen und von jeder Verständigung) bildete sich damals in einigen sehr gesammelten Stunden heraus.«

Im Sommer nahm die Familie Nostitz Abschied von Weimar und zog nach Auerbach im Vogtland; von November 1910 bis Ende März 1911 war Rilke in Nordafrika unterwegs. Fast schien es, als sollte die Begegnung mit Helene von Nostitz eine Episode bleiben. Ostern war er zurück in Paris, doch erst am 11. Mai entschloß er sich, das Gespräch wiederaufzunehmen, den »großen Graben«, beinah einen »Abgrund von Zeit«, der sich inzwischen aufgetan habe, zu überspringen – »wenn Sie mir dabei nicht ein wenig beistehen, so gibt es ein Unglück...«

»Der ganze Brief«, bemerkte die Empfängerin rückblickend, war »eigentlich eine Entschuldigung für das Nichtschreiben, und doch stehen hinter dieser bloßen Höflichkeitsformel Landschaften, Figuren, tiefe Gefühle wie in einem Epos.«

In den nun folgenden beiden Jahren wurde die Verbindung

aufrechterhalten. Zwar kam es nicht zu dem immer wieder erwogenen Besuch Rilkes in Auerbach, doch hielt er Helene ständig über seine Unternehmungen auf dem laufenden, berichtete ihr über seine Aufenthalte in Lautschin, dem böhmischen Besitz der Thurn und Taxis, in Venedig, wo er Eleonara Duse begegnete, in Duino, wo in einsamen Wintermonaten die ersten Elegien entstanden, in Spanien – mit einer faszinierenden Vergegenwärtigung Toledos. Alle diese Berichte hatten eine persönliche Note, besonders aber ein Brief über seine Eindrücke in Weimar, das er im Juni 1911 erneut besucht und wo er sich im Archiv mit Goethe und Bettina von Arnim beschäftigt hatte. Wichtig war ihm auch ein persönliches »kleines Erlebnis«, von dem er spürte, daß die Angeschriebene dafür besonders empfänglich sein würde, und so schilderte er ihr ebenso weitschweifig wie poetisch das Erscheinen eines »großen dunklen Schmetterlings« im Palais der Herzogin Anna Amalia, der »irgendwie bedeutsam und ausdrücklich« auf ihn zugekommen sei: »Das alles ging so seltsam ausführlich vor sich, verging in seinem bischen Zeit so langsam, daß es ebenso zeitlos wie vertraulich war, lieblich-ernst, voll besonderer Mittheilung –, ich wollt es Ihnen erzählen, vielleicht läßt sich Weimar darin erkennen und grüßt Sie so.«

Im Sommer 1913 fand dann eine zweite persönliche Begegnung statt, obwohl die Voraussetzungen zunächst nicht günstig waren: Helene hatte in den Monaten zuvor eine Lebenskrise zu bestehen, die sie nach längerem Schweigen nur unbestimmt kennzeichnete, als sie Rilke am 21. Mai 1913 mitteilte, »das Leben, das Schmerzliche, welches ich in vieler Beziehung nicht nur durch den Tod erfuhr«, habe sie am Schreiben gehindert.

Für diese innere Lähmung, die sie erst allmählich zu überwinden vermochte, gab es mehrere Gründe: den nach langem Leiden eingetretenen Tod des Vaters, vor allem aber den Abbruch jener leidenschaftlichen Beziehung, deretwegen sie schon Hofmannsthals Rat erbeten hatte und über die noch im einzelnen im Rahmen des Auerbacher Lebensabschnitts zu berichten ist. Hinzu kam, daß sie durch den Abschied von Auerbach und die Übersiedlung nach Leipzig –

Alfred von Nostitz war ab 1. Juli 1913 dorthin versetzt worden – in vielerlei Hinsicht belastet und in Anspruch genommen war.

Auch mit Rilke stand es in dieser Zeit nicht gut. In seiner Antwort beklagte er jedenfalls, daß ihm das Schreiben jetzt schwerfalle; er erklärte diesen Zustand mit »manchem traurigen und bestürzenden Ereignis« – womit namentlich der überraschende Tod seines Freundes Johannes von Nádherný und der schon erwähnte endgültige Bruch mit Rodin gemeint waren – und teilte mit, daß er sich jetzt im Schwarzwald einer Luft- und Wasserkur unterziehe. Noch während dieses Erholungsaufenthalts erreichte ihn ein Brief Helenes aus dem Ostseebad Heiligendamm: »Jetzt sind wir bis zum 1. August hier am Meer, dessen Schönheit mich *ungemein* diesmal wieder ergriff. Die Brandung ist unter meinem Fenster... Der Ort ist wirklich sympathisch, nur wenige Häuser und Buchenwälder bis ans Meer...«

Zwei Wochen später traf Rilke überraschend in dem mecklenburgischen Seebad ein, und zwar gerade, als in dem sonst so stillen Ort ungewöhnlicher Trubel herrschte, denn es war der Höhepunkt des »Concours hippique« mit Viererzügen und Trachtengruppen. Er sandte daher Helene ein Billett auf ihr Hotelzimmer mit der Mitteilung, er werde in einer halben Stunde wieder abreisen, denn es sei hier doch zu unruhig; ob er sie aber einen Augenblick sehen könne?

»Wir trafen uns in der Halle«, schreibt Helene, »Rilke war ganz grau und ausgelöscht. Seine großen blauen Augen blickten nach innen. Er hatte die Tarnkappe aufgesetzt, die ihn in einer [ihm] nicht gemäßen Umgebung gleichsam unsichtbar machte... Unbemerkt schritten wir auf den lärmenden Platz hinaus. Doch bald hatte sich der Weg zum Buchenwald gefunden. Und plötzlich umgaben uns die festen wohlgeformten glatten Stämme, das tiefe Grün, hinter dem wiederum das Meer aufleuchtete. ›Hier ist der Frieden, von dem ich Ihnen geschrieben habe, das andere Treiben dauert nur noch wenige Stunden, bitte bleiben Sie!‹ Rilke blieb, und der Zauber seiner Welt folgte ihm nun hier wie überall nach.«

Wie er Lou Andreas-Salomé am nächsten Tag schrieb, erschien ihm dieses »älteste Seebad Deutschlands« als ein

»brauchbarer kleiner Ort« mit seinen Wäldern, den Häusern, »noch ziemlich unverdorben im guten Geschmack des beginnenden 19. Jahrhunderts«, der »fast ganz auf den Landadel der Umgebung eingeschränkten Klientel«. Vor allem fand er Gefallen am menschlichen Umgang. Helene war mit ihren beiden Söhnen (Oswalt fünf, Herbert zwei Jahre) und ihrer Mutter in Heiligendamm. Sophie von Hindenburg erfreute Rilke durch ihren Gesang. Über die damals Zweiundsechzigjährige heißt es im gleichen Brief: »Die Tochter des Fürsten Münster, die durch ihre schöne Stimme bekannt war und auch jetzt noch, als alte Dame, kaum etwas davon eingebüßt hat (als ob gerade in ihrer Stimme nichts von allem Vergehenden hätte aufhören können, so ist sie mit allem Ausdruck versehen), sie singt mir fast jeden Nachmittag Beethoven und alte Italiäner«. Begleitet wurde sie von Helene, die überdies den Musiklehrer Schumann aus Auerbach eingeladen hatte, mit ihr gemeinsam im Musiksaal des Kurhauses auf zwei Klavieren für Rilke zu spielen.

An den Abenden pflegte er sich zurückzuziehen; am Tage standen jedoch Spaziergänge im Mittelpunkt, wobei sich manche Berührungspunkte ergaben, die Helene in ihren Erinnerungen festgehalten hat. So kam ihr Sinn für die komischen Seiten des Lebens dem – oft übersehenen – leisen und feinen Humor Rilkes entgegen: Ein absonderliches altes Biedermeierpaar, »er ... in grelles Blau gekleidet mit schwarzem Zylinder, sie im hellbraunen Seidenkleid mit schiefem Hütchen«, andere vorbeihuschende Gestalten, die Rilke »Gespenster« nannte, dazu ein kleiner Esel, der »heiter und zerstreut« seines Weges zog – solche Erscheinungen boten Anlaß zu belustigten Kommentaren.

Wesentlich für diese Begegnung war eine Gemeinsamkeit, die sich schon in Weimar angekündigt hatte, nun aber deutlich hervortrat: das ungebrochene, auf ein Urvertrauen gegründete Verhältnis zur Natur, wie es jener Generation noch eigen war und bei Rilke wie bei seiner Begleiterin nahezu religiöse Züge angenommen hatte. Es wurde schon erwähnt, daß Helene das damals noch Goethe zugeschriebene Fragment »Die Natur« mit seinen pantheistischen Anklängen (»Sie hat mich hereingestellt, sie wird mich auch herausführen. Ich vertraue mich ihr ...«) besonders liebte; das gleiche galt von Rilke, der den Hymnus auswendig rezitieren konnte und noch in seinen letzten Lebensjahren davon sprach. Dieses Bekenntnis aus der Goethezeit war kennzeichnend für den geistigen Hintergrund ihrer Spaziergänge, die durch den Wald, vorüber an einem von Buchen umschlossenen Teich oder auch über bunte Felder bis ans Meer mit seinen ständig wechselnden Gesichtern führten und zu mannigfaltigen Gesprächen anregten. Da erzählte Rilke, während ein Gewitter heraufzog, von seinem Besuch bei Tolstoi, der Wanderung mit ihm im Steppenwind. Wenn die Unterhaltung einen Anlaß dazu bot, las er gelegentlich etwas vor: eigene Gedichte, einen Brief Bettinas über Beethoven, einmal auch Verse, zu denen er bemerkte, sie seien von einem jungen Dichter, der eine Zukunft habe; sie stammten von Franz Werfel, den Helene bald danach in Leipzig kennenlernte. Und als sie eines Abends vor den Kurgästen musizieren sollte, führte er sie zuvor an den Strand und las ihr aus Goethes »Pandora« jene Meeresszenen, welche die Naturerscheinungen getreu wiedergeben und sie zugleich symbolisch-allegorisch überhöhen; dadurch werde, meinte er, ihr Klavierspiel einen kosmischen Zusammenhang gewinnen.

Persönliches wurde in diesem Gedankenaustausch nur in sehr verhüllter Form berührt. Charakteristisch für diese Zurückhaltung ist ein Brief Rilkes vom 27. Dezember des gleichen Jahres, in welchem er auf eine Begebenheit aus jenen Tagen zurückkommt. Anlaß war ein Buchgeschenk Helenes: ein französischer Roman aus dem siebzehnten Jahrhundert, auf den Hofmannsthal sie hingewiesen hatte und von dem in Heiligendamm die Rede gewesen war: »La Princesse de Clèves« von Marie-Madeleine de La Fayette. Rilke dankt eingangs für die freudige Überraschung, die ihm diese Sendung und »das Lesen Ihrer, dem Buch eingegebenen Worte« bereitet habe. Dann fährt er fort: »Unser Spaziergang in jene Welt hinein, die, mit einer Parkkontur und einem Garteninnern, uns plötzlich allem Vorherigen weit zu entrücken schien, ist mir recht lebhaft und wirksam in der Seele geblieben, wir hörten, umkehrend, wie am Anfang von etwas ganz Neuem auf, ein großartiges Einsetzen, ein Offensein voll

vielfältiger Lieblichkeit, mehr Musik bekamen wir nicht –
und nun soll die Princesse de Clèves da weiterführen...«
Die Stelle gibt einige Rätsel auf. Offenbar ist sie sinnbild-
lich zu verstehen und beschreibt einen für die ganze Beziehung charakteristischen temperierten Zustand, für den das
Offensein für die Dinge und füreinander wesentlich war. Was
aber war konkret mit dieser Anspielung gemeint? Die von
Rilke erwähnte Widmung wäre hier aufschlußreich, doch ist
sie, ebenso wie das übersandte Buch, nicht erhalten. Immerhin läßt sich ihr Sinn auf Grund des Zusammenhangs mit
großer Wahrscheinlichkeit bestimmen. In ihrer Antwort auf
Rilkes Dankesworte spricht Helene von einem »Erinnerungs-
Gruß«. Daß sie die »Princesse de Clèves« hierfür wählte,
erklärt sich aus dem Inhalt des Romans; handelt es sich doch
darin um den inneren Konflikt einer Frau, die ihrer Leidenschaft nicht nachgibt, sondern die eheliche Bindung höher
wertet und Entsagung übt. Das war eben die Situation, in der
sie sich nach der Entscheidung befand, mit der sie jene ihre
Ehe belastende Beziehung beendet hatte. Offenbar hatte sie
Rilke nur in Andeutungen hiervon gesprochen und wollte
dies nunmehr durch den indirekten Hinweis bestätigen. Rilkes Reaktion und namentlich seine Bemerkung: »...nun soll
die Princesse de Clèves da weiterführen...«, zeigt, daß er die
Anspielung verstanden hatte.
Alles in allem übte das Heiligendammer Zusammensein
eine harmonisierende Wirkung auf das seelische Gleichgewicht beider aus: Daß Rilke, ohne bewußt als Tröster
aufzutreten, vor allem durch seine diskrete Präsenz der Freundin bei der Überwindung ihrer Lebenskrise half, hat sie ihm
nicht vergessen: »Der Hintergrund schmerzlicher Ereignisse,
die mich damals zerrissen, wurde in eine erträglichere Ferne
gerückt«, schrieb sie ihm in einem ihrer letzten Briefe vom
24. Mai 1925. Und mehr als zehn Jahre nach seinem Tode fand
sie für seinen Beistand noch deutlichere Worte: »Er kam in
schweren Tagen, nicht um zu trösten, sondern weil es seine
Welt war, in die man kurz eintreten durfte«, heißt es in einem
Brief an Rilkes Tochter Ruth vom 25. Februar 1937, wohl in
Erinnerung an den gleichen Vorgang, den Rilke mit seinem
Spaziergang-Gleichnis umschrieben hatte.

Rilke, der sich in Heiligendamm wohl fühlte, verlängerte seinen Aufenthalt und blieb allein zurück, als sich Helene nach der gemeinsam verbrachten Woche verabschieden mußte. Vermutlich hat er den »Brief an einen jungen Dichter« im Anschluß an seine Beschäftigung mit Werfel noch in Heiligendamm geschrieben oder zumindest konzipiert. Dort entstand auch das Gedicht: »Hinter den schuldlosen Bäumen« aus dem Umkreise der »Duineser Elegien«, das er Marie Taxis am 14. August 1913 mit der Bemerkung schickte, er habe es »neulich im Wald aufgeschrieben«. Und als sich Helene ein knappes Jahr später wieder in Heiligendamm aufhielt, konnte er ihr – am 24. Juni 1914 – noch einen späten Ertrag der »gemeinsamen Wege« mitteilen: das Gedicht »Waldteich, weicher, in sich eingekehrter...«, das er am 19. und 20. Juni 1914 in Paris niedergeschrieben hatte und das in seinem Werk einen wichtigen Platz einnimmt. Sein Brief an die Freundin enthielt den folgenden Kommentar, der zugleich vom Fortwirken einer lebendigen Erinnerung an die Heiligendammer Tage zeugt:

»Vor ein paar Tagen schrieb ich ein Gedicht, dieses, das ich Ihnen schicke, weils von dem gewissen kleinen Waldteich im linken Strandwald seinen Ausgang nahm; plötzlich wurde mir dieses Stück Heiligendamm ganz überaus fühlbar; Kontrast, wie ich ihn einmal erlebte, von dort aus ans überstürzte Meer zu treten. Jene Gegend, dann der Dünenweg auf der anderen Seite des Ortes und Doberan mit seinem Lesepavillon sind mir jetzt besonders nah, auch Wolken und Klarheiten im Himmel über unseren gemeinsamen Wegen seh ich sich benehmen, und durch alles geht der nachdenkliche Esel umher, wie ein vorläufig Verwandelter...«

Nachstehend die Anfangs- und Schlußverse der »Beilage«:

»Waldteich, weicher, in sich eingekehrter –,
draußen ringt das ganze Meer und braust,
aufgeregte Fernen drücken Schwerter
jedem Sturmstoß in die Faust –,
während du aus dunkler unversehrter
Tiefe Spiele der Libellen schaust.

Was dort jenseits eingebeugter Bäume
Überstürzung ist und Drang und Schwung,
spiegelt sich in deine Innenräume
als verhaltene Verdüsterung;
ungebogen steht um dich der Wald
voll von steigendem Verschweigen.
Oben nur, im Wipfel-Ausblick, zeigen
Wolken sagenhafte Kampfgestalt.

[...]

Oh, ich habe zu der Welt kein Wesen,
wenn sich nicht da draußen die Erscheinung,
hier in leichter vorgefaßter Meinung,
weither heiter in mich freut.«

Nach den Tagen in Heiligendamm mußte die Korrespondenz
wieder an die Stelle der persönlichen Begegnung treten. Zwar
war ein Besuch Rilkes im Herbst 1913 in Leipzig vorgesehen
gewesen, doch scheiterte der Plan an seiner Reisemüdigkeit.
So kam es zu einem Entschuldigungsbrief Rilkes, für den die
Nachwelt als Zeugnis seines Humors dankbar sein muß.
Zum Verständnis sei folgendes vorausgeschickt: Am 18. Oktober 1913, dem 100. Jahrestag der Schlacht von Leipzig,
war dort das Völkerschlachtdenkmal eingeweiht worden.
Am Abend darauf, als wegen der Festbeleuchtung die Straßen
noch voller Menschen waren, verunglückte ein mit acht Löwen und einem Tiger besetzter Transportwagen des Zirkus
Barnum, so daß die Tiere freikamen und die ganze Stadt in
Panik versetzten. Fünf Löwen wurden von der Polizei erlegt,
zwei, die sich in ein Hotel verlaufen hatten, und der Tiger
wieder eingefangen. Rilke war schon vorher, am 17. Oktober, von Schlesien nach Paris durchgefahren; erst dort erfuhr
er von der Leipziger Löwenjagd. Er nahm es daher – der
pointierten Darstellung zuliebe – mit der Wahrheit nicht ganz
genau, als er am 22. Oktober schrieb:
»Liebe gnädigste Frau,
es rächt sich doch, wenn man so völlig von den Zeitungen
absieht: da find ich mich eines Tages vor den Thoren von
Leipzig und ahne nichts von dem Tumult, der sich dort vorbe-

reitet: vor lauter Schrecken bin ich gleich hierher durchge-
reist, und sehe von Paris wehmüthig zurück zu allen über-
sprungenen Möglichkeiten. Die Feste sind wohl nun vorbei,
die Löwen theils tot, theils eingefangen, – ich hätte das alles
im Riesengebirge (wo ich wirklich inzwischen war) oder auf
dem Rückweg von dort, in Dresden, abwarten können –,
aber ich hatte so viele Etappen, Ankünfte, Aufbrüche, Begegnungen, Trennungen, Gefühle, Gesinnungen, Hände,
Herzlichkeiten, Zimmer und *Corridore*, Hôtelportiers und
Stubenmädchen hinter mir, daß ich auf einmal nicht mehr
konnte und nur auf den Ort zustürzte, dessen Thür ich *brus-
quement* hinter mir zuschließen kann...«

Im gleichen Brief ist noch von einem flüchtigen Treffen die
Rede. Anlaß war die Premiere der deutschen Fassung von
Paul Claudels Schauspiel: »L'annonce faite à Marie« im
Hellerauer Festspielhaus am 5. Oktober 1913. Hellerau,
die nach den Plänen Richard Riemerschmids entstandene
Gartenstadt bei Dresden, war damals ein Mittelpunkt
avantgardistischer Kulturbestrebungen, und so hatte sich
ein internationales Publikum eingefunden. Auch Rilke, den
Lou Andreas-Salomé und Sidonie Nádherný begleiteten, gehörte zu den Zuhörern, doch fand die Aufführung offenbar
nicht seine Zustimmung. »Rilke saß«, wie Helene sich erinnerte, »in der Reihe hinter uns. Es war dies das erste und
einzige Mal, daß ich ihn in einer Aufführung traf. Seine Stille
umgab ihn und hielt auch in der lärmigen Zwischenpause
stand, während der viele bedeutende Menschen sofort ihre
Meinung für und wider äußerten. Dann entschwand er spur-
los...«

Erst brieflich erläuterte er seinen Unmut: »Die Aufführung hat meine Unsicherheit in Bezug auf Claudel noch ver-
mehrt, *was* war er..., was die hellerauer Zubereitung, und
durfte dieses Gericht so serviert werden?... Die hellerauer
Leute lassen sich, als große Kinder, mit etwas ein, was sie
nicht verstehen...« Im Brief vom 4. November kommt er
nochmals auf Hellerau zurück und bezeichnet es als eine
»Versuchsstation«, »eine Art Laboratorium... man
müßte... mit Schürze und Schutzbrille darin hantieren und
den Untersuchungen zusehen, die in dieser Licht-Retorte...

sich entwickeln«. Abschließend bemerkt er: »Ach wär man doch zu etwas *Wirklichem* hingefahren, ich muß seither immerfort an die Duse denken…«

Damit klingt ein anderes Thema an, das ihn damals sehr beschäftigte und für das er sich des Beistands der Freundin zu vergewissern suchte: Die Duse faszinierte ihn seit langem; schon als er mit dreiundzwanzig Jahren »Die weiße Fürstin« schrieb, hatte er erwogen, das ihr gewidmete Stück persönlich zu überbringen, aber dann erst 1912 in Venedig ihre Bekanntschaft gemacht. Seither war er immer wieder bemüht, der Leidgeprüften, die 1909 krank und resigniert das Theater (für einige Jahre) verlassen hatte, zur Rückkehr auf die Bühne zu verhelfen. Gerade in seinem damaligen Zustande, den er unter Anlegung eines höchsten Maßstabs als unproduktiv empfand, erweckte dieses Schicksal gewissermaßen seine nachbarliche Teilnahme und spornte ihn zu immer neuen Hilfsversuchen an, die sich nunmehr – angeregt durch das Hellerauer Experiment – auf die Idee eines »Duse-Theaters« konzentrierten.

Von Helene wußte er sich verstanden. Zwar hatte sie die Duse nur zweimal spielen gesehen – während des Berliner Gastspiels 1904 in »I diritti dell' anima«, dem Einakter Giuseppe Giacosas, eines italienischen Dramatikers aus dem neunzehnten Jahrhundert, und in Ibsens »Nora« –, doch war das kein flüchtiges Theatererlebnis gewesen, sondern ein bleibender Eindruck, den sie später in ihrem Erinnerungsbuch festhielt; schon im Juli 1912 hatte sie daher Rilke geschrieben, die große Tragödin gehöre zu den Menschen, mit denen sie, ohne sie zu kennen, manchmal still verkehre.

Überdies vertraute er der Hilfsbereitschaft der Freundin: ihrer »überaus wirklichen Güte, die über jedem Wort gleich ins Wirken und Handeln übergeht«, wie er ihr in einem Brief vom 17. Juli 1914 versicherte. Sie blieb denn auch in diesem Fall nicht untätig, suchte vor allem Max Martersteig, den Intendanten der Leipziger Theater, für das Vorhaben zu gewinnen, mußte dann aber mitteilen, daß sie keinen Erfolg gehabt habe: Die Theaterleute im wilhelminischen Deutschland, Max Reinhardt nicht ausgenommen, hatten andere Sorgen! Das war die Situation Anfang 1914, und nach

Kriegsausbruch war an die Realisierung solcher Pläne ohnehin nicht zu denken.

Das Ehepaar Nostitz blieb noch bis zum Sommer 1916 in Leipzig, doch erfüllte sich nicht Helenes Hoffnung, Rilke dort zu sehen und ihn in der Wiesenstraße zu empfangen. Auch der dringlichen Einladung folgte er nicht, die sie anläßlich eines den »Cornet« betreffenden Vorhabens an ihn richtete. Dabei ging es um folgendes:

Die um die Jahrhundertwende entstandene »Weise von Liebe und Tod des Cornets Christoph Rilke« hatte nach dem Ausbruch des Krieges ungewöhnliche Resonanz gefunden; das schmale Inselbändchen wurde zum Bestseller, das die Kriegsfreiwilligen im Tornister mitführten. Helene verlieh daher der Zeitstimmung Ausdruck, als sie Rilke am 6. Januar 1915 schrieb: »Es kommt mir vor, als hätten Sie die Vorgänge, die uns jetzt umgeben, tief in ihrer Wesenheit gefaßt, in dem einen, so wie sie uns selber angehen, in dem anderen die Bewegung und den Rhythmus des Ganzen in dem ›Cornet‹!«

Rilke, bereits ernüchtert nach seinen romantisierenden »fünf Gesängen« an den »Kriegsgott«, teilte nicht diese Auffassung. Am 5. Oktober 1914 hatte er Magda von Hattingberg – der Freundin, mit der er noch korrespondierte, obwohl die »Benvenuta«-Episode schon abgeschlossen war – geschrieben, es erscheine ihm »gezwungen und falsch ... etwas ungefähr Passendes nachträglich auf Umstände anzuwenden, mit denen es doch in Wirklichkeit nichts gemein hat. Selbst der ›Cornet‹, wie zufällig und oberflächlich ist sein Anklang an den heutigen Krieg ...«

Gegenüber Helene hielt er jedoch diese Skepsis verborgen. Offenbar wollte er die Beziehung zu ihr dadurch nicht gefährden. Er erhob denn auch keine Einwände gegen den Plan Magda von Hattingbergs, den »Cornet« mit der hierfür von dem Ungarn Casimir von Pászthory komponierten Klaviermusik zu Gehör zu bringen. Und obwohl er von solchem »Zusammenschluß von Dichtung und Musik« nichts hielt – in einem Brief an Marie Taxis nannte er »diese Gattung Kunst ... dilettantisch, nicht ernst zu nehmen« –, erteilte er einer Aufführung in Leipzig, mit der Hattingberg als Pianistin und dem ihm von München her bekannten Schauspieler Kurt

Stieler als Rezitator, seine Zustimmung, ja äußerte sich wohl-wollend, als ihm Helene von den Vorbereitungen berichtet hatte: »Jetzt übt Stieler unten mit Frau Hattingberg und ist so ergriffen von dem Ganzen, daß er immer wieder kommen will und den ganzen Tag arbeiten.« Dem Drängen der Freundin, doch in Leipzig zu erscheinen, gab er jedoch nicht nach (»ich kann Ihnen nicht sagen, wie völlig mir danach zumuth ist, in einem Versteck zu sein und keine Menschen zu sehen...«) und reagierte auch nicht, als sie ihm das Programm für die Aufführung im Schloß Schöneberg am 14. Februar 1915 mit dem Hinweis schickte: »Sie könnten ganz unbemerkt in einem zweiten Saal dabei sein... Sie brauchten niemanden zu sprechen!«

Nach mehrmonatigem Schweigen Rilkes nahm Helene die Verbindung wieder auf. Im Juni 1915 war der Freund, dem ihr – in Heiligendamm nur in Andeutungen erwähnter – Verzicht gegolten hatte, einer Kriegsverwundung erlegen. Sie empfand daher das Bedürfnis nach einem Zuspruch und schrieb Rilke am 10. Juli: »Ich weiß nicht mehr, ob ich Ihnen eine Antwort schulde, ich weiß nur, daß ich so gern einige Worte von Ihnen hören möchte in dieser sorgenvollen Zeit. – Nun ist auch mir ein persönlicher Schmerz ganz nah gekom-men neben all dem anderen laufenden Schmerzlichen, das unaufhörlich uns umgibt.

Daß man Beethoven und die Sterne nun noch tiefer und überwältigender empfindet, ist zu teuer erkauft...«

Diese Zeilen veranlaßten Rilke, seine Verstörung zu artiku-lieren. Er antwortete ihr mit einem Brief, in welchem er seine Bestürzung über den durch das Kriegsgeschehen ausgelösten Verfall der menschlichen Werte, zugleich aber auch sein Un-vermögen, diesen Vorgang dichterisch zu bewältigen, ein-dringlich zum Ausdruck brachte: »... Schreiben heißt jetzt, etwas über sich vermögen, denn was schreiben, wo doch alles, woran man rührt, unsäglich, unkenntlich ist, wo nichts einem gehört, kein Gefühl, keine Hoffnung... nirgends mehr ist das Maß des einzelnen Herzens anzulegen, das doch sonst die Einheit war der Erde und des Himmels und aller Weiten und Abgründe. ... Wie unvordenklich ist alles geworden, Heiligendamm, Zeiten wie die Kindheit selbst, so entlegen und arglos, wer wird wieder je [so] fühlen? Sie sagen, ›daß man Beethoven und die Sterne nun noch tiefer und überwältigender empfindet‹, vielleicht ist das, weil (wie Sie schreiben) ein persönlicher Schmerz aus dem fortwährend allgemeinen auf Sie zugekommen ist – vielleicht hilft das –, *mir* geht es nicht so, mir ist das alles, alles Größte und Erschütterndste, der *anderen* Welt verhaftet geblieben, der früheren, der einstigen, in der ich längst ein Leidender war, aber nie ein Erstarrter, nie ein Verschütteter, nie ein Angeschrieener, der nicht begreift...«

Gegen Ende des Briefes kommt er dann auf die wenigen Warner zu sprechen, »die zu ihrem eigenen Herzen hielten, das gegen den Strom stand. Rodin, wie oft, wie immer, wiederholte Worte der Mißbilligung, Verdachte gegen den Gang der Dinge, mir wars schon zu viel, da ers immer mit denselben Ausdrücken that, ich hielt's für Ermüdung, und doch wars Urtheil; und Cézanne, der Alte, wenn man ihm von draußen erzählte, ... konnte ausbrechen in den stillen Straßen von Aix und seinen Begleiter anschreien: ›*Le monde, c'est terrible*...‹, wie an einen Propheten denkt man an ihn, und sehnt sich nach einem solchen Schreier und Heuler –, aber sie sind alle vorher fortgegangen, die Greise, die die Macht gehabt hätten, jetzt vor den Völkern zu weinen.«

Schließlich erwähnt er Georg Trakl, seine letzten Gedichte, seinen Tod: »...er ist aufs furchtbarste leidend in Krakau im Garnisons-Spital gestorben, im fremden bösen Unheil mitten drin, und doch vielleicht eingesunken an die Wurzeln seines eigenen Leidens, das noch ein paar Blüten aufbrachte und abwarf.«

In ihrer Antwort auf dieses Bekenntnis eines »Angeschrienen« versuchte Helene, wie das ihrer Natur entsprach, sich nicht überwältigen zu lassen; sie hielt sich weiter an Tröstliches:

»...Die Musik ist mir jetzt immer mehr geworden, sie löst irgendwie augenblicksweise den Schmerz, der die Himmel erfüllt, und so muß ich auch einigen guten Augenblicken in dieser Zeit dankbar sein. –

Merkwürdig war auch das Geschenk des Frühlings in diesem Jahr – eine unerwartete Gabe an Licht und Farbe, die man wohl kaum hinzunehmen wagte, als schaute man aus einem Gefängnis hinaus auf die Blüten. Aber sie waren doch da. Und auch schöne menschliche Erfahrungen. Man sprach wohl mit manchem wie am Rand eines Abgrunds. Aber nur echter und tiefer. Man wußte ja nie, ob diese Stunde nicht die letzte war...«

Vielleicht traf sie damit nicht den Ton, auf den Rilke damals eingestimmt war; jedenfalls verstummte er wiederum, wozu auch persönliche Umstände beitrugen: Im November 1915 wurde er für kriegstauglich erklärt, und damit fiel ihm, wie er Anton Kippenberg schrieb, »das dichte graue Militärtuch vors geklärte Gesicht«. Anfang Januar 1916 begann der österreichische Militärdienst, den er zunächst drei Wochen als Rekrut, sodann als Schreibkraft im Wiener Kriegsarchiv absolvierte. Ende Mai wurde er auf Fürsprache entlassen und blieb zunächst in der Nachbarschaft Hofmannsthals, in Rodaun, wo ihn Loulou Albert-Lazard, die Helene schon von Leipzig her kannte, porträtierte. So bot sich Gelegenheit zu einer Begegnung, denn Alfred von Nostitz war zum sächsischen Gesandten in Wien ernannt worden und die Übersiedlung vollzog sich Ende Juni. Man traf sich mit Rilke im Hotel Imperial. Im altmodischen Hotelzimmer, das Helene »mit seinen rotseidenen Möbeln, der goldenen Pendüle und der barocken Stuckdecke« an den ersten Akt des »Rosenkavalier« erinnerte, erzählte er von seinen Erlebnissen mit Eleonora Duse in Venedig, vom tiefen Eindruck, den ihre Gesten auf ihn machten, wie sie in einem Garten beim schrillen Schrei eines Pfaus die Arme gen Himmel warf, oder wie ihr zunächst entschlossener Gang zu einem Advokaten auf der düsteren Treppe eines Palazzos seinen dramatischen Abschluß in einem Zusammenbruch fand.

Später wanderten sie durch die Rodauner Landschaft, und das Weltgeschehen schien entrückt beim Anblick eines äsenden Rehbocks und eines verzückten heiligen Nepomuk an einem Wiesenbach. Den Tag beschloß dann die abendliche Einkehr in Hofmannsthals Haus mit dem Rundgespräch über das geistige Österreich und Hofmannsthals Schilderung der Wiener Gesellschaft.

Das Zusammensein in Rodaun war die letzte persönliche

Begegnung, doch nahm der freundschaftliche Dialog seinen Fortgang, namentlich in den Wiener Jahren. Rilke berichtete von seiner Lektüre und nahm Anteil am Leben Helenes. Nach seiner Übersiedlung in die Schweiz war dann die Beziehung weniger intensiv, vorwiegend aus äußeren Gründen. Es kamen beengte und bedrängte Jahre; an Besuchsreisen war nicht zu denken. So fehlte das unmittelbare Gespräch, das früher die Freundschaft immer wieder belebt hatte, doch riß die Verbindung nicht völlig ab.

»Warum soll man nicht versuchen, das Schweigen zu unterbrechen, das uns zwar nicht trennt, aber doch einander, etwas vielleicht, unkenntlich macht?« schreibt Helene in einem Briefe vom 2. Januar 1921, um dann fortzufahren: »Wir ziehen diesen Monat nach Berlin. Es ist mir ungewohnt, in eine neue Stadt zu gehen ohne Ihren Gruß. So war es in Auerbach, in Leipzig, in Wien. Geben Sie mir eine Zuversicht für Berlin. Sagen Sie mir Orte dort und Menschen, die schön sind . . . «

Rilke empfand nicht viel Sympathie für Berlin. Fühlte er sich hier gegenüber dem Großstadtbetrieb schutzloser als in Paris, wo er sich sein eigenes Schneckenhaus geschaffen hatte? Vor allem schreckte ihn wohl die rauhe Schale, das »Preußische«, zu dem er – anders als Hofmannsthal – kein Verhältnis fand: »Ich weiß nicht, wie soll man sich vertragen mit dieser unwirschen überall gleichzeitigen Stadt, in der alles fortwährend zu Selbstbewußtsein kommt?« – so hatte er der Freundin schon 1910 geschrieben, und auch jetzt, da er ihrem Wunsch nachkam, der »alten Tradition« zuliebe (»ich meine, wir sind beide *conservatif* genug, um dergleichen nicht leichtsinnig aufzugeben«), konnte er seine Antipathie nicht völlig unterdrücken: ». . . nun komme ich aufs Herzlichste und grüße Sie also . . . in Berlin, ohne ganz zu verhehlen, wieviel lieber ich Ihnen anderswohin meine Begrüßung geschickt hätte . . . «

Sodann nennt er aber einige der dort ansässigen »›schönen Menschen‹, wie Sie sie meinen« (Helenes Formulierung hatte ihn offenbar amüsiert): die Bildhauerin Renée Sintenis, den Goldschmied Lettré, Joachim von Winterfeldt« – keine lange Liste, die jedoch seinen guten Willen bezeugte.

Helene, die vor Jahren für Rilkes Kritik Verständnis gezeigt hatte, fühlte sich nunmehr ihrer Heimatstadt immer stärker verbunden. In den letzten Briefen legte sie öfters für Berlin ein gutes Wort ein, ohne ihn aus seinem Schweizer Reduit herauslocken zu können. Bis in den Sommer 1925 hinein blieb aber der Kontakt erhalten, auch durch Freunde und Bekannte, die persönliche Mitteilungen überbrachten. Einer der letzten war der Lyriker Walther Georg Hartmann, der in Paris einen heiteren entspannten Rilke vorfand. Um so bestürzender war für sie dann die Nachricht von Rilkes Tod.

An der Beisetzung konnte sie nicht teilnehmen. Jahre später, schon während des Zweiten Weltkrieges, sandte ihr Gottfried von Nostitz, ein Neffe Alfreds, Lichtbilder von Muzot und Raron und erwähnte den oft interpretierten Grabspruch: »Rose, oh reiner Widerspruch, Lust, / Niemandes Schlaf zu sein unter soviel Lidern.«

Sie schrieb ihm darüber: »Ja, wie dunkel ist dieser Vers, den man vielleicht ganz einfach verstehen könnte: Die Rose, die so viele Begierden durch ihre Farben, ihren Duft zu erwekken vermag, und die einen reinen, einsamen Schlaf schläft unter ihren vielen Blättern, die sich wie Lider schließen. Kennst Du seine ›Rosenschale‹? Die Rose beschäftigte ihn immer wieder, und schwebte ihm vielleicht auch im Tode vor.«

10. KAPITEL

Zwiespältige Jahre in Auerbach

»Ja, diese zwei Jahre in Weimar sind ein großer Gewinn...
Ich fühle, daß ich Menschen, Tiefen dort gewonnen habe, die
ich nie verlieren werde. Das läßt das Herbe des Abschieds
nicht so aufkommen. So geh' ich denn mit gutem Mut nach
Auerbach und trete jetzt innerlich manchmal in Verkehr mit
diesem Ort...«

Helene schreibt diese Zeilen an Hofmannsthal im August
1910 aus Bad Elster, dem unweit Chemnitz gelegenen, damals als elegant geltenden Kurort (»sehr feudales Bad«,
nannte ihn der Auerbacher Apotheker), wo sie einige Wochen
verbrachte, während ihr Mann bereits seine neue Tätigkeit
als Amtshauptmann des Bezirks Auerbach in dem vogtländi-
schen Industriestädtchen aufgenommen hatte. Daß sie selbst
Freunden nur selten Einblick in melancholische Anwandlungen gewährte, zeigte sich wieder in diesem Fall. So klingt der
Brief eher zuversichtlich, und nur die Schilderung der Umstände ihres Kuraufenthalts gestatten Rückschlüsse auf ihre
wahre Seelenlage. Da berichtet sie, sie sei »ganz allein mit
dem Baby und Wizzy« – dem zweijährigen Sohn Oswalt und
dem altersschwachen getreuen Terrier – bei fortwährendem
Regenwetter, und läßt durchblicken, daß sie die Abende her-
beisehnt, in denen sie im kleinen Appartement der Pension
»Königsvilla« zu »ihren Büchern flüchten« könne.

Erstmals liest sie damals Dostojewskij und schreibt: »Wie
groß und kräftig ist er! Es kommt mir immer vor, als faßte er
die Menschen mit einer Riesenhand und entkleidete sie mit
einer prachtvollen Geste von allen ihren Äußerlichkeiten,
dann läßt er sie reden, und dies alles ohne Mystik, so klar und
gemeißelt und doch auch wieder so nuanciert.«

Es gab in Bad Elster auch ein Theater. Über den Besuch

einer Aufführung enthält ihr kursorisch geführtes Tagebuch eine kleine, aber bedeutsame Notiz: »›Die Siebzehnjährigen‹ – dieses Stück machte in diesem Augenblick meines Lebens einen tiefen Eindruck auf mich, und ich verdanke ihm Klarheit, wenn auch nicht gänzliche Heilung.«

Es handelte sich um das in jenen Jahren viel gespielte Theaterstück des Mecklenburgers Max Dreyer, eines heute ganz vergessenen Autors, der ähnlich wie Sudermann und Max Halbe in seinen Dramen Probleme des damaligen Gesellschaftslebens auf die Bühne brachte, die trotz Dreyers Sinn für Bühnenwirksamkeit und lebendige Dialogführung ihrer Zeitgebundenheit wegen nur von kurzlebiger Aktualität waren. Das 1904 entstandene Schauspiel handelt von der unglücklichen Liebe eines Siebzehnjährigen zu einem jungen Mädchen, das mit ihm kokettiert, aber in Wahrheit zum Vater des jungen Mannes eine leidenschaftliche Neigung empfindet. Als der Verschmähte, für den Vater und Geliebte die »Pole seiner Welt« sind, die Beziehung zwischen den beiden entdeckt, kommt es zur Katastrophe.

Es ist das gleiche Thema, das schon in Iwan Turgenjews Novelle »Erste Liebe« eine klassische epische Form gefunden hatte. Vermutlich hat Dreyer dieses damals vielgelesene Werk gekannt und dessen Motiv in sein deutsch-bürgerliches Gegenwartsdrama eingearbeitet. Dabei erreichte er zwar nicht die psychologische Meisterschaft des russischen Erzählers, verlieh aber den Hauptpersonen Merkmale deutscher »Innerlichkeit«. So ist Werner, der Vater, eine Künstlernatur, Maler wie Musiker, und Erika, die ebenfalls musische, insgeheim von ihm Angebetete, die den reifen Mann mit ihrem »unheimlich aufdämmernden Instinktleben« betört, musiziert einträchtig mit ihm, jubelt, als sie gewahr wird, daß sie beide in ihrer Phantasie gleiche Wege gehen, daß sie »die gleichen Bilder haben«, und ist beglückt, weil er »das Beste, was man haben kann, meine stillen Gedanken und das Heimliche in mir« geweckt habe.

Man muß sich in jene von Jugendstil und Naturalismus geprägten Jahre versetzen, wenn man verstehen will, daß solche Gedanken und Empfindungen damals eine junge Frau beeindrucken konnten. Helene mit ihrem Maltalent, ihrer

Musikalität, ihrer Offenheit für musische Freundschaften, fühlte sich jedenfalls angesprochen und war zugleich bestürzt über die Folgen eines hemmungslosen Auslebens von Gefühlen, die ihr da vor Augen geführt wurden. Wenn sie hinzufügte, sie verdanke diesem Theatereindruck »Klarheit, aber nicht gänzliche Heilung«, so gibt das allerdings Rätsel auf. Waren es nicht nur freundschaftliche, waren es leidenschaftliche Empfindungen, die den Frieden ihrer jungen Ehe bedrohten? Eine andere Notiz aus jenen Tagen scheint darauf hinzudeuten: »Wenn der Sturm wütet, wenn die ungeheuren Sandwolken über die Wüste ziehen..., so kann sich der Mensch nur hinlegen und warten, bis alles vorüber ist. So auch, wenn eine Leidenschaft über uns hinwegrauscht, hilft das Sträuben nichts. Orkanartig muß sie ihr Werk vollenden und ihr Siegel auf unsere Stirn drücken. Wir können nichts tun, nur edel, groß bleiben durch unseren Willen und unser Letztes vor ihr retten, aber sie *muß* über uns hinwegziehen...«

Wollte sie damit einen inneren Konflikt benennen?

Wenn dem so war, hat sie ihre Gefühle sorgfältig verborgen, denn bis zum Herbst 1912 finden sich keine Hinweise auf eine solche Verstrickung. Die Begegnungen mit Rodin, mit Hofmannsthal, mit Rilke hatten gewiß Emotionen geweckt, aber nicht jene gefährliche Sphäre berührt. In einem Brief an Hofmannsthal vom 11. Dezember 1909 schrieb sie: »Sie und Rodin, die beide das Entscheidende in meinem Leben mitgestaltet haben in einer ganz besonderen Weise, abgesehen von dem Leidenschaftlichen, von Ihnen beiden muß ich ab und zu hören...« Dieses Maßhalten, das Ausklammern eines Gefühlsüberschwangs, galt erst recht von der weniger intensiven Beziehung zu Rilke.

Allenfalls wäre in diesem Zusammenhang an Kessler zu denken. Man erinnert sich an Helenes Tagebuchnotiz vom November 1903 (»Ich fühle immer stärker, daß der Freund, mit dem ich dieses Buch begann, der einzige ist, der mir Glück bringen kann, im vollen Ausleben aller meiner Kräfte...«) sowie an Kesslers Äußerung gegenüber Hofmannsthal vom November 1906, sie sei die einzige Frau, die er heiraten würde, wenn eine Ehe für ihn in Betracht komme. Wie läßt sich jedoch diese Beziehung kennzeichnen, die auch nach Helenes Heirat nicht abriß?

Es war schon die Rede von Paris und Meudon, als Kessler die Entstehung der Rodinschen Büste begleitete, sodann von den häufigen Begegnungen in Weimar. Ergänzend hierzu noch einige Hinweise auf Kesslers Tagebücher: Gewiß spielt darin Helene Nostitz – manchmal wird nur der Vorname genannt – eine wichtige Rolle. Erwähnt wird ihre »Erscheinung«, ihre »Schönheit«, und es finden sich auch Schilderungen gemeinsamer Unternehmungen, zum Beispiel eines Ballabends in Berlin, der in Notizen beider Partner festgehalten wurde. Kessler vermerkt am 7. Februar 1911:

»Nachts mit Helene Nostitz zum Ball bei Liebermann. Viel mit Helene und der Frau von Hofmannsthal getanzt. Nach dem Ball bestand Helene darauf (da wir beim Hinfahren im Auto halb verunglückt waren und sie daher Angst habe zu fahren), zu Fuß durch den Tiergarten nach Hause zu gehen. So wanderten wir im Schnee, sie in Ballschuhen, ihr Diadem unter dem Tüllschleier kaum verhüllt, ich ein großes Blumenbukett in der Hand, um drei Uhr morgens durch den menschenleeren, schwach vom Mond und großen Bogenlampen erleuchteten Tiergarten.«

Helene notierte: »Berlin. Fest bei Liebermann. Kessler mit dicker Dame. Toulouse-Lautrec (Frühlingsgefühl). Gang mit K. drei Uhr nachts durch den Tiergarten. Er mit Tulpen in der Hand. Schutzleute mit Mänteln über das Gesicht geschlagen in dunklen Ecken.«

Diese Szene entsprach vielleicht nicht ganz der damaligen Konvention, hielt sich aber in der Grenze des Schicklichen und änderte nichts an dem Gesamteindruck, daß die beiderseitigen Empfindungen im Rahmen einer nicht leidenschaftlich bewegten, wohl aber durch viele Gemeinsamkeiten gefestigten Freundschaft verblieben. Das zeigte sich auch nach dem Wegzug aus Weimar. Kessler war es, dem Helene ihr Herz ausschüttete, als sie sich nach dem Einzug in Auerbach zunächst in der neuen Umgebung nicht wohl fühlte. Ihr Brief ist nicht erhalten, doch erwähnt ihn Kessler in seiner Korrespondenz mit Hofmannsthal am 14. September 1910: »Helene Nostitz schreibt sehr lieb und unglücklich aus Auerbach.

Du solltest ihr einmal ein paar Worte zukommen lassen; ich glaube, es würde sie sehr freuen.«

Er selbst besucht das Ehepaar Nostitz im folgenden Frühjahr. Am 7. Mai 1911 heißt es in seinem Tagebuch: »Zu Nostitzens nach Auerbach. Industriedorf in einer schmalen Thalsohle mit grünen Hügeln auf beiden Seiten. Rauch und Fabrikschornsteine kontrastieren mit Feldern und Vogelsang, abscheulich, eine nicht zu bewältigende Disharmonie. Zu Hause bei Nostitzens bei geschlossenen Vorhängen fühlt man sich in einer gewohnten Welt, aber sobald man hinaussieht, starrt einem dieser Zwiespalt wie etwas Ungeheuerliches, wie ein Riß der Natur entgegen.«

Helenes Reaktion war eine andere. Unerfreuliche Eindrücke bewältigte sie mit Humor: »Gott behüte Euch in Schauerbach!« schreibt sie einmal an Alfred. Überdies hatte sie bald begonnen, sich auch an diesem ungewohnten Ort ihre eigene Welt zu schaffen. Da war zunächst das Haus, eine neu erbaute Villa mit drei Stockwerken, zwischen einer wenig begangenen Straße und mächtigen Bäumen, an die sich ein Garten mit Blumenbeeten und weiten Rasenflächen anschloß. Das Innere dieses Hauses, das ja auch Kesslers Beifall gefunden hatte, ließ sich freundlich gestalten. »Eine nette kleine Halle gibt ihm etwas Heiteres«, schrieb sie an Hofmannsthal und berichtete ihm weiter von dem großen Wohnraum, in welchem die beiden Flügel Platz gefunden hätten. Daneben lagen das eher bescheidene Eßzimmer und das Studio des Hausherrn mit den Padukmöbeln auf blauem Teppich, der Rodinbüste an der Fensterwand, gegenüber von Rysselberghes Seelandschaft und Paul Signacs »Mont Saint-Michel«.

Von der Eingangshalle führte eine geschwungene Holztreppe zu den oberen Stockwerken mit den Schlaf- und Kinderzimmern. Auch für Hausgäste standen kleine, aber behagliche Räume zur Verfügung. Während seines zweiten Besuches in Auerbach, im Dezember 1912, schrieb Hofmannsthal an Ottonie Degenfeld: »Die kleinen Zimmer dahier, in denen ich wohne, Schlafzimmer und ein ganz kleines Schreibzimmer, mit weißen Möbeln und ein paar Büchern und Zeitschriften, da und dort hingelegt, sind mir, als ob ich sie gestern verlassen hätte...«

Im Dachgeschoß waren die Angestellten untergebracht. Zu ihnen gehörten der Kutscher und Chauffeur Fritz Hoffmann, seine Frau, die als Köchin tätig war, eine Kammerzofe, eine Kinderfrau sowie zwei Diener. Es war, wie der Hausherr rückblickend zugab, ein »auch für die damaligen Verhältnisse etwas zu zahlreiches Personal«, das übrigens von Mißgeschick verfolgt wurde. Der zweite Diener, Franz Schön, und Fritz Hoffmann starben in diesen Auerbacher Jahren an Tuberkulose, der damals grassierenden Volkskrankheit. Und auch der Kammerdiener fiel aus, allerdings aus einem anderen Grunde: Als bei einer Mahlzeit zum Empfang von Helenes Mutter guter Wein gereicht werden sollte, fand das Getränk keinen Beifall. Nachforschungen ergaben, daß der »früher so tüchtige, jetzt aber zu wenig beschäftigte Mann« den gesamten Weinkeller für eigene Zwecke verwendet und durch billige Surrogate ersetzt hatte. Überdies stellte sich heraus, daß er sich im Städtchen als »Privatsekretär« des Amtshauptmanns ausgegeben hatte und in fragwürdigen Lokalen als großer Herr aufgetreten war; seine sofortige Entlassung erschien daher unvermeidlich.

Alles in allem war Helene weder als Hausfrau noch durch dienstliche und gesellschaftliche Verpflichtungen übermäßig in Anspruch genommen, doch stand sie auch nicht abseits, beteiligte sich mit der ihr eigenen Unbefangenheit an der Tätigkeit ihres Mannes, in dem begrenzten Bereich, der unter den damaligen Verhältnissen einer Frau zugewiesen war. Der sächsische Amtshauptmann war, ähnlich dem preußischen Landrat, Vertreter der Staatsgewalt in dem ihm anvertrauten ländlichen Bezirk und als solcher nicht nur Bürochef und Aufsichtsinstanz, sondern hatte mit den lokalen Behörden persönlichen Kontakt zu pflegen und sich der Anliegen der Bevölkerung anzunehmen.

Zunächst galt es daher, Land und Leute kennenzulernen, was häufige Ausflüge in die nähere und weitere Umgebung – der Amtshauptmannschaft unterstanden 65 Landgemeinden – erforderlich machte. Hierzu diente zunächst ein Relikt der viktorianischen Epoche, ein zweiachsiger Pferdewagen mit zweisitzigem Fond und hohem Kutscherbock, eine »Viktoria«, die von zwei Schimmeln gezogen wurde. Es erregte einiges Aufsehen, als die »Frau Amtshauptmann« auf den Kutscherbock kletterte, den Kutscher auf den Rücksitz verwies, die Zügel ergriff und das Gespann sicher durch Wälder und Dörfer lenkte. Die Fahrkunst, die sie unter den strengen Augen des Großvaters Münster beim Kutschieren des Derneburger Viererzuges erlernt hatte, konnte sich nunmehr bewähren. Allerdings zeigte sich bald, daß die Pferde durch die weiten Fahrten in der gebirgigen Gegend überanstrengt wurden. So entschloß man sich nach einigem Zögern zur Anschaffung eines »Automobils«, obwohl dieses ungewohnte Verkehrsmittel mit seiner Staub- und Lärmentwicklung bei der Bevölkerung nicht eben beliebt war.

Nach dem Abschluß der Erkundungsphase ließ sich der neue Amtshauptmann allerhand einfallen. Dabei ging es vor allem um die Jugendpflege und die physische und geistige Volksgesundheit in einem Gebiete, in welchem das Stickereigewerbe, das in Heimarbeit, aber auch zunehmend maschinell in Fabriken betrieben wurde, das körperliche und seelische Wohlbefinden der Bevölkerung beeinträchtigte. Zu den Initiativen, die hierfür einen Ausgleich schaffen sollten, gehörten die Organisierung eines Sport- und Spielbetriebes – Rodeln und Skifahren im Winter, Turn- und Sportveranstaltungen, Schlagball in der freundlichen Jahreszeit –, die Förderung des Schulwesens sowie kulturelle Veranstaltungen: Musikabende, Lesungen und namentlich Theateraufführungen – ein völliges Novum für die Bergdörfler, das der Amtshauptmann durch eine Vereinbarung mit der Wandertruppe des »Rhein-Mainischen Verbandstheaters« ermöglicht hatte.

Helene nahm an allem regen Anteil.

Schon im ersten Winter versuchte sie sich erstmals im Skifahren. Ernst Venus, ein sportbegeisterter Mitarbeiter der Amtshauptmannschaft, erinnerte sich, wie sie ihm, im Schnee liegend, zurief: »Um Himmels willen! Habe ich mir etwas gebrochen? Übermorgen muß ich doch zur Premiere des ›Rosenkavalier‹!« Der Sturz verlief jedoch glimpflich, so daß sie nach Dresden fahren konnte.

Vor allem aber galt es, die repräsentativen Verpflichtungen zu erfüllen. Davon berichten folgende Notizen aus ihrem Tagebuch:

»*Schuleinweihung.* Der Kopf eines Zuhörers fesselt mich durch seine Ausstrahlung. Gespräch mit dem Kandidaten über Goethe und Schiller. . . . Eindruck der Kinderschar, die in ihren bunten Kleidern wie ein Strauß Feldblumen gleichsam aus der Tür der alten Schule herausfielen. Glockengeläute und Gang in die neue Schule. Rede von Alfred vor dem Hintergrund der Berge, worin er vom wahren nationalen Gefühl sprach. Die Bauern aus den Bergen kommend atmen ihre kräftige Einsamkeit aus.

Spielkurse in Auerbach. Lehrer-Begeisterung. . . in Hemdsärmeln auf großem Platz. Dazu erscheinen Herren in Frack und Orden, um Alfred feierlich zu danken. Alfred, im Namen des Königs, im Bummelanzug stramm stehend.

Waldgottesdienst auf Waldwiese. Alter Bauer unter Fichten. Gespräch mit ihm. Sozialer Pastor: Agitator, Telephon, Auto verlangend, immer in Hetze. Nur keine Weihe, prachtvoll.

Turnerfest in Beerhaide . . . Schönheit der Bewegung unter freiem Himmel (Ödipus, griechische Torsen). Wie einen das einfach Natürliche in der Natur immer bis zu Tränen rührt! Wir auf der Tribüne, umkränzt..

Dann Abschluß unter sehr dunkel werdendem Himmel. Das Leuchten der weißen Turnanzüge!

Auerbach Seminar. Unser Vortragsabend. Merkwürdige Klosterstimmung und Hexenlied. . . Die Klaviere im Halbschatten vor den Bäumen. . .

Verbandstheater. Im April Vorstellungen in den Dörfern. Wilhelm Meister-Atmosphäre in unserem Hause. Tannenbergsthal: Gesichter der Holzfäller. Ein Bierglas ergoß sich über mich. Erste Aufführung. Gruß-Bekanntschaft mit dem Direktor, als Leicester kostümiert in der Garderobe. . . . Novellen-Thema: ›Maria Stuart im Dorfe‹.«

Über die Theateraufführungen enthält »Aus dem alten Europa« die nachstehende Schilderung. Das darin erwähnte alte Landhaus mit Park lag beim Dörfchen Sorga und wurde von drei Schwestern von Bodenhausen bewohnt. ». . . Ganz Balzac, alles so verstaubt und köstlich ungereimt«, notierte Helene über ihren ersten Besuch dort: »die Alten wie Nornen mit wirrem Haar und zerschlitzten Kleidern . . .« Sie waren nunmehr die Gastgeberinnen der kostümierten Theatertruppe:

»In der Nähe der Stadt lag ein altes Landhaus, in dem drei ältere Schwestern ein verträumtes Leben führten. Es paßte ganz dorthin, als einmal gegen Abend in den breiten Gängen sich ein eigentümliches Leben entwickelte: Ein Märchenprinz huscht durch die Dämmerung, und es erscheint auch eine Prinzessin mit langer hellblauer Schleppe, gefolgt von ihren Hofdamen. Hühner gackern, Hunde bellen. Die Schwestern stehen in Schwarz und schauen dem wunderlichen Zug nach, der nun, von Pagen begleitet, durch den Hof nach dem nächsten Dorf zieht, wo ›Aschenbrödel‹ aufgeführt werden soll. Jetzt geht es über Stoppelfelder. Mit Grazie hilft der Märchenprinz den Damen über einen Bach. Seine lange Feder weht hin und her, von den Winden bewegt, die aus den Bergen kommen. –

Auch die Aufführung der ›Iphigenie‹ unter den alten Bäumen des Parks war ein großer Augenblick für die ganze Umgegend. Was schadete es, daß aus Versehen Feuerräder statt Fackeln prasselnd auf die unglückliche Souffleuse Funken sprühten, so daß sie erschrocken aus ihrer Vertiefung emporschnellte; daß im nahen Hof Hundekämpfe sich während der dramatischsten Szenen abspielten; daß statt des thrazischen Tempeldieners der Regisseur in karierten Hosen die Altarflamme entzündete! Es war doch schön und sehenswert und ›klassisch‹. Hier fehlte der kritische Geist der Großstadt, und alle waren empfänglich und zufrieden. Bei solcher Gelegenheit trat auch in dem Verkehr zwischen Publikum und Schauspielern eine Naivität zutage, die entzückend war. Nach der Vorstellung von ›Maria Stuart‹ wollte eine Hauswirtin die Königin Elisabeth, diese böse Dame, nicht versorgen. Sie sollte bestraft werden für ihre bösen Taten.«

Über einen kleinen Ausflug beim erwähnten Besuch Kesslers im Mai 1911 notiert Helene: »... Wunderbarer Spaziergang auf den Steinberg [den höchsten Berg der Umgebung]. Blütenwiesen, sonnige Birken und weite Aussicht, die wie das Meer sich wellenhaft ins Unendliche verlor. Gespräche auf diesem Hintergrund. Café rustique auf der Spitze.« Kessler vermerkt seinerseits: »Fahrt und Spaziergang mit Helene

Nostitz auf den Steinberg. Sie fühlt sich hier verhältnismäßig glücklich, verbirgt sich selber die Scheußlichkeit ihrer Umgebung. Idealisierungsfähigkeit der Frau. Das Einzige, was sie zu vermissen scheint, sind Menschen...«

Hatte er damit den Seelenzustand der Freundin zutreffend wiedergegeben? Wahrscheinlich war das Urteil des Weltbewanderten und Weltverwöhnten um einige Grade zu skeptisch. Zwar war das »Idealisieren« einer ihrer Wesenszüge – so erinnerte sie etwa der Gasbehälter des Städtchens an das Grabmal der Caecilia Metella –, indessen war die Naturzerstörung bei weitem nicht so bedrohlich wie in unseren Tagen, und auch einige häßliche Fabrikgebäude konnten den Blick auf Wiesen, Wälder und Berghänge nicht stören. Helenes Äußerungen aus jener Zeit wirken denn auch durchaus spontan, ebenso wie die Aquarelle, die im Garten und in der freien Natur entstanden; sie zeigen, daß sie ihre Beziehung zur Landschaft, die sie in Weimar gepflegt hatte, hier weiterentwickeln und vertiefen konnte, wobei Kunst- und Natureindrücke ineinander übergingen. Schon in den ersten Wochen notiert sie: »An einem sonnigen Morgen wird mir Beschäftigen so schwer, weil das Lebensgefühl an sich etwas so Starkes ist. Ich empfand in der Dresdener Galerie vor der Venus des Tizian und dem Tintoretto die Landschaft und das Herauswachsen des Körpers aus der Landschaft viel stärker, weil ich täglich, auch schon in Weimar, mit der Landschaft lebe und sie mein Inneres erfüllt.«

Und als Hofmannsthal – in einem Brief aus Neubeuern vom 6. Oktober 1910 – von den »Fäden« spricht, die »zwischen unserem Herzen und der Landschaft um uns« heraus und herein gehen; als er hinzufügt, er hoffe fast, daß solch eine Beziehung – »ein Zutrauen zu manchen Wegen, manchen Anblicken« – in Auerbach möglich sein werde, »denn es sind Wälder dort und, wie ich meine, auch Hügel«, und an ein »waldiges Hügelland« könne man »mit tastenden Fasern sich anwachsen und vielleicht sich einwachsen«, da geht sie sogleich darauf ein: »Ja dieser Zusammenhang mit der Landschaft ist etwas unendlich Wichtiges. Aus ihr schöpft man wirklich täglich neue Kraft und Freudigkeit, und ich finde ihn auch hier... Weimar hat mich vielleicht diesen Zusammenhang noch mehr gelehrt, obwohl ich immer danach suchte. Ich erinnere mich, wie ich früher in Berlin gegen Abend oft auf eine gewisse Brücke, die Moltkebrücke, die auf den Kanal und die Apfelkähne sah, ging, und dort etwas erhielt, was mich wieder fröhlich machte. Ich glaube, man nennt es Zusammenhang mit der Natur; daß sie mir aber wirklich so viel bedeutet, so gar keine Leere aufkommen läßt, erfahre ich vielleicht ganz erst hier.«

Eine »Leere« wäre durch das Ausbleiben menschlicher Kontakte an dem abgelegenen Orte zu befürchten gewesen, und in der Tat bestanden in dieser Hinsicht zunächst Schwierigkeiten.

Der Kontrast Auerbachs gegenüber Weimar war augenfällig: Es fehlte das musische Element! Immerhin gab es da eine Ausnahme, die Helene alsbald entdeckte: den Musiklehrer des Lehrerseminars, Herrn Schumann. Er erwies sich als ein guter Pianist, mit dem sich auf den beiden Flügeln, die zum Nostitzschen Haushalt gehörten, musizieren ließ; überdies war er ein erwünschter Partner in den gelegentlichen »Wohltätigkeitskonzerten«: für Helene eine neue Herausforderung, die sie nicht ohne Hemmungen bestand: »Es war sehr peinlich, bis ich das Publikum vergaß«, schrieb sie darüber an Hofmannsthal.

Gelegentlich belebten den nüchternen Alltag erheiternde Begegnungen mit »schnurrigen« Originalen: Da war der Kanzleibeamte, der sich aus der Amtshauptmannschaft herausschlich, »als stünde er vor der Ausführung eines Verbrechens«, um heimlich auf ein hinter einem Busch verborgenes Brettchen Vogelfutter zu streuen, oder der Mann im schwarzen Gehrock, der an einem Wiesenteich Wasserflöhe fischte. Die Geselligkeiten in den Bürgerhäusern hatten hingegen nichts Erheiterndes. In dem aufstrebenden Industriestädtchen hatte es mancher durch harte Arbeit zu einem stattlichen Vermögen gebracht; unter den Textilfabrikanten gab es mehrere Millionäre, die jedoch für die Annehmlichkeiten des Lebens, für Kulturgenüsse oder auch nur für ein anregendes Gespräch wenig Sinn entwickelten. Die seltenen gesellschaftlichen Veranstaltungen waren daher Pflichtübungen, die mit ernsten Mienen durchgestanden werden mußten. »Man wagte kaum, sich ... in den engen, gestärkten Kragen in den fest sitzenden Seidenkleidern umzudrehen ... Streng getrennt standen Damen und Herren, und das Geschick eines solchen Abends lastete schwer auf den Beteiligten.« Die Spöttelei mag überraschen, denn Sarkasmus entsprach im Grunde nicht Helenes Wesen, ihrer Weltoffenheit, die auch sonderbare Erscheinungen liebevoll zu begreifen suchte – mit einer Ausnahme: der spontanen Ablehnung einer Erscheinung, die sie »Philistertum« zu nennen pflegte. Sie ging darin so weit, daß sie beim Vorlesen jenes von ihr so geliebten Fragments »Die Natur« stets die Stelle ausließ, an der es heißt, daß »auch die plumpste Philisterei« noch etwas vom Genie der Natur habe. Die gleiche Aversion spricht sich darin aus, wenn sie den »Bürgern der kleinen Städte« die Abgeschlossenheit ihrer Welt entgegenhält, »über der keine Sterne stehn«, und bemerkt: »Sie überlassen die großen Wälder, die sie umgeben, der Gewalt des Schicksals und ziehen fest die Vorhänge vor ihre Fenster, um das Geheimnis der Nacht nicht zu erfahren.«

Das »Geheimnis der Nacht« war keine bloße Metapher, es spielte eine wichtige Rolle in ihrem Auerbacher Leben! In ihren Notizen aus jenen Jahren ist immer wieder die Rede von Abendspaziergängen, die sie allein oder in Begleitung Gleichgesinnter in die freie Natur führten. Freunde, die zu Besuch kamen – und sie waren hier besonders erwünscht –, mußten diese Gewohnheit mit ihr teilen.

»Botho Graef's Besuch in Auerbach bei wunderbarer Schneelandschaft. Mondschein im Walde. Sternenhimmel von unwirklicher Klarheit.«

So lautet eine der ersten Tagebuchnotizen, bei der ausnahmsweise – und damit sicher die Bedeutung dieses Besuchs unterstreichend – das Datum hinzugefügt wurde: der 4. Januar 1911.

Botho Graef, damals dreiundfünfzig, war Professor der Archäologie und Kunstgeschichte in Jena und übte bis zu seinem Tod, 1917, einen bedeutenden Einfluß auf das dortige Kunstleben aus. Er gehörte zu den Anregern für die Verleihung der Ehrendoktorwürde an Rodin und veranlaßte, gemeinsam mit der »Gesellschaft der Kunstfreunde von Weimar und Jena«, daß Ferdinand Hodler und Ludwig von Hofmann die neue

Universität mit großen dekorativen Wandbildern ausschmücken konnten. Mit Ernst Hardt war er eng befreundet; den achtzehn Jahre jüngeren hatte er bewogen, sich ganz der Dichtung zu widmen, und ihn mit Stefan George bekannt gemacht. Alles in allem war der Bruder der Malerin Sabine Lepsius eine faszinierende und schwer zu fassende Persönlichkeit. Rudolf Borchardt sagte von ihm, die »hohe Gestalt mit dem schmerzlichen Spötterkopf« habe den Eindruck erweckt, als sei sie »aus einem Bilde van Dycks herabgestiegen«. Damit gab er jedoch nur eine Seite seines Wesens wieder. Graefs Schwester, die ihn am besten gekannt hat, nennt ihn »einen europäischen Menschen, der sich am Griechentum gebildet hatte«, und erläutert, weshalb Stefan George sich besonders von ihm angezogen fühlte: »Die schöne Ehrfurcht, die der Musische aller echten Kunst zollte, hob ihn heraus aus der Schar der Berliner, die nüchterne Skepsis für ein Zeichen von Verstand und Unbestechlichkeit hielten.« Überdies betont sie seine Musikalität: Er habe sie in die Musik Wagners eingeführt und zu den wenigen gehört, »die den sakralen Ton in der Stimme haben. Niemand sang mir Bach so zu Dank wie er.«

Es war nicht verwunderlich, daß Helene Sympathie für diesen Menschen empfand, der so viele ihrer eigenen Neigungen teilte. Offenbar hat sie ihn – da die Familie Lepsius nicht zu ihrem Bekanntenkreise gehörte – erst in Weimar kennengelernt, obwohl sie ihn im Weimarkapitel ihrer Erinnerungen nicht erwähnt. Hingegen findet sich im Tagebuch folgende Notiz über eine festliche »Tristan«-Aufführung in Gera, der Reußschen Residenzstadt, zu welcher der Freundeskreis aus Weimar und Jena herübergekommen war.

»Gera – Tristan. Die Akkorde, ehe Tristan eintritt: ›Ich rief dich in der Nacht‹. Das Gesicht von G. so weiß und voll Licht in der Ferne. Es ist merkwürdig, daß wenn wir von Menschen ihr Ewigkeitsgesicht einmal gesehen haben, es uns gleichsam manchmal entgegenleuchtet wie mit einer strahlenden Aureole, wie das Gesicht eines Toten. Mit solchen Menschen wird uns der alltägliche Verkehr schwer und beinahe schmerzlich.«

Der Name des wie in einer Vision Wahrgenommenen ist

nur durch ein G. angedeutet. Sein überirdisch-vergeistigter Ausdruck unter der Wirkung der Musik entspricht der Schilderung, die Sabine Lepsius von ihrem Lieblingsbruder gegeben hat.

Als er zwei Monate später zu Besuch nach Auerbach kam, war er nach dem Erlebnis in Gera der geeignete Partner für jene Waldwanderung unter dem »Sternenhimmel von unwirklicher Klarheit«, in welcher das »Geheimnis der Nacht« Alltägliches nicht aufkommen ließ.

Botho Graef war der erste, aber nicht der einzige der auswärtigen Freunde, die sich in Auerbach einfanden. Hofmannsthals Aufenthalte und Harry Kesslers skeptische Rekognoszierung des weltabgelegenen Ortes wurden schon erwähnt. Weitere Besucher hielten die Verbindung mit Weimar aufrecht: Ludwig von Hofmann mit seiner Frau, Otto von Taube, Wolfgang von Oettingen, Ernst Hardt. Vor allem zum letzteren ergab sich in diesen Jahren eine intensivere Beziehung, die in einigen Briefen ihren Niederschlag fand – eine Beziehung, in die auch die Ehepartner einbezogen wurden: »Daß ich die klare wahre Freundschaft von Ihnen beiden nun überall und auch in dieses Jahr hinübernehmen darf, ist etwas sehr Schönes«, schrieb ihm Helene am 19. November 1910, dem Tage nach ihrem Geburtstag, zu dem ihr Hardt ein eben entstandenes Gedicht über den Tod des Schauspielers Josef Kainz gesandt hatte. Hardts Verse »Nie wieder werdet Ihr die strahlende Fanfare seiner Stimme hören...« muten uns heute allzu pathetisch und rhetorisch an und kommen dem Wesen des großen Verstorbenen weniger nah als das zur gleichen Zeit entstandene Gedicht Hofmannsthals; immerhin fand diese Geburtstagsgabe den Beifall der Empfängerin, die auch hier das Positive heraushörte und die »große Linie« der Huldigung begrüßte.

Das Verhältnis zwischen den beiden Dichtern war eher gespannt, wobei persönliche Empfindungen (seitens Hardts wohl auch die Rivalität gegenüber Hofmannsthal, dem nur zwei Jahre älteren, aber erfolgreicheren) eine Rolle spielten. Helene folgte auch in diesem Falle ihrer Maxime, wonach sie sich durch Antipathien und Gegensätze zwischen ihr nahestehenden Menschen nicht in ihrem eigenen Urteil beirren ließ und bemüht war, gegenüber jedem ihrer Freunde loyal zu bleiben. So auch hier. Im Herbst 1910 hatten sich die Ehepaare in Dresden getroffen und eine gemeinsame Fahrt nach Pillnitz unternommen. »Es war merkwürdig, dieselbe Fahrt machte ich vor Jahren mit Hofmannsthal«, notierte Helene in ihr Tagebuch. Vermutlich war das der Anlaß zu einem Gespräch über ihren damaligen Begleiter gewesen, in dessen Verlauf sie eine kritische Bemerkung über ihn gemacht hatte. Sicherlich stieß sie dabei auf Zustimmung und fühlte sich daher nach ihrer Heimkehr erst recht zu einer Wiedergutmachung verpflichtet: Am 12. Oktober 1910 schrieb sie daher aus Auerbach:

»Lieber Herr Hardt!

Ich habe das Bedürfnis und fühle in mir die Verpflichtung, Ihnen etwas zu sagen, anschließend an unser Gespräch über Hofmannsthal in Pillnitz. Wie wir hier ankamen, fand ich einen langen, sehr schönen und reichen freundschaftlichen Brief von Hofmannsthal. Diese Treue, die er durch lange Jahre uns bewahrt, ist etwas Schönes und Heiliges, und ich möchte das zurücknehmen (vielleicht haben Sie es schon vergessen), was ich etwas enttäuscht und voreilig über ihn sagte. Man kann nicht schwerfällig und gewissenhaft genug in diesem Punkt sein, finden Sie nicht?...«

Ernst Hardt hat diesen Brief offenbar nicht beantwortet, doch sah er Helene bald danach bei der erwähnten »Tristan«-Aufführung in Gera, gratulierte ihr dann mit jenem Kainz-Gedicht zum Geburtstag und kam im September 1911 – diesmal allein – nach Auerbach. Dazu notierte sie: »Hardts Besuch. Spaziergang zur Talsperre und Gespräch über Gudrun [Hardts damals entstandenes Trauerspiel]. Er ist so klar und großzügig. Gespräch über das Erlebnis, das jede Frau für den Künstler in schaffender Beziehung bedeuten kann. Diese Möglichkeit wird ihm durch die moderne Auffassung entzogen, die sich bei sehr kultivierten Menschen auf *eine* Frau konzentriert. Ist das für das Schaffen gut?«

In dieser Überlegung klang etwas Unstetes durch, das sich auch auf die Lebensführung auswirken sollte. Ernst Hardt trennte sich 1930 – damals war er Leiter des Westdeutschen Rundfunks in Köln – von seiner Frau Polyxena und ging dann noch zwei weitere Ehen ein. Mit den Nostitzens war die Verbindung schon vorher abgerissen. 1919 hatte man sich noch in Weimar gesehen und bald danach gratulierte ihm Helene, als sie seine Ernennung zum Generalintendanten des Nationaltheaters Weimar erfuhr. Dann trennten sich die Wege. 1933 wurde er verhaftet und erst zwei Jahre später rehabilitiert. Schon in der Kölner Zeit hatte er sehr zurückgezogen gelebt; nunmehr verstärkte sich dieser Hang zur Einsamkeit. Obwohl er 1935 bis 1943 in Berlin lebte und ihm die Existenz des Nostitzschen Hauses in Zehlendorf kaum unbekannt blieb, knüpfte er nicht wieder an die verjährte Freundschaft an.

Einige Wochen nach Hardts Auerbacher Besuch im Herbst 1911 kam Alfreds und Helenes zweiter Sohn zur Welt. Es war keine so schwere Geburt wie die vorausgegangenen. Auch die Ruhetage nach der Niederkunft verliefen ohne größere Beschwerden und in heiterer Stimmung. Eine Tagebuchnotiz lautet: »Geburt von Herbert. Wunderbare Empfindungen im Krankenbett beim Rauschen der Bäume. Klosterstimmung. Pflegerin in Kutte.«

Die Taufe fand im Familienkreise statt. Helenes Bruder, Herbert von Hindenburg, sowie Prinz Max von Baden, Hausfreund in ihrem Elternhause und vor allem Helenes Mutter durch gemeinsames Musizieren verbunden, waren die Taufpaten.

Es folgten stille Monate. Im April 1912 entschloß man sich, die seit langem geplante Griechenlandreise anzutreten. In ihren Erinnerungen hat Helene die an Kontrasten reichen Eindrücke festgehalten: Eine Mondnacht auf der Akropolis, wo sie sich von einer gesellschaftlichen Veranstaltung fortgestohlen hatten, »denn das kalte Büfett vor dem Parthenon und das mondäne Lachen paßten schlecht zu der Tragik einsamer Säulen und träumender Karyatiden«. Auf ihrer Wanderung durch die Tempellandschaft erblickten sie eine Frau, die still, mit gesenktem Kopf, auf einem der Marmorblöcke saß. Als sie näher traten, erkannten sie die Kronprinzessin Sophie von Griechenland, eine Schwester Kaiser Wilhelms II., die sich ebenfalls von der Gesellschaft entfernt hatte. »Sie erhob sich und sagte dumpf: ›Ich werde über Ruinen herrschen, über ein Reich der Trümmer.‹« Kassandra-Worte, deren Bedeutung Helene erst später bewußt werden sollte.

Am nächsten Morgen besucht sie wieder den Parthenon, nun im strahlenden Sonnenlicht. Im Akropolis-Museum steht sie vor den lächelnden Koren »mit den unausdeutbaren Gesichtern«, wie Hofmannsthal ihr später schreiben sollte, nachdem sie ihm – wie schon erwähnt – deren Abbildung geschickt hatte.

Als eindrucksvolle Nachtszene erlebt sie das griechische Osterfest. Von den Bergen über Athen strömen die Menschen hinunter in die Stadt, zur Mitternachtsmesse in der Kathedrale. Während Orgelklänge aus dem geöffneten Portal dringen, entzünden die Gläubigen ihre Kerzen an der Flamme der großen Osterkerze und kehren in ihre Häuser zurück. Noch lange sieht Helene die Feuerschlange über die Hügel ziehen.

Im Trümmerfelde von Eleusis, einstmals Stätte der dionysischen Mysterien, kommt es zu einer weiteren unerwarteten Begegnung. Isadora Duncan, der gefeierten Vertreterin eines neuen natürlichen Tanzstils, war Helene zuletzt in Berlin begegnet. Zu ihrer Überraschung sah sie nunmehr die Tänzerin in wallendem roten Mantel aus dem Schatten der Säulen treten: Sie »glaubte sich allein. Tanzenden Schritts durchflog sie den verlassenen Raum. Doch man spürte, wie sie der Geist des Gottes erfüllte. Ihre Bewegungen erschienen immer selbstvergessener, verlangsamten sich, und die feierliche Gebärde wurde zum Mysteriendienst – noch einmal sollte dem Dionysos von einem Sterblichen gehuldigt werden...«

Auf das griechische Intermezzo folgte wieder eine ruhige Zeit in Auerbach, die nur durch gelegentliche Besuche belebt wurde. Namentlich war Kronprinz Georg von Sachsen, damals ein hoffnungsfroher junger Mann, mehrere Sommertage Gast bei den Nostitzens, um mit Hilfe des Amtshauptmanns sich »ein wenig im Bezirk umzusehen« und Land und Leute kennenzulernen. Er erwies sich als ein angenehmer Hausgenosse, und es entstand ein ungezwungenes persönliches Verhältnis, das – trotz der damals noch unvorherseh-

baren Wechselfälle des Schicksals – von Dauer sein sollte. Helenes Tagebuchnotiz über seinen Aufenthalt lautet:
»Besuch des Kronprinzen 12.–14. August 1912.
Ankunft in unserem Hause. Das Volk dicht gedrängt. Hurra-Rufe und Beleuchtung der Stadt. Als ich im weißen Kleid ihm entgegenging, war es ein bewegender Augenblick, wie der junge hübsche Mensch unter brausendem Jauchzen die Treppe hinaufstieg.
Erster Abend im grau-roten Zimmer mit den weißen Rosen. Gespräche über Griechenland und Holland. Der Kronprinz sagte, daß die Holländer das Entscheidende im Gesicht so gut beobachteten.
Zweiter Abend. Kleines Diner mit Rosen, unter uns. Huldigung der kleinen Kinder. Gesang rührend in der Nacht unter den Bäumen. Der Kronprinz sprach mit allen Kindern. Die Lampions leuchteten wie Blumen.
›Ich habe nach Hause geschrieben, daß ich gern noch länger geblieben wäre‹, sagte er zum Schluß mit reizendem Lächeln.«
Inzwischen hatten sich zu einigen Mitgliedern der Amtshauptmannschaft Beziehungen ergeben, die sich nicht auf den dienstlichen Verkehr beschränkten. Neben Ernst Venus, von dessen Sportbegeisterung schon die Rede war, gehörten Carl Wäntig und Fritz Pötzsch-Heffter zu diesem Kreise, der vor allem zu musischen Veranstaltungen herangezogen wurde. Gegen Ende des Sommers kam noch ein Vertreter der jüngeren Generation hinzu: Freiherr Hans von Leuckart, der seine Ausbildung als Regierungsreferendar an der Amtshauptmannschaft absolvieren sollte. Er wurde vom Ehepaar Nostitz freundlich aufgenommen und nahm an den Ausflügen teil, die Helene mit ihren Begleitern gelegentlich in Auerbachs weitere Umgebung führten. Es stellte sich heraus, daß die Empfindungen des jungen Mannes für die Frau seines Vorgesetzten über eine sich im Rahmen der Konvention haltende Verehrung hinausgingen. Eine erste Andeutung ist einer Notiz Helenes zu entnehmen, in der sie eine Fahrt nach dem thüringischen Residenzstädtchen Greiz beschreibt. Ein Absatz war, offenbar aus Gründen der Diskretion, französisch abgefaßt. Es hieß da:

»Greiz mit L. und Pötzsch.
Park in der Dämmerung – die vielen Schwäne, die in der Dunkelheit weit von uns fortzogen. Das Hineingehen von der Höhe in die kleine reinliche Residenzstadt, wo freundliche Menschen den Weg zeigten und Lichter in den kleinen Palästen einen matten Schein auf die Höfe werfen.
Eine neue Seele zieht mich geheimnisvoll und schmerzlich an. Eine gleiche Art des Sehens – warum verursacht sie Schmerz? Die Blume, Baudelaire, der Nebel – der Spaziergang mit Charlotte und L. hoch über einem Fluß, durch Wälder mit Glühwürmchen.«

In einer Eintragung, die »November 1912« datiert ist, wird das Thema fortgeführt, diesmal sind englische Wendungen eingestreut: »Schnee. Die Spaziergänge im Frieden der Nacht und eine weinende Seele (a crying soul), deren Seufzer mich erreichen, mich bewegen und mich nachdenklich und leidenschaftlich stimmen. O Geheimnis der hungernden Seelen; sind wir denn nur für Einen geschaffen, oder gibt es Viele, die ein Recht haben, nach uns zu rufen?«

Schließlich eine Notiz, wiederum englisch: »Auerbach. Sonntag 24. November, mit L. in der sonnigen Natur. Die große Wiese mit dem sanft rieselnden Wasser, voller Sonne, überall die Sonne.«

Diese Äußerungen einer leidenschaftlichen Zuneigung mit Schwankungen zwischen Schmerz und momentanem Glücksgefühl wurden zunächst nur dem Tagebuch anvertraut; zugleich zeigte sich das Bemühen, den dadurch ausgelösten Konflikt nicht nach außen dringen zu lassen: »Der edle Mensch muß innerlich für seine Mitmenschen wie eine große stille Wasserfläche sein, die beide Ufer miteinander verbindet, nur unten dürfen die Stromschnellen und Strudel tosen, aber unsichtbar.«

Eine solche Abriegelung kann freilich, zumal bei Menschen, die nicht ausschließlich nach Innen leben, sondern auf Kommunikation angewiesen sind, nicht von Dauer sein. Um das Untergründige ans Licht zu bringen, bedurfte es jedoch eines Anstoßes. Man kann es als Fügung ansehen, daß sich hierfür durch den bereits erwähnten Besuch Hofmannsthals vom 1. bis 4. Dezember 1912 Gelegenheit bot.

Der Dichter, der Phantasie und Einfühlungsvermögen, die angeborene Neigung des Dramatikers, schicksalhaften Bedrohungen gegenüber offen zu sein, mit freundschaftlicher Sympathie verband, war in solch einer Situation der ideale Gesprächspartner. Es kam denn auch zu einer hilfreichen Aussprache, von der wir genauer nur die äußeren Umstände kennen: jenen schon erwähnten Abendspaziergang im Dresdener Japanischen Garten, den Helene in ihrem Tagebuch festgehalten hat. Viel spricht aber dafür, daß ein freundschaftlicher Rat damals den Ausschlag gab und daß Hofmannsthal – weniger durch Vernunftgründe als durch verstehendes Mitfühlen – zutage förderte, was sich in Helene schon vorbereitet hatte und nunmehr voll ausreifen konnte. Ein Brief, den sie bald danach an Hofmannsthal schrieb, spricht für diese Auslegung:

»...auch schreiben wollte ich, das, was ich erlebte, war aber zu stark und schwierig und verhinderte mich daran. Es bleibt schwierig, aber der Weg ist wenigstens etwas klarer geworden, vor allen Dingen scheint es für mich nur diesen Weg zu geben, und das gibt mir verhältnismäßige Sicherheit und Ruhe.

Ich grolle aber über kein Erleben, das Erleben in den uns bestimmten Grenzen muß sein. In diesem Gespräch neulich im Japanischen Garten, wie bei jedem Gespräch, habe ich so manches stückweise gesagt, und ich fürchte dann immer, daß einzelnes dadurch nicht im richtigen Licht erscheint, und daß das Bild von Alfred für Sie irgendwie verschoben wurde, welches ich in seiner Klarheit und Größe wie ein Heiligtum nie antasten möchte. Sie können auch das Bild von uns mit den Kindern ganz so behalten wie früher, aber wir können und dürfen nicht alle Stürme aus unserem Lebensgarten verscheuchen. Es ist wahr, Sie haben richtig gefühlt, daß ich vielleicht erst jetzt intensiver das Leben berühre.«

Soweit das durch Worte geschehen kann, geben diese Zeilen Aufschluß über das Dilemma, vor das sie sich damals gestellt sah. Dem Einbruch eines starken Gefühls kam die *eine* Seite ihres Wesens entgegen, die dann – ausgelöst durch jenes Gespräch im Japanischen Garten – auch in Helene Altenwyl in Hofmannsthals »Schwierigem« eingegangen ist:

die, nicht auf den einen beschränkte, »alle Poren durch-
dringende Sympathie«, wie es in dieser Komödie heißt; das
Überströmen des Gefühls, wie es durch die Begegnung mit
Leuckart geweckt worden war. Dieser Bereitschaft für das
intensive Erleben stand jedoch ein anderes gegenüber: die
Einsicht, daß *Grenzen* gezogen werden mußten, und vor
allem, daß das Bild ihres Mannes, das »Bild von uns mit den
Kindern« auch gegenüber den »Stürmen im Lebensgarten«
Bestand hatte.

Rudolf Pannwitz hat einmal von Helene von Nostitz gesagt, sie sei, in der Verbindung zweier Gegensätze, ein ein-
zigartiger Mensch gewesen; in ihr habe dem »Vogelhaften,
Verflogenen, Atmosphärischen« das »Erdhafte, das feste
Einrichten auf dem Erdboden« die Waage gehalten. Der letz-
tere Zug hat sich auch in diesem Fall durchgesetzt; dabei war
es offenbar dem Zartgefühl des Ehepartners zu verdanken,
daß sich die unabwendbare Trennung behutsam und ohne
Härte vollzog.

Hans von Leuckart, der 1914 als junger Offizier ins Feld
zog, starb an einer an der Westfront erlittenen schweren
Verwundung. Nach dem Abschied in Auerbach kam es noch
zu zwei Begegnungen. Über die erste heißt es in einer Tagebuchnotiz Helenes: »Juli 1913. Wiedersehen mit L. in D.
[Dresden], er sagte: »Es ist wieder wie unter den Sternen, und
es war auch so.«

Die zweite und letzte Begegnung fand vor der Einberufung
im Nostitzschen Hause in Leipzig statt. Sie ist in einem posthum in das Buch »Aus dem alten Europa« aufgenommenen
Erinnerungsblatt festgehalten. Rückblickend erscheint uns
darin dieser Jüngling als ein Nachfahre Hölderlins und der
deutschen Romantiker, zugleich aber als Zeuge einer entschwundenen Epoche: »Man gedachte der Abschiede, wenn
Freunde mit stillem fernen Blick kamen, um noch einmal die
Hand zu reichen. Da war der eine Abend. Ich höre noch die
Glocke der nahen Kirche schlagen, die wie eine Totenglocke
klang. Wir saßen noch einmal zusammen, schwiegen und
senkten den Blick, denn dieser Ton hatte uns nicht getäuscht.
Wir hatten ihn schon auf jenem hohen Berg im Vogtland
gehört, als der Jüngling mit seherischem Blick in die Ferne

schaute, mitten im Frieden Krieg und Zerstörung ahnend. ›Ich höre Kriegsgeschrei und Schlachtendröhnen!‹ rief er, ›denn nur das Opfer und der Tod können uns von unserer unermeßlichen Sehnsucht erlösen!‹ Die leisesten Töne der Natur, das Quaken eines Frosches, das Rauschen der Baumwipfel, die Klage des Windes, der Gesang eines Vogels waren in seiner Gegenwart unermeßliche Klänge einer brausenden Symphonie, die das Herz sprengte und alles Irdische immer wieder als kurzen Übergang, als Traum empfinden ließ. Der Drang nach Vollendung, nach dem äußersten Gefühl, lag in der gespannten Hand, die in höchster Erregung einen Birkenstamm umklammerte, den Baum schüttelte und umbog mit gebieterischer Gewalt. In ihm verkörperte sich jene Jugend, die ahnungsvoll das Siegel des Todes im gesicherten Wohlleben auf der Stirn trug.«

Die Abschiedsszene, die hier wiedergegeben wird, wurde von beiden Beteiligten als endgültig empfunden, doch schloß sie ein bleibendes Gedenken nicht aus. Und es entsprach Helenes Natur, daß sie dann auch dem Toten, der ihr als Lebender einmal so nahe gekommen war, die Freundschaft bewahrte. In den Worten, die sie Jahre später einem gemeinsamen Freunde schrieb, findet das einen deutlichen Ausdruck. In einem Briefe an Eduard Hempel vom 3. Januar 1923 heißt es: »Gestern abend stand Leuckart so besonders lebhaft vor mir. Etwas in der Musik, die ich spielte, vermittelte mir stark sein Wesen in seiner herrlichen Auflösung, die wohl nie so wiederkehren wird, und die nur ganz wenige erlebt haben. Dieses ganz sich dran geben ohne Einengung, so daß man sich selbst wie erweitert und beschwingt fühlte. Wir, seine Freunde, sind es dem Toten schuldig, manchmal in dieser Weise sein Andenken zu feiern, seine Persönlichkeit, die durch diese Weite über die individuelle Beziehung hinaus wuchs, immer wieder durch dieses Andenken zu ehren.«

Die letzten Monate in Auerbach wurden noch durch einen anderen Schatten getrübt: die schwere Erkrankung des Vaters, der seit dem Sommer 1912 ans Bett gefesselt blieb, denn sein Krebsleiden hatte sich als unheilbar herausgestellt. Seine Tochter war daher immer häufiger in Berlin, um bei der

Conrad von Beneckendorff und von Hindenburg und seine Frau
Sophie, geb. Gräfin zu Münster, um 1872

Schloß Derneburg. Photo nach einem Farbstich

Die vierjährige Helene

Helene von Hindenburg mit ihrem Großvater, dem Fürsten Münster,
1900 in Paris

Helene von Hinden-
burg im schwarzen
Kleid mit den golde-
nen Münzen, 1902
(s. S. 73)

Helene von Nostitz
Marmorbüste von Au-
guste Rodin, 1907
(s. S. 115–119)

Bei Eröffnung der Weimarer Monet-Ausstellung am 29. April 1905. Von rechts nach links: Henry van de Velde, Harry Graf Kessler, Helene von Nostitz (sitzend), Hugo von Hofmannsthal, Alfred von Nostitz, A. W. Heymel, Margarete Heymel, davor (sitzend) Gerty von Hofmannsthal und Maria van de Velde (s. S. 151)

Auguste Rodin

Helene von Nostitz

Rainer Maria Rilke,
1913

Hugo von Hof-
mannsthal

Harry Graf Kessler,
um 1930

Alfred von Nostitz in seinem Arbeitszimmer, Weimar um 1910

Helene von Nostitz in ihrem Schreibzimmer, Leipzig um 1914/15

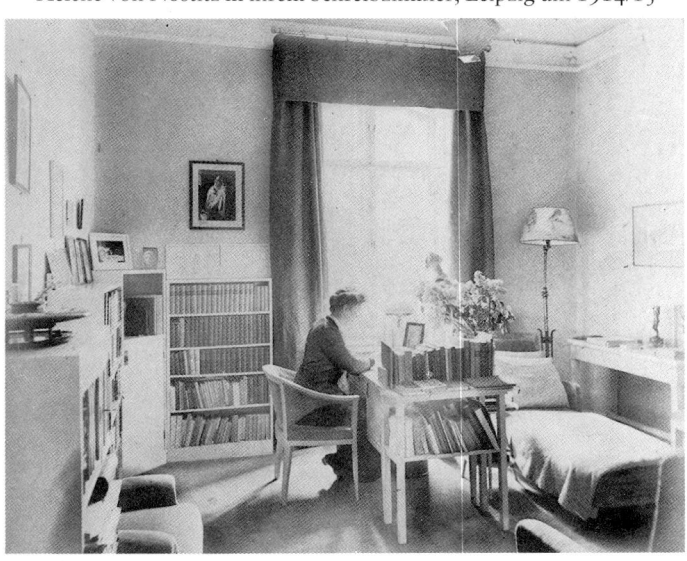

Helene von Nostitz am Klavier, Leipzig um 1915

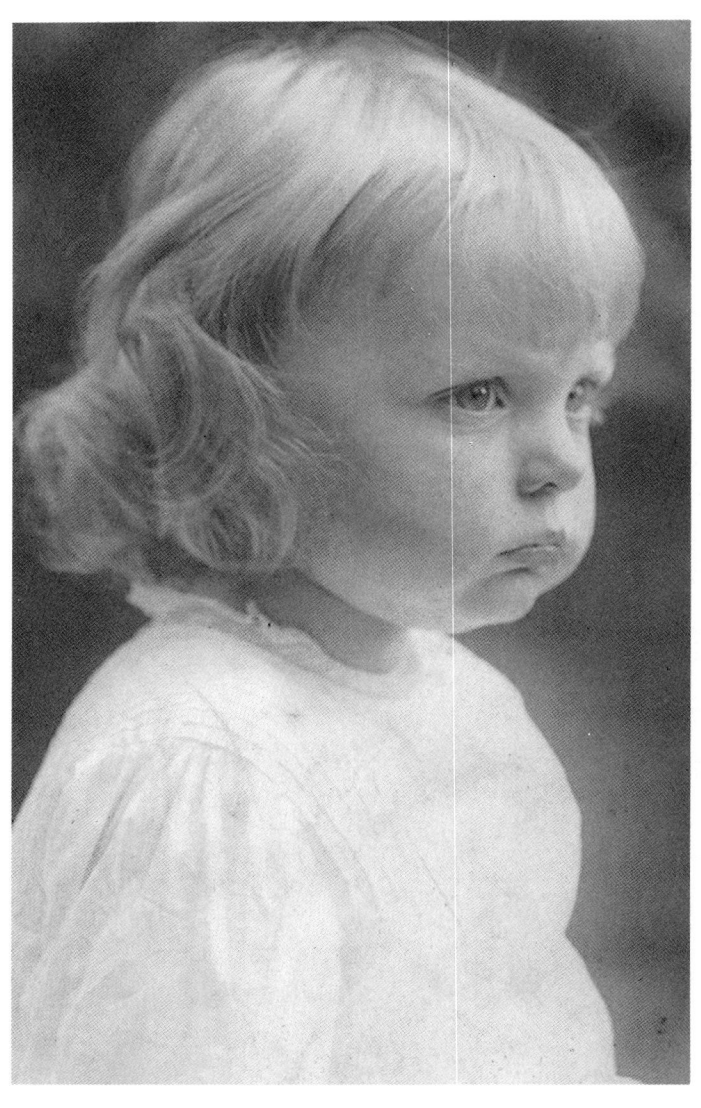

Porträt des Sohnes Paul Manfred (s. S. 272)

Helene und Alfred von Nostitz mit ihren Kindern Oswalt, Herbert und Renata in Wilhelmshagen, 1922

Helene von Nostitz,
Ende der 30er Jahre

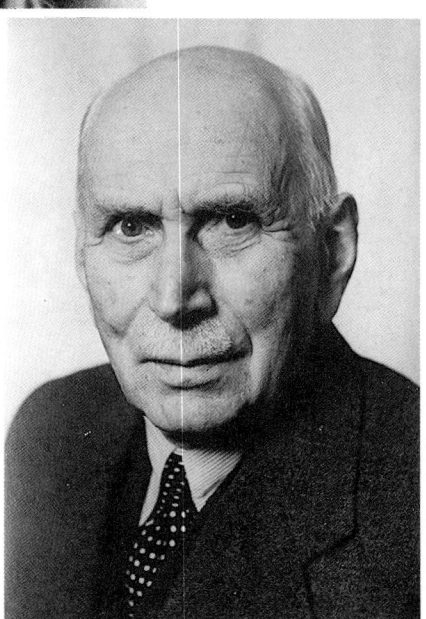

Alfred von Nostitz,
Ende der 30er Jahre

Pflege zu helfen und ihm Gesellschaft zu leisten. Obwohl der alte Offizier sein Schicksal bis zuletzt mit Ergebung trug, war diese Wache am Schmerzenslager für eine sensible Frau keine leichte Aufgabe.

Generalmajor a. D. Conrad von Hindenburg starb im März 1913. Kurz zuvor hatte ihm sein in Freundschaft verbundener Vetter Paul von Hindenburg, damals kommandierender General, noch einmal die Hand gedrückt; in ihrem letzten Gespräch war vor allem von der dem Reiche drohenden Gefahr die Rede gewesen. In der Familiengrabstätte des Gutes Neudeck in Westpreußen wurde er beigesetzt; die schlichte Grabplatte mit dem Johanniterkreuz ist trotz der Kriegsereignisse bis heute unversehrt geblieben.

Im gleichen Frühjahr kündigte sich für Alfred ein Wechsel der amtlichen Tätigkeit und damit auch des Wohnsitzes an. Der Posten des Amtshauptmanns, der bisher Karl von Nostitz, sein ältester Bruder, innegehabt hatte, war durch dessen Versetzung frei geworden; bald danach erhielt Alfred die Mitteilung, daß er vom Ministerium als Nachfolger ausersehen sei. Diese Wahl war ohne sein Zutun erfolgt; nicht nur im Hinblick auf den weiteren Wirkungskreis, sondern vor allem Helenes wegen kam sie jedoch gelegen und wurde ohne Zögern akzeptiert. Schon Ende Mai erfolgte die Übersiedlung nach Leipzig.

Der Fortgang von Auerbach war nicht so einschneidend wie zuvor der Abschied von Weimar. Überdies sprachen innere Gründe für den Wechsel. Gleichwohl war Helene wehmütig gestimmt. Es kam hinzu, daß ihr »kleiner grauer Hund«, Wizzy, der geliebte Terrier, der so lange das Leben der Familie begleitet hatte, im Sterben lag – ein Verlust, der sie in diesem Augenblick besonders eindringlich an die Vergänglichkeit allen Daseins gemahnte. Auf der letzten Seite ihres Auerbacher Tagebuchs notierte sie:

»Wizzy muß sterben, der treue alte liebe Hund; so viel Vergangenes trägt er auch mit sich fort. Oswalt brachte mir Blumen und sagte von selbst: ›Zum Trost!‹, weil ich weinte.

Der Wiesenweg ist auch gesperrt. Überall, an den Obstbäumen unten im Garten, an vielen Stellen hör ich ächzen und stöhnen, es liegt etwas von herzzerreißendem Abschied darin.

Je vois une figure d'enfant qui me regarde avec des yeux qui implorent [Ich sehe das Gesicht eines Kindes, das mich mit flehenden Augen anblickt], und Wizzy muß sterben. Immer wieder Abschied, überall Abschied...«

Es folgt noch eine letzte durchgestrichene Zeile. Sie lautete: »bis der große kommt für uns auch«.

11. Kapitel

Im Leipziger Ambiente

»Leipzig war der Mittelpunkt eines sehr gegenwartsnahen geistigen Lebens. Nur die Aristokraten in der Welt des Gedankens zählten dort, nicht die Inhaber von Titeln. Im Gegenteil: Wer über ›Rang und Würden‹ gebot, hatte es schwer, bis man wirklich von seiner Aufrichtigkeit überzeugt war.« Helene schrieb das im Rückblick auf den Aufenthalt in dieser Stadt, die sie kurz vor der großen Zäsur des Ersten Weltkrieges kennen und schätzen gelernt hatte. Auch ihr fiel es zunächst nicht leicht, sich einzuleben. »Es ist merkwürdig«, bekannte sie ihrer Mutter, »wie man, abgesehen von der Familie, in der großen Stadt eigentlich einsamer ist als in Auerbach, wo die wenigen guten Freunde immer zur Hand waren... Übrigens soll das keine Klage sein, nur eine Feststellung. Ich stehe vielleicht auch nach dem allem, was dieses Jahr brachte, den Menschen ferner.«

Die »Frau Amtshauptmann« führte indessen schon zu Beginn kein Einsiedlerleben. Zunächst galt es, das Haus einzurichten, das um 1850 erbaut worden war und einer alteingesessenen Bankiersfamilie, den Freges, gehörte. Es war eine wohnliche kleine Villa mit einer Veranda längs der Gartenfront in Höhe des Erdgeschosses. Alfred ließ diese zu einem hellen geräumigen Raum ausbauen, der, mit leichten Möbeln und japanischen Lampions als Deckenbeleuchtung, zum Mittelpunkt des häuslichen Lebens wurde. An ihn grenzten das Musikzimmer und Helenes Boudoir, wo ein Abguß des 1912 entdeckten und von Rilke besonders bewunderten Kopfes von Amenophis IV., dem Sonnenanbeter, stand. »Amenophis hat auch einen schönen Platz auf einer dünnen hohen Säule bekommen und steht jetzt über mir!« schrieb sie Rilke im Dezember 1913.

In der schönen Jahreszeit war vor allem der Garten ein beliebter Aufenthalt, der den Kindern Raum für Spiele bot und mit seinen hohen Laubbäumen die städtische Umgebung vergessen ließ. Überdies grenzte er an einen kleinen Park, und in der Nachbarschaft lag eine Kirche. »Ich sitze wirklich wie auf dem Lande, sehe nur Bäume, und bis jetzt haben die Kirchenglocken geläutet«, beginnt ein Brief Helenes vom Herbst 1913.

Ruhestunden wie diese wurden freilich immer seltener, da es an Beschäftigungen nicht fehlte. Leipzig bot dafür viele Möglichkeiten. So konnte Helene die Sportarten pflegen, an denen ihr, ohne besonderen Ehrgeiz, gelegen war: Tennis – damals noch für Damen in ihren langen Röcken eine gemächliche Angelegenheit – und Golf, denn es gab bereits einen Golfplatz: »ganz inmitten von Wiesen, auf denen Kühe weiden«, wie Helene ihrer Mutter berichtete; sie fügte hinzu: »Ich habe auch schon den betreffenden jungen Mann gefunden, der sehr gern mit mir spielen will.«

Vor allem aber war ihre Zeit mit Wichtigerem ausgefüllt. Alfred nahm seine Aufgaben, als Amtshauptmann des Leipziger Landkreises, wie stets sehr ernst. Im ersten Jahr seiner Tätigkeit, dem letzten Friedensjahr, galt sein Augenmerk namentlich der Wohlfahrtspolitik; hierzu gehörte die Säuglingsfürsorge, für die er eine neue Organisation ins Leben rief, bei deren Ausbau Helene tatkräftig mitwirkte. Sie fuhr, begleitet von einer Säuglingspflegerin, in die Dörfer, brachte die »Wochenkörbe« mit den Pflege-Utensilien zu den Hebammen, führte Gespräche mit den Gemeindevorständen und Pfarrern und besuchte die Wöchnerinnen in ihren Häusern. Ferner veranstaltete sie Wohlfahrtskonzerte, wofür sie sich auf dem Klavier vorbereiten mußte. Wie schon in Auerbach unterstützte sie bei diesen Vorhaben der Musiklehrer Schumann, der hierfür eigens nach Leipzig herüberkam.

Auch ein besonderes Ereignis fällt in diese ersten Monate, im Rückblick gleichsam ein Abgesang der wilhelminischen Ära: die Einweihung des Völkerschlachtdenkmals am 18. Oktober 1913, dem hundertsten Jahrestag der Schlacht von Leipzig. Wilhelm II. mit den regierenden deutschen Fürsten, der österreichische Thronfolger Franz Ferdinand und

Großfürst Kyrill, ein Vetter des russischen Zaren, waren hierzu erschienen.

Helene nahm mit Alfred an den Festlichkeiten teil, und obwohl sie bekanntlich die männliche Begeisterung für militärische Machtentfaltung nicht teilte, ließ sie sich in diesem Fall von dem Schauspiel überwältigen und stand ganz unter dem ästhetischen Eindruck.

Aus ihren Schilderungen geht hervor, daß das Ehepaar Nostitz am Vorabend zu einem Diner mit dem Großfürsten Kyrill geladen war, den zahlreiche russische Offiziere und Soldaten begleiteten. »Man hat das Gefühl«, schrieb sie, »daß man diese wilden Gestalten nicht gern zu Feinden haben würde.« Sie wurde freundlich begrüßt, wozu offenbar die russischen Vorfahren beitrugen. »Ein Russe machte mir etwas die Cour«, berichtete sie ihrer Mutter, »und alle freuten sich, daß ich von Suworow abstamme. Gestern wurde ich von einem Ausländer für eine russische Großfürstin gehalten und Frau von Krug für meine Hofdame! Wunderbar war der Gesang in der russischen Kirche mit einem berühmten Baß aus Moskau [wahrscheinlich Schaljapin, der damals Mitglied der Moskauer Oper war] ... Die Enthüllung überstieg dann alle meine Erwartungen. Hunderte von Studenten mit bunten Fahnen umstanden den See vor dem Denkmal. Mit dem Gralsmarsch, der von der Höhe des Monuments geblasen wurde, zog der glänzende Fürstenzug ein. Das von der Menge gesungene Niederländische Dankgebet brauste nun auf. Darauf wurden alle Schwerter gezogen, die Glocken läuteten, die Kanonen donnerten. Das Denkmal wie eine Riesen-Pyramide drückt wirklich Kraft und Mut aus.«

Nach dieser Zeremonie fand im großen Konzertsaal des Gewandhauses das Festbankett statt, dem die Damen, unter ihnen Helene, in großer Abendtoilette von der Galerie aus zuschauten: »An einer von purpurner Seide bedeckten Tafel saßen die Fürsten vor goldenen Tellern, mit dem deutschen Kaiser als Tischherrn. Es war das letzte Mal, daß sie alle in ihren glänzenden Uniformen versammelt waren. Der Anblick dieser imponierenden Gruppe erinnerte an Gemälde von mittelalterlichem Glanz. Der Kaiser bewegte sich so eindrucksvoll an diesem Abend, daß er wirklich die gesamte Versammlung zu beherrschen schien.« Sie fügte hinzu, daß er zu ihr »heraufgrüßte«.

Im Winter erwachte allmählich das gesellige Leben in der Wiesenstraße. So hatte sich durch Vermittlung Rilkes eine Bekanntschaft mit Graf Johannes von Kalckreuth, dem musikbegabten Sohn des Malers, ergeben. »Ich kann so gut mit ihm sprechen, als ob ich ihn lange kennte«, schrieb Helene an Rilke; sie lud zu einem Abend in kleinem Kreise ein, an dem eine Sängerin Kalckreuths Vertonungen Rilkescher Gedichte vortrug. Eine größere Veranstaltung im Nostitzschen Hause war dann Gedichten von Goethe, Hofmannsthal und Rilke gewidmet, die der Dresdener Hofschauspieler Paul Wiecke rezitierte. Helene schrieb darüber an Hofmannsthal: »Die Menschen waren zum Teil bemüht, zum Teil wirklich verstehend, und Wiecke war voller Größe, ohne Pathos. Es ist gut, ab und zu diesen Versuch zu machen, wenn er für einen selber auch eher peinlich bleibt. – Trotzdem brachte mir der Abend einige Augenblicke des Vergessens und wirklichen Genusses.«

Hofmannsthal hatte sich seinerseits nach dem geistigen Leben in der neuen Umgebung erkundigt: »...Ist Leipzig ein ›klein Paris‹? Sehen Sie manchmal Kippenberg und seine Gattin, die *awe-inspiring* [respekteinflößend] sein soll?, aber Klinger anstatt Rodin – nein das doch nicht!« In Helenes Antwort vom 13. April 1914 überwogen noch die Vorbehalte: »...Hier in Leipzig ist es doch eher wieder ein Kampf mit dem Ort als ein Getragenwerden von ihm. Obwohl unser Haus wieder reizend ist... Nein, Klinger ist nicht Rodin, aber die zwei Gespräche mit ihm waren doch das Lebendigste bis jetzt, die meisten Menschen fallen nach dem Gespräch wieder ab. Am unterhaltendsten sind dann noch Kippenbergs. *Sie* hat trotz ihrer Schwere entschieden eine Linie...«

Das waren nur vorläufige Eindrücke, die bald revidiert oder ergänzt werden sollten. Mit Max Klinger ergab sich, soweit wir wissen, keine engere Verbindung nach jenen Gesprächen, die vor allem Rodin gegolten haben dürften. Sein eigenwilliger Stil, in welchem Phantasie, Realismus und idealistische Impulse eine nicht immer geglückte Symbiose eingingen, sprach Helene offenbar nicht wirklich an. Anders stand es mit Kippenbergs: ihnen gegenüber wurde die anfängliche Zurückhaltung bald überwunden. Es war nicht nur das *Haus* des Verlegers mit seiner Gastlichkeit, der damals noch ständig wachsenden Goethe-Sammlung, das für Helene, wie sie einmal formulierte, »eine besonders vielseitige Welt« bedeutete: die Verkörperung der »besten Eigenschaften« Leipzigs, »dessen Atmosphäre Fleiß und freies Denken kennzeichnen« – es war vor allem die persönliche Sympathie zwischen den Ehepaaren, die auch nach dem Weggang von Leipzig fortdauerte, ja sich zu einer Freundschaft entwickelte, die in einem lebenslangen Briefwechsel ihren Niederschlag fand.

Für Helene war Katharina Kippenberg eine erwünschte Gesprächspartnerin, weniger für persönliche Probleme als für einen Gedankenaustausch über gemeinsame geistige Interessen. Dabei bedeutete die »Schwere« der anderen kein Hindernis: Auch diesem »deutschen Ernst« gewann sie die guten Seiten ab und fand dafür den richtigen Ton. So, wenn sie ihr, im Juni 1922, schrieb: »Ihr Brief... strömte etwas von der unsterblichen Seele des wahren Deutschland aus, dem meine tiefste Sehnsucht und Liebe gehört. Auch freute mich besonders Ihr Vertrauen auf die Unmöglichkeit meines Übelnehmens. Denn so möchte ich sterben...«

Und in einem anderen Brief heißt es: »Wie gern würde ich wieder mehr und öfters mit Ihnen sprechen. Ich glaube, wir kämen nie zu einem Ende, glücklicherweise, und würden das Gefühl des Unvollendeten immer behalten: das Geheimnis jedes guten Gesprächs...«

Anton Kippenberg, der Pragmatiker, war nicht der Mann für einen solchen Gedankenaustausch ohne konkrete Ergebnisse. Helene achtete, ja bewunderte jedoch seine Eigenart, auch seine Leistungen, die Konsequenz seines Strebens, was sie bei festlichen Anlässen freimütig aussprach. So schrieb sie ihm 1924, zum 50. Geburtstag:

»Wie schön ist für Sie, in dieser zerrissenen Zeit, die Folge in Ihrem Leben, das, auf ein Ziel gerichtet, eine Einheit geschaffen hat, die für alle Fühlenden befruchtend wirkt!«

Und noch zwei Jahrzehnte später fand sie, schon auf dem letzten Krankheitslager, besondere Worte für den Siebzigjährigen: »Jeder Mensch hat seine Ausstrahlung, die nur zu ihm gehört. ›Überwindung der Schwere‹ würde ich auf Ihre Fahne schreiben! Freunde erzählten mir, Sie wären vor kurzem, im Straßburger Theater, in die Orchesterversenkung gestürzt und unversehrt wieder herausgekommen. ›Ich war bei den Müttern!‹, erklärten Sie wohlgemut und freudig.«

Die Kippenbergs waren nicht die einzigen, zu denen sich eine bleibende Verbindung entwickelte. Zwei junge Männer sind hier vor allem zu nennen: Peter Reinhold und Christian Hilgendorff.

Reinhold, später in der Weimarer Zeit (1926) Reichsfinanzminister und Begründer des Neuen-Geist-Verlages, entstammte einer wohlhabenden sächsischen Familie aus dem Dresdener Raum, fühlte aber schon früh den Drang, die Welt kennenzulernen. Die Mutter hatte ihm die schriftstellerische Begabung, die Freude am Musischen mitgegeben; durch ein breit angelegtes Studium an deutschen und ausländischen Universitäten (Volkswirtschaft, Geschichte, Kunstgeschichte) erweiterte er seinen Interessenkreis. Als die Nostitzens mit ihm in Berührung kamen, hatte der Siebenundzwanzigjährige soeben die Verlagsleitung des »Leipziger Tageblatts« übernommen – ein Blatt, das er im Sinne eines liberalen Humanismus zu führen bemüht war. Bei seinen ersten Besuchen in der Wiesenstraße ergaben sich bald Gemeinsamkeiten; Helene schrieb Rilke am 14. Januar 1914: »Ein junger Reinhold sagte neulich so gut und einfach Ihren ›Grafen von Brederode‹... Wir waren plötzlich ganz ergriffen.« Es blieb nicht bei Gesprächen über Literatur; eine verwandte Sicht der Dinge führte, vor allem mit Helene, zu einem Gedankenaustausch über persönliche Fragen und über die Zeitläufte, der später auch brieflich fortgeführt wurde. So entstand eine Freundschaft, die ganz frei war von erotischen Verstrickungen und doch einem inneren Bedürfnis beider entsprach. Zwei Passagen in Reinholds Briefen, die hierfür und darüber hinaus für die Natur dieser Freundschaft besonders kennzeichnend sind, machen das deutlich. Am 29. Dezember 1916, bald nach der Verlobung mit Karoline Merck, seiner künftigen Frau, schreibt er an Helene: »Sie, die mich besser kennen als alle anderen, werden ahnen, wie schwer dieser Schritt für mich ist. Ich habe ein Leben, das seinen Glanz und seinen Reichtum empfängt von den Freunden, denen ich Freund sein darf, die mich innerlich halten und vorwärts treiben. So kann ich mich nicht von *einem* Wesen (und wäre es auch das Geliebteste, denn ich liebe Karoline) resorbieren lassen...«

Und zehn Monate später, am 20. Oktober 1917 nach einem Besuch im Nostitzschen Hause in Wien (Alfred war inzwischen als sächsischer Gesandter dorthin versetzt worden): »Ich muß es Ihnen schon diesmal sagen, selbst auf die Gefahr hin, daß es unbescheiden und wie ein Kompliment klingt: Was mich so erfrischte, war Ihre wundervolle ganz freie Menschlichkeit. Sie glauben nicht, wie ich darunter leide, daß ich überall, auch bei denen, die ich lieb habe, auf Kleinlichkeit, Vorurteile, innere und äußere Gebundenheit stoße, und wie einen jeden – den einen grotesk, den anderen tragisch – seine Unfreiheit verhindert, menschlich zu fühlen, zu handeln, zu sein; wie überall eine Wand ist, an der man sich doch einmal den Kopf blutig stößt...«

Die Bekanntschaft mit dem Nostitzschen Hause empfand Peter Reinhold, der damals seinen Weg schon gefunden hatte, als ein Geschenk, das er ungern vermißt hätte; für seinen jüngeren Freund Christian Hilgendorff, der als dreiundzwanzigjähriger Referendar erstmals in die Wiesenstraße kam, bedeutete diese Begegnung noch mehr: eine Station auf dem Lebenswege, die diesen, wenn nicht veränderte, so doch bis zuletzt erhellte. In einem Brief, den seine Frau nach dem Tode des Dreiundsechzigjährigen im Februar 1955 an Alfred von Nostitz schrieb, heißt es: »Um mit seinen eigenen Worten zu sprechen: Ihr Haus war für ihn in seinen jungen Jahren wie eine Offenbarung. Die Bücher waren sein Kult. In Ihrem Hause wurden sie lebendige Wirklichkeit und seine Geistigkeit, sein künstlerisches Empfinden bekamen einen neuen Impuls.«

Die Hilgendorffs, in Sachsen ansässig, stammten aus Pommern und hatten unter anderem schwedische Vorfahren, so den Feldmarschall Horn, der sich im Dreißigjährigen Krieg hervortat. Christians früh verstorbener Vater war Offizier; für den Sohn war ebenfalls die militärische Laufbahn vorgesehen. Als Sechzehnjähriger erlitt er jedoch durch einen Reitunfall eine Knieverletzung, so daß er auch im Ersten Weltkrieg vom Wehrdienst verschont blieb.

Er war im Grunde ein Spätgeborener, ein Nachkömmling der Zeit Stifters und der Romantiker. Obwohl er als Staats- und Bankbeamter gewissenhaft seine Pflichten erfüllte, lebte er daher mit der harten und kontroversen Gegenwart in innerem Unfrieden, und das schon in den letzten wilhelminischen Jahren; toleranter dann gegenüber der Weimarer Ära, stand er in entschiedenstem Gegensatz zum »Dritten Reich«. Wenn er gleichwohl seine Depressionen immer wieder überwand, so hatte er das seinem feinen Humor und seinen musischen Gaben zu verdanken. Darin war er ein Sohn seiner Mutter, einer Engländerin, Tochter eines Diplomaten und hervorragenden Pianistin. Ihr verdankte er seine Musikalität (er spielte gut Klavier, jedoch ohne besondere Schulung), wohl auch sein Schreibtalent – Begabungen, mit denen er freilich in seiner Bescheidenheit nie an die Öffentlichkeit getreten ist.

Es ist daher nur zu verständlich, daß sich der junge Hilgendorff bei den Nostitzens wie zu Hause fühlte und vor allem zu Helene eine Art geistiger Wahlverwandtschaft empfand. Sie kümmerte sich denn auch sogleich um ihn, hielt ihn, um seine Gesundheit besorgt, dazu an, sich ausreichend zu ernähren, das morgendliche Frühstück nicht zu vernachlässigen. Er nahm seinerseits Anteil am häuslichen Geschehen und interessierte sich besonders für die Kinder. Der Verfasser erinnert sich, daß er als Sieben- und Achtjähriger Hilgendorff von seiner Vorliebe für Märchen erzählte, worauf dieser kameradschaftlich einging und den Plan zu einer Gemeinschaftsarbeit entwickelte. Er begann mit der Niederschrift von Märchen – eines über die Metamorphose einer häßlichen Kröte ist noch erhalten –, und der Knabe machte sich dann an die Fortsetzung. Einige Jahre haben sie dieses Spiel betrieben.

Wie mit Peter Reinhold riß die freundschaftliche Beziehung auch mit Hilgendorff nach den Leipziger Jahren und nach dessen Heirat im Jahre 1928 nicht ab. In zahlreichen Briefen aus den folgenden Jahrzehnten spiegelt sich diese Freundschaft. So schrieb er vor einer Reise nach München am 11. September 1918: »...Hoffentlich hält der plötzliche

Drang nach München, was er verspricht, denn ich würde bereuen, ihm gefolgt zu sein, statt dem ebenso starken – aber längst gewohnten – Zugehörigkeitsgefühl zu Ihrem Hause. Denn auch dorthin, zu Ihnen, zu den Kindern, Ihrer Mutter und der ganzen guten musikalischen Atmosphäre, zieht mich eine Kraft des Schicksals...«

Am 2. Oktober hieß es dann: »...München, das schöne München mit Frauenkirche und Ludwigstraße und seiner unbürgerlichen Atmosphäre hat mich wieder in seinen Bann gezogen. Dort sind die Straßen nicht müde vom hastigen Handel und Wandel, die Plätze nicht ›Brennpunkt des Verkehrs‹, die Menschen nicht Objekte von Geld-Organisationen, sondern all' dieses wird als uneigentlich erledigt und es bleibt viel Raum für Liebenswürdiges. Und über dem ruht ein Himmel, dessen Italienähnlichkeit ich mir nicht ausreden lasse...«

Am 6. Dezember: »...Über Ihre Briefe, die mir meine Vermutung bestätigten, Sie würden im Neuen all' das Gute und Werdende sehen, habe ich mich sehr gefreut. Jetzt herrscht ja eine starke Wolke am Himmel, aber die wird zergehen, freilich wohl nach schweren Schlägen. Wie man nach jedem entscheidenden Ereignis sich möglichst bald versichern möchte, daß es trotz aller Schwere an den menschlichen Beziehungen unseres Freundeskreises nichts geändert hat: daß man nicht einsam geworden ist, so freue ich mich doppelt über jedes Lebenszeichen...«

Am 12. Juli 1919: »...Politik? Schon das Wort ekelt mich an! Wo sind unsere Hoffnungen auf die endgültige Einführung des Sittengesetzes in das öffentliche Leben? Nun wird es nicht ohne äußere Kämpfe abgehen...«

Am 6. Dezember 1941 aus Dresden: »...Das Rätsel des Zeitablaufs beim Erhalten aller Erinnerungen wird mir deutlich, wenn ich des Knaben Herbert gedenke, dessen fanatische Selbstbehauptung, durch Humor gemildert, uns oft erstaunt hat, und mir sage, daß derselbe Herbert jetzt im Dienste einer *fremden*, humorlosen, ja grimmigen Selbstbehauptung steht...«

Und am 9. Juli 1944, wenige Tage vor dem Tod Helenes am 17. Juli:

»Liebe, sehr verehrte gnädige Frau... Ich entdeckte von Hölderlin die geradezu franziskanischen Zeilen: ›Alles prüfe der Mensch, sagen die Himmlischen, /daß er, kräftig genährt, danken für Alles lern'...‹

Vor dreißig Jahren las mir der Maler Ottomar Starke Hölderlin vor, mir unvergeßlich, da es der erste energische Hinweis auf diesen wunderbaren Sohn Suebiens war, der mir zuteil wurde.

Herzliche Grüße... ganz besonders Ihnen, verbunden mit kräftigem Freundesgedenken und voll treuer Dankbarkeit

Stets Ihr C. H.«

Weniger durch Helenes Initiative als durch ihre Ausstrahlung hatte sich dieser Freundeskreis in Leipzig gebildet, zu dem auch noch Eduard Hempel, ein Freund Leuckarts und Hilgendorffs, gehörte, der Anfang 1914 sein Studium beendete und nach dem Ersten Weltkrieg in der sächsischen Verwaltung, dann im auswärtigen Dienst tätig war. Obwohl er nur einige Monate gemeinsam mit den Nostitzens in Leipzig verbrachte, blieb der bedächtige, aber auch lyrisch begabte und künstlerisch interessierte Mann bis ans Lebensende ein verläßlicher Freund der Familie und Ratgeber Helenes in schwierigen Situationen.

Nach der ersten Bekanntschaft mit Kippenbergs ergaben sich allmählich Kontakte mit anderen Vertretern des geistigen und künstlerischen Lebens Leipzigs im Jahre 1914. Zu ihnen gehörte Kurt Wolff, durch seine Frau Elisabeth, geborene Merck, ein späterer Schwager Peter Reinholds. Im Februar 1913 hatte er sich von Ernst Rowohlt getrennt und seinen eigenen Verlag gegründet, in welchem er sich, mit Franz Werfel als Lektor, vor allem der expressionistischen Literatur annahm. Helene war damals für die Aufbruchsstimmung in Malerei und Dichtung noch wenig empfänglich. So zitierte sie, nachdem sie zum ersten Mal Bilder des jungen Max Beckmann gesehen hatte, zustimmend ein Wort Gustav Richters, der meinte, man habe genug davon, daß seit Jahren »immer die gleiche rote Fahne« vorangetragen werde! Auch Werfel gegenüber wahrte sie noch Zurückhaltung, obwohl sich Rilke ein Jahr zuvor in Heiligendamm lobend über ihn geäußert hatte. »Ja, die lyrische Schule von Leipzig: ›Werfel!‹ Er ist wohl anzuerkennen, geht mir aber noch über nichts hinaus, was mir lieb ist«, schrieb sie Hofmannsthal im August 1914. Etwas positiver hieß es im gleichen Zusammenhang: »Über die jungen Wolffs bin ich mir noch nicht ganz klar. Sie sind äußerlich sehr angenehm.« Wie sich dann zeigte, stellte sich diese Klarheit alsbald ein und ergänzte den äußeren Eindruck durch innere Sympathie, ja einen Gedankenaustausch, der auch nach dem Abschied von Leipzig fortgeführt wurde. Davon zeugen Briefe Kurt Wolffs aus den folgenden Jahren. So beantwortete er am 17. September 1919 einen Brief Helenes und bemerkte: »Wie sehr verstehen Sie's, Erlebnisse lebendigst, anschaulichst zu vermitteln, und wie sehr reich an bunten und mannigfachen Erlebnissen abwandelt sich Ihr Leben!« Zugleich übersendet er ihr den »ersten Band des ›Genius‹ – jener Zeitschrift, über die wir uns gerade vor einem Jahr auf einem schönen Spaziergang miteinander unterhielten«.

Auch die Universität rückte nunmehr in den Gesichtskreis. Hier waren es zwei Persönlichkeiten, die Alfreds und Helenes besonderes Interesse erweckten: der Historiker Karl Lamprecht und der Archäologe Franz Studnicka.

Lamprecht, ein hinreißender Redner, blieb nicht von Kritik verschont. Ein Kollege verglich seine Vorlesungen, die intuitive Erkenntnisse wiederzugeben schienen, mit einem Strom, der allerhand ungeordnetes Geröll mitschleppe. Immerhin gelang es ihm, unter Einbeziehung der verschiedensten Wissensgebiete, umfassende Perspektiven zu eröffnen, die sich nicht immer als gesichert erwiesen, aber die Hörer über eine analytisch-spezialisierende Betrachtungsweise hinausführten. Helene erinnerte sich vor allem an eine eindrucksvolle Rede, die er im zweiten Kriegsjahr, kurz vor seinem Tode, im Auditorium Maximum der Leipziger Universität gehalten hatte. Da habe er es verstanden, »die Schwere der Zeit emporzuheben, sie ins Unpersönliche zu weiten und zu verwandeln«.

Der Prager Studnicka gehörte, trotz des slawischen Namens, einer vorwiegend deutsch-böhmischen Familie an; seit 1890 war er in Leipzig Professor für klassische Archäologie.

Er hatte an den Ausgrabungen im sogenannten Perserschutt der Athener Akropolis teilgenommen, die zur Entdeckung der archaischen Koren des Akropolis-Museums führten – jener »lächelnden Frauen«, die – wie erwähnt – Helene und nach ihr Hofmannsthal stark beeindruckten. Es war eine Gemeinsamkeit, die zur Begründung einer freundschaftlichen Beziehung beitrug.

Helene erinnerte sich: »Studnicka mit einem Haupt wie Jupiter entsprach schon in seinem Äußeren dem griechischen Ideal. Eines Morgens traf ich ihn an, wie er eine kleine antike Statue in der Hand hielt und ganz in deren Betrachtung versunken war. ›Denken Sie‹, sagte er dann, ›heute früh habe ich eine wundervolle Stelle in der ›Divina Commedia‹ entdeckt: Dante kann das starke Sonnenlicht nicht aushalten, aber, während er den Hügel hinaufsteigt, blickt er zurück auf Beatrice und erkennt in ihren Augen den Widerschein dieser herrlichen Strahlen. Ist das nicht ein Symbol für den Abglanz des Gottesbildes in wahrer Kunst.‹ Seine Stimme klang freudig und um ihn spürte ich die Atmosphäre Griechenlands.«

Die klassische Tradition mit einem Hauch Romantik wirkte damals in Leipzig noch fort; das zeigte sich nicht nur bei Studnicka. Es gab Vertreter der älteren Generation, die ganz darin lebten. Zu ihnen gehörte der greise Philipp Fiedler, ein Verehrer Helenes. Die Fiedlers – Philipp, dessen Liebe der Dichtung gehörte, und Konrad, sein der Malerei und Kunsttheorie zugewandter, schon 1895 verstorbener Bruder – waren Freunde des Malers Hans von Marées, für den ihr, unweit von Leipzig, in idyllischer Landschaft gelegenes Gut Crostewitz ein Refugium bedeutete. Im Park befand sich ein Naturtheater, in welchem man, dem Shakespeare-Verehrer Marées zuliebe, die Komödie aus dem »Sommernachtstraum« gespielt hatte. Als Helene einmal Crostewitz besuchte, rezitierte sie dort gemeinsam mit Fiedler – »welch ein Feuer war in seiner etwas gebrochenen Stimme!« – aus Goethes »Iphigenie«. Ein anderes Mal bat er sie, ihm auf dem »heiseren« Klavier des Gutshofs Mozart vorzuspielen. Er war aber auch ein gern gesehener Gast in der Wiesenstraße, sandte ihr selbstverfaßte Elegien oder schrieb ihr Briefe auf seiner klapprigen Schreibmaschine: »...In Versen darf man offener sein, und ich habe es wohl nicht verschwiegen, wie ich die Wahrheit und Natürlichkeit Ihres Wesens – zwei Eigenschaften, zu denen auch Mut gehört – immer so gern empfunden und erwidert habe... Immer mehr komme ich in Versuchung, gnädige Frau, Ihren Salon als eine Zufluchtsstätte für die feineren Fäden anzusehen, durch welche Kunst und Dichtung das nicht immer seelenvolle Gewebe des geselligen Verkehrs wohltuender gestalten können... Die Appassionata in Pembaurs Klavierabend gestern war mir wie ein elementares Ereignis!«

Joseph Pembaur, Sproß einer Innsbrucker Musikerfamilie, stand damals noch als Lehrer des Leipziger Konservatoriums am Anfang seiner Laufbahn. Er hatte jedoch schon sein Buch »Von der Poesie des Klavierspiels« geschrieben und war vor allem selbst ein Poet des Klaviers. Nicht nur Helene war davon fasziniert. Sie nahm denn auch die Gelegenheit wahr und ließ sich in diesen Leipziger Jahren von ihm weiterbilden, was vor allem für ihr Chopin-Spiel einen Gewinn bedeutete.

Einige Monate vor Kriegsausbruch veranstaltete Philipp Fiedler einen Abend in seinem Leipziger Stadthaus, um den Pianisten zu feiern. Helene erinnerte sich: Pembaur »spielte, wie nur er spielen kann, in der visionären Art, in der er die transzendentalen Vogelstimmen von Liszt und das Schluchzen in Chopins Balladen wiedergibt wie kein anderer.« Die Zuhörer waren hingerissen, und so wirkte es nicht theatralisch, daß sie ihm danach auf Bitten des Hausherrn, der dazu einige Verse sprach, einen Lorbeerkranz auf die Stirn drückte.

Eine ähnliche romantisch-begeisterte, aber nicht künstliche Stimmung herrschte während der Gewandhauskonzerte, von denen Helene (zum Leidwesen der Kinder) kaum eines ausließ. Denn sie standen unter der Leitung von Arthur Nikisch, und dieser beeindruckte sie stärker »als viele gute Dirigenten vor und nach ihm«. »Karg in den Bewegungen, außerordentlich gebieterisch und immer beherrscht... er dirigiert nicht eigentlich, sondern gibt sich jenem geheimnisvoll in ihm wirkenden Genius hin« – so hat ihn Tschaikowsky charakterisiert, dem er besonders verbunden war und dessen Musik Helene erstmals durch Nikisch nahegebracht wurde, als sie ihn in jungen Jahren mit ihrer Mutter in einem Petersburger Konzert hörte. In Leipzig lernte sie ihn dann persönlich kennen. Mehrmals war er Gast im Nostitzschen Hause und bezauberte die Anwesenden durch sein impulsives, natürliches Wesen: So, als er, bei Tisch sitzend, darauf zu sprechen kam, wie er das deutschfeindliche Pariser Publikum durch die »Eroica« umgestimmt und schließlich begeistert habe. Dabei sprang er plötzlich auf, summte das erste Thema der Sinfonie und hob den Arm, als wenn er den Taktstock führte.

Helene hat Arthur Nikisch auch in späteren Jahren, in Wien und Berlin, wiedergesehen. Bei einem Besuch in Wien im Kriegsjahr 1918 schrieb er unter die vier ersten Noten von Beethovens Fünfter Sinfonie ins Fremdenbuch:

»So pocht das Schicksal an unsere Pforte.«

Im Frühjahr 1914 war Helene wieder guter Hoffnung und daher in den nächsten Monaten schonungsbedürftig. Den Juli und den August verbrachte sie mit ihrer Mutter und den Kindern in Heiligendamm. Auf das friedliche Badeleben dort warfen die Weltereignisse zunächst noch keinen Schatten. Am 2. August fand ein Reitturnier statt, auf dem »junge Offiziere sorglos und heiter auf rassigen Pferden die Hindernisse übersprangen«. Helene war unter den Zuschauern und sah von weitem auf der Tribüne eine Dame mit »einem blassen und traurigen Gesicht«: es war die deutsche Kronprinzessin. Während des abendlichen Feuerwerks trafen dann Reisende ein, die von der Kriegserklärung an Rußland berichteten. Die Familie blieb, während die meisten Kurgäste abreisten, noch bis Anfang September an der Ostseeküste, erlebte durch sich nähernde Schiffe nächtlichen Alarm, der sich aber als unbegründet erwies, sowie hysterische Aktionen gegen angebliche Spione. Es waren beinahe operettenhafte Vorgänge, die der Situation nicht gerecht wurden. An den Ernst der Stunde wurde Helene auf andere Weise erinnert. Zwar erfuhr sie bald, daß Alfred wegen seiner amtlichen Stellung vom Kriegsdienst freigestellt worden war, doch erhielt sie auch Mitteilungen, die sie mit Sorge erfüllten. So schrieb ihr Kessler am 5. August wenige Zeilen, aus denen seine Anhänglichkeit und innere Spannung herausklangen: »In einer Stunde geht es ins

Feld. In diesem Augenblick drängt es mich, Ihnen noch einmal einen Gruß zu schicken. Leider wurde dieser Sommer anders, als wir dachten. Hoffentlich bringt er uns und unserem Volke aber einen glorreichen Herbst. Alfred bitte ich von Herzen zu grüßen.

Ihr Harry Kessler.«

In Leipzig hatte sich das Leben zunächst wenig verändert, jedoch war Alfred sehr in Anspruch genommen. Helene unterstützte ihn, soweit ihr Zustand das zuließ, betreute durchreisende Fronturlauber und Rekonvaleszenten der Lazarette in einem für diesen Zweck hergerichteten Kaffeehaus, veranstaltete Wohltätigkeitskonzerte. In dieser ersten Kriegszeit herrschte noch Hochstimmung durch die Siegesmeldungen, und nach Tannenberg war der Name Hindenburg in aller Munde. Nicht nur Hofmannsthal verlieh dem Ausdruck, als er am 25. September schrieb: »... Ich habe Ihren Mädchennamen immer sehr gerne gehabt, um Ihretwillen und auch sonst, es ist ein so schöner wohlklingender deutscher Name. Welchen Klang aber nun der Name Hindenburg hat, und hier in Österreich, für Millionen Herzen – das wünschte ich Ihnen, fühlen zu können.«

Helene hatte bisher dem Vetter ihres Vaters Achtung bezeugt, doch gehörte er nicht zum engeren Kreis der Familie. Es entsprach indessen ihrer Natur, daß sie nunmehr dieser Ausbruch der Gefühle nicht unberührt ließ. In ihrem Antwortbrief vom 29. September heißt es: »Die Taten des Onkels Hindenburg sind mir auch so märchenhaft und unwahrscheinlich, und die Begeisterung des Volkes auch hier ergreifend. Ja, es ist schon sehr schön, daß man das alles erleben darf, trotz aller Schmerzen.«

Am 10. Oktober wurde dann Alfreds und Helenes dritter Sohn geboren, den große Hoffnungen begleiteten, der aber durch die Tragik seines kurzen Daseins das Scheitern manch hoher Erwartungen vorwegnehmen sollte! Er wurde Paul Manfred genannt – Paul nach dem berühmten Großonkel, der die Patenschaft übernahm –, und bei seiner Geburt läuteten Siegesglocken:

»Da ging das goldene Fenster auf, da kam
hereingedrängt von Stimmen großer Schwall,
und die erschüttert Schluchzende vernahm
den Sang der Glocken von Antwerpens Fall.«

Diese etwas pathetischen Verse stammen von dem heute nahezu vergessenen Dichter und Insel-Autor Albrecht Schaeffer
und gehören zu einem Helene gewidmeten Zyklus: »In einen
Kinderwagen gebeugt«. Darin wird die Betrachtung des
neuen Erdenbürgers – »schon sehr gefaßt schaut auf das
Augenpaar, nimmt wahr und hält / geduldig aus, was über es
hereinbricht« – mit patriotischen Metaphern vermischt, wie
etwa: »dem großen Ohm«, der »den deutschen Himmelsdom
hochstützend hält« – Metaphern, die schon damals übersteigert
wirken mochten und heute kaum lesbar sind!

Dieser Gedichtzyklus war freilich Ausdruck einer intensiven
geistigen Beziehung, die allerdings nicht, wie andere
Freundschaften Helenes, von Dauer war, sondern sich schon
vor Kriegsende löste, nachdem sie in den Jahren 1915/17 zu
einer regen Korrespondenz geführt hatte.

Eine der ersten Begegnungen fand im Frühjahr 1915 auf
einem Ausflug nach Lauchstädt, dem Theaterstädtchen bei
Weimar, statt. In einem Brief vom 11. November 1915 erinnerte
sich Schaeffer – was eine Notiz Helenes bestätigt – an
einen abendlichen Gang beim Schein des Vollmondes: wie
zunächst »ein gespenstischer Trupp gefangener Franzosen«
auftauchte, wie der Mond, der »die Meeresflut an sich zieht,
Vergangenheit, die wellenlose, heranzog, und ich empfand sie
noch meereskühl und unfruchtbar wie die See. Nun waren Sie
der erste Mensch, mit dem ich seit langer Zeit damals von
Angelegenheiten meines Herzens sprach, und durch Sie trat
doch die frische wunderbare Quelle zu den Wurzeln des
Seins, die ich damals abgestorben und kraftlos glaubte.«

Schaeffer erlebte dann offenbar Monate kreativer Arbeit,
die vor allem seinem Roman »Helianth« galten, einem der
letzten großen deutschen Bildungsromane, in welchem der
selbstquälerische Held auf vielen sentimentalen und intellektuellen
Umwegen schließlich die »Läuterung« erreicht. Über
diese Arbeit berichtete er Helene mehrmals, so am 18. August

1915: »Nun hat sich mitten in der Nacht... ereignet, daß ich aus der ›schönen Welt‹ abscheiden und mich in die Welt meines Romans hinüberbegeben mußte, wo ich bunt umherschweife, selig wie ein Abgeschiedener auf elysischen Gefilden... Beiläufig bin ich wieder quellfrisch; können Sie sich vorstellen, wie das ist, wenn all' diese seit Jahren verpuppten Menschen plötzlich *leben*, und das heißt: selbst wollen, fühlen, tun, so daß ich nur hinterhertappen kann und notieren, was ich erwische.«

Einmal hatte ihm Helene einen eigenen dichterischen Versuch gesandt und um ein Urteil gebeten. Da verstand er es auf elegante Weise, die Kritik als Lob zu tarnen.

»Wenn ich über Ihre Verse etwas sagen darf, so ist es das: daß ich sie als menschliches Dokument brüderlich ans Herz genommen habe. Künstlerisch möchte ich doch betonen, daß ein Mensch lieber keine Gedichte machen sollte, wenn sie nicht irgendwie besser – tiefer, reicher, wertvoller – als er selber sind. Wie aber, teuere Verehrte, wie könnte Ihnen das je gelingen?«

Ein anderes Thema war die gemeinsame Freundin Magda von Hattingberg, Rilkes Benvenuta, die Helene anläßlich der Leipziger Aufführung des »Cornet« mit der Musik von Pászthory kennengelernt hatte und die mehrere Tage zu Gast in der Wiesenstraße gewesen war, wo sie Schaeffer begegnete; nach dem enttäuschenden Ausgang der »Benvenuta«-Episode hatte sie sich ihm zugewandt. Seither war sie häufig mit ihm zusammen, auch nachdem er Leipzig verlassen hatte. Bei aller gegenseitigen Sympathie blieb jedoch das Verhältnis zwiespältig, vor allem für Schaeffer, wie er in einem Brief an Helene vom 18. Juli 1915 zu erkennen gibt: »Plötzlich steht an solchen Tagen die Unentrinnbarkeit des Daseins vor einem, und es schaudert einem im Tiefsten. Dabei kommt Magda Hattingberg heut, und so lieb sie mir ist – sie kommt ja ihretwegen, braucht eine Art Jason al Manoch [Gestalt eines hilfreichen Freundes aus dem ›Helianth‹], kann nicht mehr allein gehen, das arme Kind – spüre ich jetzt nur das Kommen eines fremden Menschen, der so... abenteuerlich und verworren ist wie alle Menschen. Nun, das sind Stimmungen...«

Es waren Stimmungen, die schließlich, neben äußeren Umständen, zur Beendigung der Beziehung beitrugen. Zunächst aber blieben sie unterschwellig und hinderten auch nicht, daß die beiden in Leipzig noch einmal gemeinsam auftraten, wozu Helene die Hand bot: Inzwischen war Schaeffer eingezogen worden und wurde als Landsturmmann ausgebildet. Es bedurfte daher besonderer Bemühungen, um zu erreichen, daß er Urlaub erhielt und in Uniform vaterländische Gedichte aus seinem soeben erschienenen Band »Michael Schwertlos« vortragen durfte. Daß es zu dieser öffentlichen Veranstaltung kam, die von Magda musikalisch umrahmt wurde, war nicht zuletzt dem Namen Hindenburg zu verdanken; Helene hatte unter Verwendung ihres Geburtsnamens ein entsprechendes Gesuch eingereicht. Ihren Beistand nahm Schaeffer bald danach aus noch wichtigerem Anlaß in Anspruch. Es drohte seine Verwendung an der Front, und zu solchem Einsatz war er, ungeachtet seiner literarisch bekundeten Gesinnung, keinesfalls bereit. Er schrieb an Helene: »...ich bin ja durchaus gesund, und auch meine Körperschwäche wird hier mit der Zeit bezwungen. Ins Feld aber will ich, darf ich auf keinen Fall! Ich habe vor, noch mindestens vierzig Jahre deutsche Arbeit zu machen, und nicht im Entferntesten das Recht, sie jetzt auf einmal abzubrechen. –«

Der Kelch ging an ihm vorüber. Mit Hilfe vereinter Interventionen – vor allem Kippenbergs – wurde er in eine Berliner Pressestelle versetzt und blieb dort bis zum Kriegsende. Zu seiner Ehre sei hinzugefügt, daß er damit keine Sonderbehandlung genoß. Kriegsfreiwillige wie Walter Flex und Richard Dehmel waren Ausnahmen unter den Dichterkollegen.

Die Beziehung zu Helene schlief allmählich ein, wobei die geographische Trennung eine Rolle spielte. Vor der Übersiedlung der Nostitzens nach Wien schrieb er ihr: »Ja, leben Sie wohl und vergessen Sie mich nicht sofort. Ach, Rilke ist ja auch in Wien! Mit dem kann ich schon gar nicht wetteifern. Es wird immer schrecklicher, je mehr man es sich ausmalt. Lieber höre ich auf, küsse ergebenst Ihre Hand und werde müde – Adieu! Und wie Magda weiland in Leipzig zu mir sagte: Nehmen Sie es nicht als Phrase, wenn ich sage, wie man immer sagt: ›Schreib auch mal!‹«

In der letzten Phase der Leipziger Zeit hatte sich das geistige Klima verändert. Die nach Kriegsausbruch herrschende Euphorie war inzwischen verflogen; statt dessen regten sich Geister, die gegen die Verherrlichung des Krieges aufbegehrten oder sich zumindest um eine nüchterne Betrachtung bemühten. Auch Helene, die zunächst von der patriotischen Woge erfaßt worden war, fühlte sich angesprochen und suchte Fühlung mit jenem Teil des geistigen Deutschland, der sich »verwaist vorkam im Zeitalter der Gewalt«. Es war Franz Werfel, um den sich jüngere Schriftsteller und Akademiker sammelten. In einer Naumburger Schenke, zu deren Gästen einst Nietzsche gehört hatte, fand ein vorbereitendes Gespräch dieses Kreises statt, an dem auch Helene teilnahm. Man kam überein, in zwangloser Folge über die brennenden Themen zu diskutieren. Die Zusammenkünfte sollten im Hause des Biologen und Verlegers Curt Thesing – einer stillen Gelehrtennatur – und seiner Frau Margarete (der späteren Gattin des sozialistischen Politikers und Nationalökonomen Rudolf Hilferding) stattfinden, gelegentlich auch im alten Saal des Naschmarktes. Allerdings legten die Thesings Wert darauf, als Gastgeber ungenannt zu bleiben, und das mit einer gewissen Berechtigung, da immerhin Johannes R. Becher und Franz Werfel – der eine in Zivil nach einer Kriegsverletzung, der andere in der Uniform eines Bausoldaten – ihre Hymnen gegen den Krieg in dieser Runde vortrugen. Im übrigen ging es jedoch weniger polemisch zu. Helenes bleibender Eindruck war »eine freie Atmosphäre«, in der »weitausholende Gespräche« geführt wurden; sie habe sich daher stets gefühlt, als sei sie »nach einer weiten Reise in einem fernen Land angelangt«, in welchem sie sich »selber unbekannt und neu vorkam«.

Zu denen, die ihr dort begegneten, gehörte Theodor Däubler, der, als Sohn eines schwäbischen Großkaufmanns und einer schlesischen Mutter, zweisprachig in Triest aufgewachsen, dort, im Mittelmeerraum und in Paris die entscheidenden Eindrücke empfing, die ihn zu seinem »Weltmythos«, dem wort- und bildgewaltigen Epos »Nordlicht« inspirierten. Im Frühjahr 1915 war er nach Deutschland zurückgekehrt und erschien eines Abends in dem Leipziger Kreis, wo sich sogleich eine Gruppe junger Leute um ihn scharte. »Ich entsinne mich«, schrieb Helene, »wie Bewegung in den Raum kam, als er eintrat, und wie die etwas müden und künstlichen Diskussionen aufhörten, als er nun die Stimme erhob... Unter der holzgetäfelten Decke, im Schein einer matten Lampe, wirkte er wie ein Magier, und seine Verse rollten wie kostbare Edelsteine über leuchtenden Samt.« Sie lud Däubler in die Wiesenstraße ein, »wo der Dichter plötzlich wie unter einer Eingebung ein farbiges Bild der Renaissance-Zeit entwarf. Die Fülle und Buntheit dieser Zeit stand vor uns auf.« Aber »entscheidender als das Handwerkszeug der Sprache ist bei Däubler die Dynamik seines ganzen Wesens. ... Wenn er könnte, würde er wie Zeus einen Blitz schleudern oder Feuer aus der Unterwelt hervorbrechen lassen.«

Die Leipziger Begegnung war nicht die letzte, obwohl zunächst eine Unterbrechung von mehr als einem Jahrzehnt eintrat. Als sich Däubler in den zwanziger Jahren, nach längerem Griechenlandaufenthalt, in Berlin niederließ, wurde die Verbindung wieder aufgenommen.

Am gleichen Abend, an welchem der Dichter des »Nordlichts« auftrat, war auch ein anderer bedeutender Vertreter des geistigen Leipzig Gast des Kreises.

Als »Diskussionen aufkamen«, erinnert sich Helene, »erschien ein Mann, dessen Gesicht unter dem Schatten und Licht der Erregung den Ausdruck ständig wechselte, so daß er wie ein Greis, dann wieder wie ein lächelnder Jüngling aussah. Es war der Philosoph Max Scheler. Er schlug uns alle in seinen Bann. Es war gerade sein Buch über den ›Genius des Krieges‹ erschienen. In der scheinbar formlosen Verwirrung vermochte er Umriß und Form schon zu unterscheiden.«

Dieser intuitive Eindruck vermittelte in der Tat etwas vom Wesen Max Schelers, von der ihm eigenen Überzeugungskraft und Beweglichkeit des Geistes. In dem genannten Werk hatte er zwar die Berechtigung des Krieges, »wegen der Größe und Kriegsgewichtigkeit der Gegensätze, die ihn treiben und die er ordnen soll«, anerkannt, sich zugleich aber vom Nationalismus distanziert, indem er schon damals für »die Einheit Europas als politischer Forderung« eintrat. Über die ihm verbleibende Lebensspanne hinaus (er starb 1928, erst vierundfünfzig Jahre alt) übte er durch seine materiale Wertethik, dem wichtigsten Beitrag zur Ethik seit Kants »Kritik der praktischen Vernunft«, großen Einfluß aus, überraschte dann aber in seinen letzten Jahren sowohl durch Schopenhauerschen Pessimismus wie durch neue Denkansätze, deren Fortführung ihm jedoch versagt blieb. Mit dem Ehepaar Nostitz, vor allem mit Alfred, blieb er bis zuletzt in Verbindung.

Zur Avantgarde auf literarischem Gebiet, die – um es mit einem Buchtitel Schelers zu sagen – »vom Umsturz der Werte« bewegt wurden, gehörten Carl Sternheim und Johannes R. Becher, die sich zwar beide nur gelegentlich in Leipzig aufhielten, mit denen die Nostitzens aber dennoch persönliche Beziehungen pflegten.

Im Februar 1911 hatte Helene die Berliner Premiere von Sternheims Komödie »Die Hose« gesehen und dazu notiert: »Lebendig, auf üblem Hintergrund.« Im Oktober 1912, bei der Stuttgarter Uraufführung von Strauss' »Ariadne«, lernte sie dann, gemeinsam mit Alfred, den exzentrischen Dichter, der in seinen Theaterstücken und Erzählungen das wilhelminische Bürgertum und seine Konventionen satirisch demaskierte, sowie seine Frau Thea persönlich kennen, die in ihrem Tagebuch unter anderem festhielt:

»München, 18.12.1912. Wir treffen Herrn und Frau von Nostitz, gehen noch einmal in Wedekinds ›Franziska‹. Hinterher mit Nostitzens ... ins Odeon-Kasino. Es ist 2 Uhr, als wir ins Bett kommen. Angenehmer Eindruck der beiden Nostitz. Übrigens fand ich ihn schon in Stuttgart sympathisch, wo er mir beim Straussbankett gegenübersaß.«

»Berlin, 3. Februar 1914. Nach der Premiere des ›Snob‹ unter Reinhardts Regie hinterher zu Borchard [dem damals renommierten Berliner Restaurant]. Reinhardt. Baron Spiegel. Kurt Wolff, Theodor Wolff, dessen Frau. Franz Blei ... Frau von Nostitz. Das dauert bis drei.«

Auch in den ersten Kriegsjahren sah man sich mehrmals: zunächst im Sanatorium in Königstein im Taunus, wo Alfred und Carl Sternheim zur Kur weilten, dann auf einer kuriosen Berliner Veranstaltung. Mit ihr ist eine kleine Geschichte verbunden, die einem originellen, aber etwas zu vielseitigen

Manne: dem Bühnenbildner, Schauspieler, Maler, Graphiker und Schriftsteller Ottomar Starke zu verdanken war. Starke hatte mehrere Bücher Sternheims mit Schwarzweißzeichnungen ausgestattet und sich mit dem Autor angefreundet. Durch Vermittlung des Herausgebers der »Weißen Blätter« und Literaten Franz Blei wurde er mit Helene bekannt und eingeladen, sie zu porträtieren. Er war daher einige Wochen zu Gast in der Wiesenstraße, als amüsanter Gesellschafter, doch mit geringerem künstlerischen Erfolg. Das Pastellporträt wurde nicht vollendet und mißfiel überdies dem Hausherrn, da der Liebreiz des Modells dem karrikierenden Stil zum Opfer gefallen war. Es schloß sich jedoch ein Briefwechsel an, in dessen Verlauf Starke mitteilte, er habe Sternheim dazu überredet, am 18. Januar 1916 vorzulesen, »für ein ausgezeichnetes kleines Publikum«. Man sei übereingekommen, »so einfach wie möglich hinzugehen, Damen keine Toilette, höchstens Straßentoilette, Herren höchstens Cutaway. Aus Angst vor der fabelhaften Aufmachung nahm Sternheim (dies unter Discretion) Lady Mitfort, Fürstin Thurn und Taxis, Baron v. Schey etc. aus...« Den Ausklang des Abends im Berliner Hotel Fürstenhof, an welchem Sternheim zunächst sein neues Stück »Tabula rasa« vorgestellt hatte, hat Starke in seinem Buch »Was mein Leben anlangt« geschildert. Man war noch im kleinen Kreise beisammen geblieben: Gerhart Hauptmann, Hofmannsthal, der Intendant Felix Hollaender, Georg Heymann, Julius Meier-Graefe sowie Alfred und Helene und die Sternheims.

»Hauptmann hatte neben Sternheim Platz genommen. Er war sichtlich verstimmt... in Sternheims ›Tabula rasa‹ [wird] ein überspanntes, kitschiges und phrasenreiches Mädchen namens Isolde aufgefordert, aus einem Werk ihres Lieblingsschriftstellers Wilhelm Bölsche jene Stelle vorzulesen, wo vom Zeugungsakt die Rede ist. Es heißt dort, daß dieser aufs Haar einer anderen Funktion des menschlichen Körpers gleicht, nämlich dem Niesen. Das ist natürlich ein unglücklicher Vergleich und Sternheim hatte ihn... dick unterstrichen zu Gehör gebracht. Hauptmann, der mit Bölsche befreundet war, konnte sich darüber nicht beruhigen. Er kam endlich darauf zu sprechen, indem er versicherte, keine Nacht ruhig schlafen zu können, wenn er einen verdienstvollen Mann auf solche Weise der Lächerlichkeit preisgegeben hätte... Sternheim war so perplex, daß ihm nichts Besseres einfiel als die etwas schnodderige Bemerkung, er könne aus anderen Gründen nicht schlafen. Hauptmann war puterrot, Sternheim kreidebleich geworden. Es brachte Hauptmann auch auf, daß ihn Sternheim konsequent ›Herr Doktor‹ titulierte. Zu allem Unglück mischte Franz Blei sich ins Gespräch... in seinem langen Sermon kam fatalerweise das Wort Moral vor. Hauptmann fragte ihn empört, woher er, Franz Blei, den Mut nehme, von Moral zu reden...; dieser hatte sich mehrfach abfällig über Hauptmanns Werk geäußert. Blei schwieg also wieder. Felix Hollaender hatte gegessen und gar nicht zugehört, und rief jetzt in die peinliche Stille, die eingetreten war, ›Zahlen!‹ Hofmannsthal schien sich köstlich zu amüsieren... Meier-Graefe feixte. Man erhob sich, stand eine Weile herum und ging schließlich sang- und klanglos auseinander.«

Helene hatte Sinn für Sternheims Humor, trotz der bitteren Beimischung, zumal sie seine Aversion gegen hohle Konventionen teilte, aber sie entdeckte auch seine ernste Seite in seiner 1916 erschienenen Novelle »Meta«, der meisterhaft erzählten Geschichte eines Landmädchens, das als Dienstmagd einer kleinbürgerlichen Familie die ganze Skala menschlicher Irrungen durchläuft, ohne seinen Stolz abzulegen: »Schönste, irdische Wirklichkeit bin ich mir selbst, und auch vor meinen Herrn will ich einst so treten, daß er mich als das Höchstpersönliche erkennt, welches er, von aller Menschheit streng unterschieden, einst schuf, und das er ›Meta‹ nannte.«

Helene teilte dem Dichter mit, wie sehr die Erzählung sie beeindruckt habe. Der antwortete ihr zurückhaltend, aber verständnisvoll: »Schönen Dank für Ihre Zeilen, die mich mitten in der Arbeit zu neuen Geschichten treffen. Meta scheint auf manchen den ernsten Eindruck gemacht zu haben, den sie sollte, was ihren geistigen Vater freut.«

Sodann bezweifelt er, ob er Helene bald sehen könne, fügt aber hinzu: »Wer will heute etwas genau voraussagen. Aber ob früher oder später, im Entscheidenden werden wir uns bis zum Wiedersehen nicht geändert haben.«

Auf Johannes R. Becher war Helene durch Harry Kessler hingewiesen worden. Am 18. Februar 1916 hatte er ihr von der Galizienfront eingehend über diesen »merkwürdigen starken Dichter« geschrieben, ihr »Verfall und Triumph«, die beiden Bände mit Dichtungen »eines offenbar groß Begabten« empfohlen, ihn mit den »großen Gotikern« verglichen – ein Eindruck, den die sehr eigene, dabei »merkwürdig eckige Sprache« verstärke. Bald danach verwandte er sich bei Kippenberg in ähnlichem Sinne für Becher und erreichte, daß dieser, nach einigem Zögern, in das Programm der »Insel« aufgenommen wurde. Helene scheint Kesslers Begeisterung nicht geteilt zu haben und blieb reserviert. Dafür spricht auch, daß sie in ihren Notizen eine einzige Begegnung mit ihm erwähnt, und daraus ist eine gewisse Distanz herauszuhören. Sie beschreibt da, wie sie mit Becher und dem soeben von der Front heimgekehrten Kessler vor der »strahlenden griechischen Göttin aus Tarent« stand, die kurz zuvor ihren Platz im Berliner Pergamon-Museum erhalten hatte. Sie schien ihr Zuversicht und »Wissen vom ewigen Leben« zu verkörpern, ein Kontrast gegenüber diesem Jüngling, der sich »in seinen Gedichten in wilden Klagen gegen das Bestehende« erging. Es erscheint nicht zweifelhaft, welcher Haltung ihre Sympathie gehörte.

In die letzte Leipziger Zeit fällt noch eine Veranstaltung, die schon ein Auftakt für die kommenden Wiener Jahre war: ein Vortrag Hofmannsthals in der Wiesenstraße. Der Dichter war während des Krieges bemüht, das Ansehen der Donaumonarchie in den ihm zugänglichen europäischen Ländern zu heben. Als er Alfred Anfang 1916 in Berlin traf, regte ihn dieser dazu an, Leipzig in sein Vorhaben einzubeziehen. So kam es zu seinem Besuch im Nostitzschen Hause; am 1. März 1916 sprach er dort über »Das Phänomen Österreich«.

Wie das damals noch üblich war, wurden aus diesem seriösen Anlaß nur »Herren« geladen, so daß inmitten der fünfzig Repräsentanten des geistigen Leipzig allein die Hausfrau das weibliche Element vertrat. Es wurde eine anregende Zusammenkunft, von der Hofmannsthal berichtete, er habe »eigentlich ganz improvisiert« gesprochen, zudem »freier und zutraulicher als in einer großen Versammlung«! Helene blieb

namentlich ein kritisches Wort zu den noch aktuellen Annek-
tionsplänen im Gedächtnis: »Ein Territorium besitzen wir
nur, wenn es auch unser geistiger und seelischer Besitz ist!«

Der Abschied von Leipzig stand im Zeichen der Musik. Am
letzten Abend in der Wiesenstraße spielte Mitja Nikisch, der
Sohn des Dirigenten, eine Passage aus einem der Klavierkon-
zerte Chopins; als er innehielt, da »das Orchester fehle, setzte
sich der Vater an den anderen Flügel und gab die Partitur des
Orchesters an, und Mitja wurde über sich selbst emporgehoben. Es war ein unvergeßliches Zusammenspiel!« vermerkte
Helene. Sie erinnerte sich auch an einige junge Fronturlauber
unter den Zuhörern, die mit »aufgerissenen Augen, die schon
so viel Leid gesehen hatten, in eine andere, ihnen unwirklich
erscheinende Welt blickten«.

12. Kapitel

Glanz und Trauer in Wien

Die Sächsische Gesandtschaft in Wien war 1916 der einzige diplomatische Posten, durch den das Königreich Sachsen eigene Beziehungen mit einem auswärtigen Staat unterhielt – ein Kuriosum, das sich freilich durch die Entstehung des Deutschen Reiches aus souveränen Monarchien und Kleinstaaten erklärte. Nach der Reichsgründung hatten zunächst sieben Bundesstaaten – Bayern, Sachsen, Württemberg, Hessen, Braunschweig und die beiden Großherzogtümer Mecklenburg – aufgrund des von der Bismarckschen Verfassung nicht aufgehobenen Privilegs diplomatische Vertretungen in mehreren europäischen Hauptstädten. In den Jahren vor dem Ersten Weltkrieg machten aber nur noch Bayern und Sachsen Gebrauch von diesem Vorrecht. Daß gerade die Sächsische Gesandtschaft in Wien bestehen blieb, hatte etwas mit dem besonderen sächsisch-österreichischen Verhältnis zu tun, das 1850 in einem Freundschaftsvertrag, sodann in der Bundesgenossenschaft 1866 einen Ausdruck fand und nach 1871 in den herzlichen Beziehungen zwischen Habsburgern und Wettinern fortlebte. Deren Pflege gehörte zu den ungeschriebenen Obliegenheiten des sächsischen Gesandten.

Alfred von Nostitz' Vorgänger, Graf Rudolf Rex, war im Frühjahr 1916 verstorben. Daß Alfred, trotz der eigenständigen Haltung gegenüber den sächsischen Konservativen, der Nachfolger wurde, erklärte sich offenbar aus seiner besonderen Vorbildung und dem persönlichen Ansehen, das er während seiner Tätigkeit in verschiedenen Positionen erlangt hatte. Auch das Wohlwollen des Königs dürfte dabei eine Rolle gespielt haben.

Ende Juni trat Alfred seinen Posten an, wobei ihn Helene begleitete. Zuvor unternahm sie jedoch eine kleine Reise, mit

der es eine besondere Bewandtnis hatte: Sie besuchte Derneburg, mit dem sie so viele Erinnerungen verbanden, das sie
aber seit ihrer Hochzeit nicht mehr gesehen hatte, da bald
nach der Familienfeier der »Münstersche Erbfolgestreit« in
aller Schärfe entbrannt war. Wie schon angedeutet, ging es
dabei um die Ansprüche, die Wladimir, der Sohn des entmün-
digten und inzwischen verstorbenen Eri Münster, gegen seinen und Helenes Onkel Alexander (Zander) Münster als den
testamentarisch eingesetzten Erben des Fideikommisses geltend machte. Dabei hatte Sophie Hindenburg, Zanders
Schwester, gegen ihn und für Wladimir Partei ergriffen. So
kam es zu erbitterten Auseinandersetzungen und einem Fa-
milienzwist, in welchem Helene auf der Seite ihrer Mutter
und Wladimirs stand. Erst nach Kriegsausbruch bahnte sich
eine Versöhnung an, die es Helene erlaubte, eine Einladung
Zanders und seiner Frau Muriel nach Derneburg anzunehmen. Sie notierte über diesen Aufenthalt: »Lange Jahre der
Trennung, des Schmerzes und der Freude, zwölf Jahre, liegen
zwischen diesem letzten Besuch und jetzt, da ich das Flüßchen
Nette wieder leise im Tal gegen Abend rauschen hörte...
Nun kam der Krieg und räumte trotz seines grausamen Zer-
störens die kleinen trennenden Dinge hinweg, welche die
Menschen Entzweiung, Mißverständnisse nennen; man hatte
keine Zeit mehr für sie und begriff sie nicht mehr. So stand ich
denn plötzlich vor diesem Stück meines Lebens, das fast
vergessen in mir schlummerte, tief ergriffen. Denn dort hatte
ich zum ersten Mal die Stimme des Waldes gehört und in mein
Inneres gelauscht. Auf der Insel im Teiche blühte jetzt festlich
ein kleiner weißer Blütenbaum. In den Buchenwäldern, die
hellgrün und durchsichtig waren wie Glas, zwitscherten un-
zählige Vögel. In den Gärten blühte es, lachend und bunt;
Fliederbüsche bedeckten in duftender Fülle die Abhänge...
Mitten im Kriege war dieses Stück Erde verträumt und be-
glückend für mich, beladen mit den lieblichen Erinnerungen
der Kindheit. Hunde und Pferde sprangen unter Pfiff und
Peitschenknall um den alten Klosterhof, der soviel in sich
trägt von stummem Gedenken und auch diese Klänge lebens-
voller Kraft weitertragen wird. Ist dieses Erinnern dazu da,
um den Schmerz über die Grausamkeit des Vergehens zu

dämpfen? Dinge vermögen solches über uns, kalte Steine –
wie wunderbar ist das und unbegreiflich!«

Stärkung durch die Wiederbelebung von Vergangenem,
Aufnahmebereitschaft für das Neue – so etwa läßt sich Helenes Gefühlslage bei ihrer ersten Begegnung mit Wien
umschreiben. Wie in früheren Fällen war freilich das Kennenlernen der fremden Umgebung zunächst ein langsames Her-
antasten, auch wenn sie dafür freundliche Helfer fand.

Zu ihnen gehörte Felix Braun, damals ein etwas gehemmter und sensibler junger Mann, der am Beginn seines dichterischen Weges stand, mit Berufssorgen zu kämpfen hatte, und
daher für Helenes ermunternden Zuspruch sehr empfänglich
war. Auf Empfehlung des mit ihm befreundeten Albrecht
Schaeffer hatte er Alfred und Helene schon in Leipzig besucht; nunmehr bot er sich als Cicerone an. So wanderte
Helene mit ihm durch die Gassen rings um den Stephansdom,
ohne indessen die Empfindung loszuwerden, daß sie »alles
erst von außen« zu Gesicht bekomme.

Ferner traf es sich gut, daß sich Rilke damals in Wien und
Rodaun aufhielt. So bot sich für Helene die Gelegenheit, ihn
und Hofmannsthal gleich zu Beginn ihrer Wiener Tage zu
sehen. Diese frühen Begegnungen mit ihnen vermittelten ihr
erste Einblicke in das österreichische Ambiente. Freilich war
die Stimmung durch das Kriegsgeschehen getrübt, obwohl
beide Dichter verschieden darauf reagierten. Helene schrieb
darüber am 27. Juni 1916 an Katharina Kippenberg: »Rilke
fand ich viel wohler als sonst, er klagt aber über Depressionen... Wir waren abends bei Hofmannsthal. Es waren gerade die Tage der Depression über die letzten Geschehnisse
[die russische Offensive in Galizien]. Hofmannsthal stand
sehr unter diesem Druck, da er doch intensiv mit seinem
Lande empfindet, während Rilke wohl mit allen Ländern
fühlt.«

Den ersten nachhaltigen Eindruck von österreichischer
Kultur und Geschichte empfing Helene von dem hoch über
der Donau gelegenen Chorherrenstift Klosterneuburg. Sie
beschreibt in ihren Erinnerungen, wie sie und Alfred an einem
heißen Sommertage zunächst die vor dem Kloster zum Schutz
vor einer russischen Invasion aufgeworfenen Schützengräben

überqueren mußten, dann vor einem plötzlich hereinbrechenden Unwetter in die Klosterkirche flüchteten, schließlich aber von Wolfgang Pauker, dem Kustos der Stiftssammlungen, in »eine Welt der Beschaulichkeit und Stille« geleitet wurden. In seinem saalartigen, aber behaglichen Wohnzimmer, dessen hohe Fenster den Blick auf die Donau und in der Ferne den Stephansdom freigaben, erläuterte ihnen der Chorherr, ein beliebter Prediger und bedeutender Autor kunsthistorischer Werke, die Hintergründe der österreichischen Geschichte, führte sie zum goldenen Altar von Verdun und erzählte von den Schätzen der Klosterbibliothek. In Helenes Schilderung heißt es abschließend: »Nachdem wir vier Stunden so verbracht haben, erscheint uns dieser Tag wie ein Jahr..., als beim Abschied der matte gelbliche Glanz der Abendsonne über dem Kloster liegt. Hier habe ich schon zu Anfang unseres Aufenthalts ganz stark die Seele des Landes gespürt, die sonst in Wien wie in jeder großen Stadt erst allmählich herausleuchtet.«

In dieser ersten Zeit galt es auch, die protokollarischen Verpflichtungen zu erfüllen, wozu namentlich die Antrittsaudienzen in Schloß Schönbrunn gehörten. Helene war entzückt vom Schloßpark mit seinem Liebestempel, in dem damals Hunderte bunter Papageien in goldenen Käfigen posierten – eine bewegte Farbenpracht, die durch reflektierende Spiegel noch gesteigert wurde. Dieses Schauspiel beeindruckte sie offenbar mehr als das höfische Zeremoniell, dem sie sich unterziehen sollte, das sie aber nicht allzu ernst nahm. Als sie daher den Eindruck gewann, das eher förmliche Gespräch mit der sie empfangenden Erzherzogin sei zu einem Ende gelangt, hielt sie es für angebracht, sich zu verabschieden, ohne die ausdrückliche Aufhebung der Audienz durch die hohe Dame abzuwarten. Damit verstieß sie jedoch offensichtlich gegen die Etikette – ein Fauxpas, der bei Hofe einige Aufregung hervorrief, so daß Entschuldigungen auf diplomatischem Wege erforderlich wurden.

Harmonisch verlief hingegen die Überreichung von Alfreds Beglaubigungsschreiben an Kaiser Franz Joseph. Der sechsundachtzigjährige Monarch empfing den sächsischen Gesandten aufrecht in der Mitte des Saales und unterhielt sich nach Abschluß der Formalitäten mit ihm über das Zeitgeschehen. »Eleganter ist der Krieg auch nicht grad geworden«, bemerkte er mit lässiger Handbewegung im Laufe dieses Gespräches.

Die folgenden Wochen waren mit der Suche nach einer geeigneten Wohnung und mit deren Einrichtung ausgefüllt. Es fand sich ein Haus in der Prinz-Eugen-Straße – ein von außen unansehnlicher Bau, der aber im Innern wie ein kleines Palais wirkte. Ein langer Gang, der durch einen roten Läufer und Familienbilder ein einladendes Aussehen erhielt, führte zu den Empfangsräumen, vor allem zum großen Salon in Weiß und Weinrot mit den beiden Konzertflügeln und einem Abguß des Panathenäen-Festzuges vom Parthenon-Fries an der Wand – eine Neuerung, die der Vermittlung Studnickas zu verdanken war. Von dort gelangte man in einen kleinen Garten, dessen Rasenfläche auf der Nordseite von einem hohen Mietshaus mit vielen Fenstern begrenzt war; diese etwas unbehagliche Nachbarschaft hielt aber Helene nicht davon ab, das »Stück Natur« liebzugewinnen.

Hier sei ein Auszug aus den Jugenderinnerungen des Verfassers eingefügt: Wir Kinder – die drei Brüder und seit dem Sommer 1917 unsere am 12. August geborene Schwester Renata – hatten unser Reich in den oberen Stockwerken, deren Ausgestaltung mir jedoch entfallen ist. Dagegen sehe ich noch deutlich den nahe gelegenen Belvedere-Garten vor mir: die Orangerie des Prinzen Eugen und davor, inmitten gestutzter Hecken, die Ruheplätze und geschwungenen Wege, wo wir damals so viele Vormittage verbrachten. Zwar gehörten verordnete Spaziergänge in Begleitung eines Kinderfräuleins zu den nicht eben beliebten Pflichtübungen, doch waren diese Promenaden anderer Art. Im Belvedere – zuweilen auch im benachbarten baumreichen und hügeligen Garten des Schwarzenberg-Palais, wo man im Winter sogar rodeln konnte – fand sich ein wohlbehütetes, aber lustiges Häuflein zusammen. Die Spielgefährten waren Diplomatenkinder, aber auch Österreicher wie der bildschöne Franzi Colloredo, ein Sohn des Kabinettschefs im Außenministerium »Fersch« Colloredo und dessen amerikanischer Frau Nora. Ihn hätte ich gern zum Freund gehabt, was sich aber nur durch Herzklopfen äußerte, wenn ich ihn von weitem erblickte. Erinnerlich ist mir ferner ein junger Türke, der sich durch besondere Spuckfertigkeiten hervortrat. So trieben wir allerhand Unsinn. In besinnlicheren Stunden mußte ich den aufmerksamen Zuhörern Märchen aus dem Stegreif erzählen.

Schloß und Garten des Prinzen Eugen – ich war ihnen noch auf andere Weise verbunden. »Über Wien südlich steigt eine sanfte Anhöhe auf: da ragte zu Römerzeiten die große Zitadelle Fabiana. Eben auf dieser Höhe ließ sich Eugen von dem besten Baumeister seiner Zeit ... seine Sommerresidenz, das Belvedere, erbauen.« Diese Sätze stehen in einem von Jugendstilborten umrankten Buch mit suggestiven Bildern, wozu Hofmannsthal in jenen Kriegsjahren im Zuge seines patriotischen Engagements den Text schrieb. »Prinz Eugen, der edle Ritter«, so lautet der Titel. Es hat meine Jugend begleitet. Der Dichter schenkte es dem Achtjährigen mit einer Widmung, in welcher er sich als »seinen Freund« bezeichnete. Das war kurz vor unserer Übersiedlung nach Wien. Obwohl uns Hofmannsthal dadurch nachbarlich näher rückte, habe ich ihn meines Wissens in der Stadt nicht gesehen, wenn auch sein Name oft von den Eltern genannt wurde. Ich erinnere mich aber an einen Besuch in seinem Rodauner Haus, der die beiden Familien zusammenführte. So lernte ich damals auch den Sohn Raimund und die Tochter Christiane kennen, die freilich einige Jahre älter waren, so daß sich keine engere Beziehung ergab. Als ich indessen Raimund nach vier Jahrzehnten wieder begegnete, entsann er sich sogleich dieses sommerlichen Nachmittags und vor allem eines Gangs durch den Garten, auf dessen schmalem Wege Hofmannsthal und mein Vater vorangeschritten waren, während wir beide in einigem Abstand nachfolgten. Etwas oberhalb des Wohnhauses liegt dort der kleine Pavillon, in welchen sich der Dichter in der guten Jahreszeit öfters zurückzog, um ungestört arbeiten zu können. Möglich, daß er meinen Vater darauf hinwies und auf sein Ruhebedürfnis, seine Lärmempfindlichkeit zu sprechen kam – ein Zug, den er mit seinem Gaste gemeinsam hatte. Etwa auf solche Weise mag das Gespräch verlaufen sein; jedenfalls passen die Worte in diesen Zusammenhang, die der Sohn aufschnappte und die sich ihm um so nachhaltiger einprägten, als sie nicht für ihn bestimmt waren: »Die Kinder machen einen oft so nervös!« Raimund schilderte mir die kleine Szene ohne Vorwurf in der Stimme, und wir kommentierten sie nicht weiter, doch ging mir durch den Kopf, daß der feinfühlige Dichter einen ebenso feinfühligen Sohn hatte...

Von unserem Wiener Haus ist mir vor allem jener Musik- und Gesellschaftsraum im Gedächtnis geblieben, in welchem ich öfters die Besucher mit empfangen durfte, die ich dann stumm beobachtete. Einzelne blieben mir noch in Erinnerung. So der skurril-genialische Graf Adalbert (Monschy) Sternberg, ein Mitglied des Herrenhauses, aber aufsässiger Konservativer, der beim Mokka seine amüsanten Tiraden über die Zeitläufte und die »Dämlichkeit« der Regierenden losließ; unser König, der sich bei einem familiären Teebesuch mit meinem sechsjährigen Bruder angelegentlich über dessen ausgefallene Milchzähne unterhielt; Franz Werfel, dessen etwas linkische Bewegungen mir auffielen; der seraphische Felix Braun, mit dem ich noch kurz vor seinem Tode Erinnerungen austauschen konnte, und sein Bruder Robert, der in Wien mein Hauslehrer gewesen ist.

Auch die Musik kam häufig zu ihrem Recht. In ihrem Zeichen fand sich meine Mutter mit Alma Mahler. Vor mir liegt ein Brief dieser erstaunlichen Frau, worin sie mit ihren gigantischen Schriftzügen, ungeachtet aller Kriegsbedrängnis, im Sommer 1917 für die Aufführung der Einakt-Opern Arnold Schönbergs plädierte (die dann erst 1924 ihre Premiere erlebten). Es wäre dies, so schrieb sie, »eine Tat, die von allen künstlerischen Menschen dieser Welt mit tiefster Genugtuung begrüßt würde«. Eine andere gute Bekannte war Magda von Hattingberg, die mir Klavierstunden gab. Ich erinnere mich, daß sie mir vom versunkenen Musizieren Joseph Pembaurs sprach (der kürzlich bei uns ein Konzert gegeben hatte) und seine Hingabe mit der Eitelkeit Emil von Sauers – eines damals nicht nur in Wien renommierten Pianisten – verglich.

Diese Eindrücke reichen bereits in die spätere Zeit hinein. Wenn auch Alfred und Helene von der Wiener Gesellschaft, die im allgemeinen gegenüber Neuankömmlingen aus dem

Reiche Zurückhaltung übte, freundlich aufgenommen wurden, so dauerte es doch eine Weile, bis sich beständigere Beziehungen anknüpfen ließen. »Eine neue Stadt ist immer kühl!« schrieb Helene im Frühsommer in einem Briefe, und erst im Herbst kündigte sich das Ende dieser Anfangsphase des Einlebens an. Kennzeichend dafür war ein Brief Hofmannsthals, den er am 7. Oktober 1916 an den ihm freundschaftlich verbundenen Josef Redlich richtete:

»Mein lieber Herr Professor!

Obwohl heute so greulicher Schirokko ist und man ganz dumm im Kopf ist, möchte ich Ihnen dies doch sagen, daß Frau von Nostitz gestern nachmittag, als ich in der Halle des »Imperial« auf jemand anderen wartete, ganz freudig vom entgegengesetzten Ende der Halle für einen Augenblick auf mich zukam, um mir zu sagen, daß sie das erste gute Gespräch gehabt habe seit all' diesen Monaten in Wien – mit Ihnen. Ich freute mich recht, daß sie so empfand, trotz der Gegenwart eines trockenen Schleichers, der alle Gemüter herabstimmte.

Auf Wiedersehen, recht bald.

Der Ihre H.«

Der »trockene Schleicher«, dieser Beiname des Famulus Wagner aus Goethes »Faust«, bezog sich auf Heinrich Friedjung, der an jenem »guten Gespräch« beim Frühstück teilgenommen hatte, über das Helene in ihren Erinnerungen berichtet. Freilich urteilt sie milder über den namhaften Historiker, erkennt aber an, daß im Wettkampf zwischen beiden Kapazitäten Redlich obsiegt habe: »Denn seine Rede floß wie ein unaufhaltsamer Strom und war doch so reich an Gedanken und Bildern, daß vor dieser Dynamik alles verstummte. Ein solches Wissen war da angesammelt, eine solch unerhörte Produktivität fand ihren Auslaß, daß man wie gebannt lauschte.« Josef Redlich, der Staats- und Verfassungsrechtler, der auch als Publizist, Abgeordneter und Minister am politischen Leben Österreichs teilnahm und die letzte Epoche des Kaiserreiches in seinem lebendigen Tagebuch festgehalten hat – dieser hervorragende Gelehrte und kultivierte Weltmann gehörte während der ganzen Wiener Zeit zu den näheren Bekannten des Ehepaares Nostitz.

Wie erwähnt, hatte Karl Kraus, der mit Hofmannsthal und dessen Freundeskreis in Fehde lag, auch Helene zur Zielscheibe seines Spottes gemacht. Wenn er jedoch in seiner Satire bemerkte, es sei der Verfasserin von »Aus dem alten Europa« gelungen, »beim Tee mit *tout Vienne*, außer mit mir, in Verbindung zu treten«, so traf er damit nicht ins Schwarze. Helene hat nie Jagd auf Zelebritäten gemacht, obwohl man ihr das gelegentlich nachsagte. Ihre Begegnungen mit bemerkenswerten Zeitgenossen ergaben sich absichtslos, auf ganz natürliche Weise. So auch in Wien, doch waren die Verhältnisse hier vielfältiger und komplizierter als in Dresden, Weimar oder Leipzig. Es existierte zwar noch jene Gesellschaft »mit Stil und Allüre«, die Hofmannsthal in seinem »Schwierigen« verewigt hat, er selbst aber nahm damals zur Hautevolee – einige Vertraute ausgenommen – eine distanzierte Haltung ein, auch waren die alten Familien kaum noch an der zeitgenössischen Kultur interessiert – eine Abstinenz, die sich während der Kriegszeit noch verstärkt hatte. Helene empfand deutlich diese Abschiedsstimmung, die sie in ihrem Erinnerungsbuch in einzelnen Szenen festgehalten hat. So beschreibt sie, wie sie in einer Abendstunde mit dem Bankier Louis Rothschild auf der weiten Terrasse seines vereinsamten Hauses auf und ab ging, oder sie schildert einen vergeblichen Besuch im Palais Schönborn, als sie die Flucht der Salons durchschritt, ohne einem lebendigen Wesen zu begegnen: »Welche Weite und Stille, welche Verlassenheit! Wie sind die Feste verstummt! Wie oft hat man das auch schon in Versailles, in Chantilly und sonst gespürt. Aber hier, wo es mir nach so langer Herrschaft der Tradition neu und unvermittelt entgegentritt, empfinde ich es ganz seltsam intensiv. Fast würde ich fürchten, ein bekanntes Gesicht zu sehen, welches dieser Stimmung widersprechen könnte. Ich verlasse leise die verzauberten Säle mit ihrer Bilderpracht und gehe langsam durch die dämmrige Herrengasse...«

Um so stärker genoß sie eine der seltenen Gelegenheiten, in denen sich ein Palais noch in seinem Glanze zeigte, wie auf einer Soiree bei den Schwarzenbergs: »In goldschimmernden Gewändern, von hunderten von Kerzen matt erleuchtet, saßen die schönsten Frauen Wiens beim Kartenspiel. Edelsteine funkelten auf den weißen Nacken. Eine Schar junger Leute umgab sie. Ich saß lange mit einem mährischen Grafen in dem großen Kuppelsaal – eine sanfte Walzermelodie drang herüber. Wir schwiegen, denn die Atmosphäre dieses vielleicht letzten großen Wiener Festes der Art war so stark, daß ein Erlebnis daraus wurde.«

Das geistige und künstlerische Leben spielte sich in anderen Kreisen ab. So zeigten sich Philosophen und Psychologen nicht in der »großen Welt«. Ludwig Wittgenstein lebte als Einzelgänger. Vom aufgehenden Gestirn Sigmund Freuds wußten seine Schüler oder Antagonisten. Arthur Schnitzler war sein literarischer Wahlverwandter, dem er jedoch wegen eben dieser Affinität aus dem Wege ging. Helene hat ihn nie erwähnt; jedenfalls lag er außerhalb ihres Gesichtsfeldes, zumal da sie auch mit Schnitzler keinen Umgang hatte; ihn erlebte sie einmal bei einer Lesung, an die sich jedoch, anders als seinerzeit bei Rilke, keine persönliche Begegnung anschloß.

Auch die ernste Musik hatte nicht mehr ihre aristokratischen Mäzene. Alma Mahler hatte es schwer, Arnold Schönberg Beachtung zu verschaffen. Und musikalische Soireen, bei denen Maria Ivogün, die Sopranistin, oder der Geiger Arnold Rosé zu hören waren, fanden nicht mehr – gemäß der Tradition Beethovens – im Palais Lobkowitz, sondern in den bescheidenen Räumen Hugo Hellers, eines musischen Buchhändlers, statt, bei dem Helene gern zu Gast war.

Die schönen Künste in Wien waren damals durch konträre Bestrebungen des späten Jugendstils gekennzeichnet. Während die einen das schmückende Detail bevorzugten – der Architekt Josef Hoffmann seine eleganten Wohnhäuser als Schmuckstücke durchkomponierte, Gustav Klimt die Porträts schöner Frauen mit goldenen und silbernen Ornamenten umkleidete –, regte sich bei anderen der Widerstand gegen jedes überflüssige Dekor. Adolf Loos bezeichnete die Ornamentik als »Verbrechen« und propagierte – ähnlich wie Henry van de Velde – eine funktionale, sachgerechte Bauweise; Egon Schiele mit seinen asketischen Porträts, aber auch Oskar Kokoschka mit seinen ausdrucksstarken und sinnhaften Kompositionen vertraten eine ähnliche Richtung in der Malerei. Helene nahm an dem allen, zumal sie den Werdegang nicht miterlebt hatte, nicht in gleicher Weise Anteil wie seinerzeit in Berlin und Weimar an van de Veldes »Art Nouveau«. Wenn sie aber von manchem nicht unberührt blieb, so verdankte sie das vor allem einer ungewöhnlichen Frau, mit der sie sich sogleich anfreundete: Berta Zuckerkandl, Witwe eines bedeutenden Anatomen, Tochter des Herausgebers des »Wiener Tageblatts« und Beraters Erzherzog Franz Ferdinands, Moritz Szeps. Sie war seit Jahrzehnten eine wichtige Persönlichkeit der Wiener Publizistik und Kunstszene; man hat sie »Muse des Jugendstils« genannt, da sie dessen Entwicklung von Anfang an begleitete, und in Robert Musils Roman »Der Mann ohne Eigenschaften« erscheint sie als Herrin eines der führenden Wiener Salons. Als solche schildert sie auch Helene in ihrem Erinnerungsbuch: »Wie soll ich die so reizvoll bewegliche Atmosphäre des Salons von Berta Zuckerkandl beschreiben?... [Diese Frau] war ganz Farbe und Grazie, das Neue stark empfindend. Eine Freundin von Klimt und Mahler, eine Vorkämpferin der Wiener Werkstätten. Wie eine exotische Blume wirkte sie in ihrem feinfarbigen Interieur von [Josef] Hoffmann. Ihre rotes Haar glühte über buntgestickten Stoffen..., ihre dunkelbraunen Augen funkelten von innerem Feuer. Meist fand man sie auf ihrem langen Diwan sitzend, umgeben von jungen Malern, Dichtern und Musikern, die sich immer wohl bei ihr fühlten... Man war mit ihr immer optimistisch, im Glauben an eine Zukunft; es mochte noch so düster aussehen...«

Eine gemeinsame Fahrt zu Gustav Klimt empfand Helene vor allem wegen dieser Begleitung als »farbiges Ereignis«, jedoch zugleich als Überraschung, da sie zwischen der Erscheinung des Künstlers und seinem Werk keine rechte Beziehung zu erkennen vermochte: »Klimt empfing uns in seinem kleinen Haus bei Schönbrunn, in seiner dunkelblauen Leinenbluse, mit jener urwüchsigen schweigenden Art, die er an sich hatte und die einen seltsamen Kontrast zu den raffiniertesten, sublimsten Kompositionen bildete, wie sie überall auf den Atelierwänden zu sehen waren. Beim ersten Anblick wirkte er wie ein kerniger Bauer, der ungern ein

Wort zu viel sagt. Die derbe Hand aber stellte Frauen dar, die ekstatisch verzückt wie köstliche Orchideen dahinträumten.«

Berta Zuckerkandl war mit Alma Mahler eng befreundet, so ergab sich des öfteren die Gelegenheit zu gemeinsamen Gesprächen auch mit Helene und Alfred. Daran erinnert ein Brief, den sie Helene nach deren Abschied von Wien im August 1919 geschrieben hat – impulsive Zeilen, die zugleich für diese Freundschaft bezeichnend sind: »Meine innigst verehrte Freundin! Ist es möglich, daß Menschen, die in so reinem Klang sich fanden – je einander verlieren können? Nein und Nein!! Selbst Stillschweigen und Voneinandernicht-Wissen ist immer noch ein Beisammensein in jenen tiefsten Schächten eines Überbewußtseins, das ewig verbindender Freundschaft Teil ist. Ich wenigstens denke, spreche oft mit Euch, wenn irgend ein Erlebnis mir an die Seele greift. Und besonders jetzt, hier im Hause Mahler, ist zwischen Alma, Werfel und mir täglich irgend ein Gespräch im Gange, wo Ihr dann dazugehört. Sei es bei Stunden langen schönen Musizierens oder Abends, wenn Werfel uns aus seiner herrlichen Dichtung: ›Der Spiegelmensch‹ vorliest...«

Alma Mahler, die »Windsbraut« Oskar Kokoschkas, hatte sich bekanntlich in jenen Jahren schon von ihm getrennt und sich Werfel zugewandt. Helene lernte den Maler, der sich damals nur selten in Wien aufhielt, nicht persönlich kennen, hörte aber viel von ihm und war von seiner Kunst beeindruckt. Die Nostitzens erwarben daher eine seiner Litographien: eine Frauengestalt, die sich – eine auch für Helene typische Geste – nachdenklich auf die eine Hand stützt und einer fernen Musik zu lauschen scheint. Die Zeichnung erhielt einen Platz im Salon über einem der Konzertflügel und wußte sich gegenüber dem Parthenon-Fries zu behaupten.

Berta Zuckerkandls Haus war ein Mittelpunkt des zeitgenössischen Kulturlebens. Helene lernte aber auch die alte Wiener Gesellschaft in zwei rivalisierenden Vertreterinnen kennen: der Prinzessin Rosa Croÿ und der Fürstin Pauline Metternich – einer Enkelin des Staatskanzlers und Witwe seines Neffen Richard Metternich, des langjährigen österreich-ungarischen Botschafters in Paris unter Napoleon III.

Als sie bei einer Gesellschaft zwischen den beiden unheilbar zerstrittenen alten Damen saß, spürte sie das feindliche »Fluidum wie einen elektrischen Strom an sich vorüberziehen« – eine Situation, der sie nur durch Schweigen gerecht werden konnte. Die Fürstin Pauline war die stärkere Natur, unsentimental mit scharfem Witz, zugleich eine tatkräftige Initiatorin öffentlicher Wohltätigkeitsveranstaltungen. »Sie hat den Charme der grande Dame, man vergißt ihr merkwürdig maskenhaftes Gesicht«, notierte Helene nach einem ersten Besuch, bei welchem sie das Ehepaar Nostitz wie in einer Audienz empfangen hatte: »Sie setzte sich vor einen kleinen Tisch, auf dem einige geschmackvolle Kleinigkeiten, Dosen und Miniaturen, standen. Ein schwarzes anliegendes Kleid mit weißen Manschetten faßte auch ihren Hals eng ein. In dem Gesicht... leuchtete immer wieder der rote Mund mit den breiten Lippen. Sie begann über die Schwere der Zeit zu reden. ›Nicht ein Glas Wasser gebe ich meinen Gästen, man muß im Stil bleiben. Wir dürfen uns nicht amüsieren, wenn draußen die Kanonen donnern.‹«

Da sie den diplomatischen Vertreter Sachsens vor sich hatte, ging sie dann zu einem anderen Thema über: Dresden in den fünfziger Jahren des vorigen Jahrhunderts, als ihr Mann dort Gesandter gewesen war. Sie erzählte, wie sie als junge Frau mit dem gelehrten König Johann (Übersetzer der »Divina Commedia« unter dem Pseudonym Philalethes) Dante gelesen und am sächsischen Hofe Couplets gesungen hatte. So kam sie schließlich auf Persönliches, denn sie war damals Oswald von Nostitz, Alfreds Vater, begegnet und stellte eine frappante Ähnlichkeit mit dem Sohne fest; auffällig an beiden sei »der gleiche stechende Blick«!

Wenn damit eine scharfe Beobachtungsgabe gemeint war, so wurde Alfred in dieser nicht gerade liebenswürdigen Form eben die Eigenschaft zuerkannt, die er zur Erfüllung seiner Aufgabe benötigte und durch die er sich bereits zu bewähren begann. Worte, die Hofmannsthal an ihn richtete, deuteten darauf hin. »Ich kann mir nicht verhehlen«, schrieb er ihm im August 1916, »daß Sie schon anfangen aufzufallen, durch Ihren Ernst, Ihre Eindringlichkeit, ich weiß nicht durch was – aber ich freue mich, es gewahr zu werden.«

Eindringlichkeit, Ernst, keine Schönfärberei und zugleich offenherzige Kritik an gewissen nationalen Schwächen waren denn auch charakteristisch für die Berichte des neuen Gesandten. Eine Probe mag das verdeutlichen. Am 11. Juli 1917, nach einjährigem Aufenthalt in Wien, berichtete er über »Die Lage in Österreich«: »Die Ungleichheit zwischen arm und reich hinsichtlich der Ernährungsmöglichkeiten besteht in Österreich – wie auch in Ungarn – in sehr viel höherem Maße als bei uns, und auch absolut genommen, dürfte die Lage des Proletariats etwa in Wien noch ungünstiger sein als in deutschen Großstädten. Ich erwähne nur, daß die zum ›Anstellen‹ genötigten Personen, deren Zahl der hiesige Polizeipräsident auf etwa 300000 schätzt, sich vielfach schon nachmittags um sechs (!) anstellen, um am nächsten Morgen um neun die begehrte Ware zu erhalten. Die Produktion liegt überall darnieder; und dazu kommen... die vielfach sehr schlechten Ernteaussichten und – meines Erachtens der gefährlichste Punkt – die katastrophale Kohlennot, die für den nächsten Winter zu befürchten steht...«

Im gleichen Bericht heißt es mit Bezug auf die zunehmend verbitterte Stimmung der Österreicher gegenüber den reichsdeutschen Verbündeten: »Die überlegene deutsche Zuverlässigkeit, Kraft und sachliche Tüchtigkeit werden auch in Österreich voll anerkannt... Aber man kommt je länger je weniger hinweg über die Takt- und Formlosigkeit, den Mangel an Verständnis für jede irgendwie anders geartete Mentalität und die damit zusammenhängende Neigung zu überheblicher ›Schnoddrigkeit‹ und andererseits zu pedantischer Schulmeisterei, die einem gewissen... deutschen Typus anhaften. Ich habe in diesen Eigenschaften – die keineswegs preußischer Sonderbesitz sind, obwohl gerade in Österreich oftmals betont wird, daß man mit Süddeutschen und auch mit Sachsen erheblich besser auskomme – schon seit Jahren eine schwere Hemmung unserer ganzen kulturellen und innerpolitischen Entwicklung erblickt...«

Helenes Wiener Impressionen ergänzen, in der ihr eigenen anschaulichen Art, Alfreds nüchterne Analysen. Auch sie empfand die Veränderungen durch die Kriegsnöte. Sie sah das unaufhörliche Drehen der Karusselle im Prater, das stereotype Lächeln der flanierenden Besucher, aber auch die Anzeichen der Misere im Stadtbild: »Das Tempo der Fiakerpferde hat im Winter 1916 nachgelassen. Unheimliche Gerippe sieht man jetzt einige Wagen ziehen. Dazwischen huschen fahle, abgehärmte Gestalten. Vor den Lebensmittelläden stehen dichtgedrängt die wartenden Hungrigen, manchmal frierend die ganze Nacht...«

Die Ermordung des unpopulären, wenn auch »persönlich liebenswürdigen« Ministerpräsidenten Graf Stürgkh – er wurde im Kaffeehaus von einem jungen Fanatiker erschossen – erschien ihr als Zeichen der Zeit. Am Abend dieses Tages hörte sie einen öffentlichen Vortrag Hofmannsthals über ein anscheinend entlegenes Thema: »Österreich im Spiegel seiner Dichtung«, und notierte: »Der Hintergrund des tragischen Ereignisses... gab seinen Worten einen besonderen Klang. Sein Gesicht war blaß und erregt...«

Einen Monat später, am Abend des 21. November 1916, entschlief Kaiser Franz Joseph – ein Tod, der das Finale der Doppelmonarchie einleitete. Helene nahm sehr Anteil an diesem Geschehen. Sie empfand es als symbolisch, daß in der Sterbestunde im Wiener Konzerthaus Eugen d'Albert, der große Schüler Franz Liszts, dessen »Totentanz« »mit solch dämonischer Gewalt«, als sollten die Toten auferstehen, »um noch einmal den Reigen zu drehen«, gespielt hatte. Sie besuchte dann mit Alfred das Sterbezimmer in Schönbrunn; dort knieten sie vor dem schwarzgoldenen Sarg, der in der folgenden Nacht nach Wien übergeführt wurde. Sie erinnerte sich: »Wie ein riesenhaftes schwarzes Monument zog hinter acht schwarzen Pferden mit hohen schwarzen Federbüschen langsam der Katafalk vorüber. Mit ihm die österreichische und die ungarische Leibwache auf weißen Pferden, über deren Rücken bei den Österreichern die langen weißen Mäntel wallten; an den weißen Pelzmützen der Ungarn glühten Diamantagraffen unter weißen Federn. Wie Engel des Gerichts zogen sie hin, von Fackeln beleuchtet. Nie habe ich den Pomp der Trauer ergreifender gesehen.«

»Le Roi est mort, vive le Roi!« Als Helene bald nach der feierlichen Beisetzung des alten Kaisers des Abends den sonst so stillen Burghof betrat, war die Fensterflucht hell erleuchtet und Hofequipagen fuhren eilig durch die Portale, denn der junge Kaiser war schon eingezogen, der von vornherein Wert darauf legte, überall einzugreifen, sich hilfreich zu zeigen und sich nicht wie der Vorgänger vom Volk abzuschließen. Der ehrlichen Bemühung fehlte aber offenbar das Regulativ eines gesunden Selbstbewußtseins. »Er weiß nicht, was sich gehört... Man sagt, er geht mit seiner Familie zu Fuß über den Naschmarkt!« – für diese absprechende Bemerkung der Fürstin Pauline zeigte Helene – sonst keine Anhängerin höfischer Reglements – Verständnis, als sie dem neuen Herrn begegnet war. Bei den offiziellen Veranstaltungen, an denen sie teilnahm, erschien er ihr als »Symbol des Absterbens jener Begriffe«, die er verkörpern sollte. Auf seinem Thron während einer Messe in der Minoritenkirche wirkte er auf sie, mit dem ängstlich umherirrenden Blick, »puppenhaft und verstört«. Und während eines Empfangs zu Ehren des deutschen Kaisers, auf dem Wilhelm II. in seiner burschikosen Art durch den Saal rief: »Nun, Karl, in vier Monaten ist der Krieg siegreich beendet!«, und sich dann seinen Cercle-Gesprächen wieder zuwandte, sah sie ihn »blaß und schweigsam« danebenstehen. Alfreds Urteil fiel ausgewogener aus. In einem Berichte vom Frühjahr 1917 rühmte er die »liebenswürdige, an allem Menschlichen teilnehmende Art des jungen Monarchen«, beklagte freilich andererseits dessen Überforderung durch die ihm auferlegte schwere Verantwortung, ohne die entsprechende Sachkunde.

Einen weit günstigeren Eindruck gewann Helene von der Kaiserin Zita. Im »Politischen Tagebuch« Josef Redlichs heißt es dazu: »Mittwoch, den 14. Februar 1917. ...Heute bei Nostitz gespeist. Helene von Nostitz erzählte sehr entzückt von dem Liebreiz und der Klugheit der jungen Kaiserin, mit der sie Montag beim Cercle ein langes Gespräch hatte.«

In diesem Gespräch mit einer nach Herkunft und Ambiente europäischen, wenn auch in dieser Weltlage nicht eben deutschfreundlichen jungen Frau ergaben sich offenbar unschwer Berührungspunkte, ohne daß Politisches zur Sprache kam. Die »Sixtus-Briefe«, in denen bekanntlich Kaiser Karl, unter dem Einfluß von Frau und Schwiegermutter, gegenüber seinem Schwager Sixtus von Bourbon-Parma seine Bereitschaft zu einem österreichischen Separatfrieden bekundete, waren noch nicht geschrieben, doch ging es dabei um Probleme, welche Helene auch in der Folge nicht näher beschäftigt haben. Ihr waches Interesse gehörte nach wie vor den menschlichen Begegnungen, während sie politische Veränderungen lediglich am Rande registrierte, wie etwa in ihrer Tagebuchnotiz über Ernest von Koerber, damals einer der führenden österreichischen Staatsmänner, der nach der Ermordung Stürgkhs Ministerpräsident wurde, aber nach einem Konflikt mit Kaiser Karl über Verfassungsfragen im Dezember 1916 demissionieren mußte: »In unserem Salon steht ein Stuhl, von dem aus die verschiedensten bedeutenden Menschen: Hofmannsthal, Redlich, Friedjung und andere über Koerber sprachen. Das ist jetzt einige Wochen her, und gestern setzte sich ein Mitglied des Außenministeriums auf den gleichen Stuhl und sagte mit kühler Stimme: ›Koerber hat demissioniert.‹ So geht es jetzt unter dem neuen Regime.«

In diesen Zusammenhang gehört auch die erfrischend zwanglose Unterhaltung Helenes mit Stephan Graf Tisza, dem langjährigen, damals noch amtierenden ungarischen Ministerpräsidenten und markantesten konservativen Vertreter seines Landes, der ebenfalls mit dem reformfreudigen jungen Monarchen nicht harmonierte und daher im Mai 1917 zurücktrat; am ersten Tag des ungarischen Umsturzes, am 31. Oktober 1918, wurde er von Aufrührern in seiner Wohnung erschossen. Helene begegnete ihm auf dem schon erwähnten Empfang zu Ehren Wilhelms II.: »Ich hatte in dem Cercle länger gestanden und sah mich ermüdet um, als plötzlich eine liebenswürdige Stimme mein Ohr traf. Es war Graf Tisza, der die Starrheit des Cercles mit seiner starken Persönlichkeit sprengte. Er verwickelte mich lebhaft in ein längeres Gespräch und nahm mir das Versprechen ab, ihn bald in Pest zu besuchen. Es war etwas so Freies, Überwindendes in seiner ganzen Haltung, die wie ein erfrischender Hauch die öde Soireeluft für mich belebte, unter deren Bann alle standen. Er aber blieb unberührt von dieser Atmosphäre und war wie immer Graf Tisza, den der Kaiser Wilhelm vielleicht etwas lange auf ein Gespräch warten ließ. Abschütteln wollte er das Beengende seiner Umgebung, an sein Ungarn denken, mit

Frauen reden und er selbst sein. So wird er immer in meiner Erinnerung bleiben, und es erstaunte mich nicht, als, nach seiner Ermordung in Pest, berichtet wurde, daß der tödliche Stahl ihn bis zuletzt aufrecht gefunden hatte.«

Im Laufe des Jahres 1917 kam es auch zu Begegnungen, die nicht unmittelbar mit dem Wiener Lebenskreis zu tun hatten. Dazu gehörte ein Besuch Hindenburgs, des »Onkels Paul«, mit dem Helene während des Krieges im Osten in Verbindung getreten war, um sich bei ihm für einen ihrer Dichterfreunde zu verwenden, der an der Front stand. Sie pflegte lächelnd zu erzählen, daß sie darauf einen Brief des Feldherrn-Onkels erhalten hatte, in welchem es hieß: »Der p. p. ist gerade zum Unteroffizier befördert worden. Im übrigen muß ich jetzt schließen wegen des Narew-Übergangs und anderer Kleinigkeiten...«

Anfang Juli traf Hindenburg zu Besprechungen über die Kriegslage in der österreichischen Hauptstadt ein. Die Nostitzens verbrachten damals die Sommermonate – da Helene hochschwanger war – in Baden bei Wien, wo er sie besuchte. Helene war vor allem beeindruckt von der großen Ruhe, die er ausstrahlte. »Keine ehrgeizige, überhebliche Bewegung« sei zu spüren gewesen. Er habe sich ganz ungezwungen gegeben, »als stände er mitten in der Natur«, und habe beim Abschied das richtige – ermunternde, aber nicht anmaßende – Wort für den ihn begleitenden österreichischen General gefunden.

Eine Persönlichkeit ganz anderer Art war ein untypischer Preuße: der aus Crossen an der Oder stammende Rudolf Pannwitz, der damals nach Wien kam. Der vielseitige, absonderliche Mann – Kulturphilosoph, Schriftsteller, begabter Zeichner – hatte in seinem Werk »Die Krisis der europäischen Kultur« die Erschöpfung der europäischen Geistigkeit analysiert, einen Prozeß, den er durch die neuere deutsche Entwicklung bestätigt fand und für den ihm nur ein Ausweg denkbar erschien: die Annäherung an die klassischen Kulturen des Orients und damit an ein Menschenverständnis, wie es sich in den Lehren Buddhas, Konfuzius' und Laotses manifestiert. Ziel der Kultur dürfe nur der Mensch sein. Hofmannsthal hatten damals diese Gedanken stark beeindruckt;

er trat daher mit ihm in Verbindung und brachte ihn auch mit seinen Freunden zusammen, namentlich mit Redlich sowie mit Alfred und Helene. So ergab sich ein Kontakt, der freilich nicht ganz einfach war. Redlich schildert das anschaulich in seinem Tagebuch: »Pannwitz spricht wie jemand, der gewohnt ist, daß alle Anwesenden ihm aufmerksam zuhören, der aber nicht gerne andere reden läßt. Er spricht dann sogleich, nachdem er begonnen, in ansteigender Tonlage... wie ein ›Seher‹ oder ›Prophet‹ im engeren Kreise gesprochen haben mag. In der Tat ist er... ›gedankensüchtig‹, die Gedanken scheinen sich ihm immerfort zu bilden, ihm zuzuströmen. Und zwar Gedanken, das heißt Abstraktionen, Ideen, ziemlich in den höheren Regionen des Geistes schwebend... Man merkt sehr bald, daß er gar keinen ›small talk‹ hat.«

Helenes Eindruck war ähnlich. Sie erinnerte sich: »Die Fülle der Bilder und Gedanken, die er stundenlang ununterbrochen mitteilte, wirkte wie ein Wassersturz. Ein Anhalten war nicht möglich. Ich entsinne mich noch einer gemeinsamen Fahrt im Tramwagen. Auf dem vereisten Boden rutschten wir aus und fielen hin. Er aber sprach unbekümmert... weiter auf uns ein...«

Alfred und Helene nahmen das Vorkommnis mit Humor, und obwohl Helene lange abstrakte Vorträge in der Regel nicht schätzte, empfand sie in diesem Fall Sympathie für den so stark Engagierten. Der persönliche Kontakt riß auch dann nicht ab, als es im folgenden Jahr zwischen Hofmannsthal und Pannwitz zum Bruch gekommen war, und wurde durch einen freundschaftlichen Briefwechsel aufrechterhalten.

Im Herbst lernte Helene im Kreise Berta Zuckerkandls einen anderen nach Wien verschlagenen Norddeutschen kennen, mit dem sie eine Weile näheren Umgang hatte: Rudolf Olden machte sich später einen Namen als einer der Verteidiger Carl von Ossietzkys, vor allem aber als politischer Schriftsteller. Er schrieb unter anderem eine Stresemann-Biographie sowie kritische Bücher über das Hitler-Regime, diese letzteren im englischen Exil; bald danach – im September 1940 – fand er den Tod durch die Torpedierung der »City of Benares« – des Schiffes, das ihn nach den USA bringen sollte. Als der Zweiunddreißigjährige 1917 als Journalist nach Wien kam, war er politisch noch nicht so engagiert, betrachtete wehmütig die Anzeichen des österreichischen Verfalls und befaßte sich, wie er das Helene gegenüber einmal ausdrückte, »mit dem Geschäft des Literaten«, indem er »Ereignisse und Stimmungen in Kleingeld ummünzte«.

Nach der Schilderung eines Freundes war er eine elegante Erscheinung, schlank, etwas nach vorn gebeugt, mit dem Merkmal des Korpsstudenten – einem Schmiß quer übers Gesicht –, blond, blauäugig, trotz eines Vaters aus jüdischer Familie; im Äußeren offenbar ähnlicher der aristokratischen Mutter. Durch sein charmantes Wesen, eine Mischung von Kühle und Einfühlungsvermögen, fand er leicht Zugang zum anderen Geschlecht und kam denn auch mit Helene ins Gespräch, wobei er die Form wahrte, es an Komplimenten nicht fehlen ließ, aber auf ihre Eigenheiten einzugehen suchte, wie die Briefe, die er ihr in den Jahren 1918 bis 1920 schrieb, zeigen. So erwähnt er Helenes »herrliche Eigenschaft, aus allen Blüten Honig zu saugen«, und fügt dann hinzu: »Trotzdem zweifeln Sie, die Blüte Ihrer Erlebnisse zu erleben? Unzufriedenheit ist die Wurzel alles Guten. Ich weiß es nicht, ob Sie mit diesem Zweifel recht haben. Vielleicht – aber Sie sprechen immer ungern und schwer von sich...« Und in einem anderen Brief, als er ihre Rückkehr nach Wien erhofft, bemerkt er: »Wir leben hier in einem elenden Zustand der täglich wiederholten und gesteigerten Enerviertheit, und ich brauche notwendig Sie, die Sie mit Blicken über weite Flächen durch die Mißhelligkeiten dieser Zeit gehen. Es ist recht egoistisch, was ich sage, aber es ist so...«

Helenes Gegenbriefe sind nicht erhalten; aus Oldens Äußerungen ist aber zu entnehmen, daß sie sich seiner annahm und für seine Anspielungen nicht unempfänglich war. Wir wissen aber auch, weshalb sie damals seinen Wunsch nicht erfüllen konnte und mehr denn je nur »ungern und schwer« von sich sprach. Zwar hatte Olden darin richtig gesehen, daß sie sich durch das Zeitgeschehen nicht den Blick auf ihr wesentliche Bereiche verstellen und andere an dieser Sicht teilhaben ließ, doch war im Herbst 1917 etwas eingetreten, was sie im Innersten erschütterte! Hier seien nochmals Erinnerungen des Verfassers zitiert:

Obwohl jene Zeit trotz manchen Glanzes »finster, bitter und eisern« war, wie Hofmannsthal einmal meiner Mutter schrieb, fühlten wir uns doch persönlich geborgen, bis das Schicksal völlig unerwartet zuschlug und an der empfindlichsten Stelle traf: Mein jüngster Bruder wurde uns genommen.

Paul Manfred, der im Alter von drei Jahren und einem Monat starb, war unter Vorzeichen ins Leben getreten, die man damals für verheißungsvoll hielt. Wichtiger als solch geborgte Glorie des Patenkinds Hindenburgs waren freilich Züge seines Wesens, die uns erst nachträglich ganz bewußt geworden sind. Er war ein liebevolles Kind, zeigte sich stets besorgt, daß sein drei Jahre älterer Bruder Herbert nicht zu kurz kam, brachte seiner Mutter einmal eine Spielgefährtin mit den Worten: »Das ist meine schöne Mama!« Er hatte aber auch für sein Alter ungewöhnliche Augenblicke der Versenkung: setzte sich still dazu, wenn meine Mutter Klavier spielte, absentierte sich von den anderen, als wir einmal das Kloster Heiligenkreuz besuchten; man fand ihn versonnen auf einem Chorstuhl der Kirche... Erklärte sich solche Nachdenklichkeit durch das, was Goethe die Entelechie nennt?

Nie werde ich den Morgen des zehnten November 1917 vergessen, als ich allein Klavier übte, bis meine Mutter plötzlich ins Zimmer trat und sehr ernst sagte: »Hör auf zu spielen, Paul Manfred geht es nicht gut, man hat ihm ein falsches Klistier gegeben!« Dann höre ich noch, als wäre es heute, das quälende Geräusch des Sauerstoffgeräts, mit dem man die letzte Atemnot zu lindern suchte, und bald danach das haltlose Schluchzen des Kindermädchens, als alles zu Ende war.

Anders als der Tod Ollys, die nie wirklich zum Leben erwachte – ein Tod, der daher als Erlösung empfunden werden konnte –, war dieses Ende des geliebten und lebensstarken Kindes unter so grauenvollen Umständen, deren Vermeidbarkeit immer wieder quälende Fragen hervorrief, ein Schlag, den die Mutter kaum verwinden konnte. Nur durch die innere Disziplin, die ihr in solchen äußersten Situationen natürlich war, vermochte sie es, gleichwohl Haltung zu bewahren und den bohrenden Kummer eine Weile in sich zu verschließen. So hat Alma Mahler sie gesehen und – kurz vor einem entscheidenden Augenblick ihres eigenen Lebensweges – daran Anteil genommen. Sie schreibt darüber in ihren Erinnerungen:

»Diese Woche war bedeutungsvoll... Mitte der Woche ging ich nachmittags zur sächsischen Gesandtin Helene von Nostitz, die vor acht Tagen ihren wunderschönen Buben verloren hatte. Ein Arzt hatte für das Kind ein Karbolklistier verordnet, ohne ersichtliche Quantum-Angabe. Das Kind verbrannte innerlich in der kürzesten Zeit. Ich stand lange vor dem Tor, bevor ich eintrat, und wußte nicht, wie ich ihr begegnen sollte... aber sie kam herein, schwarz angezogen, edel, einfach und seltsam unberührt, und alles war von selbst verständlich.

Ihre phrasenlose Art erinnerte mich daran, wie ich mich nach Marias und Gustav Mahlers Tod benommen hatte...

Ich kam noch sehr erregt von dem Gespräch mit Helene Nostitz nach Hause und fand Franz Blei vor, der mir den Dichter Franz Werfel gebracht hatte.«

Wie sehr Helene durch das alles seelisch und physisch mitgenommen war, zeigte sich in der nächsten Zeit. Es kam hinzu, daß sie die Folgen der letzten Geburt – die kleine Renata war am 12. August zur Welt gekommen – noch nicht überstanden hatte. Sie bedurfte daher dringend einer Erholung, wozu auch ein mehrwöchiger Aufenthalt in Bad Nauheim, dem Wohnsitz Sophie Hindenburgs seit Kriegsbeginn, nicht ausreichte. Im Frühjahr kehrte sie für kurze Zeit in die Prinz-Eugen-Straße zurück, doch erwies sich alsbald, da auch das Herz angegriffen war, eine längere Kur in Nauheim als erforderlich. Dieser freundliche Badeort am Rande des Taunus sollte in den nächsten Jahren zur Zuflucht der Familie werden. Zunächst blieb Alfred allein in Wien. Helene litt unter der Trennung, wurde sich aber bewußt, daß sie sich dort nicht wirklich heimisch gefühlt hatte. Ob wohl jemand nach ihr gefragt habe, hieß es in einem ihrer Briefe, ob man sie wenigstens erwähnte: »›Ach, die Hélène‹... Oder auch *das* nicht? Komische Stadt mit den schönen Palästen!...«

Anfang Oktober 1918 trat dann etwas Unerwartetes ein: Alfred wurde nach Dresden gerufen und zum sächsischen Kultusminister ernannt – ein Amt, das ganz seinen Wünschen entsprach. Seine Pläne und Erwartungen – unter anderem dachte er an eine Neuordnung der Museen – erfüllten sich freilich nicht, da er nach der Novemberrevolution und der Abdankung des Königs von seinem Posten zurücktrat. Wenige Tage später – am 12. November – schlug auch die letzte Stunde der Donaumonarchie durch die Ausrufung der Republik Deutschösterreich. Die Auflösung des Nostitzschen Hausstandes war bisher unterblieben und wurde nunmehr weiter hinausgeschoben. Erst im Mai 1919 kehrten Alfred und Helene noch einmal nach Wien zurück, um endgültig Abschied zu nehmen.

Wider Erwarten fanden sie keine revolutionäre Stimmung vor, sondern eine entspannte Atmosphäre. Adalbert (Monschy) Sternberg, dem sie auf dem Kärntner Ring begegneten, berichtete: »Es ist ja ein bissel geschossen worden, und die Kokarden hat man ab und zu abgerissen, aber nun ist alles wieder ruhig!« Und Helene schrieb ihrer Schwiegermutter: »Alles ist hier friedlich, auch das Volk wieder freundlicher und besser genährt. Die Gesellschaft ist natürlich tief deprimiert. Die schönen Räume zu verlassen, stimmt wehmütig. Auch die tief traurigen Erinnerungen bilden ein Stück von ihnen.«

In der Prinz-Eugen-Straße erklang noch einmal Musik: Bronislaw Hubermans Geigenton leitete den Abschied ein. Helene notierte: »Der weiße Saal mit den roten Stühlen ist ganz still. Einige Rosen blühen noch in den Vasen. In einer Stunde verlassen wir unser Haus. In diesem Raum, wo so viel Unvergeßliches vorüberzog, wo noch vor kurzem Tschaikowskys Trio ertönte und Joseph Pembaur die sonst kühlen Salonmenschen so mit fortriß, daß sie das Klavier umstanden mit begeisterten Zurufen... dort spielt Huberman noch einmal für uns allein, und sein Spiel weiß, was Schmerz und Abschied bedeuten.«

In Klosterneuburg hatte Helene erstmals »den wirklichen Geist Österreichs« gespürt. Dem Kloster mit den »mächtigen Kaiserkronen über den Türmen« galt nun auch ein letzter Besuch des Ehepaares. Wieder empfing Pater Wolfgang Pauker seine Gäste, geleitete sie durch die Kreuzgänge, den Ehrenhof und saß mit ihnen bei sinkender Sonne hoch über der

Donau, den Blick nach Wien gewendet. Doch diesmal war das Gespräch von Trauer umschattet. Der Priester sprach vom verblichenen Glanz Österreichs, bekannte, daß er die kommende Zeit nicht mehr erleben wolle. »Nie«, vermerkte Helene, »hatte ich in dieser Zeit so sehr gespürt, was es heißt, alte Pracht und Kultur zu Grabe zu tragen.«

Es dunkelte, als sie den Heimweg antraten. »Der Flieder duftete stark; hinter den Umrissen des Klosters glühten die Sterne groß wie Monde, so klar war die Nacht. Die jungen Leute zogen mit Gitarren und lächelten. Einige Paare tanzten unter den Blütenbüschen. Überall war Gesang... Wie rührend war die liebliche Heiterkeit dieses Volkes, selbst mitten in Umsturz und Niederlage! Eine Grazie lag darüber wie der Schimmer auf den Torsen der Antike, die zerschlagen noch leuchten!«

13. Kapitel

Umbruchs- und Wartejahre

Das letzte Kriegsjahr und Jahr des Umbruchs, 1918, begann für Helene unter freundlicheren Vorzeichen. Zwar war ihre Gesundheit angegriffen, wodurch der schon erwähnte Kuraufenthalt in Bad Nauheim erforderlich wurde, doch hatte sie die schwere Depression überwunden, die sie nach dem Tode Paul Manfreds befallen hatte. Am 22. März schreibt sie an Rilke: »So geht man wirklich durch das dunkle Tal des tiefen Schmerzes, wo alle Teilnahme und Freundschaft so weit, weit entfernt scheint, bis wieder menschliche Stimmen zu uns dringen und wir zum Leben zurückkehren. Erst wunder und abgestumpfter, wenn auch lebensfähig, allmählich muß das *Blühen* wieder beginnen, an das ich immer wieder glaube. Es ist merkwürdig, wie schnell man wieder im Leben steht – schien es doch, als man vor dem stillen wissenden Toten-Antlitz stand, als wäre es nicht mehr möglich. So merkwürdig es klingt, diese unendlich schmerzliche große Schönheit des Todes hält einen ganz umfangen...«

Einige Wochen später ist sie wieder an den Stätten ihrer Jugend. In einem Brief aus Derneburg vom 11. Mai heißt es, sie sei »mitten unter den Bäumen und Blüten meiner Kindheit. Wie eigentümlich stark das ist. – Ich bin ganz benommen davon. Und abends fahren wir oft unter den Sternen mit stark trabenden Pferden und die Apfelbäume sind auf beiden Seiten des Weges und duften... Wie die Töne des Hofes jetzt herüberdringen!...«

Und Anfang September berichtet sie Rilke über den vergangenen Sommer:

»Ich verbrachte viele Erholungsmonate in Nauheim. Auch dort wurde mir das Zusammensein mit einem merkwürdigen Menschen geschenkt. Einem Internierten, der seine wunderbare Welt in diesem kleinen Ort um sich geschaffen hat. Die wunderbarsten Geheimnisse dieses an sich mir gleichgültigen Parks hat er mir gezeigt ... Wie doch ein Mensch alles öffnen, beleuchten und alles auslöschen kann! Das kommt mir immer mehr zum Bewußtsein. Ich fürchte mich vor so viel Auslöschen in Wien. Das werden Sie begreifen ... Jedenfalls war ich für diese Monate sehr dankbar, in denen ich plötzlich und selbstsüchtig ganz im Leben war, unabhängig und unerklärlich abseits von allem Weltgeschehen.

Eine Mondnacht über den leise wehenden Kornfeldern einmal wieder ganz begreifen – und wie selten dürfen wir es so erblicken! Ich bin selber ganz erstaunt über die Geschenke dieses Sommers, die nach und eigentlich während eines großen Schmerzes plötzlich aufblühten. Vielleicht schicke ich Ihnen einmal einige Aufzeichnungen, wenn es Sie nicht stört ...«

Der »Internierte«, von dem in diesem Briefe die Rede ist, war ein fünfundfünfzigjähriger Schotte: James Pitcairn Knowles, ein Maler, der in seinen verhaltenen Porträts zarte Pastellfarben bevorzugte. Mit Helene verband ihn das malerische Sehen: die Art und Weise, in welcher er die Umwelt wahrnahm und verwandelte, Natureindrücke verinnerlichte. So geschah hier, was ihr mehrmals im Leben widerfuhr: Er gehörte zu den Gestalten, die für eine Weile in ihr Dasein traten und ihre Phantasie beflügelten. Wie sie Rilke andeutete, hat sie seine Erscheinung in einer Skizze festgehalten:

»Die Menschen meinten, er sei schwierig, aber sie meinen so viel und wissen so wenig ...

Es war nicht immer leicht, ihn zu treffen. Er lebte versteckt und das Ansprechen erschreckte ihn ... Es war in einem jener Kurorte, in welchem die Häuser nahe der wohlgeordneten Kurpromenade wie Spielzeuge erscheinen: so weiß und rot und grün, mit roten Blumen davor. Ab und zu spielt ein Orchester und die Menschen ziehen wie niedlich angezogene Puppen – graue Feldsoldaten dazwischen – hin und her. Wenn die Musik aufhört, setzen sie sich ein wenig, dann gehen sie wieder. In diesem geordneten Puppentreiben war mir der Fremde schon lange aufgefallen, der immer allein auf und ab schritt und sich um den Rhythmus der Menge nicht kümmerte... Sein Haar war leicht gewellt und der Kopf fein und schmal. Seine Kleider hatten stets lila und graue Töne. Mit einem Anflug von Altmodisch-Biedermeierischem, das etwas kostümiert wirkte. Sein Gruß war eine wellenartige Geste, als wollte er nicht festgehalten werden... Allmählich fand ich heraus, daß er diesen kleinen Ort, den er als internierter Ausländer bis zum Kriegsende nicht verlassen durfte, phantastisch umgewandelt hatte.

Manchmal traf ich ihn spät abends in der Park-Allee. Die Bäume standen wie Monumente auf den weiten Rasenflächen oder spiegelten sich im mattgrauen See. Versteckte Springbrunnen plätscherten, und man sah dort den Strahl in der Tiefe weiß schimmern. Die mächtigen Äste ragten gegen den bläulichen Mondhimmel, auf dem Wolken zogen. Weißgrau waren die feinen Züge des Fremden, beleuchtet vor dem dichten Hintergrund der Büsche. Ich höre noch seine Stimme: ›Aus diesem Traum heraus müßte man die Menschen malen, in diesem Lichte!‹ Kleine Leuchtkäfer zogen an uns vorüber oder erhoben sich über uns mit einer rührenden Zuversicht in Glanz und Schimmer. Der Park schien verzaubert zu sein...

Ein anderes Mal gingen wir auf der abendlichen Landstraße. Zum mattrosa Himmel stieg das rührende Volkslied empor: ›Schließ meine müden Augen zu!‹, das zwei Mädchen sangen, die langsam herankamen. Dann saßen wir am Rande der Felder, über denen ein lieblicher Mond stand. Ein Rebhuhn war zu hören, eine Maus trippelte leise, ein Hase lief über den Weg, und ein Feldgrauer ging mit seinem Mädchen vorüber. Das war wirkliche deutsche Landschaft.

Er konnte aber auch durch seine Gegenwart alles ins Exotische und Phantastische verwandeln. Da sahen wir im Grün des Parks merkwürdige Gestalten vorüberziehen... Puppen, lächelnd, verzerrt, lieblich: eine ganze Welt. Und an der gleichen Stelle, wo dieses liebliche Getriebe vorüberhuschte, schritten wir wieder im Dunkel. Einsam kreisten... die Feuerfliegen, alles war wieder Traum und Vergessenheit...«

Der Nauheimer Park beeindruckte nicht nur Helene und ihren schottischen Malerfreund. Dieser »Englische Garten« mit seinen heute verschwundenen Alleen, den Baumgruppen mit den Blutbuchen, den umschatteten Plätzen, dem großen See war die Schöpfung Heinrich Siesmayers, eines bedeutenden Gartenbau-Architekten, der ihn nach umfangreichen Vorarbeiten im Jahre 1857 fertiggestellt hatte. 1911 wurde die Parkanlage durch den Rundbau der Badehäuser ergänzt – nach der Darmstädter Mathildenhöhe die bedeutendste architektonische Leistung des Jugendstils in Hessen. So erhielt der Badeort sein besonderes Gepräge, eine Attraktion nicht nur für die Kurgäste. Einer seiner Verehrer war ein Lyriker und Erzähler, der zum Umkreis Stefan Georges gehörte: Albert H. Rausch (mit dem Pseudonym Henry Benrath) aus dem benachbarten Friedberg. Auch er gehörte zum Nauheimer Bekanntenkreis Helenes. »Einen Dichter namens Rausch haben wir natürlich auch hier entdeckt; er liest uns am Kaminfeuer manchmal vor«, schreibt sie im Herbst 1919 in einem Brief. Offenbar war neben diesen Lesungen der Nauheimer Park ein verbindendes Thema: Rausch nannte ihn einmal »den gnadenvollsten, den erfülltesten Park, an dem ich seit meiner Kindheit Anteil nahm; den traumvollsten Park auch, der mein Dasein überwölbte«.

Wenn Helene im September 1918 Rilke erklärte, sie sei »plötzlich und selbstsüchtig ganz im Leben gewesen, unabhängig und unerklärlich«, so besagte das freilich nicht, daß sie sich der Familie entzogen hätte. Im Sommer waren die Kinder – der zehnjährige Oswalt, der sechsjährige Herbert, die einjährige Renata – nach Nauheim gekommen. Helenes Mutter hatte im ersten Kriegsjahr ihre Berliner Wohnung aufgegeben und in dem ihr vertrauten Ort von einer Pensionsinhaberin eine möblierte Villa gemietet, in der sie mit ihren Angestellten einen eigenen Haushalt führte. So hatte nicht nur die Familie ein Obdach; auch Alessandro Becciani, Sophie Hindenburgs getreuer Begleiter, war mit nach Nauheim gezogen, wo er, als pensionierter italienischer Offizier, nach dem Kriegseintritt Italiens interniert wurde. Auch Christine Wehling, genannt Gigi, die langjährige Haushälterin, die schon Helenes Kindheit behütet hatte, beschloß dort ihren Lebensabend. Zeitweise fanden sich Gäste aus den Berliner Tagen ein: Adele aus der Ohe, die Liszt-Schülerin, die in Konzerten des Kurhausorchesters mitwirkte, aber auch in

Lazaretten und im häuslichen Kreis musizierte, und der alternde, kurbedürftige Paul von Below.

Im Juli 1918 starb Gigi; in einem Brief Helenes heißt es dazu: »Sie ist, ohne viel zu leiden, hinübergegangen, und dachte immer, sie würde wieder gesund. Es ist ein *großer* Schmerz für uns. Die Feier war einfach und schön hier auf einem Friedhof voller Rosen. Ich freue mich, daß ich mit den Kindern Mama etwas über den Kummer hinweghelfen kann; es geht ihr sehr nah.«

Von diesem privaten Kummer abgesehen, verlief das Leben friedlich, bis die Novembertage auch auf Nauheim ihre Schatten warfen, zwar abgeschwächt durch das Kur-Ambiente, aber doch spürbar. Wie das Helenes Natur entsprach, verfolgte sie die Vorgänge mit wachen Sinnen und reger Anteilnahme. Besonders beeindruckte sie der Durchzug der von der Front zurückkehrenden Kolonnen: »Immer mehr Truppen ziehen vorüber; hinter den weiten Feldern sieht man die graue Kette fast ununterbrochen sich dahinschlängeln. Kommt man näher, so wirken diese zerfetzten Gestalten auf den bunten Feldwegen wie Gespenster aus dem dreißigjährigen Krieg.«

Sie besuchte auch eine Versammlung des Soldatenrates im Konzertsaal des Kurhauses: »Es wird teilweise ungebildet, aber aus einem erregten Gefühl heraus gesprochen. Manchmal unterbrechen gellende Pfiffe den Redner. Das unheimliche Element der Revolution kündigt sich an. Man sieht fast nur Feldgraue mit fahlen Gesichtern. Nun wird ein Hoch auf die Deutsche Republik ausgebracht. Alle erheben sich.«

Am Waffenstillstandstag malt sie ein Aquarell in der »friedlichen hessischen Landschaft«. Beim Mittagsgeläut einer Dorfkirche überkommt sie auf einmal der Schmerz über all die Gefallenen. Während die friedliche Glocke immer wieder läutet, muß sie aufschluchzen im Gedenken an sie, »die nie zurückkehren werden und alles geopfert haben«.

Der verlorene Krieg, der politische Umsturz waren Vorgänge, die auch die Lebenden heimsuchten. Besonders betroffen waren Berufstätige in höheren Positionen, die in ihren besten Jahren aus der Bahn geworfen wurden. Alfred von Nostitz war einer von ihnen. Als Siebenundvierzigjähriger war er königlich sächsischer Staatsminister a. D. – ein schöner Titel, der in der Weimarer Ära zwar die Betrauung mit Ehrenämtern erleichterte, aber nicht zu einer Tätigkeit verhalf, die ihn voll ausgefüllt und befriedigt hätte. Anfangs schienen die Aussichten günstig zu sein. So hatte Hofmannsthal im Januar 1919 durch Sondierungen herausgefunden, daß die österreichischen Ministerien eine Verwendung des früheren Gesandten im Rahmen der deutsch-österreichischen Beziehungen begrüßt hätten. Überdies sah ein »Abkommen zwischen dem Reich und den Freistaaten Bayern und Sachsen« vom 18. Januar 1920 die Übernahme »besonders geeigneter« Persönlichkeiten aus diesen Ländern in den »auswärtigen Dienst des Reiches« vor. Auch stand Alfred auf einer in die Presse lancierten Ministerliste. Dies alles war Gesprächsthema und führte teilweise zu langwierigen Verhandlungen, die jedoch schließlich lediglich unverbindliche Zusicherungen und Vertröstungen auf den Sankt-Nimmerleins-Tag einbrachten. War das, wie man sagt, Schicksal, das man nur hinnehmen, nicht beeinflussen konnte? Sicherlich spielte dabei eine Rolle, daß sich der geborene Nonkonformist, wie schon in königlich sächsischen Diensten nach seiner Auseinandersetzung mit den Konservativen, so auch nach der Novemberrevolution, vom Parteigetriebe fernhielt und daher nicht die Fürsprache einer politischen Gruppierung in Anspruch nehmen konnte. So blieb als Fazit der latente »Schmerz über verfehlte Lebensmöglichkeiten«, wie Helene einmal formulierte. Und wenn er diesen Schmerz zu meistern vermochte, nicht in Depressionen versank, so hatte er das neben der kontemplativen Seite seines Wesens auch Helenes Lebensmut zu verdanken, die zunächst den zermürbenden Wartezustand dieser Nachkriegsjahre durch »freudige Anspannung« und allerhand Initiativen zu überbrücken suchte.

Auf ihre Anregung dürfte denn auch eine etwas verwegene Unternehmung zurückgehen: die Reise, die das Ehepaar Ende Februar und Anfang März, als die Spartakusaufstände noch in vollem Gange waren, nach Weimar und Berlin führte. Helenes Beobachtungen vom Rande des Geschehens seien im folgenden zusammengefaßt.

Auf dem Wege nach Weimar, wo die Nationalversammlung soeben zusammengetreten war, wird der Zug in Erfurt plötzlich von Spartakisten »mit schiefen Mützen und höhnischen Gesichtern« angehalten. »Heraus, heraus! Hier wird nicht weitergefahren, das wird jetzt andersch!« Die Reisenden flüchten in ein Hotel, in welchem der Wirt, mit genialer Locke über der Stirn und rotem Tuch in der Brusttasche, pathetische Reden hält: »Sie, meine Herrschaften, wir alle sind daran schuld!... Ziehen Sie Ihre Pelze aus, meine Damen! Das Volk dort vor der Tür hat keine Geduld mehr... Jeden Augenblick kann der Pöbel hereinstürmen. Wie Goethe im ›Egmont‹ sagt...« Helene vermerkt dazu: »Seltsam, wie in solchen Augenblicken eine gewisse Leichtigkeit über einen kommt! Es ist, als spürten wir, daß das Dasein erst ein Auftakt ist, das Eigentliche uns vielleicht erst bevorsteht...« Inzwischen hat Alfred einen Kutscher ausfindig gemacht, der sie – mit Wägelchen und Kosakenpferdchen – nach Weimar fahren will. Er kenne sich aus! Sie steigen bei ihm ein, halten zunächst vor einem ärmlichen Gasthaus, wo die Pferde gefüttert werden. Währenddessen hacken Spartakisten, junge Burschen, die Straße auf, damit die Wagen nicht passieren können. Der Kutscher läßt sich aber nicht einschüchtern, ruft ihnen ein Scherzwort zu. Die Spartakisten lachen und lassen sie durch. In Weimar treffen sie Harry Kessler mit zwei Politikern. Helene notiert: »Gleich sind wir mitten in den Tagesfragen. Unzufriedenheit mit dem jeweils Bestehenden ist ein Merkmal solcher Gespräche.«

Am anderen Morgen gehen sie zum Theater, wo die Nationalversammlung tagt. Draußen spielt eine Militärkapelle, während drinnen ein eintöniges Redeprogramm abläuft: »Der Philister herrscht auch hier!« Abends treffen sie sich mit Kessler wieder im »Erbprinzen«. »Empire-Milieu wie in alten Zeiten.« Mit ihnen sitzt der Dichter Johannes R. Becher am runden Tisch und führt rebellische Reden: »Hauptmann lehne ich ganz ab. Weimar brauchen wir nicht mehr, es ist alt und überholt! Ich liebe nicht alte Damen!« Helenes Kommentar zu dem allen: »Wie merkwürdig dieses Zusammenhanglose des Neuen in unserer Zeit. Alles ist plötzlich da und wird schon wieder fortgewünscht, kein langsames Aufblühen, nur Feuerfunken, die aufzischen und vergehen!«

Nach Weimar ist auch ein Berliner Kabarett gekommen. »Vor schwarzem Hintergrund windet sich eine Sängerin in rotem Kleid, die drei Jahre in russischer Gefangenschaft verbrachte. Mit weicher, voller Stimme singt sie Zigeunerweisen, die sie dort gelernt hat. Ein Komiker karrikiert den Präsidenten Ebert: ›Staubwolke, Puff, Puff, Tütü, das ist Ebert!‹ Nun soll getanzt werden. Wie sonderbar ist diese Zeit des intensiven Genießens und Grauens zugleich! In Berlin wurden Wagen mit Faschingsmasken zwischen den Maschinengewehren gesehen!«

Alfred und Helene fahren anschließend nach Berlin, wo Kämpfe mit Spartakisten unmittelbar bevorstehen. Vor dem Hotel Adlon sind Maschinengewehre und Eisengitter aufgebaut. Die Halle wimmelt von internationalen Gästen. Im Restaurant treffen sie Richard Strauss, der in ruhigem Tone berichtet: »Ich habe das Hotel gebeten, Matratzen und Bettzeug ins Opernhaus zu schicken. Meine Musiker möchten dort die Nacht verbringen, da sie Angst haben, auf die Straße zu gehen, und wir müssen doch mit den Proben für meine neue Oper vorankommen!«

In Helenes Notizen heißt es weiter: »Gegen Abend gehen wir die Linden hinunter zum Schloß, das düster daliegt; das große Portal ist ganz zerschossen. Viele Papierfetzen fliegen im leichten Winde umher. Auf dem Rückweg kommt uns ein einzelner Matrose entgegen, der lebhaft gestikuliert und eine große Menschenmenge hinter sich herzieht. Zwischen den Maschinengewehren auf dem Pariser Platz gehe ich dann hinüber zu unseren Freunden Richter, mit denen wir so fröhliche Jugendtage verlebten. Cornelie Richter hat Geburtstag; das Zimmer ist voller Blumen. Ein merkwürdiges Gefühl, mitten in dieser Farbenpracht den sich draußen nähernden Aufruhr zu spüren und den schon ergrauten Freunden gegenüber zu sitzen; [sie wirken] müde, mutlos, gespenstisch im blassen elektrischen Licht...«

Schon am nächsten Tag verlassen Alfred und Helene die Stadt. Über die ausgestorbenen Straßen erreichen sie den verödeten Bahnhof.

In den nächsten Monaten folgten noch weitere Berlin-Besuche, welche den Nauheimer Aufenthalt unterbrachen.

Eine nicht näher datierte Aufzeichnung Helenes ist für die Zeitstimmung charakteristisch. »In jenen Tagen trat eine Gestalt in meinen Gesichtskreis, die für mich kaum zu den Lebenden gehörte, sondern nur Symbol des Elends der Kriegs- und Revolutionsjahre war. Eine pazifistische Schweizerin hatte uns in das Haus eines Kommunisten eingeladen, wo wir eine Berliner Agitatorin treffen sollten, die mit etwas ungebildeter, aber gewandter Rede die Welt umzustoßen und nach ihrem Plan wieder aufzubauen suchte. An dem schmalen Tisch unter grüner, dunkel brennender Lampe hören wir zunächst nur der kleinen, festen Frau mit dem stechenden schwarzen Blick zu, obwohl ihre schwungvolle Rede bald etliche Meinungsverschiedenheiten über das Leben und die Güterverteilung entstehen ließ. Erst nach einer Weile fiel mein Auge auf einen bleichen jungen Mann, der neben der Sprecherin saß und eine gewisse Abhängigkeit von ihr verriet. Unbeholfen steckte sein Kopf in einem gestärkten Hemd und bewegte sich kaum. Auf meine Frage nach seinem Namen sagte man mir, er heiße Herr Helm. Als ich ihn dann anredete, sprach er von der Arbeit in den Bergwerken, verstummte aber bald wieder. Doch verfolgte mich lange das bleiche Gesicht, und es schien mir, als wäre es meine Aufgabe, diesem Menschen Gesundheit und Kraft wiederzugeben. So begleitete er uns – die Einzelheiten sind belanglos – nach Bad Nauheim... Doch auch hier führte er weiter sein geheimnisvolles Dasein. Denn der Name Helm gehörte offenbar nicht zu ihm, und in seinen Reden deutete er immer eine geheimnisvolle Verbindung an, deren Weisungen er unbedingt zu gehorchen hätte. Oftmals erging er sich im Gespräch auch in blutigen Phantasien, in denen der grausame Krieg die Hauptrolle spielte. War es ein Wahnsinniger, mit dem wir es zu tun hatten? Um ihn wehte eine eisige, trübe Luft, wie sie wohl Gespenstern eigen ist. Immer mehr wurde er für mich *das* Gespenst des Krieges und seiner Leiden; gleich einer düsteren Warnung zog er, dessen Antlitz trotz aller Pflege stets seine fahle Farbe behielt, an uns vorüber. Und wenn er einmal wieder von jener kommunistischen Rednerin sprach, erschauderte er... Das hinter alledem verborgene Geheimnis haben wir nie erfahren. Denn eines Tages verschwand er, ohne seinen wahren Namen verraten zu haben, und kehrte nicht mehr zurück.«

Im Frühjahr 1919 fand der schon erwähnte Abschiedsbesuch in Wien statt. Daran schloß sich eine kleine Reise in die Schweiz an, die Helene erstmals seit 1914 Eindrücke von einem friedlichen Land abseits des grausamen Kriegsgeschehens vermittelte: »Wir fuhren nach Zürich mit ungarischen Flüchtlingen, einer schönen Gräfin und ihren drei Söhnen. Diese Frau, um die noch die Atmosphäre ihrer leidenschaftlichen und gestenreichen Heimat zu spüren war, reiste ins Exil nach Genf; einige Diamanten hatte sie in ihrem Schirm versteckt. Schwarze Schleier umwehten sie. Langsam fährt unser Zug durch die artige Landschaft. Auch hier gibt es nur wenig Kohle für die Eisenbahn. Eine Stunde halten wir inmitten von Wiesen bei fernem Kuhgeläut. Endlich sind wir spätabends in Zürich. Die Wohlhabenheit eines Landes ohne Krieg umgibt uns: reinliche Bahnhöfe, sanft fahrende Autos, Musik überall und gut genährte Menschen. Doch wie wir am nächsten Morgen am See stehen, den bunt bewimpelte Schiffe beleben, und fröhliche Volkshaufen mit ihren Fahnen vorüberziehen, überkommt mich Wehmut, denn auf einmal tauchen die Schattengestalten aus Deutschland und Österreich vor mir auf. Ich sehe tote Pferde auf dem Kärntnerring liegen, höre die müde Stimme eines Feldgrauen um Brot betteln. Auch die Ungarin blickt traurig auf die Blütenpracht des Frühlings; sie sagt: ›Dies alles blüht für mich auf dem Grabe Ungarns!‹«

Weitere Stationen dieser Reise waren das Haus der Harrachs am Thuner See, wo alte Erinnerungen wach wurden, und das Dörfchen Uttwil am Schweizer Bodenseeufer, wo Henry van de Velde die Freunde erwartete.

Er war, trotz seiner Erfolge, in Deutschland nicht heimisch geworden, hatte nach langjähriger Tätigkeit das Fazit gezogen, daß sein Einfluß, seine Lehre sich dort nicht durchsetzen könnten. Ein Zerwürfnis mit dem Großherzog kam hinzu, so daß er seine Stellung als Direktor der Weimarer Kunstgewerbeschule schon im Juli 1914 aufgab. Seit dem Frühjahr 1917 lebte er in der Schweiz und hatte schließlich in Uttwil ein ihm zusagendes Landhaus mit Garten gefunden, wo er ein Kunstzentrum einzurichten gedachte. Dieser Plan ließ sich nicht verwirklichen, doch waren einige Freunde seiner Anregung gefolgt und hatten sich ebenfalls an diesem verträumten Orte niedergelassen. Zu ihnen gehörten die Ehepaare Sternheim und Schickele, die den Nostitzens schon bekannt waren. Von Carl Sternheim war bereits die Rede, und auch René Schikkele, der elsässische Dichter und Herausgeber der pazifistischen Zeitschrift »Die weißen Blätter«, war Alfred und Helene in Leipzig begegnet, bevor er bei Ausbruch des Krieges in die Schweiz emigrierte.

Dieser Uttwiler Kreis stimmte freilich mit Alfreds politischen und nationalen Anschauungen nicht überein. Van de Velde war von der alleinigen deutschen und österreichischen Kriegsschuld überzeugt und zeigte stärker, als er in den Weimarer Jahren hatte erkennen lassen, seine Sympathie mit sozialrevolutionären Ideen. Schickele stand der radikalen Linken nahe; zwar war er ein Gegner der Rückgabe Elsaß-Lothringens an Frankreich, hatte aber, wie aus Kesslers Tagebuch hervorgeht, im November 1918 erwogen, »das Elsaß durch rote Matrosen zu revolutionieren«, um es dadurch »für das deutsche Volk zu retten«. So waren die Reaktionen der Uttwiler und ihrer Gäste nicht die gleichen, als gerade während des Besuches, am 28. Juni, die endgültige Annahme des Versailler Vertrages bekannt wurde. Für Alfred war der »Diktatfriede« mit seiner Schuldzuweisung ein Schlag, der ihn empörte und beinahe niederwarf. Es war namentlich van de Velde zu verdanken, daß der politische Dissens das freundschaftliche Verhältnis nicht beeinträchtigte. Auch Helene trug auf ihre Art hierzu bei. Sie begrüßte vor allem die Beendigung des mörderischen Kriegsgeschehens und ließ sich ihren Glauben an eine bessere Zukunft durch die politischen Entscheidungen, mochten diese noch so fehlerhaft sein, nicht rauben. Der Anblick der idyllischen Seelandschaft und der friedlichen Menschen ringsumher bestärkte sie noch in ihrer Zuversicht.

Es folgten ruhige Monate in Nauheim, die nur durch kleinere Reisen unterbrochen wurden. Da nunmehr auch Alfred mit der Familie wieder vereint war, mietete das Ehepaar Ende des Jahres eine kleine Villa: das »Haus Ohle« mit winzigen Schlafzimmern und einem »Puppensalönchen«, das jedoch durch Chintz-Überzüge der unschönen Möbel, einige Aquarelle und ein Bücherregal ein helles und wohnliches Ansehen erhielt. Die Kinder verblieben bei der Großmutter, so daß sich zwischen dem »Haus Ohle« und der »Villa Bromeis« ein reger Familienverkehr entwickelte. Die Söhne erhielten Privatstunden durch einen würdigen Studienrat, Herrn Bechtolsheimer, und Alfred erteilte Oswalt Lateinunterricht. An mehreren Nachmittagen wurde bei Kakao und Kuchen »Herrmann und Dorothea« oder »Wallensteins Lager« mit verteilten Rollen gelesen; am Abend waren Schreibspiele beliebt, wenn nicht ein klarer Himmel zum Studium der Sternbilder anregte.

Die Zukunft war freilich ungewiß, Nauheim konnte nur ein sehr vorübergehender Aufenthalt sein, und so wurde es Zeit, an die weitere Ausbildung der Söhne zu denken. Daß Prinz Max von Baden in seinem Schloß Salem nahe dem Bodensee ein Landerziehungsheim gegründet hatte, war daher eine um so willkommenere Nachricht, als der Prinz Taufpate des jungen Herbert war und Helene an seine freundschaftliche Beziehung zu den Hindenburgs in den Berliner Tagen ein gutes Andenken bewahrte. Sondierungen, bei denen Prinz Max seinen bisherigen Privatsekretär Kurt Hahn, den Leiter und Spiritus rector der neuen Schule, einschaltete, hatten Erfolg. Zu Beginn des neuen Schuljahres, im September 1920, brachte daher Helene die Söhne nach Salem, wo sie freundlich aufgenommen wurden.

Salem: die Bodenseelandschaft, das weiträumige Schloß (ein früheres Zisterzienserkloster), die darin untergebrachte Schule, die anfangs mit den zwanzig Internatsschülern einer großen fröhlichen Familie glich – dies alles entsprach Helenes Vorstellungen und erschien ihr in den ungewissen Zeitläuften als ein Ort des Friedens: »Nun genieße ich sehr, die Primeln im Abendwind zittern zu sehen und von weitem auf die Berge zu schauen... Aber *warten* tun wir auch immer und sind ohne unsere Heimat, unsere Bücher, unsere Rodins. Immer wieder spanne ich meine *toiles de Gênes* über neue Sofa-Lehnen und kann die Zimmer nicht mehr zählen, durch die wir gewandert sind...«

So schrieb sie Rilke am Karfreitag des Jahres 1921 aus

einem Landhaus bei Salem, dem »Herrmannsberg«, wo sie mit den Söhnen während der Osterferien bei Kurt Hahn zu Gast war und »wunderbare Frühlingstage« erlebte. Dem ist hinzuzufügen, daß sich die damalige Euphorie allmählich abschwächte. Helene wurde zurückhaltender gegenüber dem bedeutenden Pädagogen, je mehr sich herausstellte, daß ihr impulsiver Lebensstil, der auch ihre Beziehung zu den Kindern beeinflußte, mit Hahns Erziehungsgrundsätzen nicht immer im Einklang stand. Hahn ging es darum, seine Zöglinge in einer Weise heranwachsen zu lassen, die ihrer Altersstufe entsprach, sie daher zu verantwortungsbewußten, aber nicht frühreifen jungen Menschen heranzubilden – das war ein Anliegen, das er durch die Atmosphäre des Nostitzschen Hauses nicht unbedingt gefördert sah. So ergab sich ein Gegensatz; wenn er nicht offen zutage trat, so war das vor allem Alfreds Prinzipientreue und seinem ausgeglichenen Wesen zu verdanken, womit Hahn besser zurechtkam. Immerhin dürfte dieser verdeckte Dissens bei dem sechs Jahre später gefaßten Entschluß eine Rolle gespielt haben, den fünfzehnjährigen Herbert aus Gesundheitsgründen – es war ein kleiner Herzfehler bei ihm festgestellt worden, der Schonung erforderte – für eine Weile ins Berliner Grunewald-Gymnasium zu versetzen.

Wir kommen zu einem anderen Aspekt dieser Umbruchszeit: Die große Zäsur des Kriegsendes hatte für den einzelnen nicht nur Auswirkungen auf Berufs- und Erziehungsfragen. Namentlich weltoffene Menschen wie Alfred und Helene empfanden die Kriegsjahre, die so viele übernationale Beziehungen unterbrochen, wenn nicht ausgelöscht hatten, als eine Art Quarantäne. Um so stärker regte sich nunmehr das Bedürfnis nach grenzüberschreitenden Ausblicken und geistiger Befruchtung. Ein 1919 erschienenes und vielgelesenes Buch kam diesem Verlangen entgegen: das philosophische Meditation über Sinnfragen mit konkreter Weltbetrachtung verbindende »Reisetagebuch eines Philosophen« des Grafen Hermann Keyserling.

Helene war Hermann Keyserling, dem um zwei Jahre jüngeren, 1906 in Berlin, im Hause Cornelie Richters, begegnet; schon damals hatte es sie beeindruckt, wie er temperamentvoll »umfassende Weltbilder« entwarf. Seither hatte sie ihn aus den Augen verloren und wurde nun durch das »Reisetagebuch« an ihn erinnert. Bald danach erhielt das Ehepaar Nostitz eine Einladung zu der im November 1920 von ihm in Darmstadt gegründeten »Schule der Weisheit«.

Keyserling hatte sich nach der Weltreise im Jahre 1911, deren Ertrag dann sein Buch war, in seine Heimat Estland auf das Familiengut Rayküll zurückgezogen. Durch die entschädigungslose Enteignung im Februar 1919 hatte er seine Existenzgrundlage verloren und war mit der Familie – seiner Frau Goedela, geborene Bismarck, und zwei Söhnen – nach Deutschland übersiedelt. Er verdankte dem Großherzog Ernst Ludwig von Hessen-Darmstadt, dem Verleger Otto Reichl und deren Freundeskreis, daß er in Darmstadt ein Forum erhielt, in welchem er seine kontrapunktischen Gaben – eine eigenwillige Kreativität und zugleich die Feinfühligkeit des geistigen Spurensuchers – entfalten und bewähren konnte. So gelang es ihm, in jenen bewegten, aber eines Kompasses ermangelnden zwanziger Jahren *Persönlichkeiten*, im wahrsten Sinne des Wortes, zusammenzuführen: Vertreter der verschiedensten Wissensbereiche und Weltgegenden, denen eines gemeinsam war: das Gespür für geistig-seelische Zusammenhänge unter Überwindung fachlicher und nationaler Barrieren. In den Zusammenkünften der »Schule der Weisheit« entstand daher ein Ensemble, das der Gründer in seiner Eröffnungsrede mit einem Orchester verglich, in dem jedes Instrument bedeutend bleibe und sich doch in das Ganze einfüge.

In dieses polyphone Zusammenspiel waren die Tagungsteilnehmer einbezogen. Es war üblich, daß sie sich miteinander bekannt machten und sich ohne förmliche Einführung zu Gesprächen zusammenfanden. Helene und Alfred machten hiervon gern Gebrauch und hatten mit mehreren Vortragenden näheren Umgang: So mit Richard Wilhelm, dem großen China-Kenner, mit Ernst Troeltsch, dem aufgeschlossenen und vielseitigen Religionsphilosophen, mit Hans Driesch, dem Biologen, der die Eigengesetzlichkeit der Lebensvorgänge so anschaulich darzustellen wußte, mit Leopold Ziegler, dem unzünftigen Philosophen, der sich mit Alfred in

Geschichtsbetrachtungen vertiefte oder »gemeinsame Herzensangelegenheiten« erörterte, aber auch Helene zugetan war: In einem Brief vom 30. Mai 1946 spricht er rückblickend von ihrem »unwiderstehlichen Charme«, ihrer »persönlich erworbenen Bildung, ihrer Belesenheit und Umsicht«. Die »Schule« vermittelte ihre »Weisheit« in aufgelockerter Atmosphäre. Und es ging dabei nicht feierlich zu, mit einer besonderen Ausnahme: dem Besuch Rabindranath Tagores. Der damals weltbekannte indische Dichter und Philosoph, der 1913 den Nobelpreis erhalten hatte, war nach Europa zu einer Vortragsreise gekommen, in der er für eine geistige Annäherung von Orient und Okzident eintrat – ein Anliegen, für das er in dem noch zerrissenen Kontinent auf Zustimmung und Ablehnung stieß. In Darmstadt wurde er sehr freundlich aufgenommen. Keyserling, der seit seinem Indienbesuch mit ihm befreundet war, hatte ihn eingeladen und veranstaltete vom 9. bis 14. Juni 1921 eine Tagore-Woche, für die er eine eigene Form fand: Es wurde kein Symposion abgehalten; statt dessen sprach der Gast, nach einer Einführung durch Keyserling, vor einer großen Menschenmenge, zunächst in einem Saal des großherzoglichen Schlosses, in den folgenden Tagen im Freien, meist im Schloßpark. Helene war mit Alfred unter den Zuhörern. So erlebte sie, wie er eingangs mit den Völkern des Westens ins Gericht ging (»Not one nation, you all have sinned, every one of you. I did not come to flatter you. You must hear me. The young must alter the face of the world, they must feel that we are not there to destroy but to love each other«), wie er sich bei seinen weiteren Auftritten mit den Kindern unterhielt (»I have a grey beard, but I feel as young as you and like a child!«), von Indien und seinen von Dorf zu Dorf wandernden Sängern und Dichtern erzählte oder über die Armut meditierte. An einem der letzten Abende bat er die Tausende, die herbeiströmt waren, um ein deutsches Volkslied, worauf die Menge »Ich weiß nicht, was soll es bedeuten!« anstimmte – eine Szene, die Helene besonders bewegte.

Zu Keyserling gestalteten sich Helenes und Alfreds Beziehungen immer freundschaftlicher; davon zeugt die Korrespondenz, die bis in die letzten Lebensjahre fortgeführt wurde, sowie – prägnanter noch – ein Gedenkblatt, das Helene zu Keyserlings sechzigstem Geburtstag verfaßte. Nachstehend Auszüge aus diesem »Freundesgruß«, in welchem die Ecken und Kanten des baltischen Edelmannes, mit seinem Tropfen Tatarenblut, nicht verschwiegen, aber auch nicht beanstandet werden. Zunächst ist die Rede von den Darmstädter Tagungen: »...Im Hotel zur Traube begannen am Abend die Diskussionen. Am Tisch von Hermann Keyserling ging es am lebhaftesten zu. Er war nie liebenswürdig, immer schneidend und von seinen Überzeugungen besessen. Er erschreckte vielleicht zartere Gemüter. Ich habe mich nie vor ihm erschreckt, weil sein Temperamentsausbruch mir immer als notwendig und reinigend erschien. Er brachte mir nach den engen Kriegsjahren den Ausblick, den ich lange vermißt hatte... Wir zogen auch mit ihm zwischen den Vorträgen in die Landschaft hinaus, er immer voran mit langsamem, ruhigem, gleichmäßigem Schritt, [doch] Worte schleudernd wie ein feuerspeiender Vulkan. Noch eine unvergeßliche Erinnerung verbindet mich mit Darmstadt und Hermann Keyserling: der achttägige Besuch Rabindranath Tagores... Keyserling führte ihn ein, und man spürte, wie nah er sich dieser Welt des indischen Dichters fühlte, wenn auch ganz als Europäer seinen Standpunkt vertretend. Denn in seinen Begegnungen ist er ohne Kompromiß. Als er in Berlin in unserem Hause einen Herrn traf, der ihn seiner Meinung nach verletzt hatte, würdigte er ihn keines Wortes. Als wir dieses Zusammentreffen bedauerten, erklärte er lachend: ›Aber warum? Ich habe diese Spannung besonders gern!‹ Es war, als hätte ihn diese Komplikation nur erfrischt, denn seine Natur sucht das Hindernis und fühlt sich am wohlsten in einer schwierigen Situation. Irgendwie hängt er ganz nah mit den Elementen zusammen, die auch nicht alle Menschen zu ertragen vermögen, weil sich nicht jeder gern in den Sturm begibt. So wirken auch seine Vorträge immer erfrischend auf mich, als atmete man Gebirgsluft... Er ist ein treuer Freund für die wenigen, denen er wirklich vertraut, und die Menschenmenge kann noch so groß sein: Er wird ein Erkennungszeichen geben und sich immer wieder jener Jugendzeit erinnern, in der wir uns zuerst trafen.«

In seinem Briefe vom 25. Juni 1940 dankte Keyserling der »lieben Freundin« für ihr Gedenken, und vor allem für »diesen letzten Satz, daß ich aus der Menge immer die wenigen Freunde erkennend aussondere«. Offenbar fühlte er sich darin besonders verstanden.

Die Tage in Darmstadt dienten der geistigen Belebung, doch wurden die Sorgen wegen der ungewissen Zukunft dadurch nicht behoben. In einem Brief an Rudolf Pannwitz vom 9. September 1920 hatte Alfred bekannt, er befinde sich wegen seiner »Überflüssigkeit in einer einigermaßen niedergedrückten Stimmung«. Dafür bestand Anlaß auch im folgenden Jahr, obwohl das Ehepaar schon seit dem Herbst 1920 das Nauheimer Refugium zugunsten des Aufenthalts in einer Berliner Pension aufgegeben hatte; denn der dadurch erleichterte Kontakt mit prominenten Politikern und zuständigen Stellen erbrachte weiter keine Ergebnisse, und Alfreds Betreuung mit einer ehrenamtlichen Tätigkeit im »Preußischen Roten Kreuz« war nur ein Trostpflaster.

Helene ließ sich indessen nicht entmutigen. In Berlin herrschten damals noch keine normalen Verhältnisse, was sie jedoch eher ermunterte: In der sozialen Unruhe, im hektischen Vergnügungsbetrieb, in den expressionistischen Manifestationen von Kunst und Mode meinte sie den »Puls der Zeit« zu spüren, und wenn sie sich auch manche exzentrische Erscheinung nicht zu eigen machen konnte, war sie doch eine faszinierte Zuschauerin. Ihre Eindrücke hat sie in Aufzeichnungen festgehalten, von denen einige nachstehend wiedergegeben seien:

Streiktage in Berlin

Berlin ohne Licht. Auf weiten Ebenen und Wiesen wird immer ein mattgrauer Schein den Wanderer leiten. Doch hier zwischen den hohen Häusern ist die Nacht so schwarz und unerbittlich wie der Haß der Streikenden, der sie erzeugt. Nur die großen Augen der Automobile überwinden für kurze Augenblicke die Finsternis, und unaufhörlich ertönt ihr heiserer Schrei.

Wir überqueren die Linden mit einer schönen Amerikanerin, die in einem Samtgewande, den Diamantring am Finger,

mit einem silbernen Leuchter langsam und majestätisch die
Dunkelheit durchschreitet.

Die Nervosität einer großen Stadt entspannt sich gewöhnlich in kleinen Gruppen. Vor dem Esplanade prügelt sich ein
Chauffeur mit einem Laufburschen. Der Fahrgast, der im
Auto sitzt, wartet vorsichtig, bis alles vorüber ist, öffnet dann
die Tür und ruft: »Du Lausbub, geh doch aus dem Weg!« Das
Auto fährt rasch davon. Ein freundlicher Passant setzt dem
verdutzten Burschen seinen Hut wieder auf. Diese kleinen
Szenen, in denen sich die Spannung entlädt, werden uns
vielleicht vor dem Bolschewismus bewahren.

Bei Reinhardt wird gespielt, aber die Szenerie wird immer
fahler, bis schließlich gänzliche Nacht die Schauspieler um-
fängt. Das Finale eines Tschechowschen Stücks wurde dadurch ganz grotesk, da das zankende Paar nur noch einige
expressionistische Linien aufwies. So spielte sich der Schluß
in jenem ungewissen Halbdunkel ab, das der Dichter sucht,
da die Klarheit der Endsituation immer eine Klippe bedeutet.

Das Publikum tastete sich mühsam zum Ausgang, und der
Proletarier hätte sich über den gebeugten Bourgeois gefreut,
der seinem Willen gehorchen mußte.

Der Tanzpalast

Wie findet sich die blaue Linie mit jener grünen, die rote mit
der gelben? Wir werden sie nicht weiter verfolgen und möchten es doch in dem matten Licht der Ampeln, die den Raum
träumerisch erhellen. Dort oben spielt die Musik, die ganze
Kapelle in roten Anzügen, und unten schwingen sich die
Menschen wie die Linien des Raumes, mit ihnen, zu ihnen
hin. Sie scheinen sich alle ineinander aufzulösen. Und beim
dumpfen Knall der exotischen Musik fühlte ich plötzlich
ganz stark den Puls meiner Zeit. In diesen Linien, dieser freien
Auflösung, die alle festen Begriffe verachtet und die doch
selber, fast unbewußt, einen neuen, noch undefinierbaren
Rhythmus schaffen muß und einer neuen Form entgegen-
strebt, sah ich... den Geist der Ungebundenheit lebendig
werden. Denn anders als früher umarmten sich die Menschen, mit einer fast ekstatischen Gebärde. Diese Jünglinge
mit dem schwarzen zurückgekämmten Haar, diese blonden

Frauen mit den schmalen Körpern, die, fast alle gleich in der Erscheinung, zu Hunderten diesen Saal erfüllten, waren nur noch Symbol und ihr unpersönliches Auge sprach nicht von Liebe; es war die allerhöchste Expression in ihnen, die vielleicht uns allein sichtbar wurde, die aber von Zukunft und einer Welt der Auflösung und der Neugeburt sprach.

Der Grashüpfer

Die Menschen hatten sich nach dem vielen Hin und Her der Diskussion meistens mißverstanden. Eine Begebenheit scheinbar belangloser Art brachte mich dem Weltgeschehen näher als die vielen Worte. In dem heißen Saal zog langsam und unbekümmert ein Grashüpfer daher. Manchmal zwischen den Stühlen oder mit viel Geschick unter den Stiefelabsätzen, die sich nicht rührten. Seine beharrliche Gleichmäßigkeit, die in dem geschlossenen Raum ein Hüpfen verschmähte, hatte inmitten des Gewirrs der meist oberflächlichen Reden etwas von der Urstimme der allwaltenden Natur an sich, die im Schweigen und in der Gleichmäßigkeit ihr wichtigstes und geheimstes Gesetz erfüllt. In dem großen lärmenden Saal wirkte das ungestörte Dahinziehen dieses kleinen Geschöpfes wie eine beruhigende Pendelbewegung des wirklichen Geschehens.

Während die Kommunisten als einzige Lösung nach Zerstörung und Haß schrien und die Rechtsparteien eine hilflose Annäherung versuchten, zog der Grashüpfer unbekümmert seine Bahn wie die Gestirne. Kein Fuß berührte ihn, keine Partei ergriff seinen linken oder seinen rechten Flügel. Er existierte nur, und von seinem Dasein, das ohne Überlegung von einer starken Sicherheit und Beharrlichkeit erfüllt war, gingen Antwort und Ruhe, Gleichmäßigkeit und Zuversicht aus.

Salongespräch

Ein junger Deutscher steht blasiert neben mir. In dem Saal vor uns winden sich die exotischen Tänze in bunter Arabeske. »Sie tanzen nicht?« sage ich, [und er:] »Man kann hier nicht tanzen, wenn man Amerika kennt; dort werden die Mädchen meist schon nach einer ›Season‹ schwerkrank. Wer ihre Inten-

sität kennt, kann diese Gemütsruhe nicht ertragen. Das ist
alles nur schwacher Abglanz, Kopie!« Welch unglücklicher
Mensch ist doch der Deutsche, der das eigene Temperament
so selten begreift, wahrhaftig ein Ahasver, der ewig wan-
dernde und suchende!

Masken

Es ist merkwürdig, daß die Frau von Welt, die mit der Mode
geht, in dieser Zeit eine groteske Maske trägt, die fast grauen-
erregend ist. Ein weißes Gesicht, auf dem hektische, rotge-
färbte Backen glühen, wird meist von feurig blondem Haar
eingerahmt, das in kurzen Strähnen auf beiden Seiten der
Schläfen hängt. Das Auge leuchtet düster und unmenschlich
aus dieser Farbenwelt heraus und erinnert kaum noch an
menschliche Dinge. Es ist mehr der Blick des gehetzten oder
lauernden Raubtiers. Von jeher war es der Vorzug der Pariser
Mode, die Zeit in der äußeren Erscheinung zusammenzufas-
sen, und so liegt in dieser gespenstischen Maske etwas vom
Gesicht Europas.

Erster Besuch in der Galerie des Kronprinzenpalais

An diesem Morgen wurde mir klar, daß neue Frische, neues
Begreifen in uns wohnt. Wie versank doch vieles vor Franz
Marc's siegreichen Farben, seiner märchenhaften Innigkeit;
vor Kirchners überzeugter Welt, seinen transzendentalen
Träumen, die – der Wirklichkeit entronnen – in einem sanften, wilden Rausch die Leinwand zersprengen! Dann diese
roten Häuser, die in heißer Landschaft erglühen, diese Kü-
stenlinien, die wie Schmerzensrufe in die Ferne drängen, diese
Frauen, die wie Blütenträume in der Unendlichkeit schweben – sie umgeben uns mit einer so eigenen neuen Welt, daß
wir wie ein im Walde verirrtes Kind innehalten, um uns selber
zu begreifen, umherzuschauen mit dem Blick eines neu Erwachten, der den anderen Weg noch nicht kennt, aber schon
spürt und fühlt, so wie das Reh die Morgenluft wittert.

Kein Feind, keine politischen Intrigen können uns diese
freudige Zuversicht nehmen, die wir immer mehr in der
denkenden und formenden Welt spüren, welche ihre Ketten
sprengt in unerhörtem Rhythmus, mit starkem Empfinden!

Wie verblaßt so vieles vor Heckels Madonna, die auf einem alten Stoffetzen träumt. Die Schmerzen der Welt haben dies erzeugt...«

Die unruhigen Berliner Tage waren nicht nur durch allgemeine Impressionen ausgefüllt; es kam auch zu bemerkenswerten persönlichen Begegnungen mit so verschiedenen Naturen wie Walther Rathenau, Else Lasker-Schüler, Emil Lettré, Begegnungen, die das Zeitbild ergänzen, zugleich aber auch für die Spannweite der Freundschaftstätigkeit Helenes bezeichnend sind.

Alfred und Helene besuchten Walther Rathenau im Juli 1920. Damals war er noch nicht Minister, hatte aber soeben als Delegierter an der Konferenz von Spa über Reparations- und Entwaffnungsfragen teilgenommen und auf deren Verlauf durch seinen Sachverstand, sein ausgewogenes Urteil einen bestimmenden Einfluß ausgeübt.

Helene kannte ihn schon seit Jahren, denn er verkehrte im Haus ihrer Eltern und war auch einmal – in der Auerbacher Zeit – bei den Nostitzens zu Gast. Besonders war er Sophie von Hindenburg zugetan. Daß er sie nach Ausbruch des Krieges – in den Tagen allgemeiner Hochstimmung – aufgesucht hatte, um seinen Kummer über das vorausgeahnte Unheil abzuladen, und »stumm dasaß, während ihm die Tränen über die Wangen rollten«, wissen wir aus Harry Kesslers Biographie über den von Tragik umschatteten Mann. Häufig – nicht nur von Robert Musil – ist seine »Gespaltenheit« kritisch bewertet worden. Helenes Eindruck unterscheidet sich von dieser Beurteilung weniger in der Sache als durch eine zwischen den Zeilen spürbare warme Sympathie, wie sie diesem Einzelgänger nur selten zuteil wurde. Nach dem Besuch in seinem luxuriösen Hause – es sollte die letzte Begegnung sein – schrieb sie: »Nie ist mir vielleicht die Tragik der jetzigen Situation so bewußt geworden wie in diesen Stunden mit Rathenau. Wir sprachen über soziale und wirtschaftliche Fragen. Doch nicht so sehr die Worte waren bedeutsam und ergreifend, die aus dem Munde dieses Mannes mit den tieftraurigen dunklen Augen kamen. Er strahlte eine so erhabene und tragische Atmosphäre aus, daß mir der Atem verging und die Tränen hochstiegen. Sollte dieser Mann, der sich in den weiten Räumen voll köstlicher Tapisserien bewegt und dann von sozialer Gleichheit, von der Seele des ›Wirtschaftlichen‹ träumt – sollte er nie den Ausdruck für das Erhabene gefunden haben, das in ihm wohnt? Er ist in der Industrie geboren und arbeitet für sie. Das erscheint wie ein Zufall. Es ist nicht unwahr, wenn er anders als sein Leben spricht. Aber in seinen Worten, seinen Büchern wird er vielleicht nie ganz den Ausdruck für das Geheimnis finden, das seine Persönlichkeit ausmacht...«

Von den Begegnungen mit Else Lasker-Schüler im Frühjahr 1921 erfahren wir durch Aufzeichnungen, die Helenes wechselnde Eindrücke wiedergeben. Die Dichterin führte – seit ihrer Scheidung von Herwarth Walden, dem Herausgeber des »Sturm«, im Jahre 1912 – ein Nomadenleben und bewohnte damals ein Zimmer im Hotel Koschel nahe dem Nollendorfplatz, wo Helene sie aufsuchte, um ihre Bekanntschaft zu machen. Sie traf sie nicht an, bemerkte aber im Hoteleingang einige Kartons sowie einen großen Stoffbären, der sie »mit starren leblosen Augen« betrachtete. Dieses Ensemble gehörte einem anderen Hotelgast, einem Fräulein Unruh, erschien ihr jedoch bedeutsam. Sie notierte: »Ich werde Fräulein Unruh nie sehen. Aber dieser Bär und diese leichten Kartons, in denen gewiß nur einige Batik-Schals liegen, sind ein Symbol der Zeit. Aus dieser Zeit stammen die expressionistischen Dichter und Maler, aus ihr die Lasker-Schüler, die ich an diesem Tage gar nicht sehen sollte. Doch ihre Atmosphäre, das Unfertige ihrer Erscheinung hatte ich in diesem Auftakt schon gespürt. Die Symbole des Fräulein Unruh waren auch die ihren. Ich brauchte sie kaum zu besuchen, um die schwer definierbare Ausstrahlung dieser begabten Frau zu erleben, deren Sehnen einem Fetisch gilt, und die die Natur zu fliehen sucht.«

Der bevorzugte Aufenthalt der Dichterin waren Zeit ihres Lebens die Kaffeehäuser. Die mit ihr befreundete Schauspielerin Tilla Durieux erinnerte sich: »Im ›Café des Westens‹ konnte man die merkwürdigsten Erscheinungen sehen: Männer mit langen Haaren und Mädchen in eigenartiger Kleidung saßen hier stundenlang bei einer Schale schwarzen Kaffees. Unter ihnen die auffallendste: Else Lasker-Schüler.«

Auch Helene kam dort mit ihr zusammen: »Wir treten aus dem ›Café des Westens‹, zwei Dichter, ein Maler, Else Lasker-Schüler und ich. Lange hatten wir an dem kleinen Tisch gesessen, auf dem einige Schneeglöckchen einen zaghaften Frühlingsgruß brachten, und bunte Worte aneinandergereiht. Die Lasker-Schüler hatte ihr Erzählen angefangen, wobei alles Unwirkliche zu einer neuen Wahrheit erwacht. Die Kellner horchten, ein Pudel saß ernst auf einem Sofa. Und nun standen wir vor der Natur auf einer langen Straße, wo Hunderte von Großstadtmenschen an uns vorüberwanderten. Viele Bettler kamen; wirre Gestalten mit engen gebogenen Hüten und flauschigen Mänteln zogen ihres Weges. In der Ferne fingen einige Büsche an zu grünen. Unsere Kaffeehausgestalten sahen so unwirklich, so stilisiert aus in dieser Umgebung! Fast scheu wichen die Menschen vor uns zurück, als wären wir Erscheinungen. Schöne Pferde sprengten vorüber. Da sagte die Lasker-Schüler: ›Ich bin mit einem Straußen spazieren gegangen, der goldene Augen und goldene Füße hatte. Dort ist ein Turm, in dem möcht' ich wohnen.‹

Ganz plötzlich huschte dann mitten im Getriebe eine geisterhafte Gestalt an uns vorbei. Bleich, eine mächtige Stirn ohne Haar wie ein Totenkopf, so zog sie rasch daher und entschwand. Schließlich sprachen wir auf einmal eingehend über Goethe, dann trennten wir uns.«

Ein anderer Treffpunkt, an dem es noch hektischer, noch expressionistischer zuging, war das Varietéhaus »Die Scala«. Auch hier schien die Lasker-Schüler in ihrem Element zu sein, während Helene sich bedrückt fühlte:

»Dampf scheint aus dem Boden zu steigen; Staub und Rauchwolken umhüllen die bewegten Gestalten mit grauem Schleier. Scharlachrot leuchtet die Clowntracht der Musikanten. Die Dichterin will mit dem Neger tanzen, aber der grinst ein breites ›Nein!‹ Nichts erstaunt in diesem Raum, nicht der gespenstische Mongolenkopf, der mich anglotzt und einem Professor der Chemie gehören soll; auch nicht das indianische kurze Haar der Lasker-Schüler in ihrer schwarzen Pagentracht; im Rhythmus der falsch schreienden Töne bewegt sie sich jetzt mit dem polnischen Maler merkwürdig hin und her.

Dies alles nennt Berlin ›Die Scala‹, aber mir erscheint es wie ein Spukbild, eine Vision unheimlichster Art.«

Die Zeitläufte waren nicht günstig für die kontemplative Seite des Lebens. Zu ruhigen Gesprächen zwischen den beiden Frauen – was freilich, nicht nur im Künstlerischen, manchen Dissens ergeben hätte – ist es denn auch nicht gekommen. Immerhin erhielt Helene einen Eindruck von der Intensität der Dichtungen Else Lasker-Schülers auf einem Vortragsabend, der vermutlich, neben einigen »Hebräischen Balladen«, die gerade erschienene, mit einem Pogrom endende Erzählung »Der Wunderrabbiner von Barcelona« zum Thema hatte. Sie schrieb: »Die jüdische Dichterin war ganz in Schwarz gekleidet und stand vor einem schwarzen Vorhang. Neben ihr flackerten Kerzen. Sie sang die Klage ihres Volkes, das immer, durch alle Jahrhunderte hindurch, geschlachtet und mißhandelt wurde. Kritiker sagten etwas von Ästhetik und Expressionismus, aber die Klage war wie ein Sterbelied und ergriff mich tief.«

Die allmähliche Annäherung zwischen den beiden musischen Menschen, wie sie diese Aufzeichnungen veranschaulichen, ist eine Episode geblieben, und das hatte etwas mit menschlich-allzumenschlichen Emotionen zu tun. Sigrid Bauschinger, die Biographin von Else Lasker-Schüler, hat darauf hingewiesen, daß sich die Dichterin mehr zu Männern hingezogen fühlte als zum eigenen Geschlecht; ihr »erratisches Temperament« habe daher gerade im Umgang mit Frauen öfters zu »schrecklichen Szenen« geführt. Helene ihrerseits war zwar eine tolerante Natur, konnte aber, wenn sie bis auf den Nerv gereizt wurde, leidenschaftlich reagieren. So ist es offenbar ein oder zwei Jahre nach jenem Berliner Frühling zu einem Zusammenstoß zwischen den beiden gekommen, über den wir im einzelnen nicht unterrichtet sind, der aber zum Abbruch der Beziehungen geführt hat.

In das Jahr 1921 fällt auch der Beginn der Bekanntschaft mit dem Gold- und Silberschmied Emil Lettré. Er war der Sproß einer seit Jahrhunderten in diesem Gewerbe tätigen Hugenottenfamilie, der die Tradition mit großem handwerklichen Können fortführte, bei den Meistern des Jugendstils in die Lehre ging und sodann einen eigenen, originellen Stil entwickelte. Er war mit Rilke befreundet, der Helene in einem Brief vom 5. Februar 1921 auf ihn hinwies: »Lettré, der Goldschmied, als *artisan* und Mensch gleich vortrefflich, sei nicht vergessen! Seine Werkstatt: Unter den Linden 71 (im Hofe) wird wohl noch unverändert bestehen.«

Helene suchte ihn daraufhin auf, berichtete Rilke, sie habe mit ihm »eine eigene und gute Stunde« verlebt, und notierte: »Wie ich nicht anders erwartet hatte, wurde ich keineswegs mit offenen Armen empfangen. Ich traf einen Mann an, der seine Arbeit liebt und ungern darin gestört wird. ›Ich liebe keine Kunstgespräche, Madame!‹ sagte er. Bei dem Namen Rilke blickte er mich jedoch aufmerksam an, um alsbald mit einer Betrachtung über die Renaissance zu beginnen: ›Ich liebe den spitzen goldenen Dolch, der den Gegner ins Herz trifft‹, sagte er mit hartem Lächeln und nahm dabei ein scharf geschliffenes Messer aus einem der Glasschränke voll edel und streng geformter Erzeugnisse seiner Kunst. Wie Lettrés Äußeres, sein einfacher Tweedanzug, nichts mehr gemein hat mit der prunkvollen Tracht der Renaissance-Goldschmiede, so steht auch sein Werk streng und enthaltsam mitten in unserer Zeit...«

Helene begegnete ihm noch in späteren Jahren, so einmal im Hotel Adlon während der Karnevalszeit: »In seinem tadellos sitzenden Frack eilte er durch die Halle an mir vorüber und rief mir lächelnd zu: ›Heute will ich viele Feste sehen, etwas Schönes wird sich dabei schon enthüllen!‹ Denn diesen Mann, der so ernst und streng in seiner Werkstatt arbeitet, verlangt es immer wieder nach dem lebendigen Leben.«

Auch in seinem eigenen Hause besuchte sie ihn: »Die sparsamen Akzente herrschen auch hier vor. Eine schöne Pflanze entfaltet sich vor einer großen ruhigen Wand; an einer anderen genießt man die Farben und zarten Malereien von Lorenz Zilken... Und überall spürt man den Zusammenhang zwischen dem Menschen und seinem Werk.«

Emil Lettré, dieser eigenwillige Nachfahre Benvenuto Cellinis, hat die Katastrophe nicht überlebt. 1944, beim letzten großen Bombenangriff auf Berlin, wurde seine Werkstatt mit allen Modellen und Zeichnungen zerstört; 1945 ist er gestorben.

14. Kapitel

Zerrissenheit und Neubeginn

Am 6. Juli 1922 schrieb Helene an Rilke, sie sei in letzter Zeit »durch innere Zerrissenheit dem schmerzlichen Geheimnis des Lebens« nähergekommen. Anlaß zu dieser Bemerkung war die Freundschaft mit einem jungen Mann – ein Vorgang, der sie, wie seinerzeit die intensive Beziehung zu Hans von Leuckart, zugleich faszinierte, inspirierte und bekümmerte.

Zu der Begegnung war es im Dezember 1921 in dem am Alpenrande gelegenen »Schloß Elmau« gekommen, wo Alfred und Helene mit den Söhnen die Festwochen verbrachten, da das Wanderdasein noch andauerte. In Elmau hatte der evangelisch engagierte Schriftsteller Johannes Müller seit 1916 seine »Freistätten persönlichen Lebens« angesiedelt. Dabei handelte es sich, nüchterner gesagt, um einen – noch heute fortgeführten – eigenartigen Hotelbetrieb, gekennzeichnet durch eine lose Gemeinsamkeit der Gäste untereinander und mit dem Personal: den »Helferinnen«, meist jungen Mädchen aus gutem Hause, von denen manche dort einen Ehepartner fanden. Die zwanglosen Mahlzeiten an Einzeltischen, Musiknachmittage, harmlose Tanzvergnügungen sowie der Lebenshilfe dienende Vorträge Johannes Müllers, in deren Verlauf er Fragen der Gäste aus einem Zettelkasten beantwortete, verliehen dieser Erholungsstätte ein gesellig-kulturelles Gepräge.

Entgegen dem allgemeinen, einen Wechsel bevorzugenden Brauch, nahmen die Nostitzens die Mahlzeiten in einer festen Tischgemeinschaft ein. Zu ihr gehörten Elisabeth Gräfin Vitzthum, eine Tochter der Harrachs und daher alte Bekannte aus den Berliner Jugendtagen, sowie Kurt Wolff und seine erste Frau, geborene Merck, mit denen vor allem Helene seit der Leipziger Zeit in Verbindung geblieben war. Hinzu kam aber noch ein Neuankömmling: der damals dreiundzwanzigjährige Richard Hertz, eine ungewöhnliche Erscheinung von sprühender Vitalität, schlank, schmalköpfig, mit markanten Gesichtszügen und wachsamen Augen. Er entstammte einer Familie, die väterlicher- wie mütterlicherseits dem Hamburger Großbürgertum angehörte; ein Onkel – Heinrich Hertz – erlangte Weltruf als Physiker. Der junge Richard war, beengt durch die Kriegsverhältnisse, in seiner Heimatstadt aufgewachsen, hatte dort sein Geschichtsstudium mit einer Doktorarbeit über »Die Hamburger Seehandlung Godefroy und Söhne« abgeschlossen und drängte nun hinaus in die »große Welt«. Die Bekanntschaft mit den Nostitzens verdankte er einer Empfehlung seiner Schwester Carmen, die Alfred im Berliner Büro des Roten Kreuzes kennengelernt hatte; daß er daraufhin an diesen »allermondänsten Tisch« gebeten wurde, erfüllte ihn mit Genugtuung. Erstmals, so berichtete er Carmen, lerne er jetzt Menschen kennen, denen er nicht abhängig, sondern in geistiger Selbständigkeit gegenübertrete. Kurt Wolff und seine Frau erschienen ihm als »verwöhnte und grundgebildete Leute«; vor allem aber sei Helene Nostitz eine Frau in der Mitte des Lebens, die gleichsam ganz Europa überschaue, und mit der er von vornherein die gleiche Sprache spreche. Er habe denn auch schon »reizende Stunden« mit ihr verbracht.

Im neuen Jahr trat dann etwas Unerwartetes ein: Die Söhne, vor allem der ältere, erkrankten an Keuchhusten, so daß sie in diesem Zustand nicht ins Salemer Internat zurückkehren konnten. Helene blieb daher allein mit ihnen in Elmau, während Alfred in Berlin benötigt wurde, da eine neue Tätigkeit in Aussicht stand. Begreiflicherweise war die Elmauer Leitung über die Komplikation nicht erfreut, was sie – ungeachtet des christlichen Etiketts – Helene deutlich spüren ließ, ohne eine Alternative zu bieten. Da erwies sich Richard Hertz als Retter in der Not. Er beriet die bekümmerte Mutter, leistete ihr Gesellschaft und unterstützte sie bei der Suche nach einer Lösung. Schließlich fand sich ein annehmbarer Modus vivendi: Helene zog mit den Kindern nach Garmisch in eine kleine Pension, während Hertz in der Nachbarschaft unterkam. Trotz der guten Winterluft war der Keuchhusten erst nach mehreren Wochen überwunden, so daß sich der Aufenthalt bis in den Februar hinein erstreckte – Umstände, die einer näheren Bekanntschaft förderlich waren.

Sie war von Gemeinsamkeiten, aber auch von Spannungen begleitet, denn Richard Hertz war ein Partner anderer Art als seinerzeit der idealistische, vor 1914 aufgewachsene Hans von Leuckart – jener Nachfahre Hölderlins, der mit seiner gleichgestimmten Diotima nicht zu diskutieren brauchte. Der junge Hamburger konnte seine Herkunft aus der Hansestadt sowie die Zugehörigkeit zu einer verwissenschaftlichten und überdies durch die Kriegsereignisse entzauberten Welt nicht verleugnen. Andererseits war er geistig beweglich und verfügte über eine ungebundene barocke Phantasie, so daß er das Bedürfnis verspürte, sich mit der irrationalen Gegenwelt zu befassen, die er in Helene von Nostitz verkörpert sah. In seinem weitausholenden Nachruf hat er ihr, die er seine Lehrmeisterin nannte, eine philosophierende Betrachtung gewidmet, in welcher er bekannte, sie habe ihm intuitiv die Wahrnehmung des »Ambiente«, der Aura der Dinge erschlossen und ihm damit den inneren Zusammenhang des durch das technische Zeitalter »zerstückelten Universums« vermittelt.

Er verschwieg aber auch nicht die Reibungen und Konflikte – nicht nur zu Beginn seiner »Lehrjahre« –, für die zwei Begebenheiten aufschlußreich sind.

Die eine deutet Helene in ihrem Vorwort zu »Aus dem alten Europa« an: Auf einer Wanderung zu einer Kapelle in den bayerischen Bergen gedenkt sie bei Sonnenuntergang der vergangenen Zeiten... »Da sagte plötzlich eine Stimme neben mir ›Ich habe mit der romantischen Welt, von der Sie wissen, nichts mehr zu tun!‹ Mein Begleiter wandte seinen Kopf den Bergen zu.« Die Äußerung gab den Anstoß zu dem Entschluß, diese dem Jüngeren so fremde Welt in einem Buche festzuhalten. Hertz kommentierte im Nachruf: »Die Erzählung stimmt... der Begleiter, der seine Weisheit so wenig delikat zum besten gab, war ich.«

Und in einer Skizze Helenes, in welcher von Hertz als »Brandt«, von ihr selbst als »Sebastiane« die Rede ist, heißt es: »...Manchmal gingen sie zusammen auf Feste. Eines

Abends konnte sie auf einem Bauernhof gar nicht aufhören zu tanzen ... Brandt hielt Sebastiane fest umschlungen, aber es lag kein wilder Eifer in seiner Bewegung, nur Ebenmaß, Kraft und eisige Zurückhaltung. Sie mußten nachher zu Fuß in der Winternacht zurückgehen. Brandt ging wie meistens voraus und sah sich nicht um. Sebastiane atmete schwer. Kein schützender Arm, kein liebevolles Wort. Warum folgte sie immer wieder diesem unheimlichen Wesen, das anscheinend gleichgültig vor ihr herschritt?

Um solcher Stunden willen folgte sie ihm, in denen eine große Verwandlung über sie kam und die Schönheit der Welt sie lächelnd umgab. Hierfür litt sie und wollte leiden ... Es war ein stürmischer Abend. Sebastiane war so erregt in ihrer Seele wie dahin fliegende Wolken, und plötzlich riß sie ein schweres Tuch, das sie um den Kopf trug, herunter, so daß ihr Haar in Wellen herunterfiel und vom Winde gezaust wurde. Da blieb Brandt stehen und sah sie zum ersten Mal in Bewunderung an. ›So liebe ich Sie‹, sagte er dann, ›gemessen, wie eine Athene, trotzen Sie dem Sturm. Sie sind eine große Frau!‹ Er verstummte, aber Sebastiane war auf einmal wie verwandelt. Die Schmerzen waren vergessen ...«

Die kleine Szene ist charakteristisch für die Eigenart dieser Beziehung, die auch in den folgenden Jahren turbulent blieb, aber nicht zu einem Liebesverhältnis führte, obwohl bei Helene die Emotionen stark waren und sie gelegentlich zu leidenschaftlichen Ausbrüchen hinrissen; vor allem, wenn sie bei ihrem Gegenüber auf Zurückhaltung, ja Abwehr stieß. Denn der um zwanzig Jahre Jüngere bewunderte sie zwar, begegnete aber ihrem überströmenden Sentiment mit der »modernen Atrophie der Gefühle«. Dafür war bezeichnend, daß er nicht zum vertraulichen Du überging, ja sogar die Anrede mit dem Vornamen unterließ. Und auch in geistigen Bereichen war er bei aller Faszination kein geduldiger Schüler und reizte Helene gelegentlich durch herausfordernde Kritik.

Den turbulenten Zeiten folgten aber auch ruhigere des Einvernehmens, so, als nach dem Ende des Garmischer Aufenthalts die Söhne nach Salem zurückgekehrt waren und Helene in Berlin noch nicht benötigt wurde. Dadurch bot sich Gelegenheit für ein Intermezzo, das sie für eine Art Kulturreise nutzte, auf der sie den Anti-Romantiker mit der ihm fremden Welt vertraut zu machen suchte. Sie besichtigte mit ihm Barockschlösser, besuchte Museen, brachte ihn mit Freunden zusammen. Zu ihnen gehörte, neben dem Ehepaar Kurt Wolff, Joseph Pembaur, der aus Leipzig in sein vertrautes München zurückgekehrt war. Er spielte Chopins Ballade; für Helene schien sie »Auflösung und Jubel« auszudrücken. In Weimar, ihrem Lieblingsort, stand Goethe im Mittelpunkt, und Hertz las »mit wohltönender Stimme« aus dessen Gedichten vor. Das mondänste Ereignis war dann ein wohl von Louis Rothschild, Helenes Wiener Bekanntem, vermittelter Besuch im Palais der Frankfurter Rothschilds, die damals noch unberührt von Krieg, Umsturz und Inflation in einem anderen Jahrhundert zu leben schienen. Hertz berichtete darüber seiner Schwester Carmen: »Wir hatten uns zum Tee angesagt und schritten durch die herrliche Kastanienallee zum Allerheiligsten des Parks. Ein Heer feierlicher Diener empfing uns, wir wurden dem Haushofmeister gemeldet, der die Flügeltüren des Salons aufstieß. Welch eine Pracht! Ein Meer von Blumen zwischen dem vollendetsten Pariser Rokoko. Inmitten thronte klein und weiß die neunzigjährige Baronin Rothschild wie ein Buddha. Etwas absolut Imperatorisches geht von ihr aus; scharf und präzise in ihrer Sprache verlangt sie von allem die denkbar beste Formulierung. Chopin war ihr Lehrer und Freund, sie erzählte von ihm. Gerade hatte Pembaur in München uns die Ballade vorgespielt. Von mir wollte sie genaueste Auskunft haben über meine Absichten. Dann kamen die Wiener Rothschilds: ihr Enkel mit seiner berühmten Frau Clarissa, eine der größten Schönheiten Wiens, Tochter der Londoner Rothschilds... Dazwischen kam der Diener, immer mit noch einem Erzherzog, mit der Herzogin von Anhalt und vielen anderen. Es war immerhin eine Stunde in einer Atmopshäre größter Welt gewesen, wie es sie in diesem Stil vielleicht nur drei- oder viermal in Europa gibt.«

In Berlin kündigte sich inzwischen ein Neubeginn an. Alfred von Nostitz, der schon im Kaiserreich – zunächst durch seine Kritik am sächsischen Dreiklassenwahlrecht, sodann als

Amtshauptmann – für die Integration des Arbeiterstandes eingetreten war, hatte mit einem Sozialpädagogen Verbindung aufgenommen, der diesem Anliegen seine Lebensarbeit widmete: Friedrich Siegmund-Schultze war als junger Hilfspfarrer an der Potsdamer Friedenskirche aus dem Kirchendienst ausgeschieden, da er ein unabhängiges soziales Engagement dem Pfarrherrendasein vorzog. Angeregt durch die englische Settlement-Bewegung, die um die Jahrhundertwende Niederlassungen in den Elendsvierteln Londons gründete und darin Studenten mit Arbeitern und Bedürftigen zusammenführte, hatte er im Jahre 1911 die Soziale Arbeitsgemeinschaft (S.A.G.) ins Leben gerufen, die sich im Berliner Osten ansiedelte und Mitarbeiter aus allen Bildungsschichten gewann. Hierzu gehörten vor allem Jungakademiker, aber auch im Milieu Heimische wie der alte Wenzel Hollek: ein früherer Ziegelarbeiter, der sich seine Bildung Schritt für Schritt hatte erkämpfen müssen und keine trennenden sozialen Schranken kannte; auch zu Alfred und Helene gestaltete sich sein Verhältnis sogleich freundschaftlich. Hollek hatte Siegmund-Schultze tatkräftig unterstützt, als es darum ging, mit der S.A.G. in dieser Arbeitergegend Fuß zu fassen.

Es war ein Prozeß, der sich in mehreren Phasen vollzog: Zunächst wurden durch nachbarschaftlichen Umgang und soziale Hilfeleistungen erste Kontakte angeknüpft; sodann konnte man zu festeren Formen eines gesellschaftlichen Lebens übergehen. So entstanden die von Wenzel Hollek betreuten »Jugendklubs«, und in Verbindung mit ihnen eine »Jugendgerichtshilfe«; es folgten »Männerklubs«, Sing- und Turngruppen sowie eine »Frauenkolonie«, der ein eigenes Haus mit Gesellschaftsräumen zur Verfügung stand. Ferner wurden regelmäßige Diskussionen veranstaltet, die Siegmund-Schultze leitete und an denen in den zwanziger Jahren auch Alfred und Helene gelegentlich teilnahmen: Ein Vortrag Alfreds, in welchem er für die »Zusammenarbeit des *ganzen* Volkes« eintrat, fand freilich bei den Zuhörern (offenbar wegen der zu anspruchsvollen Formulierungen) nicht die erhoffte Resonanz – eine kleine Enttäuschung, über die jedoch »Vater Hollek« durch seinen warmen Zuspruch hinweghalf.

Neben Hollek war es eine im Berliner Osten ansässige

ältere Frau, die Helene öfters aufsuchte: Frau Nickel, die sie durch ihre Wesensart, mehr noch als durch ihre erzählerischen Versuche, beeindruckte:

»Es gibt viele Frauen, die arm sind, von ihrem Mann gequält werden, es schwer haben, wie man üblicherweise sagt. Das alles ist es nicht, was die Besonderheit von Frau Nickel ausmacht, die am Grünenweg in einem Hinterhaus wohnt. Als ich sie besuchte, sagte sie: »Schauen Sie einmal zum Fenster hinaus, da ist es so wunderschön!« Mein Blick fiel auf zwei kleine grüne Bäume, die sich tapfer inmitten der grauen Hofwände behaupteten. Da erkannte ich, daß diese Frau etwas von der großen Verwandlungskunst besaß, von der unabhängigen tapferen Bewegung, durch die das sichtbare Leben zu einem erlebenswerten Ereignis wird.«

In der Nachkriegszeit hatte sich die »Soziale Arbeitsgemeinschaft« auf mehrere Städte ausgedehnt. Überdies konnte mit Hilfe karitativer Organisationen in dem südöstlich von Berlin gelegenen Wilhelmshagen – einem an die Stadtbahn angeschlossenen kleinen Orte in der märkischen Landschaft zwischen Friedrichshagen am Müggelsee und Erkner – ein zweiundzwanzig Morgen großes Grundstück mit den Gebäuden eines früheren Krankenhauses erworben werden, ein Komplex, der als Außenstelle der S.A.G. geeignet erschien.

In den ebenerdigen Gebäudeflügeln waren damals eine Haushaltsschule für Kriegswaisen und Heime für erholungsbedürftige sowie geistig behinderte Kinder untergebracht. Ferner standen ein großer Saal und Unterkünfte für verschiedene Zwecke – Kongresse, Besuche ausländischer Arbeitergruppen, Wochenendaufenthalte der Ostberliner Klubs – zur Verfügung. Eine Erweiterung der Aktivitäten durch eine Volkshochschule war vorgesehen. Zur Steuerung und Koordinierung dieses vielfältigen Programms bedurfte es eines Leiters – eine Aufgabe, die Alfred zusagte. Ein entsprechendes Angebot Siegmund-Schultzes nahm er daher an. So wurde er von der S.A.G. mit Wirkung vom 1. März 1922 zum Direktor der Zweigstelle berufen und übte diese Funktion etwas über drei Jahre aus. Er erhielt keine Bezüge, jedoch als »Gegenleistung« die unentgeltliche Nutzung einer Achtzimmerwohnung im ersten Stock des Verwaltungsgebäudes sowie eines Obst- und Gemüsegartens. Das Haus, ein nüchterner Bau aus gelbem Backstein, war von außen gesehen wenig anheimelnd, doch ließ sich die Wohnung mit hell gestrichenen Wänden, den Van-de-Velde-Möbeln, den Blüthner-Flügeln in gewohnter Weise einrichten, so daß die Familie – mit mehreren Angestellten – wieder ein Zuhause hatte. Das kam auch der fünfjährigen Renata zugute, die bisher in Bad Nauheim bei der Großmutter verblieben war und nunmehr zu den Eltern zurückkehrte – eine Umstellung, die ihr freilich zunächst wenig gefallen wollte, zumal es in Wilhelmshagen keine Spielgefährten ihres Alters gab.

Helene, der es nie schwergefallen war, sich auf eine neue Umgebung einzustellen, wenn sie Zugang zur freien Natur hatte, liebte bald diesen Ort. »Wir wohnen in einer wundervollen Landschaft«, schrieb sie an Rilke, mit »Seen und Wiesen, zwischen denen in der Ferne die Segelboote ziehen«, und Hofmannsthal berichtete sie, sie habe eines Morgens »vom Bett aus den Zug von rosa Wolken am blauen Himmel verfolgt«, und sei dann Zeuge geworden, wie »ein großer Raubvogel mit ausgebreiteten Flügeln langsam durch alle diese lieblichen Farben zog. Ich weiß nicht, warum mich sein Vorüberziehen so besonders ergriff.« Sie brauchte sich indessen nicht nur mit stillen Naturbetrachtungen zu begnügen; ihre Gabe, Menschen anzuregen, sie zusammenzuführen, so daß sie sich trotz aller Verschiedenartigkeit wohl fühlten, bewährte sich auch hier. Und die Umstände brachten es mit sich, daß sich in Wilhelmshagen ein buntes Leben entwickelte – ein Kommen und Gehen, das jung und alt aus den verschiedensten sozialen Schichten einschloß und überdies durch den weitgefächerten Bekanntenkreis der Nostitzens und die Auslandsbeziehungen der S.A.G., namentlich zu den englischen Trade-Unions, einen internationalen Charakter erhielt.

»Auch andere Ausländer als uns bekannte Diplomaten erschienen in Wilhelmshagen«, heißt es in einer Skizze Helenes, »und blickten mit regem Interesse auf das vielgestaltige Treiben. Als erste größere Gruppe nach dem Weltkrieg kamen etwa hundert englische und schottische Arbeiter und wohnten bei uns in den Anstaltsgebäuden. Oftmals ertönten nun die langgezogenen schottischen Lieder über Wiese und

Wald. Die Labourleute wollten vor allem sehen und hören – mehr, als aus den Zeitungen zu erfahren ist. Mit der ihnen eigenen Gründlichkeit gingen sie dabei ans Werk, und manche Mondnacht fand uns noch über politische und wirtschaftliche Fragen diskutierend in dem weiten, jetzt stillen Grundstück. Auch einige mehr rechts orientierte Vertreter des englischen Bürgertums nahmen teil; es war ein Erlebnis, als eines Abends der Sozialist die vom konservativen Gesprächspartner vorgebrachten Argumente mit Objektivität und freundlichem Humor anerkannte. Andere Begegnungen folgten. Unter Leitung des Marburger Professors Rudolf Otto tagte der ›Religiöse Menschheitsbund‹, woran neben Angelsachsen, Franzosen und Italienern auch ein japanischer Priester teilnahm. Und dann besuchten uns die Quäker. Sie fanden wirklich gefühlte Worte, die dem Leiden *aller* Völker gerecht wurden, weil dahinter sogleich die Bereitschaft zur Tat zu erkennen war. Auf der Wiese vor dem Gasthof zum Krug umstand man einen ihrer Redner, der sich auch mit tiefem und schönem Verständnis über das so schwer getroffene Deutschland äußerte. Schweigend gingen wir zunächst auseinander, als er geendet hatte, diskutierten dann aber am Ufer des Flusses noch länger mit den Besuchern. Währenddessen tauchte plötzlich ein junger Mann auf, begleitet von seinem Hunde und mit der Reitpeitsche knallend. Gereizt über die vernommenen ausländischen Laute führte er herausfordernde Reden: Deutsche sprechen mit Engländern und Amerikanern? Unerhört! Dann aber geschah etwas Merkwürdiges. Wir traten zu ihm, und nach halbstündigem Gespräch änderte sich seine Gebärde; erstaunt schaute er um sich und schwieg. Abends war dann großer Sängerkrieg: deutsche Volkslieder gegen englische Volkslieder. Es schallte weit hinaus und man schüttelte sich die Hände in gegenseitiger Anerkennung.

Ja, wie vieles haben wir in Wilhelmshagen erlebt! Auch an den weiten Saal knüpfen sich unvergeßliche Erinnerungen. Blinde Kinder lauschten in tiefer Andacht der Musik, die für sie gespielt wurde. Oder da zog, vor Tannenbäumen im Hintergrund, mit der schlichten Anmut frühgotischer Gemälde das Weihnachtsspiel an uns vorüber; mit ihren kleinen Laternen in der Hand schienen die Hirten und das heilige Paar aus dem verschneiten Walde zu kommen. Und ein anderer Eindruck: Am Ende der großen Sommerferien erhob Siegmund-Schultze noch einmal seine Stimme, um kurz und warm von der Herzensgemeinschaft zu sprechen, die uns immer verbinden sollte – und in solchen Stunden auch wirklich verbindet.«

Ein Einzelgänger ist noch zu erwähnen, dessen Anwesenheit in Wilhelmshagen aus künstlerischem Anlaß Helenes Initiative zu verdanken war: Sie hatte den Maler Curt von Unruh, der in den letzten Kriegsjahren Harry Kessler bei seiner kulturellen Mission in Bern als Adjutant unterstützte, während ihres Aufenthalts in Garmisch kennengelernt. Damals hauste er in Mittenwald in einer Dachkammer und malte immer wieder die Wettersteinwand, war aber leicht für eine Aufgabe zu gewinnen, die ihm mehr am Herzen lag. Denn er lebte ganz in der Gedankenwelt seines älteren Bruders, des Dichters Fritz von Unruh, der – als Kadettenzögling und preußischer Offizier – durch die Kriegserlebnisse zum radikalen Pazifisten geworden war und in seinem expressionistischen Drama »Ein Geschlecht« die leidenschaftliche Abkehr von Krieg und Macht, die Sehnsucht nach Menschheitsverbrüderung gestaltet hatte. Als Helene, im Einvernehmen mit ihrem Mann, dem jungen Künstler vorschlug, dieses Thema in Fresken darzustellen, wofür ihm ein für die Wilhelmshagener Volkshochschule vorgesehener Raum zur Verfügung stehe, ging er gern auf dieses Anerbieten ein und machte sich im Frühjahr 1922 ans Werk. In Gesprächen, oft bis tief in die Nacht, erklärte er immer wieder, jede Stadt müsse solche Zeugnisse erhalten, die an die Gefallenen erinnerten. Helene sah ihn noch vor sich: nur selten lächelnd, mit wildem Haarschopf, glühende Augen im hageren Gesicht, und war beeindruckt von seinen Bildern auf den weiten Wandflächen, welche die Leiden des Krieges in einer, von mächtigen Bergen beherrschten Landschaft vergegenwärtigten.

Curt von Unruh brachte diese Arbeit zu Ende. Nach dem Wegzug der Nostitzens wurden jedoch die Fresken, da man sie bei anderweitiger Verwendung des Raums als störend empfand, mit Rupfen überspannt. In dieser Verkleidung überstanden sie den Zweiten Weltkrieg und warten vermutlich noch heute darauf, daß ein Kunsthistoriker sie neu entdeckt.

Angeregt durch Helenes Erzählungen hatte sich, nach jener »Kulturreise«, auch Richard Hertz zu einem Aufenthalt in Berlin entschlossen und dort mit der Sozialen Arbeitsgemeinschaft Verbindung aufgenommen. Er hatte die Leitung eines Jugendklubs übernommen und wohnte im Berliner Westen, kam aber häufig – mit oder ohne den Klub – nach Wilhelmshagen, wo er von der Familie freundlich aufgenommen wurde. Darüber schrieb er seiner Schwester Carmen: »Gestern übernachtete ich in Wilhelmshagen, wo es wirklich sehr nett war, ganz uneingeschränkt. Frau von Nostitz, die Kinder, alle höchst harmonisch ... [Es] war wie immer ein einziger Trubel, man kann hinkommen, wann man will, es laufen immer die extremsten Typen durcheinander. Am Abend war eine Invasion von unangemeldeten Engländern, in die wir zufällig hineingerieten, darunter zwei Members of Parliament und zahllose Ehepaare, die behaupteten, sie müßten zusammen schlafen. Zwei Stunden später hatten einige schon ihre Beine verletzt, weil ein großer Balken in Höhe der Schienbeine im stockfinsteren Korridor quer über dem Weg lag, über den alle ununterbrochen stolperten. Eine herrliche Suffragette mit riesiger weißer Perücke, ganz Daumier-haft, trompetete aus einer Wolke von Flugschriften in die turbulente Menge: ›Votes for women!‹ Ein englischer Bildhauer entwickelte seine kunsttheoretischen Ansichten ... Am Nachmittag spielten wir Tennis; vormittags badeten wir, das heißt die Söhne und ich, im eiskalten Dämeritzsee. Dann kamen der dänische Gesandte Graf Moltke und die Gräfin Dönhoff ... [Später erschien noch] ein langhaariger Sanskritgelehrter, der Bauer geworden ist und in Wilhelmshagen eine Milchwirtschaft anfängt, das Ackerland pflügt und jeden Morgen Frau von Nostitz ein Gedicht schickt, worüber die Familie außer sich vor Vergnügen ist...«

Einige Tage später schreibt er: »In Wilhelmshagen geht es aus und ein. Vertreter aller Nationen treffen ein: baumlange russische Emigranten, der italienische Botschafter Bosdari mit Professor Valli, der unter großem Zulauf Vorträge über

Dante gehalten hat..., der Korrespondent der ›Chicago Tribune‹ mit reizender Frau, der Korrespondent der ›Times‹ und noch mehrere Angelsachsen in ihrer nonchalanten Art. Das Ehepaar Raumer, sie eine Tochter [von Elisabeth] Heyking, viele Attachés [aus dem Auswärtigen Amt], die unter dem Druck der Verhältnisse seufzen, einen neuen Tag herbeisehnen... Unruh weiht mich in die Mysterien der Diplomatie ein. Er, Sohn eines Generals, ist jetzt der wildeste Radikale, dem ich in meinem Leben begegnet bin...«

Diese harmonischen Schilderungen geben freilich nicht die ganze Wahrheit wieder. Mehrere Jahre nach dem Tode Helenes – in einem Brief an Alfred von Nostitz – nannte Richard Hertz seine Beziehung zu ihr »dramatisch« und erwähnte in diesem Zusammenhang die »seltsame Auseinandersetzung in Wilhelmshagen«, wobei er hinzufügte, seine damalige Haltung sei durch spätere Einsichten in seinem Leben desavouiert worden. Dabei ging es vor allem um die Kritik, die er an Helenes »Mondänität« geübt hatte: Bei aller zur Schau getragenen Mildtätigkeit sei sie »Weltdame« geblieben und »kokettiere mit dem Elend«, auch ihre Bemühungen im Berliner Osten seien daher unaufrichtig. Diese Kritik mußte sie als Kränkung empfinden. Ihre Reaktion war um so heftiger, als sie sich durch den weit Jüngeren, der sie gleichwohl faszinierte, mißverstanden und herausgefordert fühlte. So entstand eine Krise, die sie jedoch auf ihre Art zu meistern wußte. Sie schrieb damals eine Betrachtung über die »Mondänität«, in der es hieß: »›Diese Frau ist mondän!‹ Mit diesem Ausspruch ist sie aus dem Kreis der wirklich fühlenden Menschen verbannt... Sie gehört zu den seelisch Ausgestoßenen. ›Mondän‹ stammt von ›Monde‹, ›Welt‹ und ist ein Begriff, der in allen Zeiten, die Stil hatten, mit Stolz betont wurde... Die selbstverständliche Élégance gewisser Epochen erstreckt sich auf alle Stände, und in diesem Sinne war auch der Schuster Hans Sachs mondän. Wenn man will, beruht die Kraft der größten weltlich-göttlichen Institution, der katholischen Kirche, auf dieser Mondänität... Im Grunde lauern Feigheit und Ängstlichkeit hinter der grauen Kutte, die der Philister sich umhängt. Die Buntheit und Fülle des Lebens, zu der auch schöne Kleidung gehört, erfordern

Mut und Lebenssaft, denn die Bejahung dieser Dinge, die tanzende Bewegung, die leichte Geste stempeln uns in dieser Zeit als frivol, und nicht jeder kann diesen Vorwurf ertragen. Denn im Grunde ist die Fama eintöniger Güte der Wunsch jedes Bürgers. Wenn aber die Welt zu einem Stil erwachen soll, der sie wieder ganz beherrscht und sie, wie die Barockzeit, rauschend mit Architektur, Wort, Musik, heiterer Wissenschaft erfüllt, darf die Bewegung, die wir als mondän bezeichnen, nicht fehlen...«

Dieser – unveröffentlichte – Text Helenes, mit dem sie sich gegenüber ihrem gestrengen Kritiker durch Berufung auf verflossene, ihr aber präsente Epochen zu rechtfertigen suchte, war zugleich eine Vorübung für jenes Erinnerungsbuch, das ihr seit jener Wanderung in den bayerischen Bergen vorschwebte und das ihr nunmehr in der turbulenten Gegenwart noch dringlicher erschien. Man schrieb das Jahr 1923, das mit der französischen Besetzung des Ruhrgebiets begann und die geschwächte Nation durch den »passiven Widerstand« und dessen Zusammenbruch, durch politische Wirren und die galoppierende Inflation an den Rand des Abgrunds brachte.

Helene konzentrierte sich in diesen unruhigen Zeiten auf die stille Arbeit am Schreibtisch – eben auf jenes Buch, in dem sie den Stil, die Mentalität, die »Atmosphäre« der Gestalten einer vergangenen, aber von ihr erlebten Welt festzuhalten suchte, ehe sie dem Gedächtnis entschwänden. Zu Beginn des neuen Jahres war das Manuskript abgeschlossen: eine Folge von Impressionen, die sie in späteren Jahren noch erweitern sollte. Sie nannte es »Aus dem alten Europa. Menschen und Städte« – ein Titel, der bei den Zeitgenossen viel Anklang finden sollte und heute noch nicht vergessen ist. Zunächst scheute sie sich, damit vor die Öffentlichkeit zu treten. Neben ihrem Mann war Harry Kessler, der so manches miterlebt hatte, einer der ersten Leser. Als er sie nach der Lektüre besuchte, ging er ihr mit ausgestreckten Händen entgegen: »Ihre Gestalten leben ja!« Er erbot sich dann, den Text in der 1913 in Weimar von ihm gegründeten, ohne ein festes Programm nach bibliophilen Kriterien und nach Liebhabergesichtspunkten geführten Cranach-Presse zu veröffentlichen.

So erschien das Buch im Frühjahr 1924 als Antiqua-Druck in blaßlila Einband mit weißem, golden beschrifteten Pergamentrücken. Diese erste Auflage von hundertfünfzig Exemplaren war bald vergriffen, doch folgte ein Jahr später eine zweite, größere in gleicher Ausstattung im Insel-Verlag. Obwohl Helene seit der Leipziger Zeit mit den Kippenbergs in freundschaftlicher Verbindung stand, hatte sie Kessler die Vermittlung überlassen. Ihr Dankesbrief vom 15. Juni 1924 zeigt, daß ihre anfänglichen Bedenken gegen eine uneingeschränkte Verbreitung überwunden waren. Es heißt darin: »Gestern war Kessler bei uns. Es ist mir eine große Freude, daß Sie beide mein kleines Buch mögen, und daß es in den Insel-Verlag aufgenommen wird. – Es ist so unmerklich aus einer inneren Notwendigkeit heraus gewachsen, und ich gab es getrost in fremde Hände, denn die Konfessionen, die darin enthalten sind, werden nur die wenigen, die mir nahe stehen, herauslesen.«

Mittlerweile neigte sich die Wilhelmshagener Zeit dem Ende zu. 1923 hatte sich die unsichere wirtschaftliche und politische Situation auch auf die örtlichen Verhältnisse ausgewirkt. Der Besucherstrom ging zurück, und es kam zu Versorgungsschwierigkeiten, die sich durch Selbsthilfe nicht beheben ließen. Der Obst- und Gemüsegarten erbrachte kaum einen Ertrag, und die Anschaffung einer Kuh erwies sich als verfehlt, da Familie und Angestellte nicht über die für die Pflege des Tieres erforderlichen Kenntnisse verfügten. Größere Ausflüge mußten auch in der Ferienzeit unterbleiben. Nur in den Gewässern der Umgebung unternahm Helene mit den Söhnen gelegentlich Fahrten in einem Ruderboot.

Im Frühjahr 1924 normalisierte sich dann die allgemeine Lage durch Währungsreform und »Erfüllungspolitik«, doch wurde gleichwohl deutlich, daß die Wirklichkeit hinter den anfangs auf Wilhelmshagen gesetzten Erwartungen zurückblieb. Namentlich verzögerte sich die Errichtung der Volkshochschule, an der Alfred besonders gelegen war. So gewährte ihm die »Direktorentätigkeit« keine rechte Befriedigung. Nach drei Jahren entschloß er sich daher, seine Aktivität in der S.A.G. zu beenden. Es geschah in freundlichem Einvernehmen mit Siegmund-Schultze, der seinerseits die Leitung der Zweigstelle übernahm. In Berlin fand sich eine geeignete Wohnung zwischen Nollendorfplatz und Lützowplatz, welche die Familie Nostitz am 1. Juni 1925 bezog.

Über zwei traurige Ereignisse ist noch zu berichten, die in den Beginn der Wilhelmshagener Zeit fielen und Helene sehr bewegten.

Das eine war die Ermordung Walther Rathenaus. Bald danach, am 30. Juni 1922, schrieb sie an Katharina Kippenberg: »Inzwischen ist wieder ein so schrecklicher und sinnloser Mord über uns gekommen, der uns tief erschüttert hat. Diese rohen Pistolenschüsse haben mehr als Rathenaus Herz zerrissen, sie haben an einer Stelle das Herz der Welt getroffen. Denn Rathenau war, man mochte ihn gern haben oder nicht, ein Element, eine Kraft; das spürte ich so stark, als ich die Nachricht plötzlich fassen mußte.«

Aus dem Tagebuch Kesslers erfahren wir, daß er am Tage nach Rathenaus Tod nach Wilhelmshagen zu Nostitzens fuhr, »wo Siegmund-Schultze eine kleine Trauerfeier vor den Kindern eines Sommerfestes hielt, sehr einfache Worte, die mich aber tief ergriffen«.

Vier Wochen danach schloß Cornelie Richter für immer die Augen. Über die Beisetzung schrieb Helene an Hofmannsthal: »Sehr rührend war das Begräbnis von Cornelie Richter. Die ganze Luft Alt-Berlins umwehte einen. [Der Cellist] Grünfeld spielte noch einmal und der Chor sang: ›Über allen Wipfeln ist Ruh‹. Ich habe sie leider nicht mehr gesehen.«

Kessler empfand die Trauerfeier als »ein letztes Aufflackern des Richterschen Salons«. Im Tagebuch schildert er »die schwarzen Gestalten vor dem kleinen, unter Rosen verschwindenden Sarg, alte Damen, alte Männer wie Vermummte, und erstarrt die früher so elegante kosmopolitische, ›hofmäßige‹ Gesellschaft der Richterschen Diners und Soireen; die sehr schöne Beethovensche Musik, dieselbe wie an so vielen Abenden bei Frau Richter, verstärkte den wehmütigen Eindruck. Es war der letzte Akt einer sehr losen, aber menschlich sehr lieben und fruchtbaren Kulturgemeinde.«

15. KAPITEL

Europäische Ausflüge – das Kaleidoskop Berlin

Es dürfte schon deutlich geworden sein, daß Helene zwei gegensätzliche Charakterzüge in sich vereinte: Einerseits die Pflege der Tradition, Selbstdisziplin, Zurückhaltung – »retenue«, wie sie das zu nennen pflegte – und Verschwiegenheit hinsichtlich des eigenen Innenlebens und der Vertraulichkeiten ihrer Mitmenschen; andererseits sinnenfrohe Weltoffenheit, Aufgeschlossenheit ohne Einschränkung und ohne Vorurteil gegenüber dem Neuen und Unerwarteten, das ihr bei den Menschen, in Kunst und Natur begegnete. Es gab Zeiten, in denen der eine oder der andere dieser beiden Charakterzüge dominierte. Die kulturelle Entwicklung in den Jahren 1924 bis 1933, dem letzten Jahrzehnt der Weimarer Ära, in welchem Europa wieder ein friedlicheres Gesicht erhielt und in Berlin das kulturelle und gesellschaftliche Leben nahezu hektische Formen annahm, kam Helenes Weltoffenheit, ja Lebensneugier sehr entgegen.

1924, nach dem Ende der Inflation, hatten sich die wirtschaftlichen Verhältnisse, auch im Hause Nostitz, so weit normalisiert, daß Auslandsreisen wieder möglich wurden. Alfred und Helene folgten daher einer Einladung von Gerhard von Mutius und seiner Frau Marie, geborene von Bethmann Hollweg, nach Kopenhagen, wo Mutius deutscher Gesandter war. Der Studienfreund Alfreds, der Helene seit den Tagen des »himmlischen Hofes« vertraut war, hatte beide längere Zeit nicht gesehen. »Nun entdeckten wir«, schrieb Helene ein Jahrzehnt später in dem Nachruf, den sie dem schon mit zweiundsechzig Jahren Verstorbenen widmete, »als wir einige Wochen bei ihm zu Gast waren, immer neue Ausblicke und Möglichkeiten der Mitteilung. Wir vertieften uns damals in Rilkes [kürzlich erschienene] ›Duineser Elegien‹. Abend für Abend versuchten wir wieder das Geheimnis dieser Verse zu ergründen; dann beendete ich oft den Abend mit Mozarts ›Fantasie‹. Auch scharfe Diskussionen ergaben sich wohl, wie einst in unserer Jugend, bei denen ein jeder beharrlich bei seinem Standpunkt blieb. Denn irgendwo war auch eine unerbittliche Härte in dieser äußerlich so liebenswürdigen Natur...«

Helene hat ferner eine Schilderung ihrer Reiseeindrücke hinterlassen, in denen manches seltsam aktuell anmutet: »Nach langer Zeit in fremdem Land! Unsere europäische Seele spürt plötzlich ihre Ausmaße und atmet freier. Merkwürdig neben dem starken Heimatgefühl diese Sehnsucht nach dem Fremden! Eine andere Art um sich zu blicken haben diese Menschen, und vor allem eignet ihnen eine unbeirrbare Ruhe, die von Kritik und Stellungnahmen in unserem Sinne nichts weiß... So wurde mir auf einmal klar, daß wir uns in Deutschland eigentlich immer in einer starken Spannung befinden. Wir sind als Bewohner Mitteleuropas von Gefahren umringt und allen Einwanderungen preisgegeben. Hier aber umflutet das Meer diese Inseln, in denen das Herz der Dänen allein für ihr Land schlägt. Nur noch als Symbol liegen diese kleinen Festungen an der Küste, die sehnige, ruhig verträumte, hochgewachsene Jünglinge bewachen. Schon tauchen die ersten roten Häuser auf: in jenem eigentümlich warmen, wohltuenden Rot, das man nur hier sieht. Auf dem Schiff wirkt alles breit, behaglich und sorglos. Viele Blumen stehen auf dem Eßtisch. Bald, ich fühle es, wird die Sehnsucht nach dem gequälten, zerrissenen Deutschland von neuem erwachen. Denn das Bewußtsein beginnt sich wieder zu regen, nach der ersten losgelösten Wonne der Grenzüberschreitung.«

Einige Monate später folgte ein Ausflug nach Holland, wobei Helene den Eindruck gewann, dieses Volk in seinem »stillen beglückten« Sicherheitsgefühl liebe nicht ungestüme Gewalt: weder die Naturgewalt des Meeres noch das Temperament eines Rembrandt. Die Reise galt vor allem einem Künstler und alten Freunde, der sich nur als Gast in den Niederlanden aufhielt. Henry van de Velde war im Februar 1920 der Einladung holländischer Mäzene – des Großkaufmanns Anton Kröller-Müller und seiner Frau Helene – nach Otterlo gefolgt, um dort Pläne für jenes große Museum auszuarbeiten, das dann aus finanziellen Gründen nicht gebaut werden konnte (das heutige stark reduzierte Gebäude vollendete er erst im Jahre 1938). Als Alfred und Helene das Haus Kröller besuchten, waren aber die Vorarbeiten schon abgeschlossen, die ihnen van de Velde eingehend erläuterte.

»Es war kein Zufall«, schrieb Helene, »daß wir ihm in einem Saale begegneten, dessen Wände nur von van Goghs eruptiven Bildern beherrscht wurden. In dieser unpathetischen Atmosphäre konnte van de Velde jene ›retenue‹ [Zurückhaltung] verwirklichen, die sein Element ist: die Konzentration aller Kräfte in einer äußersten Linie. Wir standen vor dem Modell seines Museums, das wie ein Gebirge aus einer weiten Heidelandschaft aufsteigen sollte. In beschwingter Rede ließ er das Gebäude vor uns erstehen. ›Sehen Sie diese Säulen, die wie Karyatiden den Eingang bewachen! Ich gebe nur die äußerste Bewegung der Gestalt wieder: ›C'est la ligne qui reste, après avoir passé par toutes les retenues!‹ [Es ist die Linie, die bleibt, nachdem sie alle Hemmnisse überwunden hat.]...«

Sodann schilderte er die Struktur des Baus, vom Eingangstor bis zum oberen Kuppelraum, der die Werke van Goghs aufnehmen sollte, während sich Helene den Zusammenklang dieser Architektur mit der Landschaft ausmalte: »Ich möchte sagen: Bei van de Velde atmet der Stein aus der Erde, auf welcher er steht, seine Form ein, und jedes Fenster bedeutet die Komposition eines neuen Bildes: durch den Landschaftsausschnitt, auf welchen es schaut...«

Wir wissen nicht mehr über den Besuch in Otterlo als das geschilderte Werkstattgespräch. Zweifellos stand es aber im Mittelpunkt dieser Begegnung mit Henry van de Velde, welche die letzte sein sollte und so ganz seinem Wesen entsprach.

Im Sommer 1925 kam es zu einer weiteren Auslandsreise. Sie führte in ein Helene vertrautes Land, das jedoch damals ein verändertes Gesicht zeigte: in das Italien Mussolinis.

Sophie von Hindenburg hatte ihre im Kriege beschlagnahmte Villa Margherita in Ardenza nach langwierigen Verhandlungen, unter Einschaltung der Deutschen Botschaft, wiedererlangt und sich ganz dort niedergelassen. Nunmehr bot sich Gelegenheit zu einem ersten Besuch, an dem auch die Kinder teilnahmen, während Alfred in Berlin blieb. Helenes Eindrücke, die sie in einem Artikel festhielt, spiegeln vor allem den Kontrast, den sie zwischen dem faschistischen Kommandostil und der angeborenen zwanglosen italienischen Lebensart wahrnahm. Das zeigte sich schon auf der Anreise: »Plötzlich nach dem Gotthardtunnel wurde es weich und warm um uns. Noch leben im italienischen Volk die nachlässigen – persönlichen Gesten. Doch wenn ein Faschist in seiner schwarzen Tracht erscheint, schaut ein jeder wie gebannt und weiß, daß er gehorchen muß. Das Auge des Duce wacht überall, und es ist, als hätte er den Ausdruck seiner Blicke all seinen Untergebenen mitgeteilt: Auf Schritt und Tritt folgt er forschend den Reisenden... Die Untergebenen schauen entgeistert auf diese Technik und fürchten immer, gegen das Gesetz zu verstoßen. Doch sich selbst überlassen, verfallen sie wieder in die kindliche, nachgiebige Bewegung, die ihnen gemäß ist. Ein Schaffner nimmt Schokolade von meiner Tochter [der achtjährigen Renata] entgegen und erzählt von seinem Kind. Auf den Schienen winken uns einige Arbeiter freudig zu und durch die noch immer schmutzigen Bahnhofshallen dröhnen die altbekannten Rufe...«

Als Ardenza erreicht ist, werden alte Erinnerungen wach: »Ich mußte daran denken, wie ich viele Jahre vor dem Kriege, ebenfalls in einer milden südlichen Nacht, an dieser Küste ankam... Im Mondschein lagen die Empire-Villen... umgeben vom ruhigen Unterholz der ›Pineta‹, aus der der Gesang und der Ton der Gitarren und Mandolinen erklang. Sie sind jetzt verstummt.«

Denn auch hier hat sich die Szene verändert: »Wie ich am Morgen mein Fenster öffne, ertönt schallend die ›Giovinezza‹, von stramm marschierenden, schwarz behemdeten Jünglingen etwas falsch, aber begeistert gesungen. Darüber wiegen sich Flieger mit knatternden Maschinen, während auf der See Motorboote einander überholen. Längs des Weges am Meer, wo früher die harmlosen Musikanten zogen, rasen jetzt Rennautos. Ihr Auspuff klingt wie Salutschüsse. Und Bersaglieri üben auf Rädern unter lauten Kommandos. Dieses kleine idyllische Seebad ist ein Exerzierplatz geworden. Nur die Haifische, die dieses Jahr die Küste unsicher machen, schalten und walten nach ihrem Belieben; sonst ist alles auch hier bestimmt und geregelt, und wehe dem, der sich widersetzt. Von allen Mauern und Anschlagsäulen schaut das drohende Haupt Mussolinis auf ihn hernieder. Nur in den Badeanstalten, den Bagnettis, entwickelt sich ein etwas freieres Leben, wenn auch die häufig getragenen Pyjamas beanstandet werden. Es ist die Stunde des Sonnenuntergangs und der ›passeggiata‹. Die Weisen eines kleinen Orchesters verleihen den Menschen Ausdruck und Rhythmus. Das tiefste Rot des Himmels flammt auf, als der Bajazzo sein Liebeslied deklamiert. Immer erregter wirken die Gesichter in der Glut der Abendsonne. Auf dem Wandelgang über dem Meere stehen eng gepreßt verzückte Liebespaare und flüstern... Doch plötzlich verwandeln sich alle Gesichter und werden streng und ernst. Die nachlässigen schwatzenden Paare haben sich von ihren Sitzen erhoben. Das kleine Orchester spielt unvermittelt die ›Giovinezza‹, und alle Blicke sind auf einen schwarz gekleideten Mann gerichtet, der energisch mit schnellen Schritten durch die sich zerteilende Menge schreitet.

›Ist das Mussolini?‹ fragt ein Ausländer, der ebenso wie die anderen aufgestanden ist. ›Nein, es ist der Minister X, sein Freund.‹ Hoch recken sich die Arme und Hände treuer Parteianhänger.

Und nun ist die Sonne untergegangen. Ein hartes, graues, nüchternes Licht folgt der berauschenden Farbensymphonie.«

Im nächsten Jahr kam es nach langer Zeit zu einem Wiedersehen mit Paris, das einen besonderen Anlaß und auch eine Vorgeschichte hatte: Nach dem Wegzug aus Wilhelmshagen stand Alfred für neue Aufgaben zur Verfügung. Es fand sich eine Tätigkeit ehrenamtlichen Charakters, die ihn zwar nicht voll ausfüllte, aber Möglichkeiten politischen Wirkens bot. Er wurde Vorsitzender der deutschen Sektion des Deutschfranzösischen Studienkomitees, das seine Entstehung dem luxemburgischen Großindustriellen Emil Mayrisch verdankte, einem Vorkämpfer der deutsch-französischen Annäherung, der auch maßgeblich am Abschluß der deutsch-französischen Stahlkonvention beteiligt war. Anliegen des Komitees, dem führende Männer der Wirtschaft sowie des geistigen und politischen Lebens, aber keine aktiven Politiker angehörten, war nicht so sehr Publizität, als vielmehr der unmittelbare Kontakt zwischen einflußreichen Persönlichkeiten beider Länder zur Klärung vermeidbarer Meinungsverschiedenheiten und zur Beseitigung von Mißverständnissen. Diesem Ziel dienten Tagungen, die von einem deutschen Generalsekretär in Paris und einem französischen Generalsekretär in Berlin, auch durch Beschaffung von Informationen, vorbereitet wurden. Den letztgenannten Posten bekleidete vom März 1926, als das Komitee seine Tätigkeit aufnahm, bis zum Jahre 1930 ein jüngerer Vertreter der französischen geistigen Elite: Pierre Viénot.

Schon zuvor, im Mai 1925, hatte sich der damals Achtundzwanzigjährige den Nostitzens mit einem Brief Rilkes an Helene vorgestellt, in welchem der Dichter vom Lebensweg seines »jungen französischen Freundes« berichtete. Viénot, ein Protestant wie André Gide, dem er geistig verbunden war, hatte zum Stab jenes legendären Marschalls Lyautey gehört, dem Frankreich die Begründung und Aufrechterhaltung des französischen Protektorats über Marokko verdankte. Rilke zufolge stand Lyautey zu ihm in einem »fast freundschaftlichen Verhältnis«, hatte ihn monatelang bei sich in Marokko, wo er ihn beschäftigte; so habe er in ihm »jenen Freimut vorbereitet, der zu den größten Eigenschaften des Marschalls gehört: das Politische wie ein Lebendiges ohne Eigensinn und Schreckhaftigkeit anzufassen«. Nunmehr schreibe Viénot »ein kluges Buch über deutsche Zustände«, gehöre zu »den in seiner Generation nicht seltenen jüngeren Leuten, die eine Orientierung über deutsches Wesen sehr tief und ernst meinen«, und habe zudem den Vorzug, sich an »deutsche Art und Gesinnung aus eigener Erfahrung in Heidelberg und anderen Städten zu erinnern«.

Eine Empfehlung kam auch von anderer Seite: von Hofmannsthal, der Viénot bei der Überfahrt nach Marokko kennenlernte und ihm in seinem Aufsatz »Das Gespräch von

Saleh« ein Denkmal setzte. Er sandte Alfred mit einer lobenden Bemerkung das in einer Zeitschrift erschienene erste
Kapitel jenes von Rilke erwähnten Buches des jungen Autors,
das dann 1931 unter dem ins politische Vokabular eingegan-
genen Titel »Incertitudes allemandes« erschienen ist und die
kommende Entwicklung vorurteilslos und scharfsinnig ana-
lysierte.

Wie zu erwarten, wurde Viénot von Alfred und Helene
freundlich empfangen. Schon der erste Besuch, der noch in
Wilhelmshagen stattfand, weckte gegenseitige Sympathien.
Helene schrieb darüber an Rilke: »Die Stunden, die wir mit
Viénot verbrachten, haben uns in warmer Sympathie verbun-
den. Wir sind gestern gemeinsam durch den Frühling der
märkischen Landschaft gewandert. Und er fühlte mit dem
Herzen unsere Landschaft. Ich spielte Bach für ihn, und wie
Genesende schauten wir erstaunt zu diesem Wunder auf. Ich
hoffe, er wird länger nach Berlin kommen. Die märchenhafte
Gestalt des Marschalls, die doch in starkem Zusammenhang
mit der Wirklichkeit steht, brachte er uns durch seine Beschreibung sehr nah. Schön ist an ihm das überschäumende
Gefühl, das überall herausbricht und doch voller ›retenue‹
ist.«

Viénot blieb während seines Berlinaufenthalts mit Alfred
und Helene in naher Verbindung, wenn er auch nicht zum
engsten Freundeskreis gehörte. Nach 1930 trennten sich die
Wege durch die Macht der Verhältnisse und die verschiedenen Lebenskreise. Er wurde Abgeordneter, sodann Staatssekretär und ging im Zweiten Weltkrieg mit de Gaulle nach
London, wo er als Botschafter des »Gouvernement Provi-
soire« bei der britischen Regierung schon 1944 gestorben ist.

Ende Mai bis Anfang Juni 1926 hielt das Studienkomitee in
Paris seine erste Tagung ab, wohin Helene Alfred begleitete
und sogleich von der Atmosphäre beeindruckt war. Das politische Zeitgeschehen stand nicht mehr im Mittelpunkt des
allgemeinen Interesses: »Man sprach wieder über Literatur,
über die Konversion Jean Cocteaus, die Schlägereien des
surrealistischen Poeten Louis Aragon mit Presseleuten ...«

Alfred war durch seine Verpflichtungen sehr in Anspruch
genommen; indessen konnte Helene – abgesehen von einigen

Verpflichtungen durch offizielle Anlässe wie einer Soirée beim Ministerpräsidenten Painlevé – alte Erinnerungen auffrischen und neue Beziehungen anknüpfen. Hierbei kam ihr zustatten, daß sich auch Kessler damals in Paris aufhielt und sie bei ihren Unternehmungen unterstützte.

Gleich am ersten Abend des zehntägigen Aufenthalts gab er den Freunden ein »kleines Souper« auf dem Montmartre. »Wir saßen im Freien, mit dem Blick auf die Stadt, wo einzelne Lichter schon aufglommen«, schrieb Helene. »Eine Treppe führte von den unteren Straßen herauf; auf ihr zogen ständig groteske, anmutige, elende Gestalten an uns vorüber, wie auf einem kleinen Welttheater. Da sah man einen alten Mann mit einem Sack auf dem Rücken, während die hübsche Grisette leicht wie ein Vögelchen über die Stufen hüpfte. Melancholische junge Maler mit weichen Filzhüten erstiegen die Treppe, dann kamen zwei Liebende, träumerisch in ihre Welt versunken. Nun erschienen Akrobaten, blieben vor uns stehen, als wir ihnen zulächelten, und improvisierten auf dem Platz vor unserem Tisch eine kleine Vorstellung. Die Stadt versank im Schatten, doch immer mehr Lichter flammten auf und die Bewegungen der Akrobaten wurden immer gespenstischer. Später lockte uns eines jener Couplets von etwas lasziver Grazie, deren Refrains die Zuhörer mitzusingen pflegen, in ein kleines Kabarett...«

An einem der nächsten Tage fuhr Helene mit Kessler und einem »jungen russischen Freund« nach Meudon hinaus. Dieses Wiedersehen mit dem Heim Rodins nach neunzehn Jahren stand unter keinem guten Stern. Schuld daran war vor allem jener junge Begleiter: der dreiundzwanzigjährige Nikolas Nabokov, der später nicht ganz so berühmt wurde wie sein schriftstellernder Vetter Vladimir, sich aber als Komponist und Generalsekretär des antikommunistischen »Kongresses für Freiheit und Kultur« einen Namen machte. Helene hatte ihn in Berlin kennengelernt, wo er einige Jahre nach der Emigration lebte, und sich seiner angenommen. In seinem – wie er im Vorwort bemerkt – allein auf dem Gedächtnis fußenden Erinnerungsbuch »Zwei rechte Schuhe« ist davon nicht die Rede; hingegen schildert er den Meudoner Besuch in einer Weise, die nicht eben von Dankbarkeit zeugt.

So mokiert er sich über »Helenchen«, ironisiert ihre begeisterten Ausrufe angesichts der Werke Rodins und ihr Entsetzen, als nach langem Suchen ihre durch Spinnen und Fliegen verunstaltete kleine Ardenzaner Büste zum Vorschein kommt. Er selbst bekennt seine Ungeduld und Langeweile in dem »gipsernen Leichenschauhaus«, verschweigt aber seine Invektiven gegen Rodin, die – wie sich Helene erinnerte – ihren und Kesslers entschiedenen Widerspruch hervorriefen und zu einer heftigen Diskussion führten, so daß der Ausflug mit einem Mißklang endete.

Mit einer Unstimmigkeit – diesmal zwischen Kessler und Helene – begann eine andere Unternehmung, die das Russische Ballett betraf: Helene hatte diese berühmte Truppe nur in Berlin auf Gastspielen kurz vor dem Ersten Weltkrieg erlebt. Ein einziges Mal sah sie dort 1912 Nijinsky im »Spectre de la rose« (»Geist der Rose«) und in »Cléopâtre« sowie im Jahre darauf Anna Pawlowa als »sterbenden Schwan«. Beides blieb ihr unvergeßlich als Eindrücke besonderen Ranges. Hingegen war ihr Diaghilew, der geniale Begründer, Impresario und Leiter des Balletts, bisher noch nicht begegnet. Nunmehr bot sich hierfür eine Gelegenheit, als polnische Maler und Musiker ihn und seine Tänzer zu einem festlichen Abend auf einer »peniche«, einem vor Anker liegenden Seineschiff einluden. Diese Veranstaltung stand unter dem Patronat prominenter Damen; unter ihnen war eine der Pariser Salonköniginnen: Misia Sert-Godebska, die Frau des spanischen Malers Sert und Tochter eines polnischen Bildhauers, die zum Freundeskreis Diaghilews und Kesslers gehörte. Helene erwirkte von ihr eine Einladung und nahm dafür einen Verweis Kesslers in Kauf, der solch ein »Hereindrängen« als ungehörig empfand. Den Verlauf des Festes beschrieben dann beide auf verschiedene, für sie charakteristische Weise:

Kesslers Darstellung war drastisch und realistisch. Er notierte: »Regen und Wind rasten gegen die Bretterbude mit dem Jazzlärm um die Wette«, erwähnte, daß Diaghilew gegen dieses Toben ankämpfte, um etwas von einem seiner Tänzer zu berichten, überging auch nicht die »Schlampigkeit« der Veranstalter, hielt ihnen aber zugute, daß »alles in der besten gesellschaftlichen Form verlief, selbst zum Schluß, als alles auf dem Boden herumkroch und in der Dunkelheit unter den Trümmern der Garderobe Abendmäntel und Hüte suchte.« Abschließend bemerkte er: »Helene entdeckte ihr slawisches, Suworowsches Blut und fand alles entzückend.«

In ihrer Schilderung war es denn auch ein idyllischer Abend: »Einige Kerzen erhellten den langen Bootsraum mit ihrem sanften Licht. Aus den engen Luken schaute man auf den strömenden Fluß im blassen Mondschein. Seine kleinen Wellen erinnerten mich an die behutsamen Schritte der Tänzer. Eine Kapelle spielte russische Melodien und ließ uns an Rußlands große Trauer und Sehnsucht denken... Dieses kleine Fest war recht charakteristisch für die Atmosphäre des ›Russischen Balletts‹: halb improvisiert und erfüllt von melancholischem Zauber, von der Schönheit ›des belles heures qui passent si vite‹...« Im übrigen stand Diaghilew für sie im Mittelpunkt, wenn sie auch nicht mit ihm ins Gespräch gekommen war. Sie bewunderte jedoch seine »Nonchalance«, seine Lässigkeit: »Man spürte, daß er seine Kraft und Intensität für große Augenblicke aufsparte. In seinem weißen, etwas aufgedunsenen Gesicht waren nur die Augen stets lebendig wie dunkle Flammen und überwachten den Körper, der müde und ruhebedürftig wirkte. Doch diese Augen wußten von keiner Ruhe für Leib und Seele. Gleichgültig lehnte sein mächtiger Körper auf einem der kleinen Stühle, und so hing er seinen Gedanken nach, während seine Begleiter mit schönen Frauen zu tanzen begannen...«

Helene erwähnte noch eine andere Begegnung mit Diaghilew, wobei sie seine sarkastische Seite kennenlernte: »Mir bleibt noch im Ohr, wie er bei einem Essen im Hotel Meurice seine Worte dehnte und mit etwas grausamem Unterton bemerkte: ›Madame Karsawina ist in London verheiratet und kann nicht mehr tanzen!‹ Als er das sagte, sah ich das liebliche junge Mädchen vor mir, als Partnerin Nijinskys im ›Spectre de la rose‹.«

Auch das Ballett besuchte Helene an mehreren Abenden im »Théâtre Sarah Bernard« inmitten eines jugendlichen Publikums, das im Zeichen des Surrrealismus gegen das Hergebrachte rebellierte. »Es herrschte eine gewisse Unordnung«, vermerkte sie, »wie man sie in Paris nicht ungern sieht.« In den Pausen traf man sich in dem, noch im Bau befindlichen Foyer. »Picasso war hier der Mittelpunkt, ein kleiner Mann mit schwarzen feurigen Augen... Vier schwarze Klaviere wurden auf die Bühne gestellt, aus denen unbarmherzige Rhythmen erklangen. Maler wie Chirico schufen den harten, unsentimentalen Hintergrund; Stahlstühle, Glastische, mächtige silberne Glocken ersetzten die barocken Ornamente. Diaghilew machte sich zum Sprecher dieser Übergangszeit, in der eine durch die Kriegszeit erschöpfte Generation jedes Gefühl zu vergessen und abzuwürgen versuchte. Doch durch sein Ballett mit den vollkommenen und inspirierten Bewegungen wurde auch dieses Experiment zu einem hinreißenden Ereignis.«

Drei Jahre danach, kurz vor seinem Tode, traf Helene Diaghilew noch einmal in Berlin. Nach der Vorstellung begrüßte sie ihn mit Fokine, seinem ersten Tänzer, auf der Bühne der Staatsoper. Fokine hatte den prächtigen Helm abgelegt, mit dem er als Apollo aufgetreten war, und stand in Pantoffeln und Schlafrock. Helene schilderte die Szene: »›Wir sind eingeladen, aber ich will zu keiner Party‹, rief Diaghilew, während er in seinen Smoking schlüpfte. ›Mein lieber Fokin, du hast heute abend getanzt wie ein Gott, aber ich kann keine Fragen beantworten. Ich bin krank. Ich sterbe.‹ Unvermittelt fügte er hinzu: ›Ich muß nach Venedig!‹, und ich spürte, daß ihm Venedig die Ruhe schenken würde, die er brauchte. Es sollte eine lange Ruhe sein... Sein Gesicht war totenblaß, aber seine Augen waren noch lebendig und faszinierten uns... Die Freunde wollten auf seine Klagen nicht hören. Er wurde in ein Auto gezerrt und in ein gastliches Haus geleitet. Seine Haltung beeindruckte mich. Man kann sich nicht vorstellen, daß Tintoretto der Einladung zu einer Abendgesellschaft gefolgt wäre, nachdem er den Tag über in San Rocco gemalt hatte. Meiner Empfindung nach hätte man Diaghilew nur in einen herrlichen Garten mit aufbrausender Musik bitten dürfen. Statt dessen mußte sich der vom Tode Gezeichnete der Konvention beugen und in einem beengten Salon mit Leuten reden, die er kaum kannte. Dort sprach er indessen auf einmal wie unter einer Erleuchtung und vergaß die Leute, die ihn umdrängten. Ich war überwältigt von seinen Visionen, obwohl mir bewußt blieb, daß er nicht in diese Umgebung gehörte.« Offenbar hatte sie einen ungewöhnlichen Augenblick erlebt, denn Diaghilew galt als großer Schweiger. Zwei Monate danach erfuhr sie, daß er in Venedig gestorben war.

Eine andere in den Pariser Tagen geschlossene Bekanntschaft war die mit Jacques Maritain, dem Philosophen und Begründer des Neothomismus – einer Aktualisierung des großen Scholastikers Thomas von Aquin –, der damals auch bei Künstlern und Intellektuellen große Beachtung fand. Er war es, der Jean Cocteau in einer religiösen Krise geholfen und ihn »bekehrt« hatte; Nikolas Nabokov stand unter seinem Einfluß. Wir wissen nicht, auf welchen Wegen er von Helene erfuhr; jedenfalls hatte er den Wunsch, sie kennenzulernen. Der getreue Kessler begleitete sie nach Meudon, wo Maritain wohnte. Später berichtete sie darüber: »Wir trafen unter anderem den russischen Philosophen Berdjajew, doch war es ein ernster Kreis, der in dem engen Raum schweigsam beisammen stand. Unser kurzer Besuch vermittelte nur das Gefühl einer strengen Zurückhaltung, die sich nicht in unnötigen Worten vergeuden wollte. Es hätte ein ruhiger Abend kommen müssen, damit man die Sprache zueinander fand. Der Eindruck dieser stillen Gemeinde, die wohl schon damals das schwere Schicksal ahnte, das Europa und uns alle erwartete, bleibt mir jedoch unvergeßlich.«

Immerhin war ein Faden geknüpft. Maritain meldete sich, als er nach Berlin kam, und verbrachte einen Nachmittag im Nostitzschen Hause. Offenbar war es keine rein gesellschaftliche Beziehung. Der um einige Jahre jüngere als die Gastgeberin hatte ein liebenswürdiges Wesen, zeigte sich aufgeschlossen, soweit es nicht um die »Defensio fidei«, die »Verteidigung des Glaubens« ging. Sicherlich war die thomistische Philosophie kein Gesprächsthema; für Helene wäre das zu abstrakt gewesen. Doch fühlte sie sich offenbar von Maritains »clarté romaine« angezogen, während er sie seinerseits als eine »anima naturaliter christiana« empfunden haben mag.

Auch andere französische »hommes de lettres« besuchten

damals Berlin. Im Herbst 1926 meldete sich André Germain bei Helene: der äußeren Erscheinung nach schmächtig und wenig standfest, aber ein origineller Geist und Ästhet, der seine scharfe Beobachtungsgabe in eine elegante, von sanften Bosheiten durchwachsene Prosa einzubringen wußte. Er war ein alter Bekannter, hatte Helene schon in Weimar besucht. Sie entsann sich, wie er dort mit dem Ausruf »Quel délicieux paysage!« seine Lorgnette hob. Über die Zeiten hinweg hatte er – seltsame Berührung der Gegensätze! – der deutschen, ja der preußischen Kultur die Treue gehalten. Nun sprach er vor Berliner Philologen über die neue französische Literatur, teilte graziöses Lob aus, jedoch – wie Helene in einer Rezension schrieb – »mit spitzer Pinzette«. Er war wohlhabend – mit dem »Crédit Lyonnais« im Hintergrund, kam aus Paris mit Chauffeur in seinen hellgelben Auto und lud Helene zu Fahrten ein. Sie besuchten auf dem Gut Zolchow in der Mark Martin von Katte, einen musischen Preußen, der Frankreich und seine Dichter liebte, eigenständige Gedichte schrieb, aber auch mit urwüchsigem Humor dem Esprit der Franzosen zu begegnen wußte. Eine andere Unternehmung führte nach Agnetendorf in das Heim Gerhart Hauptmanns. Hier war André Germain meist still und in sich gekehrt und zog sich bald zurück, während Hauptmann das Gespräch beherrschte und sich durch ein das Haus umtobendes Gewitter nicht davon abhalten ließ, Helene seine italienischen Eindrücke zu schildern.

Ein Jahr später kam Paul Valéry nach Berlin. Elisabeth Bergner las aus seinen Werken, nachdem er sich zuvor der deutschen Öffentlichkeit mit einigen geistreichen Bemerkungen vorgestellt hatte. Helene schrieb auch über ihn einen kleinen Artikel und ging mit ihm durch die Museen; vor allem führte sie ihn zu der archaischen griechischen Göttin, die sie immer wieder aufsuchte, seitdem sie ihr im Kriegsjahr 1915 erstmals im Pergamon-Museum begegnet war. Es sei »une visite un peu en galop« gewesen, bemerkte Valéry später zu Harry Kessler. Offenbar hatte ihn die Bekanntschaft mit Helene mehr beeindruckt als die Sehenswürdigkeiten, denn er erkundigte sich öfters nach ihr und ließ sich ihr durch Kessler besonders empfehlen.

Die Auslandsbesuche, die europäischen Kontakte, dienten nicht zuletzt dem Bedürfnis, die durch Kriegs- und Nachkriegsjahre entstandene Beengung zu überwinden. Das Leben in Berlin blieb aber im Mittelpunkt und bildete keinen Gegensatz zum europäischen Ambiente. Denn die Reichshauptstdt hatte damals – bis 1933 – nicht nur durch den überbordenden Vergnügungsbetrieb, sondern vor allem durch die Fülle der artistischen, künstlerischen, wissenschaftlichen Impulse ein mit Paris wetteiferndes internationales Gepräge erhalten, das freilich durch die Bezeichnung »goldene zwanziger Jahre« allzusehr idealisiert worden ist.

Wie es ihrem Wesen entsprach, nahm Helene lebhaften Anteil an den mannigfachen Anregungen. Davon zeugen ihre zahlreichen Notizen über Besuche von Theatern, klassischen Konzerten, Kunstausstellungen, Vorträgen, aber auch von Kabaretts und Faschingsfesten unter den Klängen der Jazzmusik, von Auftritten Marlene Dietrichs oder der schwarzen Tänzerin Josephine Baker. Sie war eine begeisterte oder belustigte, mitunter auch kritische Zuschauerin, ohne den Sinn für die angemessenen Proportionen zu verlieren. In einer im Dezember 1929 in der Zeitschrift »Atlantis« veröffentlichten Betrachtung »Berlin« schrieb sie: »Diese Stadt ist voller Kapricen und Widersprüche ... Es liegt fast Koketterie in diesem Verbergen des eigentlichen Wesens hinter einer oft lärmenden Fassade. Auch hier gibt es Ecken, welche an die Ruhe der Kleinstadt erinnern. Seit Jahren sitzt der gleiche rotbärtige Streichholzverkäufer an der Hohenzollernbrücke, unter der am Tage gelegentlich Apfelkähne fahren. In der Nacht aber ist sie der düstere Hintergrund für verzweifelte Liebespaare und Lebensmüde. Auf der anderen Seite des Kanals liegt die Galerie Flechtheim, Förderin moderner Kunstbestrebungen. Daneben wohnt in einem Keller ein Schuster, der Ölbilder sammelt. Einige Häuser weiter pflegt die Schauspielerin Tilla Durieux Krokodile in einem roten Lackzimmer. Nun kommen wir an den Lützowplatz, wo an heißen Sommertagen viele Passanten in der Nähe wohltuender Wasserstrahlen rasten. Auch die Zeitungsverkäufer haben hier ihre festen Kunden. Doch bald hat die Idylle ein Ende, denn der Abend naht und an der Ecke flammt schon die glühendrote Fassade eines

Hauses auf. Immer mehr Autos drängen zu den Theatern und gesellschaftlichen Veranstaltungen. An den Simsen der Häuser ziehen sich wie Diamantrivièren kleine und weiße Lichterreihen. Ein Saphir, ein Smaragd, ein Rubin überstrahlen die dunklen Wände und erlöschen wieder, um neu zu erstehen. Negerköpfe grinsen mit weißen Zähnen unter samtenem Turban. Dort tropfen große Perlen hernieder. Rote Pfeile schießen durch die Luft. In der Tauentzienstraße erheben sich purpurne Säulen an einer Straßenecke wie am Eingang zu einem Märchenpalast. In den Schaufenstern des KDW erscheinen wahrhaftig Prinzessinnen und Prinzen aus dem Wunderland, eingehüllt in exotische, silberne, goldene und seidene Stoffe. Die Glocken der Gedächtniskirche läuten inmitten dieser karnevalartigen Buntheit. Ein breiter Mond steht wie eine chinesische Papierlaterne über dieser unwirklichen Welt. Schon ist am Kurfürstendamm wieder ein großes Kino entstanden... Wir eilen weiter zum Funkturm, der wie ein zweiter Eiffelturm strahlend aus der Dunkelheit aufsteigt. Ein türkisblaues Lichtband durchfährt den Nachthimmel und umrahmt ein geheimnisvolles Tor. – Der Pariser Platz und die Linden sind zurückhaltender und hüllen sich in das vornehme Halbdunkel der Bogenlampen. Nur die Friedrichstraße, das Straßenmädchen von Berlin, ist nachts übersät mit bunten Sternen. Auch am Potsdamer Platz funkelt und blitzt es...«

Nahe dem Lützowplatz, in der unauffälligen Straße, die ihn mit dem Nollendorfplatz verband (heute ist nichts mehr davon erhalten) lag die von den Nostitzens im Sommer 1925 bezogene Wohnung. Sie nahm die obersten Stockwerke des Hauses Maaßenstraße 33 ein; die Empfangsräume lagen im Dachgeschoß. Golo Mann, damals ein achtzehnjähriger Student, der – von Oswalt, seinem Salemer Kameraden, eingeführt – zu den Gästen gehörte, erinnerte sich an »zwei hübsch eingerichtete Kammern unter dem Dach«; sie seien »ähnlich bescheiden« gewesen, wie seinerzeit die Salons der Rahel von Varnhagen oder Hedwig Dohms. Der Vergleich ist schmeichelhaft, doch bedarf Golo Manns sonst so präzises Gedächtnis in diesem Fall einer kleinen Korrektur. Denn die »Kammern« waren immerhin so geräumig, daß sie die beiden

Blüthner-Flügel und das gewohnte Mobiliar aufnehmen konnten. Überdies grenzte der vordere Raum an einen Dachgarten mit einigen Sitzplätzen vor einem Blumenbeet sowie an eine kleine Galerie mit Pastellen und Menzelzeichnungen als Wandschmuck; so glich das Ensemble eher einer Mischung von Dichterklause und Salon, wie ein anderer Besucher bemerkte.

Die Geselligkeit, die sich hier entwickelte, hatte viele Gesichter. Man traf immer »interessante Leute«, um nochmals Golo Mann zu zitieren. Da Alfred neben dem Deutsch-französischen Studienkomitee seit dem Herbst 1926 auch der deutschen Sektion des Kulturbundes vorstand – einer Gründung des jungen Prinzen Karl Anton Rohan, die den Kontakt zwischen den Vertretern des geistigen Europas fördern sollte –, ergab sich ein gewisser internationaler Charakter des Umgangs; auch das diplomatische Korps war darin einbezogen. Zum Freundeskreis Alfreds und Helenes gehörten vor allem Graf und Gräfin Bosdari, das italienische Botschafterpaar – er ein profunder Kenner und Liebhaber der deutschen Literatur, sie lebenslustig trotz fortgeschrittener Jahre, was sie durch eine extravagante Kleidung betonte – sowie Roland und Jennie de Margerie von der Französischen Botschaft, beide von jugendlichem Feuer und Esprit: ideale Vertreter der Kultur ihres Landes, Jennie eine Verehrerin Rilkes.

Es ging Helene jedoch nicht um Konformität und Prominenz der Gäste, und Alfred ließ ihr darin freie Hand. Ein gewisser anarchischer Zug der Berliner »goldenen Jahre« trat denn auch gelegentlich hervor, was einem sensiblen Beobachter wie Harry Kessler nicht entging. So war er am 1. Februar 1926 zu einem Mittagessen geladen; weitere Tischgäste waren der sozialistische Finanzminister Rudolf Hilferding und seine Frau Margarete (eine gute Bekannte aus den Leipziger Tagen, als sie mit dem Verleger Curt Thesing verheiratet war), der Chefredakteur der Vossischen Zeitung Georg Bernhard, der sozialrevolutionäre, expressionistische Dichter Ernst Toller, die Schriftstellerin Annette Kolb und der Abgeordnete Ludwig Haas. Kessler kommentierte: »Ich sagte, als von der aushöhlenden Wirkung der Berliner Gesellschaft gesprochen wurde, in Paris bewege man sich von Salon zu

Salon, in Berlin komme ich mir immer vor, als ob ich von einer Volksversammlung in die andere gehe. Das Frühstück glich in der Tat einer Volksversammlung; alles schrie und wollte recht haben, ohne Grazie und ohne Esprit, kein geprägtes Wort, kein scharfer Pfeil, lauter laute Meinungen.« Nur Toller sei im Gespräch »hypernervös und leise« gewesen, »mimosenhaft mit glühenden Augen«.

Solch eine Disharmonie war freilich nicht die Regel bei den Zusammenkünften in der Maaßenstraße. Vor allem, wenn sie im Zeichen eines literarischen oder musikalischen Themas standen, brauchten sie einen Vergleich mit den Pariser Salons nicht zu scheuen. Besonders Veranstaltungen mit Theodor Däubler und mit Claudio Arrau sind hier zu nennen.

Theodor Däubler, dem Helene erstmals, wie schon erwähnt, im Frühjahr 1915 in Leipzig begegnet war, hatte sich nach Kriegsende bis 1920 in Genf aufgehalten und dann mehrere Jahre in Griechenland verbracht. Erfüllt von den dort gewonnenen Eindrücken kam er 1926 nach Berlin, »der Stadt mit dem kalten Lächeln, dem inneren Feuer«, wie Helene sie einmal nannte, wo er sich wohl fühlte. Wirklich heimisch war er freilich nur in einer mythischen Welt, an die er schon durch seine Erscheinung erinnerte: »Vous m'avez invité avec le bon Dieu« (Sie haben mich mit dem lieben Gott eingeladen), sagte einmal ein französischer Gast nach gemeinsamen Stunden mit Däubler im Nostitzschen Hause. Für das praktische Leben war er hingegen nicht geschaffen, so daß er der Hilfe der Freunde bedurfte. Zu ihnen gehörte Helene, die sich immer wieder um ihn kümmerte. 1928 wählte ihn die neu gegründete deutsche Sektion des PEN-Clubs zu ihrem Präsidenten; auch Helene wurde damals PEN-Mitglied und nahm Anteil an seiner Tätigkeit. 1930 begann Däubler zu kränkeln und wurde immer pflegebedürftiger. Um so mehr war er in diesen letzten Jahren – 1934 erlag er in Sankt Blasien seinem Lungenleiden – auf finanzielle Unterstützung angewiesen. Auch hier half Helene. Es war eine ihrer Lebensmaximen, daß sie unbedenklich als Bittstellerin an begüterte Zeitgenossen herantrat, wenn ein guter Zweck das erforderte. So auch in diesem Fall. Jakob Goldschmidt, der Begründer und Leiter der Danat-Bank, einer der

Großbanken, war nicht nur ein Finanzgenie, sondern auch ein begeisterter Naturfreund und sozial denkend – Berührungspunkte, die Helene zu nutzen wußte. So erreichte sie, daß er Däubler fünftausend Reichsmark zuwandte, damals ein erheblicher Betrag, der ihn von seinen Geldnöten befreite.

Als Däubler in den Jahren 1927 und 1928 im Salon der Maaßenstraße über das mythische Griechenland sprach, stand er noch voll im Leben und beeindruckte die Zuhörer durch die Gewalt seiner Stimme und den Ansturm der Bilder, die er hervorzauberte. Eines seiner Themen war Pan: der altgriechische Gott und Dämon der Renaissance, der Behüter des Hirtendaseins und Verbreiter panischen Schreckens. Ein anderes Mal sprach er über Christus in der Sicht der Gnostiker, wobei er nicht allein Helene durch seine visionären Ausblicke begeisterte – bei anderen aber auch auf Kritik stoßen konnte: So nahm Ricarda Huch, die bekanntlich in ihren Arbeiten dichterische Darstellungskraft mit wissenschaftlicher Akribie vereinte, Däublers Ausführungen mit einer gewissen Skepsis auf und erkundigte sich streng nach den von ihm verwendeten Quellen.

Die Musik war ein weiterer wichtiger Aspekt der Geselligkeit im Nostitzschen Hause. Zu den Habitués in Helenes Salon gehörten damals der Dirigent Oscar Fried, der internationales Ansehen genoß und durch sein lebhaftes Wesen, seinen Humor für sich einnahm, der Schweizer Giovanni Bagarotti, mit seinen dreiundzwanzig Jahren schon ein hervorragender Violinist und amüsanter Plauderer, der Cellist Enrico Mainardi sowie Claudio Arrau, der inzwischen weltbekannte Pianist.

Arrau war ein Wunderkind, bereits als Fünfjähriger trat er in seiner chilenischen Heimat in Konzerten auf; als Siebenjähriger erhielt er ein Stipendium für die Ausbildung in einem deutschen Konservatorium und lebte seither, von 1910 bis 1940, abgesehen von Gastspielreisen, in Berlin. Als er Helene kennenlernte, hatte er seine Ausbildung und eine erfolgreiche Tournee in den USA hinter sich, war aber dankbar, daß er sich in einem Kreise präsentieren konnte, der in gastfreundlicher Weise Weltoffenheit mit künstlerischer Sensibilität verband. Vier Jahrzehnte später verlieh er dieser Empfindung dem Verfasser gegenüber emphatischen Ausdruck: »Mein Leben lang werde ich das schöne Gesicht Ihrer Mutter und die königlich-mütterliche Fürsorge, die sie mir widmete, nicht vergessen. Ich spielte oft in eurem Hause, und die Hilfe, die ich so nötig hatte, war etwas Kostbares, aber weit mehr war es die Atmosphäre ihres Kreises; für einen empfindsamen jungen Menschen war das wie Manna vom Himmel.«

Arraus Kunst hatte damals noch nicht jene Gestaltungskraft erreicht, die später seine Beethoven-Interpretation kennzeichnete; er war vor allem ein virtuoser Liszt- und Chopinspieler. Damit mag zusammenhängen, daß ihn Helene bewunderte, ihm zugleich aber – anders wie Bagarotti, der sich im Familienkreise wohl fühlte – mit einer gewissen Scheu begegnete, ihm nicht vorspielte, geschweige denn mit ihm musizierte. Die Beziehung verblieb daher in dem gesellschaftlichen Rahmen, wie ihn Kessler in seinem Tagebuch festgehalten hat: »Berlin, 13. November 1927, Sonntag... Heute nachmittag Musik bei Helene. Arrau spielte meisterhaft Chopin und Busoni. Große Gesellschaft. Däubler, wie ein Löwe mit weißer Mähne aussehend, Leonhard Frank, merkwürdig ähnlich Paul Valéry, Oscar Fried, der von Triumphen in Mailand und Anfreundung mit Toscanini erzählte, dann Margeries, Frau Stresemann usw....«

Allerdings sei nicht verschwiegen, daß bei solchen Veranstaltungen gelegentlich auch ein Mißgeschick passierte, wie etwa auf der musikalischen Soiree zu Ehren der von Berlin scheidenden Bosdaris. Ottomar Starke schreibt darüber in seinen schon oben zitierten Erinnerungen: »Helene von Nostitz unterhielt damals den einzigen Berliner Salon, den sie zu einem Mittelpunkt des geistigen Lebens gemacht hatte... Um den Weggang des italienischen Geschäftsträgers (sic!) feierlich zu begehen, gab sie einen großen Rout mit vielen Geladenen aus der Politik, Kunst und Wissenschaft. Auch Albert Einstein war unter den Gästen. Frau von Nostitz hatte sich diesmal einer Sängerin versichert, die in der alten italienischen Gesangstechnik ausgebildet war. Mochte die Dame nun indisponiert sein, oder mochte sie zwar die Schule, aber keine Stimme mehr haben, kurz, sie mühte sich, durch eine ausladende Gestik das Fehlende zu ersetzen oder womöglich vergessen zu machen, es war unerfreulich. Aber da entdeckte ich hinter einem seitlich stehenden Paravent den illustren italienischen Ehrengast und Albert Einstein, die einander gegenübersaßen und wie zwei Lausbuben der Sängerin jede Bewegung nachmachten, beteuernd die Hand aufs Herz legten, mit den Armen durch die Luft ruderten, den Mund aufsperrten, alles mit todernsten Gesichtern.«

Ein anderer Zeuge war Giovanni Bagarotti, der dem Verfasser viele Jahre später den Verlauf dieser Pantomime bestätigte, allerdings Zweifel hegte, ob Seine Exzellenz der Botschafter wirklich einer der Akteure war. Was Einstein angeht, so war der Schöpfer der Relativitätstheorie, der Helenes Einladungen öfters nachkam, in der Tat ein geselliger und humorvoller Mensch, der von seiner Prominenz kein Aufhebens machte; solche Späße waren ihm durchaus zuzutrauen.

Ottomar Starke fiel an diesem Abend noch etwas anderes auf, das sich freilich daraus erklärte, daß die finanziellen Möglichkeiten der Gastgeber recht beschränkt waren. Wie stets bei solchen Anlässen waren die angebotenen kulinarischen Genüsse sehr bescheiden und gingen überdies, da mehr Gäste als vorgesehen erschienen, bald zur Neige. So geschah es, daß der österreichische Gesandte, der verspätet und hungrig aus seinem Büro kam, seiner Mißstimmung mit den Worten Luft machte: »Im Hintergrund der erleuchteten Gemächer trägt ein galonierter Diener auf einer silbernen Platte eine Ölsardine hin und her.«

Ein Ereignis mit kuriosen Begleitumständen war der Besuch des Reichspräsidenten von Hindenburg, des »Onkels Paul«, in der Maaßenstraße. Nachdem Alfred und Helene im Februar 1926 an dem feierlichen Empfang im Präsidentenpalais teilgenommen hatten, wobei der »legendäre Riese« wie Richard Hertz berichtet, in der Mitte des festlich erleuchteten Saales stand, »von einer menschlichen Boa siebenfach umringt«, kam Hindenburg einige Monate später zu einem familiären Abendessen zu ihnen. Er wurde am Hauseingang empfangen und zu dem an einer Wand des Innenhofs installierten Fahrstuhl geleitet, dessen Kabine äußerst eng war. Als diese zudem noch längere Zeit mit dem hohen Gast auf halber Höhe steckenblieb, bewahrte er Gelassenheit und bemerkte mit seiner tiefen Stimme nur: »Es wird schon gleich wieder weitergehn!« Die zuversichtliche Ruhe, die er ausstrahlte, war Helene schon bei der Wiener Begegnung besonders aufgefallen; durch diese kleine Szene fand sie ihren Eindruck bestätigt.

Manches im Alltagsleben in der Maaßenstraße war improvisiert. So konnte es geschehen, daß Helene einen Bekannten bei flüchtiger Begegnung zum Mittagessen an einem der nächsten Tage eingeladen hatte, dann aber die Verabredung einer ihrer vielen Unternehmungen wegen vergaß und sich erheblich verspätete. Alfred mußte inzwischen, mit der kleinen Renata als aufmerksamer Partnerin, den etwas verwunderten Gast unterhalten, bis Helene endlich erschien, sogleich offen ihre Vergeßlichkeit eingestand und durch ihre natürliche Art jeder Verstimmung zuvorkam.

Es gehörte zu ihren Eigenheiten, daß sie gern Jugend um sich sah. Die Söhne waren damals meist abwesend – Oswalt studierte außerhalb Berlins, Herbert war wieder im Salemer Internat –, nur Renata blieb bei den Eltern. Etwa ein Jahr lebte jedoch eine zweiundzwanzigjährige Nichte, Mariane von Nostitz, in der Familie, und oft kamen junge Menschen ins Haus. Helene hielt nichts von einer Trennung der Generationen; an ihren frugalen Teenachmittagen beteiligten sich daher auch junge, für Musisches aufgeschlossene Männer, unter ihnen Eduard Hempel und Harry von Craushaar von der Sächsischen Gesandtschaft (Freunde der Nostitzens schon seit den Leipziger Jahren), der junge Attaché Ulrich Dörtenbach, der von schwäbischer Kultur geprägt war, und vor allem Richard Hertz. Von seiner besonderen, aber nicht ungetrübten Beziehung zu Helene ist schon eingehend die Rede gewesen; auch deren weiterer Verlauf war nicht frei von Komplikationen. Dazu trug bei, daß seine Familie die – nach wie vor platonische – Freundschaft immer nachdrücklicher mißbilligte. Obwohl er diesem Drängen nicht nachgab, geriet er in einen inneren Zwiespalt, der Helene nicht verborgen blieb. Es kam daher des öfteren zu Auseinandersetzungen, welche die Nerven strapazierten, aber zu keinem Ergebnis führten. Auch eine Vermittlung, zu der sich Eduard Hempel bereit fand, erhöhte eher die Spannungen. Helene schrieb im August 1925 dem gemeinsamen Freund: »Ich erwarte von ihm [Hertz], daß er nun den Mut zeigt, nicht immer wieder durch Dritte mit mir zu verkehren. Das hält auf die Dauer keine Beziehung aus...« Im Rahmen der Geselligkeit in der Maaßenstraße ergab sich dann aber doch wieder ein Modus vivendi. Richard Hertz war inzwischen, mit Hilfe der Fürsprache Alfreds und Helenes, in den auswärtigen Dienst aufgenommen worden und bereitete sich auf eine Tätigkeit im Ausland vor. 1927 wurde er Attaché an der Deutschen Botschaft in der Türkei. Im folgenden Jahr verbrachte er mehrere Urlaubstage in Rom; dort kam es – gewissermaßen auf neutralem Boden – zu einer Begegnung mit Helene, worüber noch zu berichten ist.

Im Frühjahr 1928 bot sich Helene nach zweijähriger Pause wieder Gelegenheit zu einer Auslandsreise. Ihr ältester Sohn hielt sich damals während eines Studienjahres in Rom auf; hierzu war er von seiner Großmutter, Sophie von Hindenburg, eingeladen worden, die dort ebenfalls den Winter verbracht hatte; nunmehr wünschte diese, auch ihre Tochter in Rom zu sehen. Helene blieb daher einige Wochen an dem ihr in jungen Jahren so vertrauten Ort – ein Wiedersehen nach mehr als zwei Jahrzehnten, das sie in vollen Zügen genoß. Einer der ersten Gänge führte sie zu den archaischen griechischen Skulpturen im Thermenmuseum: »Wiedersehen mit dem Torso eines knienden Jünglings. Nach Jahrzehnten der gleiche Glanz, die gleiche verhaltene Kraft! Nun stand ich mit meinem Sohn davor...« Ein neuer Eindruck war für sie das kleine Museo Baracco mit seinen erlesenen frühgriechischen Reliefs. Sie freute sich über »Oswalts Verständnis für den jungen Gott [Apollo auf einem dieser Reliefs], der schwerelos den Widder auf der Schulter trägt, in göttlicher Leichtigkeit.« Ein weiterer Besuch galt den etruskischen Plastiken in der Villa Papa Giulio, in Begleitung des Archäologen Georg Karo, mit dem Helene in Verbindung geblieben war, seit sie ihn 1912 auf der Griechenlandreise kennengelernt hatte. Zu den Etruskern fand sie jedoch kein Verhältnis: »Etwas Böses, Hämisches, Unheimliches haben diese Faune im Vergleich mit der lächelnden Grazie der Griechen!«

Es war Osterzeit mit festlichen Messen im Lateran, in San Pietro. Wieder war Helene beeindruckt von der Schönheit, der Farbenpracht des liturgischen Zeremoniells, aber auch von der geistigen Macht der katholischen Kirche, die darin ihren Ausdruck fand. In einem Brief an Alfred spricht sie von einer »herrlichen abendlichen Feier in Sankt Peter«, bei welcher der Kardinal Merry del Val, umgeben vom gesamten Klerus, den von Bernini gestalteten mittleren Altar mit Weihwasser besprengte. Danach erloschen die Kerzen und die Reliquien wurden gezeigt. »Wunderbare Chöre, der Petersdom ein Meer von andächtigen Köpfen.«

»Wir vermeiden eher die Menschen, soweit es geht«, heißt es im gleichen Briefe, doch kam es in diesen Tagen zu einigen bemerkenswerten Begegnungen. Im faschistischen Italien war das Bild Mussolinis auf Wänden und Plakaten allgegenwärtig, aber es bedeutete eine kleine Sensation, wenn man ihn leibhaftig zu Gesicht bekam, wie bei jenem Spaziergang, den Helene mit ihrem Sohn in der Via Appia unternahm. Sie standen dort neben einer Schafherde, die in der Campagna vor den Monumenten der alten Gräberstraße graste, als sie in der Ferne mehrere Reiter erblickten, die auf sie zukamen. Als der vorderste auf gleicher Höhe mit ihnen war und Helene einen Augenblick streng fixierte, erkannte sie in dem Mann von gedrungenem Körperbau mit mächtigem Charakterkopf Mussolini. Es war nur ein flüchtiger Eindruck, der aber durch die Bekanntschaft mit einer nahen Vertrauten und früheren Mitarbeiterin des »Duce« ergänzt wurde, der Schriftstellerin Margherita Sarfatti, die soeben ihre Biographie über ihn veröffentlicht hatte: damals noch eine entschiedene Anhängerin des Faschismus, von dem sie sich später trennte, als die Rassenideologie Eingang fand. Helene hegte zunächst Sympathie für die kultivierte Venezianerin; deren Haus, in welchem sie einen Dichter, einen Danteforscher, einen Kinodirektor – diesen uniformiert mit Ordensbrust – antraf und sich an einem Gespräch über Dantes Beatrice beteiligte, erschien ihr als erholsamer Kontrast zum abgelebten römischen Adelsmilieu, mit dem sie sich schon in jungen Jahren nicht hatte befreunden können: »Sprudelndes Leben im Gegensatz zu den müden Aristokraten!« Sie wurde etwas kritischer, als

die temperamentvolle Dame bei einer gemeinsamen Auto-
fahrt den Chauffeur anherrschte und ihm mit dem »Duce«
drohte. Schließlich empfand sie deren Verhalten bei einem
Besuch, bei dem sie von der mit Telephon und Schreibmaschine Beschäftigten kaum beachtet wurde, als »merkwürdig
und unerzogen«, wozu freilich anzumerken ist, daß sie sich
offenbar nicht angemeldet hatte und überdies an diesem Tag
Margherita Sarfattis Geburtstag war.

Ein erfreulicher Umgang ergab sich mit dem jungen Historiker Ernst Kantorowicz, dem Autor des Buches »Kaiser
Friedrich II.«. Diese Biographie des Stauferkaisers – noch
heute ein Standardwerk – fand bald nach ihrem Erscheinen,
trotz der Kritik einiger Historiker wegen ihres angeblichen
historisch-belletristischen Charakters, in wissenschaftlichen
wie in gebildeten Kreisen großen Anklang. Das blieb auch in
Rom nicht unbekannt, wo sich Kantorowicz im Winter 1927/
28 aufgehalten hatte und mit Oswalt näher bekannt geworden war. So war es nur natürlich, daß er auch mit dessen
Mutter zusammentraf.

Der Zweiunddreißigjährige hatte schon viel erlebt. Er
stammte aus einer in Posen ansässigen Familie des jüdischen
Großbürgertums, die vermutlich spanischer (sephardischer)
Herkunft war, hatte als Freiwilliger am Ersten Weltkrieg
teilgenommen, dann einem Freikorps angehört und sich ein
durch seine Abstammung ungebrochenes, aber nicht engher-
ziges deutsches Nationalbewußtsein bewahrt. Seine Erscheinung – die aparte Kleidung, die etwas singende Sprechweise,
die lebhaften Bewegungen, das äußerst liebenswürdige Wesen, der feine Humor – wirkte ausgesprochen unbürgerlich
und weltmännisch. Bei Helene fand er sogleich Anklang,
wenn sie auch eine gewisse Reserviertheit nicht überwinden
konnte. Das mochte damit zusammenhängen, daß ihr der
George-Kreis immer fremd geblieben ist; die nahe Beziehung
des jungen Mannes zum »Meister« wurde daher niemals
berührt. Zwar las sie das Buch über Friedrich II. in diesen
Wochen mit Anteilnahme, ja Ergriffenheit, vermied es aber,
den Autor auf die Hintergründe anzusprechen. Die Unterhaltung, meist im kleinen Kreise, nachmittags in einem Tea-
Room, abends in der »Biblioteca«, einer Weinstube, drehte

sich um allgemeine, in der Regel historische Themen. Persönliches blieb hingegen ausgespart.

Vorherrschend blieb das gemeinsame Interesse an einer Vergegenwärtigung der Vergangenheit Roms, namentlich durch die in Bild und Stein erhaltenen Zeugnisse. Soweit sich Helene nicht ihrer Mutter widmete – oft verbrachte sie den späten Nachmittag oder den Abend neben der Alternden auf der Dachterrasse des Hotels mit Blick auf die Stadt –, galten auch ihre Unternehmungen diesem Anliegen, wobei sie von ihrem Sohn sowie von guten Bekannten begleitet wurde. Kantorowicz nahm mehrmals hieran teil, unter anderem an einer Exkursion nach dem Bergstädtchen Palestrina auf den Spuren Michelangelos. Zudem fand sich ein Interpret, den Helene besonders schätzte: Ludwig Curtius, der Direktor des Deutschen Archäologischen Instituts, den sie schon vom Kulturbund her kannte und nun in dem ihm vertrauten Bereich erlebte. In ihren Reisenotizen heißt es:

»29. März. Morgen mit Kantorowicz . . . Auf dem Lateran-Platz treffen wir Curtius, der glühend vor Begeisterung uns den Zug der mittelalterlichen Kaiser von St. Peter zu [ihrem Palast auf dem] Lateran erklärt, was oft von den Nobili verhindert wurde . . .«

»31. März: Diner im Excelsior. Curtius erscheint. Gang mit ihm durch die Nacht. Barberini-Garten. Zwei kolossale Zypressen. Fassade bei den Quatro Fontane; Inspirator Fischer von Erlach. Musikalisch der Quirinal-Platz, auf dem früher der Papst auf goldenem Staub schritt. Rosa leuchten die Häuserfronten in der Nacht. Tieck hat dort gewohnt. Brunnen. Curtius deklamiert Conrad Ferdinand Meyers Brunnengedicht. Die Straßen wie ein Parkett. Blasser Mond.«

Vielleicht der Höhepunkt dieser Wochen war jedoch der Besuch des Felsenklosters des heiligen Benedikt oberhalb von Subiaco am 3. April, einem strahlenden Frühlingstage. Neben Mutter und Sohn und dem aus Berlin heimgekehrten Conte Bosdari nahm Ludwig Curtius daran teil, der in einem, in den Sammelband »Torso« aufgenommenen Aufsatz den Ausflug eine seiner »schönsten römischen Erinnerungen« nennt und den Ausklang jenes Tages, als im Rückblick auf das Erlebte ein gemeinsames Gespräch aufkam, wiedergibt:

»Beim Besuch solcher Stätten muß man übereinstimmen. Ein falsches Wort eines Nichteingeweihten verletzt. Aber uns waren Ehrfurcht vor der Geschichte, Demut vor ihrem Großen und fromme Scheu vor dem Religiösen gemeinsam. Und so ging das Gespräch vom Kaiser Nero, der hier Forellenteiche unterhielt, und von der herrlichen antiken Statue, wohl eines Ballspielers, im römischen Thermenmuseum, die hier aus dem Boden kam [der erwähnten Lieblingsstatue Helenes], zu Gibbon und seiner Geschichte des Untergangs des Römischen Reiches, zu der Ordensregel des heiligen Benedikt und zu unserer eigenen Zeit, der über dem *labora* das *ora* abhanden gekommen ist. Und da auf der nächtlichen Heimfahrt von uns vieren, denn es war auch Oswalt, der Sohn von Helene von Nostitz dabei, der Graf Bosdari..., der... ein leidenschaftlicher Verehrer und Kenner deutscher Poesie war, eine Stunde lang Gedichte Goethes, die er auswendig kannte, rezitierte, so klang der Tag aus, wie es schöner nicht hätte sein können. – Unser Mittelpunkt aber war Helene von Nostitz. Nicht, daß sie etwa versucht hätte, eine besondere Rolle zu spielen. Keine bedeutende Frau konnte bescheidener sein als sie. Höchstens daß sie darauf bedacht war, das Gespräch, wenn es am Erlahmen war, durch eine Frage, durch eine Anekdote aus ihrem reichen Leben wiederzuerwecken und weiterzutreiben. Sie war eine schöne Frau, deren große stattliche Figur von ganz kleinen Füßen getragen wurde. Damals, in ihren reifen Jahren, besaßen ihre Züge nicht mehr die diaphane Lieblichkeit, die Rodin ihrer Marmorbüste verlieh, sie waren männlicher geworden. Aber das große, schöne, verständnisvolle blaue Auge war geblieben, unbesiegbare Heiterkeit und eine Bereitschaft zum Genuß der schönen Welt, in der alles bittere nach dem ersten Weltkrieg Erlebte... keine Rolle spielte. Sie besaß die hohe und seltene Kunst, dem Tag, den sie erlebte, Wert zu verleihen, Wert aus der eigenen liebenswürdigen und gütigen Natur.«

Der Romaufenthalt endete Mitte April. Es folgte ein kurzer Besuch von Florenz. Anfang Mai kehrte Helene, ohne ihren Sohn, bis Ende des Monats nach Rom zurück. Anlaß war der Geburtstag ihrer Mutter sowie die verabredete Begegnung mit Richard Hertz.

Auch während dieser Wochen fehlte es nicht an allerhand Anregungen. Helenes größtes Kunsterlebnis war ein Tanzabend Anna Pawlowas, die sie zuvor nur ein einziges Mal in Berlin gesehen hatte. Abermals war sie tief beeindruckt: »Diese Frau ... triumphierte über Alter und Tod. Es war eine sehr konventionelle orientalische Szene. Wir mußten lange warten, bevor sie auftrat. Erst verwechselte ich eine der ersten Tänzerinnen mit ihr und begann schon enttäuscht zu werden, als plötzlich ein schwarzer Vorhang beiseite gerissen wurde und die Pawlowa erschien, mit wehenden Federn, in flammenden Farben. Wie ein Sturmwind fegte sie alle die geschmacklosen Dekorationen und Gruppen hinweg. Ihre schönen Arme erreichten ein geheimnisvolles Ziel. Wie einst Nijinsky, entführten uns ihre Bewegungen in eine andere Welt.«

Es gab auch einsame, kontemplative Stunden: »Ganz allein durch Rom, wo immer wieder eine Kirche aufleuchtet. Man flüchtet hinein aus dem Lärm der Stadt zu stillem Gebet.« Meist war sie jedoch in Gesellschaft, nicht nur bei ihrer Mutter, bei der sich zum Geburtstag deutsche Freunde einfanden. Unverhofft war die Begegnung mit ihrem alten neapolitanischen Verehrer Carlo di Sant-Asilia, der sie als junges Mädchen in Ardenza umworben hatte. Inzwischen war er verheiratet und Familienvater, doch gab es ein freudiges Wiedersehen: »Mit Carlo Sant-Asilia und seiner Tochter zur Villa Hadrian in blendender Sonne. Die italienische Natürlichkeit des Marchese entzückend. Kein Wissen, alles unmittelbar. Lied im Freien.« Ferner sah sie öfters Heino Reuß (Prinz Heinrich XXXIX.), der zu den Wiener Bekannten gehörte: ein kunstsinniger Bibliophile, der sie im kommenden Sommer auf seinen Besitz Ernstbrunn an der Donau einladen sollte, wo sie zum letzten Mal mit Hofmannsthal zusammentraf.

Am wichtigsten war aber die Begegnung mit Richard Hertz. In Helenes Aufzeichnungen heißt es:

»Ich sitze mit Hertz in der Bar des Hotels Ambassadeur und wir konversieren; im Hintergrund so viel Durchlebtes ... wir fühlen plötzlich, daß wir fern vom eigentlichen Lebenspunkt, doch merkwürdig verbunden sind, während eine ferne Tanzmusik melancholisch ertönt.«

»Ich sehe Neues durch Richard Hertz. Schöne Atmosphäre, Blumenfülle.«

Über eine gemeinsame Stunde in der Capella Sistina: »Neue Entdeckungen, Ahasver, Esther, Figuren, die uns an Unruh [Curt von Unruhs Wilhelmshagener Fresken] erinnern. Moderne dämonische Gestalten im Jüngsten Gericht, Jüngling am Rande der biblischen Szenen. Es stürmt gewaltig. Ist nicht immer dieser Sturm um uns? Wir vermeinen nur, davongekommen zu sein. Überall tönen die Posaunen durch die Himmel. Nur Michelangelo hat sie gehört.«

Diese Stichworte lassen erkennen, daß es damals zu klärenden Aussprachen kam; wenn sie auch nicht alle Dissonanzen beseitigten, so ergab sich doch vor allem im ästhetischen Bereich ein spontaner Gleichklang. Alles in allem ein Modus vivendi, der den weiteren Verlauf der Beziehung bestimmte.

Richard Hertz kehrte zu Beginn der dreißiger Jahre zunächst nach Berlin zurück und heiratete eine Hamburgerin, Felicitas Vorwerk. Er blieb bis 1937 im auswärtigen Dienst, schied dann aber aus und siedelte mit seiner Frau und zwei Kindern nach den Vereinigten Staaten über; nach Kriegsende kehrte er nach Deutschland zurück.

Mit Helene blieb er brieflich in freundschaftlichem Kontakt, solange das – bis zum Kriegseintritt der USA – noch möglich war, hat sie aber nicht wiedergesehen. Daß er jedoch die ungewöhnliche Begegnung mit ihr als ein entscheidendes Ereignis seines Lebens betrachtete, geht – neben seinen Beileidsbriefen an Alfred von Nostitz – vor allem aus den Zeilen hervor, die er, ein Jahrzehnt nach ihrem Tode, an Udo von Alvensleben, seinen Freund und zugleich einen guten Bekannten der Verstorbenen, gerichtet hat:

»Helene... *wie vermisse ich sie*, hätte ich sie noch einmal sehen dürfen! Hätte ich nur einmal noch in ihrem lebendigen, aktuellen, von Wirklichkeit zu Wirklichkeit überspringenden Gefühl eine Art Anerkennung von ihr erfahren, daß ich mit dem Pfunde, das sie so bereitwillig in mich eingepflanzt hat, gewuchert habe! *Jetzt* erst verstehe ich sie, und eigentlich wäre ein Sommer des gegenseitigen Einvernehmens jetzt erst angebrochen...«

16. Kapitel

Der Einzug in Zehlendorf – Potsdam – Amerikanisches Intermezzo

Einen Tag nach ihrem fünfzigsten Geburtstag, am 19. November 1928, zeigte Helene Hofmannsthal eine Veränderung ihres äußeren Lebens an. Der Brief, der erstmals mit der Anrede »Lieber Hugo« beginnt und der letzte an ihn sein sollte, trägt eine neue Anschrift: Zehlendorf-West, Goethestraße 10. Es heißt darin: »Unser neues Haus wird Ihnen gefallen. Das Gefühl, etwas Eignes zu haben, ist auch schön und dann liegt es so still, ohne einsam zu sein... Die unmittelbare Nähe des Sees läßt die Winde, die dieser Tage um das Haus wehn, anders und breiter empfinden, als kämen sie wirklich vom Meer. Auch feiert man das Wiedersehn mit den Gestirnen. Der Orion steht wieder leuchtend über dem Haus. Der Frost in kalten Winternächten.«

Für den Ortswechsel gab es verschiedene Gründe. Die Dachwohnung im Berliner Zentrum hatte ihre Nachteile, zumal das Verhältnis zum Vermieter, der gern Beschwerdebriefe über Lappalien schrieb, nicht das beste war. Auch erschien es erwünscht, gegenüber dem »Moloch« Berlin eine gewisse Distanz zu gewinnen. Die Nähe der Landschaft, der Gang zum Schlachtensee in der Dämmerung, der Anblick des nächtlichen Himmels ließen den Zauber der Lichtreklamen verschmerzen. »Unser Leben hier erfreut uns alle«, schrieb Helene an Eduard Hempel, »die Ruhe am Abend ist wunderbar. Nur eines macht einem solch ein Wechsel noch fühlbarer: das Vorübergehen der Zeit. Abschied, immer wieder Abschied...«

Alfred, meist in Geldnöten, verfügte durch eine Erbschaft – seine Mutter war 1923 gestorben – über einige Mittel. So wagte er den Erwerb eines Hauses am Rande des Zehlendorfer Villenviertels, das in drei Stockwerken der Familie und den Angestellten hinreichenden Platz bot; hinzu kam eine Wohnung im Untergeschoß, in welche zunächst Max Clauß, der junge intelligente Schriftleiter der von Karl Anton Rohan herausgegebenen »Europäischen Revue«, als Mieter einzog. Der besondere Vorzug aber war der stattliche Garten, zu welchem, von dem im Erdgeschoß gelegenen Wohn- und Musikzimmer, eine kleine Treppe hinabführte. Er erhielt bald einen persönlichen Charakter. Unter dem großen Kastanienbaum in der Mitte wurde eine Sitzecke eingerichtet und daneben der Torso einer sinnenden Frau aufgestellt: ein Werk und Geschenk von Lorenz Zilken, einem jungen Maler und Bildhauer aus dem Umkreise Wilhelm Lehmbrucks und Georg Kolbes, den Helene im Jahre 1928 kennengelernt hatte. Nicht nur durch Rodin ergaben sich sogleich Berührungspunkte, so daß er bald zum Freundeskreise in der Goethestraße gehörte. Helenes Initiative war auch ein großes Beet mit dunkelblauem Rittersporn zu verdanken. Es begrenzte die Rasenfläche, auf der sich in der schönen Jahreszeit die Schar der Gäste bei den Tee-Empfängen zusammenfand. Bei ungünstigem Wetter waren diese Veranstaltungen auf die Wohnräume beschränkt, die sich – mit den roten und weißgrauen Möbeln, den Blüthner-Flügeln und den Abgüssen antiker Reliefs – nicht wesentlich von der Maaßenstraße unterschieden. Zeitgenössische Kunst war hier nur durch die lauschende Frauengestalt Kokoschkas vertreten, doch setzte Helene im privaten Bereich einige neue Akzente. In ihr Schlafzimmer hängte sie – neben einem Farbdruck von Dürers »Madonna mit viel Getier« – ein Bild: »Kind vor dem Weihnachtsbaum« von Christoph Drexel, der in der Nachfolge von Nolde und Klee zu einem eigenen Stil gefunden hatte; mit unnaturalistischen Mitteln suchte er eine »geistige, gleichsam substanzlose Anschauung« zu vermitteln. In diesem Fall wählte er hierfür schwach konturierte blaue und gelbe Farbtöne. Helene war angesichts solch einer Darstellungsweise zunächst etwas ratlos, schrieb aber nach einigen Wochen an Eduard Hempel, der mit dem Maler befreundet war, das Bild habe »eine merkwürdig starke Ausstrahlung, die mir erst jetzt zu Bewußtsein kommt«; sie beließ es denn auch an seinem Platz. Einem radikaleren abstrakten Maler gegenüber verhielt sie sich distanzierter: »Das Konkrete erledigt. Nur Linien und Farben!« bemerkte sie zu den wenig nuancierten Kompositionen des heute nahezu vergessenen Rudolf Bauer. Zwei Blätter aus seinem Zyklus »Das Geistreich« waren der Wandschmuck eines der Badezimmer.

Die große Stadt war nunmehr ferner gerückt, aber nicht außer Reichweite. Helene nahm weiterhin Anteil an wesentlichen Ereignissen des Berliner Kulturlebens. Im Juni 1929 fand in Berlin ein Internationaler Frauenkongreß statt. Helene gehörte der Frauenbewegung weder als Mitglied an, noch hatte sie persönlichen Kontakt mit deren Vorkämpferinnen. Zwar behauptete sie ihre geistige Unabhängigkeit im privaten Bereich, verspürte aber nicht das Bedürfnis, sich für die Emanzipation ihres Geschlechts politisch einzusetzen. So war sie auch bei diesem Anlaß nur anteilnehmende Zuschauerin: »Es waren nicht die Worte, die ergriffen, es waren die Gesichter der alten Vorkämpferinnen wie Helene Lange, Anita Augspurg, die zu uns sprachen. Das Kreuz der Verachtung zu tragen, wagen nur wenige. Diese leidensvoll zurückgelegten Wege spürte man im Raum. Eine alte Finnin stand wie eine Norne, sie sah die nahen Dinge nicht mehr, nur ihre innere Vision. Dann waren da Frauen mit männlichen Händen und Füßen, voll unerbittlicher Härte. Amerikanerinnen und Engländerinnen wirkten mild und freundlich, voll verborgener Energie. Die Deutschen trugen die Tragik ihres schweren Kampfes auf der Stirn.«

Im gleichen Monat gab Igor Strawinsky ein Konzert mit eigenen Kompositionen: »Er saß am Klavier wie ein Fabelwesen. Als in seinem Klavierkonzert die große Steigerung begann, drängte alles in ihm zum Äußersten, und doch kannte sein blasses, von zwei großen Augen beherrschtes Gesicht nur knappste Form, zurückgehaltene Intensität, die aber doch in dem dämonisierten Rhythmus zum Ausdruck kam, welcher den Zuhörer wie mit einer unerbittlichen Klammer umfaßte... Strawinsky kennt den Schmerz, aber er will ihn bezwingen. Seine herbe Musik ist eine einzige Drohung, darin der Architektur unserer Zeit verwandt. Wie in einer Maschine funktionieren diese Finger. Er ähnelt Rilke in dem gewollt ausgelöschten Auftreten, das nur der Sache dient.«

Ein alter Bekannter war der Violinist Bronislaw Huberman, der, wie erwähnt, für Alfred und Helene in der Prinz-Eugen-Straße am letzten Abend, bevor sie Wien verließen, gespielt hatte. Nunmehr erlebte ihn Helene wieder in einem Berliner Konzert und fühlte sich in eine ähnliche Stimmung versetzt wie in jener Abschiedsstunde: »Sein Antlitz ist zerwühlt von dem Geheimnis des Lebens! Wie eine offene Wunde muten uns seine Züge an; so auch sein Spiel, das Tschaikowskys Klage singt wie Carusos Stimme, mit fernen, unwirklichen Tönen.«

Wie bisher blieb Helene mit Max Reinhardt in Verbindung. Obwohl sie über die Reinhardtschen Theaterabende der zwanziger und dreißiger Jahre nur wenige, aber sehr lobende Aufzeichnungen hinterlassen hat, wissen wir, daß sie bis 1933, als Reinhardt zunächst nach Wien übersiedelte, an seinen Inszenierungen lebhaften Anteil nahm, öfters die Premieren oder auch die Proben besuchte und dabei Gelegenheit hatte, dem kleinen Mann mit dem Cäsarenblick zu begegnen, worauf durch einen Händedruck, ein freundliches Wort sogleich eine vertraute Atmosphäre entstand. Denn neben dem künstlerischen Konsens bestand durch die Beziehung zu Hofmannsthal eine Gemeinsamkeit, die nach dessen Tod, am 15. Juli 1929, offenkundig wurde. Wenige Wochen später war auch Edmund Reinhardt gestorben, der lebenskluge Administrator und Geschäftsführer des Reinhardtschen Theaterimperiums, vor allem aber treue Weggenosse und Mitarbeiter des genialen Bruders. Helene hatte Max Reinhardt Worte der Teilnahme gesandt und einen kleinen Aufsatz über Hofmannsthal beigefügt, in welchem sie des langjährigen Freundes gedachte. Reinhardt, der nur sehr selten zur Feder griff, antwortete ihr unter Streichung des gedruckten Namens auf einer Visitenkarte mit Trauerrand, die er mit seinen ebenmäßigen und gedrungenen Schriftzügen bedeckte: »Liebe, verehrte Freundin, Ihre guten, warmen Worte sind mir sehr nahe gegangen, und ihre Erinnerung an Hofmannsthal hat mich im Innersten bewegt. Ich danke Ihnen von Herzen. Immer wieder laufe ich den langen wunderbaren Weg zurück, den ich mit Hofmannsthal gegangen bin und auf dem ich auch Sie immer wieder getroffen habe. Es wird dunkel. Ringsum werden die Lichter ausgelöscht. Wir irren uns immer wieder in der Zeit. Mein Herz ist schwer von dem Vielen, das ungesagt und ungetan geblieben ist. Lassen Sie mich sagen, daß ich Ihnen in treuer Erinnerung und aufrichtiger Zuneigung verbunden bin. Übermitteln Sie Ihrem Mann meinen wärmsten Dank für seine Anteilnahme und die besten Grüße.

Ihr Max Reinhardt
Cannes, Aug. 29.«

»Es wird dunkel. Ringsum werden die Lichter ausgelöscht« – diese Worte, in denen die Ahnung kommenden Unheils mitschwang, entsprachen freilich nicht Helenes Einstellung. Zwar hatte auch sie Hofmannsthals Tod schwer getroffen, Anwandlungen der Verzagtheit waren ihr nicht fremd, doch blieb ihr die fundamentale Lebenszuversicht erhalten. Dabei bedeutete ihr die schriftstellerische Arbeit eine Hilfe; sie hat sie einmal »ihren alten Freund« genannt, der sie verstehe, wenn auch der Umgang mit ihm zunächst eine große Anstrengung erfordere. Darauf griff sie jetzt zurück und befaßte sich intensiv mit einem Vorhaben, dessen Anfänge noch Hofmannsthals Beifall gefunden hatten. Es war ein Buch über Potsdam, diese Stadt, die ihr nicht so sehr als Verkörperung des traditionellen Preußenbegriffs, vielmehr als »kühner Seitensprung der strengen preußischen Seele« erschien.

Die Beschäftigung mit diesem Thema wurde durch den Umzug nach Zehlendorf erleichtert. Helene hielt sich nun häufig in Potsdam auf, wanderte durch Straßen und Gärten, inspizierte die Schlösser, malte Aquarelle und bemühte sich, vom Zusammenklang der Architektur mit ihrem Ambiente im Wechsel des Lichtes, der Tages- und Jahreszeiten einen Eindruck zu gewinnen. Solche Impressionen ergänzte sie durch gründliche Vorarbeiten; sie führte Gespräche mit Potsdamkennern und studierte die Literatur: die historischen Werke, aber auch die zeitgenössischen Memoiren. So konnte sie die Beschreibung der alten Residenz durch allerhand Hinweise auf die Gestalten beleben, die hier eine Rolle gespielt haben: die königlichen Bauherren, ihre Frauen, ihre tägliche Umgebung und nicht zuletzt auch die Besucher: Casanova, Voltaire, Bach, Goethe, Napoleon. Ihr besonderes Interesse galt Friedrich dem Großen und seiner Zeit, unter anderem seinem ambivalenten Verhältnis zu Knobelsdorff, dem ingeniösen und eigenwilligen Architekten, hier im Zusammenhang mit der Entstehung von Sanssouci und dem Neuen Palais.

Für diese beiden Bauten, die vom großen König geprägt waren, empfand sie eine Bewunderung, die niemals nachließ. Auch, als 1930 das Buch erschienen war, blieb es bei dem Brauch, daß sie Menschen, die sie näher kennenlernen wollte, durch einen gemeinsamen Besuch, zuweilen in fortgeschrittener Stunde, einer diskreten Prüfung unterzog. »Neulich ging ich mit zwei amerikanischen Damen durch den Potsdamer Park«, berichtete sie, »und sah einfach nichts. Der Park existierte nicht. Dann ging ich gestern mit einer Frau, die viel geliebt und gelitten hatte; da begann er im herbstlichen Licht zu glühen. Und das Neue Palais errötete leidenschaftlich vor diesem goldenen Hintergrund.«

Eine andere Szene schildert der Helene wohlgesonnene englische Kunsthistoriker Roger Hinks in seinem Tagebuch: »Plötzlich sagte Helene: ›Was meinen Sie? Wollen wir nicht heute abend einen Versuch mit Potsdam im Mondschein machen?‹ ›Aber Helene, heute abend scheint der Mond doch gar nicht!‹ ›Das macht nichts, mein Lieber! Sie werden schon sehen!‹ Wie dem auch sei, selbst gegenüber Freunden mikrokosmischer Menschen, wie Rilke und Hofmannsthal, weigert sich der Mond zur Unzeit zu scheinen; so leuchteten bei unserem Potsdamer ›Versuch‹ nur die Sterne und Helenes Autolampen während der Fahrt. Wir passierten die Stadt, fuhren an Sanssouci, an der Orangerie vorüber und erreichten den großen Platz vor dem Neuen Palais. Helene schaltete die Lichter aus, worauf wir aus dem Wagen stiegen. Einen Augenblick verschlang uns die samtene Finsternis, doch als wir unsere Augen an das Dunkel gewöhnt hatten, erschien ein Stern nach dem anderen, bis der Himmel unter ihrer Fülle zu bersten schien. Wie hell er war, ermaßen wir an der weiten, schwarzen Silhouette des Neuen Palais, das vor uns lag. In der Ferne, in der Dachkammer eines Wärters, spiegelte sich ein Lämpchen in einem Fensterladen. Aus einer Ecke warf eine einsame Laterne einen schwachen Widerschein auf eine Barockstatue vor der Fassade. Helene und ich setzten uns auf die Stufen einer Treppe in der schweigenden Nacht... Es herrschte eine erstaunliche Stille...«

Einer der Menschen, die Helene auf ähnliche Weise näher kennen und schätzen lernte, war Rudolf Pannwitz. Wie schon erwähnt, waren Helene und Alfred in Wien mit ihm zusammen; eine Verbindung, die auch nach Pannwitz' Bruch mit Hofmannsthal aufrechterhalten blieb. Er lebte seither in dem jugoslawischen Städtchen Kolćep in recht bedrängten Verhältnissen; davon, aber auch von geistigen und politischen Fragen war in dem Briefwechsel die Rede, den Alfred mit ihm führte, während künstlerische Fragen, wie sie vor allem Helene interessierten, kaum berührt wurden. Im Herbst 1928 kam Pannwitz für ein paar Wochen nach Deutschland und Berlin; so ergab es sich, daß er Helene auf einigen ihrer Fahrten nach Potsdam begleitete, wo sie ihn zu ihren Lieblingsorten führte. In einer Mondnacht stand er mit ihr vor dem Neuen Palais, und an einem sonnigen Tag besuchten sie Sanssouci. Auf der Terrasse der Südfront zeigte sie ihm die Karyatiden, die Friedrich der Große gegen den erbitterten Widerstand Knobelsdorffs hatte anbringen lassen: diese Säulen in Mädchengestalt, mit denen sie sich besonders verbunden, ja wesensverwandt fühlte. Auch hier fand sie bei Pannwitz sogleich Resonanz. Mit der »goldenen Pracht der Herbstbäume« im Hintergrund, notierte sie, habe er vor den Karyatiden »in berückender Weise phantasiert«. Deren »erdgebundene trunkene Freude« sei gleichwohl gebunden an den Rhythmus der Säulen: ein Spiel, das sie jedoch nicht davon abhalte, »das Dach zu stützen«!

Diese Potsdamer Begegnungen gaben den Anstoß zu einem Briefwechsel mit Helene, der bis zu ihrem letzten Lebensjahr fortgeführt wurde. Dabei ging es, neben ihrem Schriftstellern, vor allem um Fragen der Malerei. Mehreren ihrer Briefe fügte sie eigene Aquarelle bei, die Pannwitz beifällig kommentierte, wobei er seine Erfahrungen als Landschaftszeichner einfließen ließ, dem es um das »natürliche Klassische« zu tun sei. Er warnte sie vor der »Gefahr der Übertragung und Übernahme eines zeitlichen oder persönlichen Stils, wo nicht gar eines schulmeisterlichen«, fügte aber hinzu: »Genau da machen Sie ja halt in der Durchführung, wo sie gemäß Ihrer Vision und Ihren Mitteln das Bild nicht mehr steigern, sondern verderben würden. Es gehört bei Ihnen alles in eins: Vision, Komposition, Realisation, und das ist Ihre Art. Komposition ist schon Ihr unmittelbares Sehen, Ihr unzweifelhaft großer und gegliederter Raum ... Ihre Naturkraft sollte unberührt bleiben ...«

Helene bedurfte solcher Warnung nicht, denn ihre Spontaneität war niemals gefährdet, doch war sie empfänglich für die damit verbundene Bekundung aufrichtiger Sympathie. Wenn sie daher Rudolf Pannwitz von nun an in ihren Briefen als »lieber Freund« anredete, so war das keine bloße Floskel.

Neben Sanssouci und dem Neuen Palais hatten ihre Besuche häufig noch ein weiteres Ziel: die Schöpfung Karl Försters, seinen Staudengarten in Bornim, der zwar zur neuen Umgebung der Stadt gehörte, aber das Potsdambild auf besondere, naturhafte Weise ergänzte. Dies war Förster zu verdanken, der mit seinen Blumen umging wie mit verständigen Lebewesen und der deutschen Gartenkultur neue Möglichkeiten erschlossen hat. Helene lernte den stets frohgemuten Mann auf einem ihrer Erkundungsgänge kennen und schloß sogleich mit ihm Freundschaft. In ihrem Buche beschreibt sie, wie sie das »Reich des Blumenkönigs« betritt und zunächst die »leuchtende bunte Welt« betrachtet, die sich im sandigen Boden der Mark »großhungern und großdürsten« mußte; sie erblickt darin »ein Spiegelbild des altpreußischen Ideals, das nur im Verzicht sein Äußerstes zu leisten vermag und zu seinem eigenen Erstaunen herrliche Gebilde hervorbrachte wie das friderizianische Barock«. Dann hört sie eine wohlbekannte Stimme: »Schön guten Morgen, das ist ja heute ein tolles Durcheinander; hören Sie, wie die Primeln kichern? Diese hier ist besonders tapfer gewesen. Die hat Charakter gezeigt und sich durchgesetzt.«

Karl Förster gab sich gern locker und ungezwungen, aber er war ein harter und geduldiger Arbeiter. Seine bedeutendste Leistung war die hohe Kerze des Rittersporns, die er in siebzehn Jahren aus der einfachen bäuerlichen Pflanze entwickelte. »Sehen Sie den Rittersporn dort«, sagte er Helene an einem Junitage, »von weitem sieht er ganz gewöhnlich aus, aber schauen Sie nur!«»Ich hatte das Auge schon in die blaue Blüte gesenkt, die mir nun rosa, gelbe, schwarze Töne des Kelches offenbarte. Über die blauen Blütenblätter aber breitete sich ein zarter rosa Schimmer wie der Widerschein letzter Abendwolken.«

Ein Rittersporenbeet wurde dann – wie erwähnt – im Zehlendorfer Garten angelegt und blühte dort viele Sommer. Die freundschaftliche Beziehung mit Karl Förster aber hatte Bestand bis zum Lebensende. Zu seinem siebzigsten Geburtstag, am 1. März 1944, sandte ihm Helene – sie war damals schon schwer krank – von Alfred redigierte Verse über »Die Magnolien von Sanssouci«. In seiner Antwort, die wegen einer langen Krankheit erst im Juni, wenige Wochen vor Helenes Tod erfolgte, heißt es:

»Liebe Freundin!

Ich war warmer Freundschaft innerlich so treu als äußerlich untreu! Mit Ihnen ist es sicher ebenso! Erst jetzt kommt ein Echo Ihres so lieben Geburtstagsbriefes mit seinen hoffnungsvollen Worten, mit dem schönen Gedicht zu meinem liebsten Strauch!... Grund der langen Freundschaftspausen war die Last der Arbeiten infolge Wegnahme fast aller Fachkräfte aus meinen Betrieben und fieberhaftes Arbeiten an meinem Buch »Kaum betretene Pfade« in jedem freien Augenblick. Bitte schreiben Sie mir von sich und den Ihren! Wann stehen wir wieder frei atmend unter Blumen?

Warme Grüße von Ihrem Karl Förster.«

Im Frühjahr 1930 hatte Helene die Arbeit am Potsdambuch abgeschlossen. Nun brauchte sie eine Erholungspause. Sie werde »so oft geboren und wiedergeboren«, hat sie einmal von sich gesagt, und fühle sich nicht als »ständiger Schreibtisch«! So traf es sich gut, daß sie eine Einladung nach England erhielt. Sie ging von Alexis Ffrench aus, einem temperamentvollen Walliser mit vielseitigen musischen Interessen, was Helene ansprach: Er war Maler und kam einige Monate nach Berlin, um Gesangsunterricht zu nehmen! In Cornwall nahe Landsend besaß er ein Häuschen, in welchem er Helene und ihrem Sohn Oswalt eine Woche Gastfreundschaft gewährte. Die verwunschene Märchenlandschaft an der atlantischen Felsenküste war eine Umgebung, die ihr gleich vertraut wurde. Es sei alles »so wild und unberührt«, meinte sie. Während Sohn und Gastgeber schliefen, wanderte sie in nächtlicher Stunde am Meeresufer. An diesen Aufenthalt schloß sich ein Besuch in einem Landhaus auf der Insel Wight an, wo sich auf sehr englische Weise eine etwas förmliche Tradition mit freundlichem Lebensstil verband, doch war das Ende unerfreulich: Helene brach sich einen Fußknöchel bei einem Sturz auf der altmodischen Holztreppe und mußte daher im Krankenhaus der Insel eine spartanische Behandlung über sich ergehen lassen, was sie mit gelassenem Humor ertrug.

Mit den Finanzen der Familie Nostitz stand es seit dem Kriegsende nicht zum besten. Der Erwerb des Zehlendorfer Hauses hatte die Belastungen noch erhöht. Der Haushalt mit den drei Angestellten – der langjährigen getreuen Köchin Milda Hoffmann und dem Dienerehepaar Springer – war gut geführt, aber zu aufwendig; hinzu kamen die Ausgaben für die Ausbildung der Kinder sowie für die gesellschaftlichen Verpflichtungen. Alfred, ein gewissenhafter Hausvater, aber kein kundiger Geschäftsmann, war daher immer häufiger in Sorge – eine Bedrängnis, die durch Helenes Lebensstil noch zunahm, denn das sparsame Disponieren und »sich nach der Decke strecken« gehörte nun einmal nicht zu ihren Vorzügen! Aus dieser Situation schien sich ein unerwarteter Ausweg zu eröffnen: Helene erhielt das Angebot eines Managers für eine Vortragsreise in den USA, auf der sie über Rodin, vor allem über ihren Onkel Hindenburg sprechen sollte, den Reichspräsidenten, der damals noch in den Vereinigten Staaten in hohem Ansehen stand. Englisch war ihr geläufig von Jugend auf, und die Eindrücke lockten sie, die sie im anderen Kontinent erwarteten. Andererseits reiste sie nur sehr ungern allein, besonders als Schiffspassagier. So entschied sie sich erst nach einigem Zögern für einen mehrwöchigen Aufenthalt in den USA. Aus Zeilen, die sie Anfang Februar während der Überfahrt auf der »Europa« niederschrieb, spricht ihre Beklommenheit: »...Um es gleich zu sagen, ich habe schreckliches Heimweh auf dem großen Schiff und freue mich über gar nichts. Es wird aber besser werden, so hoffe ich, wenn wir angekommen sind. Nichts ist wirklich wichtig in dieser Welt, außer, daß man die Menschen um sich hat, mit denen man sich im Einklang fühlt, und die Reisenden (ich selbst gehöre zu ihnen) kommen einem stets unmenschlich vor. Das ist geheimnisvoll...«

Nach der Heimkehr, Ende April, heißt es dann aber: »Stellen Sie sich vor, ich bin mit Tränen von New York abgereist, wo alle so reizend zu mir waren. Die Schönheit New Yorks in der Nacht ist unbeschreiblich. Ich scheine Erfolg gehabt zu haben, und meine Vorträge gefielen...«

Empfänger dieser Mitteilungen war Wesson Bull, ein dreißigjähriger Amerikaner mit literarischen und künstlerischen Neigungen ohne festen Beruf, der in Newport, Rhodes Island, bei seiner Mutter lebte. Er hatte englische Freunde, und einer von ihnen, der Londoner Verleger Jimmy Knapp-Fisher, führte ihn in der Goethestraße ein, wo ihn die Familie freundlich aufnahm. Vor allem Helene empfand sogleich für ihn lebhafte Sympathie, die erwidert wurde. So ergab sich ein brieflicher Kontakt, und als eine zweite Amerika-Tour in Aussicht stand, für die Helene dringend einen Begleiter suchte, lag es nahe, ihm diese Aufgabe anzubieten. Der Zufall wollte es, daß Wesson Bull mit einem reichen Engländer gut bekannt war, der in der Nachbarschaft Ardenzas in einer Villa am Meer, dem »Boccale«, lebte. Bull konnte es einrichten, daß ihm dieser Mr. Wittaker Gastfreundschaft gewährte, während Helene ihre Mutter in Ardenza besuchte. Helene schrieb darüber ihrem Sohn Oswalt, der ebenfalls dort erwartet wurde: »Ich freue mich auf diese Zeit in Ardenza, denn eine geistige Gemeinschaft mit einem Menschen, der uns auch sonst gefällt, ist das Schönste, was es gibt, und die bloße *physical attraction* mit der Zeit eine hoffnungslose Angelegenheit. Schließlich ist doch jedes Wesen eine Schöpfung unserer geistigen Phantasie, und wir verlangen von diesem Gebilde, daß es uns die ganze Farbenskala des Lebens vermittelt.«

Die harmonischen Tage in Ardenza entsprachen den Erwartungen. Wesson Bull erklärte sich bereit, Helene auf ihrer zweiten Amerika-Reise als »secretary-companion« zu begleiten. Wieder in Berlin, schrieb ihm Helene: »Unserem Trip sehe ich gern entgegen. Mein Mann ist entzückt, daß Sie mich begleiten wollen… Das Licht an der Küste war bezaubernd an diesen letzten Tagen und auch Ihre Nachbarschaft bedeutete für mich einen großen Unterschied. Unsere Reise [Oswalt begleitete sie] war sehr heiß, aber anregend. In Padua sahen wir die herrliche Giotto-Kapelle – eine Vision, der Ausdruck tief und ergreifend.«

An dieser Stelle sei eine persönliche Erinnerung des Verfassers angefügt: Als wir die Arena-Kapelle mit den Giotto-Fresken besucht hatten, kamen wir an einer Kirche vorüber, wo uns ein Bettler aufhielt, der dringend um eine milde Gabe bat. Ich empfand den Mann als lästig und bestimmte meine Mutter weiterzugehen. Es war ein drückend heißer Junitag; so kehrten wir nach einer mühsamen Wanderung in unser Hotel zurück und sanken erschöpft auf unsere Betten, aber nicht für lange. Meine Mutter erhob sich plötzlich und erklärte, gegenüber dem Bettler hätten wir uns unmöglich benommen. Es gehe nicht an, daß wir uns für Giotto begeisterten, dann aber unseren Eindruck nicht ins Leben umsetzten. Das müßten wir auf der Stelle wiedergutmachen! Ihr Ton war so entschieden, daß ich mich ohne Widerrede fügte. So gingen wir den langen sonnigen Weg zurück, bis wir den Bettler wieder antrafen und ihn durch eine reichliche Gabe für unser Versäumnis entschädigten.

Anfang Oktober 1931 kam es zum zweiten Aufbruch nach den USA. Er wurde eingeleitet durch die feierlichen Akkorde des Klavierkonzerts von Tschaikowsky auf den beiden Flügeln im Zehlendorfer Haus. Alfred fand warme Worte, Renata weinte; Harry Kessler verabschiedete sich vor dem Abteilfenster des abfahrenden Zuges.

Diesmal war es eine angenehme Überfahrt. Die beiden Reisenden wurden noch näher miteinander bekannt, entdeckten viele Gemeinsamkeiten, ihre Neigungen und Interessen und stellten überdies fest, daß sie auf kuriose Situationen und Menschen mit dem gleichen Humor reagierten. Ein besonderer Augenblick war das Passieren der Meerenge von Gibraltar, als Helene den letzten Blick auf europäisches Land in einem Aquarell festhielt.

Der Aufenthalt in den USA verlief nicht ohne Komplikationen. Wie sich schon bei der Beziehung zu Richard Hertz gezeigt hatte, fiel es Helene schwer, bei emotionalen Neigungen, die nicht – wie das gegenüber Rodin, Hofmannsthal und Rilke der Fall gewesen war – das leidenschaftliche Element von vornherein ausschlossen, Maß zu halten. Das betraf nicht die »physical attraction«, um so mehr aber die geistigseelische Inanspruchnahme des anderen. Gerade bei diesem sensiblen, gegenüber Frauen gehemmten Partner entstanden dadurch Konflikte, die noch durch unvorhergesehene Umstände gefördert wurden. Denn Helenes Vortragsreihe wurde, entgegen der ursprünglichen Abrede, Ende Dezember durch eine längere Pause unterbrochen – eine Zeit, die sie untätig in ihrem New Yorker Hotel verbringen mußte. Wesson Bull wollte und konnte ihr in diesen Wochen nicht ständig Gesellschaft leisten, da er sich in seinem Heimatort seiner Mutter annehmen und persönliche Angelegenheiten erledigen mußte; überdies scheute er die Kosten, die durch seine ständige Anwesenheit entstanden wären. Helene ließ alle diese Einwände nicht gelten. Obwohl Wesson Bull sie mit mehreren Freunden bekannt gemacht hatte, die sich um sie kümmerten, fühlte sie sich in dieser komfortablen, aber unwirtlichen Umgebung allein gelassen und machte dem »auserwählten Freund« bittere Vorwürfe, die sie in schlaflosen Nächten zu Papier brachte. Die heftigen Auseinandersetzungen hatten zur Folge, daß er sich seinerseits gegenüber einer Intensität innerlich abschirmte, die er als unnötige Belastung empfand. Letztlich war dann aber die gegenseitige Sympathie stark genug, um solche Krisen zu überwinden, so daß sich das anfängliche Einvernehmen wieder einstellte.

Helene blieb diesmal ein halbes Jahr – von Oktober 1931 bis April 1932 – in den USA: die längste Zeit in New York, lernte aber auf ihren Vortragsreisen auch andere Städte und Gegenden kennen. So empfing sie vielfältige Eindrücke von Land und Leuten, die sie mit offenen Sinnen aufnahm und in Skizzen verarbeitete. In erster Linie waren sie für nordamerikanische Leser bestimmt, wurden dann aber infolge der veränderten Zeitläufte nicht veröffentlicht. Nachstehend einige Auszüge aus solchen Impressionen einer Europäerin, die noch nach sechs Jahrzehnten ihre Frische bewahrt haben:

Widerspruchsvolles Amerika

Ich kenne, vielleicht mit Ausnahme Deutschlands, kein Land, das so voller interessanter Widersprüche ist wie die Vereinigten Staaten. Der Amerikaner kann sehr phantastisch und uneigennützig sein. Mitunter neigt er sogar zum *laisser aller*, zum Unpräzisen. Er kennt bei aller Arbeitsenergie auch die Muße, die wir vielfach verlernt haben. Die andere Seite seines Wesens aber hängt an der Konvention mit einer solchen Intensität, daß er eine unabhängige, persönliche Regung in gewissen Situationen schwer erträgt. In diesem Gefühl begegnen sich Businessmen und Vertreter des geistigen Lebens, die sonst scharf voneinander getrennt sind. Ich entsinne mich eines Fußballspiels an einem kalten Novembertage, bei dem Yale und Princeton gegeneinander standen. Als ich wagte, mitten im Spiel aufzustehen, weil es mir ganz einfach zu kalt wurde, erblaßte mein amerikanischer Begleiter. »Sie können vor dem Ende des Spiels nicht fortgehen!« sagte er gepreßt, und als ich es doch tat, konnte er sich lange nicht über die unerhörte Äußerung eines unabhängigen Willens beruhigen. So ist es auch in der Eisenbahn, wenn man in einem überheizten Abteil das Fenster öffnen möchte. Lieber erträgt der Amerikaner die stärkste Hitze, als daß er einen persönlichen Wunsch äußert.

Die Niagara-Fälle und Mr. Philipps

Auch die unheimliche Naturmacht der Niagara-Fälle ist von Phantastik umwoben. Kalt und düster blicken die merkwürdig öden Häuser, die der Amerikaner nur für den Zweck erbaut, auf die weißen, schäumenden Wassermassen herab, die über Felsen mit ungeheurer Wucht in die Tiefe stürzen. Die Indianer fürchteten diese elementare Kraft, und jedes Jahr wurde das schönste Mädchen den Niagara-Fällen geopfert. Auf einem kleinen Kahn fuhr sie lächelnd in die Tiefe ... Noch immer verlangen die mächtigen Stromschnellen, die heute von Nebeln fast verdeckt sind, zornig nach neuen Opfern.

Ganz eingesponnen in diese mystische Atmosphäre wohnt hier seit vielen Jahren der alte Mr. Philipps. Eigentlich gehören die beiden Temperamente nicht zusammen. Denn die donnernd-stürmische, grausame Rücksichtslosigkeit der Fälle hat mit der kontemplativen, stillen Existenz eines amerikanischen Bürgers nichts gemeinsam. Und doch beobachtet er dieses Naturschauspiel wie eine Geliebte in allen Äußerungen und Verwandlungen. Und er könnte nicht fern davon leben. Er erzählte mir selbst, wie er morgens ganz früh, wenn die Gewässer grünlich schimmern, und gegen Abend, wenn sie purpurn erglühen, die größten Überraschungen ihrer Farbenspiele genießt. Sein Leben hat er diesem Augenblick gewidmet, der sein eigentliches Wesen nicht berührt. Unser eiliger Touristenbesuch erfüllte ihn mit Erstaunen. Wie konnte man diesem Weltwunder nur so kurze Zeit widmen? Er brachte mir eine Karte des Niagara, die einem alten Kupferstich glich. So stark wirkte auf mich seine eindringliche Konzentration, daß ich beinahe bekümmert über mein Versäumnis weiterzog, während das Brausen der Gewässer uns noch lange grollend und fast vorwurfsvoll begleitete.

New York

Vor diesem Natur-Hintergrund nimmt sich das künstliche New York sonderbar aus – New York, das mit Zyklopenhänden seinen Wald von Stein aufgebaut hat. Man müßte auch hier ein Leben verbringen, um alle die Strömungen, Bestrebungen, Vergnügungen, die ganze Skala menschlicher Tugenden und Laster zu begreifen. Wer hat nicht schon vom Negerviertel Harlem gehört? Man darf sich darunter aber nicht etwas Verkommenes und Gewöhnliches vorstellen! Nein, dort fühlt man sich näher der Natur inmitten dieser künstlichen Stadt. Man meint in Palmenwäldern zu wandeln, sieht ein naives Volk in bunten Trachten, das ursprünglich fühlt, liebt und leidet. Doch der weiße Amerikaner hat recht, sich zu wehren. Er könnte von dieser Vitalität leicht verschlungen werden. Und dann wieder welche bezaubernden Visionen im chinesischen Theater von Chinatown! Oder in der Künstlerkolonie... Italien, Spanien, Ungarn, das Ghetto – wie viele Völker sind in New York versammelt, und doch sind sie verwandelt in dieser Stadt, die sie wie eine gewaltige Riesin umarmt, ihnen eigene Einfälle einflüstert wie eine unheimliche Zauberformel, so daß sie nicht mehr sie selber bleiben.

Und inmitten all dieser Verwirrung bewegt sich eine exklusive, sehr konventionelle, etwas altmodische Gesellschaft, die verschiedene Kreise streng voneinander trennt. Mr. Bagby, eine entzückende Rokokogestalt mit kleinem gewichsten Schnurrbart, gibt seine berühmten Frühstücke für Prominente nach einem Konzert im Waldorf-Astoria, Mrs. Mills ihre Diners für Schriftsteller. Die Vanderbilts und Astors halten noch immer an einer kleinen Deutschfeindlichkeit fest, die zum guten Ton gehört. Die Frauenklubs sorgen für das geistige Leben und auch für das leibliche Wohl mit eleganten Swimming Pools und Tennisplätzen. Vor den luxuriösen Läden ziehen die bleichen Arbeitslosen. Und vor dem Hotel Plaza stehen noch die alten Droschken mit müden Pferden, die Liebespaare im Central Park spazieren fahren. Dazu paßt die ältere Dame mit hohem Kragen und Federhut, die neben einer kurzberockten, stark geschminkten Diva auf der Fifth Avenue flaniert. So begegnen sich in dieser Stadt Sentimentalität mit Leidenschaft, ja – wenn man an die Gangsterhöhlen denkt, mit Grausamkeit, wie an keinem anderen Ort der Welt.

Wenn ich in der Nacht vom 17. Stock des Hotels St. Moritz hinunterblickte, auf die lange feurige Schlange der Autos, die durch den mit tausend Lichtern besäten Central Park sausten, über ihnen die erleuchteten Türme der Wolkenkratzer mit ihren drohenden Fackeln, kam ich mir oft wie verzaubert vor.

Das Familienleben. Stellung der Frau

Man findet oft in den USA einen starken Zusammenhang der Familien, die wie in kaum einem anderen Lande an ihren Sitten und Gebräuchen festhalten. So muß jedes Familienmitglied zu der traditionellen Feier des Thanksgiving Day erscheinen. Ein mir bekannter amerikanischer Professor hatte ein besonders geräumiges Auto bauen lassen, in welchem er im Sommer mit seiner Frau und den drei Töchtern in Europa herumreist. Das ist nur ein Beispiel von vielen. Zu den verbreiteten Irrtümern gehört auch, daß sich die Amerikanerin nicht um ihren Haushalt kümmere. Ich hatte im Gegenteil den Eindruck, daß sie dadurch überlastet ist. Andererseits schien mir ihre Stellung, die man als beneidenswert schildert, an einem zu leiden: der Vereinsamung. Ein Mittel hiergegen sind die Tausende von Frauenklubs. Besonders in den kleineren Städten bringen sie viele Anregungen. Eine große Gefahr ist jedoch, daß sie ins Theoretisieren verfallen. So ist zum Beispiel die Einführung der Prohibition, des absoluten Alkoholverbots, hauptsächlich auf ihren Einfluß zurückzuführen. Damit stellten sie ein Ideal auf, das, wie mir scheint, jeden Wirklichkeitssinns entbehrt. Denn in der Praxis bedeutet dem Amerikaner der Cocktail, den er seinem Gast reicht, einen Ritus wie das Glas Tee für Rußland oder der Met der alten Germanen. Ich entsinne mich eines Nachmittags, als ich mit Ernst Naegele, einem mit Wesson Bull befreundeten Pianisten, musizierte. Es traten Gäste ein. Da sprang er mitten im Stück auf: »I must give them a drink!« Dann erst setzte er sich wieder ans Klavier. Derart verwurzelte Sitten kann man nicht durch Gesetze beseitigen...

Soweit diese Aufzeichnungen. Die Prohibition ließ sich in der Tat nicht aufrechterhalten. Sie war 1920 durch Verfassungsgesetz in der gesamten Union eingeführt worden und wurde 1933 wieder aufgehoben. Hinsichtlich der Stellung der Frau in den USA konnte Helene von eigenen Erfahrungen ausgehen. Obwohl sie ständig betonte, sie sei keine »political woman«, wollte man immer wieder ihre Ansichten über die deutsche Entwicklung hören und betrachtete sie auch auf diesem Gebiet als ernsthafte Gesprächspartnerin, obwohl ihr andere Themen lieber gewesen wären. So erging es ihr mit Thornton Wilder, der damals schon durch seinen Roman über Zufall und Schicksal, »The Bridge of San Luis Rey«, bekannt geworden war, und den sie sich als romantischen Dichter »mit träumerischen Augen und Byron-Pose« vorgestellt hatte; seine Erscheinung war jedoch die eines bebrillten Gelehrten, und er wollte so viel über Deutschlnad von ihr wissen, daß für amerikanische Dinge und sein Werk keine Zeit mehr blieb.

Von der New York Times wurde sie zu einem Gespräch am runden Tisch gebeten, wobei ihr die sechs Redakteure politische Fragen stellten, Hindenburg als »Symbol der Ordnung« priesen und ihre Besorgnis über die »deutschen Massenbewegungen« äußerten. Ihr gefiel jedoch der zwanglose Ton dieser Zusammenkunft: »Wir sprachen ganz einfach von Mensch zu Mensch.«

Ein anderes Mal wurde die »Baroness Hindenburg« – so nannte sie sich auf ihrer Tournee – von amerikanischen Offizieren zu einem Regimentsessen eingeladen, wobei ihr »der reizende heitere Ton« zwischen Offizieren und Soldaten auffiel. Zu ihrer Bestürzung forderte man sie aber zu einer kleinen Rede auf, besonders über Hindenburg sollte sie etwas sagen: »Ich sprach kurz über die Einfachheit und Treue seiner Natur, die nicht gern viel Wesens macht.« Dies war auch der Grundtenor ihrer Vorträge, in denen sie »Hindenburg at home« zu schildern suchte.

Naturgemäß sah sie viele Menschen während ihres Aufenthalts. Meist waren es nur Eintagsbekanntschaften, die mehr oder weniger ihr Bild von den USA abrundeten, aber keine markanten Spuren hinterließen.

Vergangenes wurde lebendig, als sie nach fast einem Vierteljahrhundert Ruth Saint-Denis wiedersah, die in New York eine einflußreiche Tanzschule gegründet hatte; Helene überreichte ihr eine Übersetzung des von ihr handelnden Aufsatzes Hofmannsthals: »Die unvergleichliche Tänzerin«, der ihr unbekannt geblieben war, worauf sie Helene zum Dank eine Tanzgruppe vorführte, die sich von Rodins Plastik inspirieren ließ. Vor allem sind aber zwei Begegnungen mit führenden Männern der USA hervorzuheben, nicht so sehr wegen ihrer Prominenz, sondern weil sie Helene durch ihre persönliche Ausstrahlung beeindruckten. Ihr Zusammentreffen mit Henry Ford und sodann mit John D. Rockefeller hat sie wie folgt beschrieben:

»In Detroit mußte ich improvisiert im Radio sprechen, nach Kanada zu einem Diner fahren und dann wieder reden. Am nächsten Tag brachte mich das Ford'sche Auto zum Verwaltungsgebäude. Ein Direktor empfing uns. Ich sah etwas zerstreut aus dem breiten Fenster hinaus, als plötzlich Henry Ford vor mir stand. Er war auf leisen Sohlen hereingeschlichen wie ein Panther, der beharrlich einem Ziel zustrebt. Ein kleiner Mann in grauem Anzug mit hellen Augen, die ab und zu aufblitzten. Ein fester schneller Händedruck, nicht die übliche Welcome-Geste. Man spürt, daß vor allem Instinkt diesen Menschen beherrscht; der ruhige Instinkt in jeder Situation, der Instinkt des Indianers im Jagdgelände oder beim Nahen einer Gefahr. Er ist nicht ohne Sentimentalität. Man erzählt, er habe das einfache Haus, in welchem er geboren wurde, wieder aufbauen lassen. Wenn er einen wichtigen Entschluß fassen muß, geht er dorthin und denkt an seine Mutter. Sie soll ihn erleuchten.

Wir kamen gleich ins Gespräch über Zeitfragen. ›Vor allem müssen wir den Krieg vergessen, alle Schulden und Reparationen streichen‹, sagte er kurz und energisch. ›Das Leben besteht aus Risiken. Ich habe mich noch nie vor Risiken gescheut. Nur so kann man Neues aufbauen. Als ich einen neuen Auto-Typ schaffen sollte, habe ich alles Alte über Bord geworfen und von neuem angefangen. Das war auch ein Risiko!‹ Es ist ein seltsames Gefühl mit einem Mann zu sprechen, der jede Stunde vielleicht eine Million Dollar ausgeben kann. Seine Minuten sind kostbar. So verabschiedete er mich nach einer Viertelstunde, obwohl er anscheinend ganz gern weitergesprochen hätte, ermahnte mich aber noch, Greenwich Village zu besuchen und seine Kirche, die er für alle Völker und Konfessionen gebaut hat. Dieser Mann der modernen Technik hat in Greenwich Village eine Vergangenheit wieder auferstehen lassen, an der sein Herz hängt. Alte Kaleschen fahren über ungepflasterte Wege. Ein weißbärtiger Philosoph verfertigt altmodische Bilder. Ein Schuster sitzt in seiner Werkstatt. Vom altertümlichen Gasthof geht man zu Edisons Labor, wo einer seiner ältesten Angestellten die ersten Telephone und elektrischen Birnen vorführt. Dann fahren wir mit dem Auto durch die Fabriken. Am meisten beeindruckte mich die Ausnutzung des alten, gebrauchten Materials, das in den Hochöfen für die Wiederverwendung eingeschmolzen wird. Die unkomplizierteste Handhabung aller technischen Details ist hier am auffälligsten, die einfache Linie.

Fords Name leuchtet uns nachts in Detroit überall entgegen. Dieser Mann ist nicht bei allen beliebt, aber seine Kraft siegt doch, weil er seinen Weg kennt und sich nicht, wie so viele, durch kleine Bedenken beirren läßt.

Eine ebenso umstrittene Gestalt ist der dreiundneunzig-
jährige John D. Rockefeller. Ist Ford der Typus des modernen
Amerikaners, so gehört Rockefeller, auch abgesehen von
seinem Alter, einer anderen Zeit an. Er hat etwas von der
Grazie des 18. Jahrhunderts in seinen Manieren. Ich war in
sein New Yorker Haus eingeladen, das hoch über dem Hud-
son liegt. Da wir etwas verspätet waren, fuhr unser Auto zu
schnell, und wir wurden von Polizisten angehalten. Als wir
aber sagten, Rockefeller habe uns eingeladen, durften wir
sogleich weiterfahren, was mich in einem so demokratischen
Lande etwas erstaunte.

Rockefeller empfing mich mit einer Nelke im Knopfloch
und reichte mir fast gleich den Arm, um mich zu Tisch zu
führen. Sein Kopf, ein rassiger Kopf, erinnerte mich an die
Maske Ramses des Großen. Als er sich gesetzt hatte, erhob er
sich noch einmal, machte eine kleine feierliche Verbeugung
und sagte: ›This is how I welcome a distinguished Foreigner!‹
Auch ich verneigte mich und meinte, mich an einer Hoftafel
vergangener Zeiten mit ihrem strengen Zeremoniell zu befinden. Er selbst aß wenig, nippte nur an vor ihm stehenden
kleinen Gerichten und hielt eine fließende Konversation aufrecht, in die er immer wieder kleine Anekdoten einflocht.
Eine, die ihn besonders amüsierte, bezog sich auf eine lange
vergangene Wirtschaftskrise. ›Wir hatten schon einmal eine
Krise‹, erzählte er. ›Da fragte ich eines Abends Mrs. Rockefeller, die gerade am Einschlafen war: »Fürchtest du nicht, daß
wir unser Vermögen verlieren könnten?« Die einzige Antwort war ein lautes Schnarchen. (Er machte es ihr nach.)
›Unser Schicksal schien sie nicht sehr zu beunruhigen!‹ Rings
um den Tisch saßen mehrere Familienmitglieder: seine
Nichte, eine alte Dame als Hausfrau, zwei Enkelinnen mit
ihren Männern. Da Mr. Rockefeller allein die Unterhaltung
in Gang hielt, lachten sie nur und bezeugten durch Nicken
ihre Zustimmung. Nach Tisch führte mich Mr. Rockefeller
wieder hinaus und legte sich dann schweigend auf ein Sofa,
da ihm der Arzt nach den Mahlzeiten Ruhe verordnet hatte.
Ich konnte mich nun umsehen. Das Haus war von einer
geschmackvollen Einfachheit. Im Wohnzimmer standen rote
Möbel vor weißen Wänden. Etwas chinesisches Porzellan

und englische Porträts waren der einzige Schmuck. Am Kamin plauderte ich eine Weile mit den Verwandten und wurde dann wieder zu Rockefeller geführt. Er sprach nun feierlich zu mir wie ein Fürst. ›Wir haben ein großes Vermögen, um der Welt und der Menschheit zu helfen. Ich glaube an eine gute Zukunft. Sagen Sie das in Deutschland und nehmen Sie diese kleine Münze als Andenken und Talisman!‹ Er suchte lange in seiner Westentasche und präsentierte mir schließlich ein silberblankes 10-Cent-Stück vom gleichen Format wie die 10 Cent, die er einst in einer Kirche gefunden hatte, als er dem Hungertod nahe war – die Münze, die seither zum Symbol seines Erfolges wurde. Ich erhielt von ihm noch vier solcher Geldstücke für meine Familie. Dann wurde ich mit einer graziösen Handbewegung entlassen, wie nach einer Audienz, worauf sein Schwiegersohn mich in das Musikzimmer geleitete und mich bat, etwas von Chopin zu spielen: ›Grandfather loves music!‹ Gehorsam setzte ich mich ans Klavier und hörte noch von weitem die Stimme Rockefellers, die mir dankte.«

Das Bild dieser Amerika-Reise wäre nicht vollständig, würden nicht einige Vorfälle erwähnt, die in ihrer Art für Helenes impulsives Temperament kennzeichnend waren. Zunächst eine Szene, die den getreuen Wesson Bull in noch größere Verlegenheit versetzte als ihr frühzeitiges Verlassen des Fußballspiels. Sie besuchte mit ihm ein Musical, worin eine bekannte Schauspielerin in einem »Schwanentanz« auftrat, einer Parodie des berühmten Balletts Anna Pawlowas: »Der sterbende Schwan«. Für Helene war das ein Ärgernis, auf das sie sofort leidenschaftlich reagierte. Sie erhob sich und sagte mit lauter Stimme: »Ich kann hier nicht sitzen bleiben und zusehen, wie diese vulgäre Person meine große Freundin Pawlowa beleidigt!« – dann veranlaßte sie ihren Begleiter, das Theater mit ihr zu verlassen –, ein Gefühlsausbruch, durch den zahlreiche Zuschauer belästigt wurden. Es war eine Nebenwirkung, die sie in solchen Fällen jedoch nicht bekümmerte.

Sehr emotional handelte sie auch in einem anderen Fall, in welchem sie einem guten Zweck zu dienen meinte. Während ihres New Yorker Aufenthalts, am 1. März 1932, war das »Lindbergh-Baby« gekidnappt worden, der zwanzig Monate alte Sohn von Charles A. Lindbergh, dem nach seinem historischen Non-stop-Flug über den Atlantik als Nationalheld Gefeierten. Die amerikanische Öffentlichkeit war daher aufs höchste alarmiert. Während die Entführung Tagesgespräch war, die fieberhafte Suche andauerte, wurde Helene spät abends im Hotel von einem Unbekannten angerufen, der ihr eine Adresse mitteilte, wo sie das Baby finden könne. Ohne anderweitigen Rat einzuholen – Wesson Bull war damals abwesend –, bestellte sie ein Taxi, um sich an den genannten Ort fahren zu lassen. Es war eine recht riskante Unternehmung, denn es lag nahe, daß die prominente Deutsche in eine Falle gelockt werden sollte. Dank der Umsicht des Taxifahrers, den sie verständigt hatte, ging die Sache jedoch gut aus, denn er fuhr die Ortsunkundige zu einer anderen Adresse und brachte sie dann ins Hotel zurück. Ihre Beinahe-Verwicklung in die Affäre war damit nicht beendet, denn eine angebliche Hellseherin deutscher Abstammung, Frau Lutterbeck, teilte ihr mit, das Kind befinde sich ihrer Erkenntnis nach in einer Privatwohnung in Brooklyn, und bat sie, die Behörden hiervon zu unterrichten. Wesson Bull lag mit einer Grippe zu Bett und erfuhr erst nachträglich von der Angelegenheit. Helene handelte daher wieder nach eigenem Gutdünken und bat den Governor von New Jersey – dem Staat, in welchem die Entführung stattgefunden hatte – um eine Unterredung. Der Governor empfing sie auch freundlich, veranlaßte aber vermutlich nichts auf Grund der wenig seriösen Geschichte, die sie ihm zu berichten hatte.

Anfang April kehrte Helene nach Deutschland zurück, wieder allein, da Wesson Bull verhindert war, doch lernte sie auf dieser Überfahrt sympathische Mitreisende kennen. So war der Pianist Wladimir Horowitz ein angenehmer Gesprächspartner; vor allem aber verstand sie sich sogleich gut mit einer Engländerin: Die damals sechsunddreißigjährige Baroness Irene Ravensdale war die älteste Tochter von Lord George Curzon, der von 1898 bis 1905 als Vizekönig von Indien und 1919 bis 1924 als britischer Außenminister eine bedeutende Rolle spielte. Die geistreiche und weltläufige Frau hatte sich als Journalistin betätigt, war engagiert in der Sozialarbeit und lebte als angesehenes Mitglied der High Society in ihrem Londoner Haus, wo Helene in den folgenden Jahren mehrmals zu Gast war.

Das Ergebnis dieser zweiten Amerikareise entsprach in finanzieller Hinsicht nicht den Erwartungen. Sophie von Hindenburg hatte kaum übertrieben, als sie im Januar 1932 an Wesson Bull schrieb, die Kosten würden die Einnahmen übersteigen: »I know my darling Helene!« Sie hatte ihrer Tochter das Reisegeld vorgeschossen und war wenig darüber erfreut, daß die Rückzahlung des Betrages nicht erfolgen konnte, als auch ein anderer Plan scheiterte: Helene hatte die Rodin-Büste mitgenommen, die in New York veräußert werden sollte, doch fanden sich keine Käufer, was auf die damals in den USA einsetzende große Wirtschaftskrise zurückzuführen war. So entstanden aus diesem Vorhaben nur Unkosten.

Als illusionär erwies sich schließlich ein abenteuerliches Projekt, das bald nach Helenes Heimkehr neue Erwartungen geweckt hatte. Gräfin Beck, eine österreichische Bekannte, verfügte über hellseherische Fähigkeiten; jedenfalls war es ihr zu verdanken, daß bei einem Umzug verschollene Menzel-Zeichnungen im Besitz der Nostitzens wieder aufgefunden werden konnten. Helene, aber auch Alfred, schenkten ihr daher Glauben, als sie mitteilte, sie habe durch ihre Gabe einen nahe der niederländischen Küste versunkenen Schatz ausfindig gemacht. Mit Hilfe eines Ingenieurs solle nun, im Mai 1932, die Hebung der fünfzig Millionen Goldgulden erfolgen. In der Hoffnung auf einen reichen Ertrag beteiligten sich die Nostitzens mit einer angeblich kleinen Summe an dem Unternehmen – ein weiterer Verlust, da es mit einem Fiasko endete.

In geistiger und menschlicher Hinsicht betrachtete Helene ihre Reise jedoch als Gewinn. In diesem Land voller Gegensätze spürte sie ihre Verbundenheit mit Europa. »Das Gesicht von Europa«, schrieb sie damals dem Verfasser, »verrät doch trotz all seiner Fehler, mehr innere Notwendigkeit! Wo ist hier ein Bamberger Reiter, wo ein Dom von Chartres?« Gleichwohl empfand sie ihre »amerikanischen Entdeckungen« als Erweiterung des Weltbildes, wozu die Beständigkeit ihrer Beziehung zu Wesson Bull nicht wenig beitrug. Ihn sah sie in den folgenden Jahren in Berlin und London, arbeitete mit ihm an ihrem dann nicht veröffentlichten Reisebericht, eben den »American Discoveries«, und blieb mit ihm in enger Verbindung durch einen bis 1941 fortgeführten Briefwechsel, in welchem sie ihren Gefühlen deutlich Ausdruck verlieh. Wenn ihre Ehe durch diese emotionale Freundschaft nicht gefährdet wurde, so lag das neben dem taktvollen Verhalten Bulls vor allem an Alfreds großzügiger Menschlichkeit, aber auch an einer Eigenheit Helenes, von der schon die Rede war: an jener »retenue«, durch welche sie den Gefühlsüberschwang zu meistern suchte. Es war ein Bemühen um innere Disziplin, das mitunter versagte, aber in den für sie entscheidenden Lebensfragen stets dominierte. In einem Brief an Bull vom 5. Oktober 1934 heißt es darüber: »Denken Sie nur nicht, mein Lieber, daß mein Haus oder meine Umgebung irgendwie darunter leiden, wenn ich gefühlsbewegt (mouvementée) bin! Ich habe mich niemals dadurch in meinem täglichen Leben beeinflussen lassen, das genau so weitergeht; daher brauchen Sie sich deswegen keine Sorgen zu machen. Fast immer war mir diese wundervolle *privacy* vergönnt, und ich möchte nicht, daß irgendwer darunter leidet, weil ich dieses mein ›karma‹ durchleben muß. Darin macht also Ihr Kommen und Gehen keinen Unterschied. In jenem großartigen Satz Tschaikowskys [aus dem Klavierkonzert] lasse ich mich zuweilen gehen, aber ich brauche es Ihnen nicht zu sagen: Ebenso wie Sie glaube ich an Rhythmus, an Ordnung, an vollkommene Form, vereint mit einer gewissen Strenge.«

17. Kapitel

Die letzten Friedensjahre

Auf ihren Amerikareisen hatte Helene immer wieder ihre politische Inkompetenz betont. Das bedeutete freilich nicht, daß sie an der deutschen Entwicklung, die sich in den dreißiger Jahren dramatischer zuspitzte, keinen Anteil genommen hätte. »Der Boden, auf dem wir geboren sind, entscheidet über unser ganzes Leben, und zu ihm müssen wir zurückkehren«, hat sie einmal gesagt, und das war keine zufällige Äußerung, sondern Ausdruck einer Lebensmaxime. Allerdings dachte sie nie nationalistisch. Sie empfand ihr National- und Heimatgefühl nicht als Gegensatz zu ihrer Weltverbundenheit, zu ihrem Europäertum, vielmehr als dessen notwendige Ergänzung. Schon im Dezember 1930 hatte sie heftig reagiert, als sie diese Symbiose im kulturellen Bereich gefährdet sah. Anlaß war eine Maßnahme des nationalsozialistischen Kultusministers von Sachsen-Weimar, Frick, welche die Kampagne gegen die »entartete Kunst« einleitete. Im Einvernehmen mit Harry Kessler, der gleichzeitig einen Artikel: »Frick über Deutschland« verfaßte, schrieb sie daher einen »Aufruf gegen die Vernichtung ewiger Werte« und sandte ihn einer Presseagentur. Es hieß darin:

»In den großen Kulturzeiten hat das nationale Gefühl die Künstler zu wunderbaren Schöpfungen angeregt. Doch waren sie immer erfüllt von einem Schönheitsgefühl, das die Ländergrenzen nicht kennt. Dürer ruhte nicht, bis er in Venedig, in Italien seine Kunst vervollkommnet hatte.

Heutzutage scheint das nationale Gefühl eine maßlose Verwirrung anzurichten. In Weimar werden bedeutende Maler wie Kirchner, Franz Marc – wahrscheinlich, weil sie nicht dem ›Ideal altdeutscher Vorbilder‹ entsprechen und vielleicht von den Franzosen beeinflußt sind – aus dem Museum verwiesen. Die Halbbildung hat sich, wie so oft in unserer Zeit, dieser Werke bemächtigt und schaltet und waltet damit in frevelhafter Weise. Hier gilt das Wort: Die Deutschen müssen sich auf ihre Würde besinnen...«

Aus diesem Text sprach eine kämpferische Einstellung, die aber fürs erste nicht anhielt. Durch ihre Amerika-Reise hatte sie die deutsche Entwicklung etwas aus den Augen verloren. Hinzu kam ihre spontane Empfänglichkeit für unmittelbare Impressionen, die dazu beitrug, daß sie nach ihrer Rückkehr gegenüber der nationalsozialistischen Bewegung zunächst aufgeschlossener war. Das zeigte sich, als sie auf einer Kundgebung im Berliner Sportpalast Hitler erstmals zu Gesicht bekam und allerdings weniger durch seine Erscheinung als durch die Resonanz, die er bei seinem Publikum fand, fasziniert wurde. Sie schrieb darüber: »Es war höchst eindrucksvoll, und eine Woge der Begeisterung riß auch den skeptischsten Zuhörer mit sich fort. Herz und Geist der riesigen Menschenmenge erfüllte offenbar ein Geist der Selbstaufopferung. Sogar eine Französin bemerkte: ›C'était comme une cérémonie religieuse.‹«

Eine gewisse Besorgnis konnte sie freilich nicht unterdrücken: »Wie werden sie nun aber handeln? Das ist die Frage. Wir haben es jetzt mit großen Komplikationen zu tun!« 1932 war in der Tat ein schwieriges Jahr voller Kontraste. In Berlin war das besonders zu spüren. Einige Notizen Helenes vermitteln hiervon einen Eindruck:

Frühjahr 1932
Gang über den Potsdamer Platz in Abendtoilette und Frack, umgeben von Arbeitslosen. Ein unnatürliches Lachen ertönt hinter uns wie das Lachen eines Wahnsinnigen. Kündet ein solches Lachen immer Katastrophen an?

Fest in der Ungarischen Gesandtschaft bei offenen Fenstern. Jugend, blondes Haar. Gespräch mit dem Gesandten; er meint, daß in unserer Zeit immer wieder der Bürokratismus das Elementare besiege.

Theateraufführung von Arbeitslosen im Hotel Esplanade. Grauer Zug der Arbeiter durch den Rokoko-Saal, beeindruckend.

November 1932
Vortrag von Professor Otto Hötzsch über Rußland: die hoffnungslose Mechanisierung jedes Lebensimpulses. Nachher Abend mit Zigeunerliedern bei der Fürstin Trubetzkoy. Schluchzende Chöre der russischen Volksseele.

Hauptmann-Feier am Kaiserdamm. Unpersönlich und uneitel, seiner Sache dienend, wirkte diese schöne Feier. Ungeheurer Enthusiasmus der Menge, erhebender Aufschwung.«

[Hierzu eine Anmerkung: Die Feier für Gerhart Hauptmanns 75. Geburtstag fand in der dichtgefüllten Ausstellungshalle am Kaiserdamm statt. Helene stand mit ihm auch nach ihrem Agnetendorfer Besuch in Verbindung. Im Dezember 1927 hatte er ihr sein eben erschienenes Epos »Till Eulenspiegel« übersandt und ihr dazu geschrieben: »Ich bin gewiß, Sie werden weitherzig genug sein gegenüber der in diesem Buch waltenden dichterischen Freiheit und Unabhängigkeit und schließlich bis dahin durchdringen, wo die Einheit des Gedichtes erkennbar wird, in der sich alles scheinbar Tendenziöse löst, soweit es eben im Menschlichen möglich ist. Wenn ich das Fragezeichen am Schluß nicht fortschaffen konnte, so liegt es daran, daß eben die Welt ein Fragezeichen ist.«]

»Diner bei Andraes [Edith Andrae, der Schwester Rathenaus und ihrem Mann] mit Frobenius, Max Reinhardt, Furtwängler: Leo Frobenius [der Kulturphilosoph] zeigt afrikanische Höhlenzeichnungen und Ruinen des Königsschlosses, in welchem der König, der nur als Symbol wirkt, nach einigen Jahren von seiner Frau erhängt wird. Unpersönlich vollendet er den vorgeschriebenen Kreis, so wie sein Leben unpersönlich dem Volke diente...

Abend des 21. November im Kaiserhof: Vortrag im Kulturbund über die Geburt des Faschismus aus der Tragik, daneben Hitler-Versammlung und im anderen Flügel Seeckt, Solf, Simons. Merkwürdige Stimmung. Polizei vor dem Hotel.«

Im Februar 1933, wenige Tage nach der »Machtergreifung«, gab der italienische Botschafter Conte Cerutti einen Empfang für den neuen Reichskanzler und seine Begleitung, zu wel-

chem auch das Ehepaar Nostitz und Sophie von Hindenburg, die in der Goethestraße zu Gast war, geladen wurden.
Hitler wirkte gehemmt in der ungewohnten Umgebung, war
aber gegenüber den Damen besonders zuvorkommend. Vom
anderen Ende des Raumes kam er auf Helene zu, um ihr
die Hand zu küssen. Als sie darauf den Fürsten Serge Gagarin, ihren Vetter und russischen Emigranten, vorstellte, war
ihm das ein willkommener Anlaß zur Selbstdarstellung. Er
sagte zu Gagarin: »Hätten alle das erlitten, was Sie durchgemacht haben, so würde mir die Welt mehr Glauben
schenken!«

Sophie von Hindenburg thronte inzwischen in einer anderen Ecke des Salons. Mit einer Haube aus Brüsseler Spitzen,
mit russischen Juwelen auf dem Samtkleid wirkte die Achtzigjährige wie ein Bild aus einem anderen Jahrhundert, erinnerte sich Helene, nahm aber – darin ganz die Tochter des
alten Münster – lebhaften Anteil am aktuellen Geschehen.
Signora Cerutti, eine liebenswürdige Gastgeberin, hatte dafür ein Gespür und stellte ihr Joseph Goebbels vor, den sie auf
ein Stühlchen vor dem großen Lehnsessel der alten Dame
plazierte. Diese begrüßte ihn lächelnd, redete dann aber sogleich auf ihn ein, wobei sie in gewohnter Weise offen ihre
Meinung sagte und heikle Themen, namentlich die Juden-
frage, berührte. Goebbels, der kaum zu Wort kam, verabschiedete sich nach einer Weile, worauf sie ihm, offenbar
vergeblich, nachrief: »Vergessen Sie nicht, wiederzukom-
men! Mit den Dingen, die ich Ihnen sagen wollte, bin ich noch
nicht zu Ende!«

Am 21. März nahm Helene am »Tag von Potsdam« teil, als
Hitler ein Treuegelöbnis für Hindenburg ablegte. Wiederum
zeigte sie sich ergriffen: »Die Zeremonie in der Garnisonkir-
che war wirklich sehr schön und die Ovation, die Hitler mit
der jungen Generation Hindenburg darbrachte, höchst eindrucksvoll. Alles, was schlicht und gut ist in unserem Volke,
fand seinen Ausdruck an diesem Tage.« Einschränkend fügte
sie aber hinzu: »Diese Volksbewegung ist allerdings für die
Dauer für kompliziertere Naturen mit wahrer Kultur nicht
angebracht. Ich glaube indessen, daß wir unserem Volke
diese Opfer bringen und uns um unsere wirkliche Welt im

stillen Kämmerlein kümmern müssen, wo unsere Gedanken und Gebete diejenigen erreichen, die in Wahrheit zu uns gehören!« Sie lehnte es denn auch ab, in die Partei einzutreten, als man sie dazu aufforderte.

Stand es im Widerspruch zu dieser Haltung, daß sie im Oktober 1933 eine »Kundgebung« unterzeichnete, mit der sich 88 Schriftsteller zum »Reichskanzler Adolf Hitler« bekannten? Man muß sich den Text näher ansehen. Es wurden darin »Frieden, Arbeit, Ehre und Freiheit« als »heiligste Güter der Nation« und »Voraussetzung einer aufrichtigen Zusammenarbeit der Völker untereinander« bezeichnet. Das stand im Einklang mit Hitlers Taktieren, der sich damals als Friedenskanzler präsentierte und noch am 21. Mai 1935 eine Rede in diesem Sinne hielt, die sogar der inzwischen nach Frankreich ausgewichene Harry Kessler eine »große staatsmännische Leistung« nannte. Die Unterstützung des Manifests war daher keine Zustimmung zum wahren Hitler und zu seinen noch sorgfältig getarnten wirklichen Zielsetzungen!

Eines bekümmerte Helene schon früh: der Antisemitismus der Nationalsozialisten, der ihrer eigenen Auffassung so strikt zuwiderlief: Nicht nur, daß sie ihn als »schreiende Ungerechtigkeit« empfand, auch bei der Wahl ihrer Bekanntschaften und Freundschaften war die blutsmäßige oder geistige Zugehörigkeit zum Judentum nie ein Hindernis, was sich auch nach dem 30. Januar 1933 nicht änderte! Zunächst vertraute sie freilich dem »Geist der Balance«, der, wie sie meinte, die Deutschen kennzeichne; sie hoffte daher, daß die antijüdische Reaktion ihre Grenzen kennen werde, obwohl es an Alarmzeichen nicht fehlte. Hierzu gehörte, daß gute Bekannte, die sich wegen ihrer jüdischen Herkunft bedroht fühlten, Deutschland bald nach der »Machtergreifung« verließen, unter ihnen Albert Einstein, der 1933 ausgebürgert wurde und auswanderte, Oscar Fried, der noch die ersten Zusammenkünfte in der Goethestraße durch seinen Humor belebt hatte, sowie Aaron Gurewitsch, ein Mann von hoher Intelligenz und anziehendem Äußeren, der später in den USA zum Kreise Eleanor Roosevelts gehörte. Helenes Einstellung gegenüber den »Parteileuten« wurde denn auch immer skeptischer. Sie könne mit ihnen nichts anfangen, äußerte sie im

September 1935: »Sie sind Opportunisten. Es besteht kein Zusammenhang zwischen dem, was sie sagen, und dem, was sie tun!« Daß sie zunächst einer Illusion erlegen war, erkannte sie dann endgültig nach der »Reichskristallnacht« im November 1938. Auf einer nächtlichen Fahrt durch Berlin empörte und erschütterte sie der Anblick der zerstörten Synagogen – ein Eindruck, den sie nicht mehr vergessen hat. Sie gehe zu jedem jüdischen Begräbnis ihres Bekanntenkreises, sagte sie damals einem befreundeten Engländer.

Schon zuvor hatte sie sich in ihrem Lebensstil nicht beirren lassen; nach der Rückkehr aus den USA war die Geselligkeit im Zehlendorfer Refugium sogar noch internationaler geworden. Teilweise lag das daran, daß jetzt, zur Aufbesserung der Finanzen, »paying guests« aufgenommen wurden. Junge Angelsachsen und Franzosen verbrachten daher jeweils einige Monate im Nostitzschen Hause, ergänzten die »Kinderstube«, deren Mittelpunkt Renata, nunmehr ein Teenager, bildete, und hielten meist weiter Kontakt. Auch russische Emigranten waren häufig darunter, um die sich Helene besonders kümmerte; einige von ihnen gehörten zum engeren Kreise. Vor allem Wladimir Koschevnikov ist in diesem Zusammenhang zu nennen, der in besonderer Weise dem russischen Element in Helenes Natur entsprach. Er entstammte einer wohlhabenden, auf dem Lande ansässigen weißrussischen Familie. Der Großvater war Eigentümer einer sibirischen Goldgrube; der Vater lebte von den Einkünften und starb frühzeitig. Wladimir war unzertrennlich von Mutter und Schwester; mit ihnen emigrierte der Zwölfjährige im Revolutionsjahr 1917. Sie hatten Geld und Schmuck mitgenommen, so daß im ersten Jahrzehnt, das sie zunächst in Kalifornien, dann in Paris verbrachten, für den Unterhalt gesorgt war. In Paris wurde Wladimir näher mit Diaghilew bekannt. Er ließ sich als Tänzer ausbilden und wollte in das Russische Ballett eintreten, was aber die Mutter verhinderte; er hat dann keinen eigentlichen Beruf mehr ausgeübt. 1928 kamen die Koschevnikovs nach Berlin und vegetierten zunächst in einer Vorstadtwohnung, da die Reserven aufgezehrt waren, bis sich Helene ihrer annahm und ihnen mit Hilfe von Freunden eine behagliche und zugleich erschwingliche Unterkunft in einem Nebengebäude von Sanssouci verschaffte. Seither war Wladimir ein häufiger Begleiter, nicht nur bei ihren Ausflügen nach Potsdam. In einem Briefe heißt es: »Am Abend ging ich mit Koschevnikov unter flammenden Sternen, der Schnee glitzerte in der starren Kälte wie Diamanten und wir philosophierten in der weit ausholenden russischen Weise. Nun sitzen wir am Kaminfeuer und dringen immer tiefer in die Zehlendorfer und Potsdamer Welt ein. Der Park dort ist herrlich jetzt...«

Es war keine erotische Beziehung. Der weit Jüngere verehrte Alfred und Helene gleichermaßen. Er war ein wahrhaft musischer Mensch und nicht nur tänzerisch und musikalisch, sondern auch schriftstellerisch begabt; der Rhythmus in den Künsten war sein Hauptthema, an dem er bis zuletzt gearbeitet hat. So konnte er sich gerade in diese Frau, in ihre Psyche, ihre Gaben, ihre Ausstrahlung, in ungewöhnlicher Weise einfühlen. Einige Zeilen, mit denen er dem Verfasser Jahrzehnte nach ihrem Tode für eines ihrer Aquarelle dankte, vermitteln hiervon einen Eindruck: »Fühlte mich sehr ergriffen, als das Chopineske Aquarell eintraf (auch ein Beweis, wie musikalisch und klangreich die Bilder Ihrer Mutter sind, und wie malerisch und farbenprächtig ihr Klavierspiel gewesen ist). Wenn es dunkel im Zimmer wird, oder wenn ich die Augen schließe, klingt es weiter in mir, und ich trage es überall mit, wie eine Melodie.«

»Ich bin jetzt von Russen umgeben«, schrieb Helene an Wesson Bull im Mai 1932, »es ist aber sonderbar: Sie zeigen kaum ihr Temperament, wenn sie zusammen sind...« – »Offenbar brauchen sie Widerstand, um kreativ zu werden«, fügte sie hinzu.

Diese Bemerkung bezog sich weniger auf das lebhafte und unbekümmerte Wesen Koschevnikovs als auf den schon erwähnten Serge Gagarin, einen entfernten jüngeren Vetter Helenes, dessen schöne Baßstimme – er sang vor allem russische Opernarien – sie entzückte. Diese Darbietungen waren aber nahezu seine einzige Aktivität. »Man raucht, man denkt nach, sieht aus dem Fenster«, so beschrieb er sein Verhalten im Alltag, ein von der Familie gern zitierter Ausspruch. Ein anderer russischer Besucher war der alte Mendelejew, ein früherer Diplomat, der jeden Mittwoch am Mittagessen teilnahm, auch er ein in sich gekehrter und leicht melancholischer Beobachter, der die Nostitzschen Wohnräume in sorgfältigen Aquarellen festhielt und stundenlang im Garten vor dem Ritterspornbeet sitzen konnte.

Dem Garten gehörte auch Helenes ganze Liebe. Ihr Leben lang hatte sie ein besonderes Verhältnis zu Vögeln, hielt sie nicht in Käfigen als unfreiwillige Hausgenossen, wenn sie auf ihr Fensterbrett flogen oder sie auf andere Weise begrüßten. Dazu kam es häufig in Zehlendorf.

»Der große Kastanienbaum«, schrieb sie rückblickend, »war das Heim vieler Vögel, die im Frühling und im Sommer getreulich zu uns kamen. Unser besonderer Freund war ein Vogel mit blauen und grünen Federn, der in diesen zehn Jahren unvergänglich zu sein schien. Er, oder einer seiner Nachkommen, besuchte uns jedenfalls immer wieder und umflatterte unseren Teetisch – ein Habitué.«

Der Garten, wir deuteten es schon an, war zugleich eine beliebte Kulisse für gesellschaftliche Zusammenkünfte in den Frühlings- und Sommermonaten. Aus besonderem Anlaß wurde dabei musiziert. So fand im Juni 1933 ein »russischer Abend« statt. Der Chor der Fürstin Trubetzkoy, der aus russischen Emigranten bestand, sang Volkslieder, während Koschevnikov, begleitet von jungen Damen in roten und silbernen Gewändern, im Stil des Russischen Balletts einen Fackeltanz vorführte. Zu Ehren des Romanciers John Galsworthy war sogar ein kleines Orchester vor den Pappeln und der Kastanie postiert, das Melodien von Haydn und Mozart spielte. Galsworthy war Präsident des internationalen PEN. Da Helene dem Klub als Mitglied angehörte, veranstaltete sie mehrmals solche Empfänge für ausländische Schriftsteller, unter anderem für André Gide.

Auch die Tradition der Teenachmittage wurde fortgeführt. Bald nach ihrer Heimkehr berichtete Helene über ihre Eindrücke in den USA; im Laufe des Jahres kamen amerikanische Besucher, unter ihnen Miss Mills, die legendäre Gastgeberin der New Yorker »Upper Ten«. Andere Nachmittage waren der Musik gewidmet. Claudio Arrau war weiterhin die große Attraktion, aber auch die Geiger Giovanni Bagarotti und Petroni erfreuten die Zuhörer. Schwerer fiel es, abgesehen von den Koryphäen des PEN, geistige Kost zu bieten, denn die Zeitläufte waren kreativen Leistungen nicht günstig. Allerdings gab es auch kuriose Gestalten mit nonkonformistischen Anschauungen, für die Helene ein offenes Ohr hatte, wobei sie der skeptischere Alfred gewähren ließ. Zu ihnen gehörte der Marchese Lanza del Vasto (dessen Namen die respektlose Familie in »Wanza del Lasto« verballhornte) – ein sizilianischer Nobile, der in seiner Erscheinung die altnormannische Herkunft nicht verleugnete, jedoch Auffassungen vertrat, welche dem Gedankengut unserer Grünen verwandt waren. Auch der Kulturphilosoph Rudolf Maria Holzapfel war ein Einzelgänger. Über seinen »Panidealismus« wurden in der Goethestraße zwei etwas verstiegene Referate gehalten. Die Gastgeberin rettete aber die Situation, da sie, wie ein Rezensent vermerkte, »mit wohltuender Frische immer wieder eingriff, wenn das Panideal gar zu panidealistisch wurde«. Dies war kennzeichnend für ihr natürliches Wesen, sorgte sie doch stets dafür, daß eine zugleich angeregte und aufgelockerte Atmosphäre entstand, welche die Teilnehmer über ein konventionelles Geplauder hinausführte. Diese Aufgabe wurde dadurch nicht leichter, daß von den Freunden und Vertrauten, die in der Maaßenstraße die Veranstaltungen mit geprägt hatten, immer mehr ausfielen. Däubler war schwer krank, Harry Kessler lebte seit dem März 1933 außerhalb Deutschlands, Eduard Hempel war deutscher Gesandter in Irland, auch Harry Craushaar und Ulrich Dörtenbach hatten Berlin verlassen. Allerdings gab es Ersatz durch neue Bekanntschaften. Genannt seien: Thassilo von Scheffer, der Homer-Übersetzer: ein Literat im besten Sinne und brillanter Plauderer; das Ehepaar von Seeckt: der General wie seine Frau lebhaft kulturell interessiert; von der Universität: die Professoren Hans Delbrück, Friedrich Meinecke, Werner Sombart. Besonders zu Sombart und seiner rumänischen Frau entstand eine nähere Beziehung. Er hatte sowohl die guten wie die anfechtbaren Eigenschaften der Gelehrten jener Epoche. So fehlte ihm der politische Instinkt, wofür sein Englandbuch »Händler und Helden«, im Ersten Weltkrieg erschienen, bezeichnend war. Andererseits war er ein Denker von hohen Gnaden, der selbst in Salongesprächen Wert auf Gründlichkeit und Klarheit legte. Auch die Sombarts hatten ein geselliges Haus, jedoch mit intellektuellerem Kolorit als der Salon in der Goethestraße. So passierte es Helene einmal, daß sie während einer sehr abstrakten abendlichen Diskussion, an der auch Keyserling und Romano Guardini teilnahmen, sanft entschlummerte und erst wieder erwachte, als das Gespräch auf einen ganz anderen Gegenstand übergesprungen war, worauf sie sich in einer nunmehr abwegigen Weise zu dem früheren, längst verlassenen Thema äußerte. Wie das ihre Art war, ertrug sie dann aber ihre Bloßstellung mit Humor, und ihr gutes Verhältnis zu den Gastgebern blieb ungetrübt.

Eine Frau in den Fünfzigern, die sich jugendlich gibt, kann leicht lächerlich wirken. Es war das Geheimnis Helenes, daß sie, obwohl ihre Erscheinung fülliger geworden war, die Frische ihres Wesens bewahrt hatte, so daß sie jüngere Menschen als nahezu ihresgleichen akzeptierten. Zwar schwang dabei eine gewisse Verehrung mit, so daß ein geistreicher Franzose – André Germain – für diese Sympathisanten den Begriff »Helenisten« prägte, doch hatte solch ein leiser Respekt nichts Belastendes. Das zeigte sich vor allem in gemeinsamen Unternehmungen. Diese wurden Anfang der dreißiger Jahre dadurch erleichtert, daß Alfred, trotz der ständigen Geldnöte, die Anschaffung eines bescheidenen Autos ermöglichte, des »kleinen Adler«, für welches Helene die Fahrprüfung ablegte. Zwar hatte sie einige Schwierigkeiten mit dem Fahrlehrer, dem sie übelnahm, daß er sie aufforderte, statt Sehenswürdigkeiten die Verkehrsschilder zu betrachten. Sie erwies sich dann aber als vorsichtige Verkehrsteilnehmerin, zumal sie sich eher das Tempo von Schnecken als von Rennwagen zum Vorbild nahm. Wind und Wetter scheute sie nicht. »Meine Schrift ist etwas zittrig«, heißt es in einem Brief, »da ich während eines Schneesturms drei Stunden das Steuer halten mußte«.

Sie unternahm allerhand Fahrten, meist in jugendlicher Gesellschaft. Nach wie vor waren Besuche in Potsdam besonders beliebt, auch zur späten Stunde. Vor dem Neuen Palais spielte man Bach und Mozart auf einem mitgebrachten Grammophon, denn sie liebte den Zusammenklang klassischer Musik mit der Rokoko-Architektur. Ein anderes Ziel war das schöne Landhaus der Schliepers in Geltow. Gustav Schlieper, der schon 1937 starb, war Direktor der Deutschen Bank, seine Frau Freda, geborene von Achenbach, mit Helene befreundet; sie kannten sich seit den Wiener Tagen. Gaby, die Tochter, war etwa gleichaltrig mit Renata und häufiger Gast bei den Nostitzens. Die Schliepers waren gastfreundlich und unkonventionell. Helene kehrte gern bei ihnen ein, zuweilen mit mehreren Begleitern, und genoß den weiten Blick auf die Havellandschaft, der sie zu Aquarellen anregte.

Anlaß eines besonderen Ausfluges war der Geburtstag von Helenes Mutter – es sollte der letzte sein – am 16. Mai 1933 in Bad Nauheim. Helene besuchte sie im »kleinen Adler« mit dem getreuen Koschevnikov und James MacGibbon, einem jungen Schotten (Paying guest bei den Nostitzens), als ihren Begleitern. Es waren schöne Frühlingstage, die Gärten, die Rosenfelder standen in Blüte, und überdies gab Ermanno Beato, ein italienischer Pianist, den Sophie Hindenburg wie einen Sohn liebte, im Kurhaus ein brillantes Konzert. Die kleine Gesellschaft war daher in bester Stimmung, so daß ein Plan Helenes sofort Beifall fand: Man kehrte nicht auf dem kürzesten Weg nach Berlin zurück, sondern machte Station in Derneburg, wo dem Vetter Helenes, Freddy Münster, der dort nach kurzer unglücklicher Ehe ein einsames Leben führte, solch ein Besuch sehr willkommen war. Wenn Helene diesen Ort aufsuchte, mit dem sie so viele Erinnerungen verbanden, war sie zugleich freudig und wehmütig gestimmt. Ein kleines abendliches Fest, das ihr Vetter zu ihren Ehren veranstaltete, entsprach diesen Empfindungen. Sie erinnerte sich, daß sie »die ganze Nacht hindurch tanzte, bis draußen der Park aus den morgendlichen Nebeln erwachte«. Bei der Rückfahrt gab es dann eine Panne – in Braunschweig versagte das Auto den Dienst, so daß die Weiterfahrt im Taxi erfolgte, mit höchst ärgerlichen finanziellen Folgen.

Ähnliche Ausflüge, die vor allem den Lieblingsorten galten, gehörten in jenen Jahren zu Helenes Leben und reizten zu einer literarisch-scherzhaften Behandlung. Der schon erwähnte André Germain griff denn auch dieses Thema auf und verfaßte, in satirischer Abwandlung der Einzelheiten, die ihm zu Ohren gekommen waren, eine Novelette »Le voyage des trois cygnes« (»Die Reise der drei Schwäne«), die er der Familie Nostitz vorenthielt; auch ließ sich nicht feststellen, ob und wo er sie veröffentlichte, doch hat ein Beteiligter – Koschevnikov – ihren wesentlichen Inhalt überliefert. Hier seine Nacherzählung:

Die Hauptperson war ein weiblicher Schwan: Laura, alias Helene. Koschevnikov erschien als Demetrius; mit dem dritten Schwan war offenbar Wesson Bull gemeint, dem Helene bei einem Deutschlandbesuch Weimar und Naumburg gezeigt hatte. Zu Beginn kommen die drei auf den Naumburger Dom zu sprechen und beschließen, sofort zu ihm aufzubrechen. Sie besteigen Lauras kleinen Wagen, den sie selbst chauffiert, wobei das Gespräch ständig fortgesetzt wird. Laura lenkt gestikulierend die Konversation, so daß ihr für das Steuern wenig Zeit bleibt. Das Wägelchen erreicht gleichwohl Naumburg, sozusagen von selbst. Sie halten vorm Hotel »Die drei Schwäne« und erkennen es als das für sie bestimmte Quartier. Im Hotelzimmer breitet Laura eine goldbestickte Decke aus und verwandelt dadurch die Umgebung. Das Gespräch wird aber nicht unterbrochen und beschäftigt die drei Schwäne so intensiv, daß sie erst nachts den vergeblichen Versuch machen, den Dom zu betreten; es kommt dort nur zu einem philosophischen Dialog über den Sternenhimmel und die Architektur des Domes zwischen Laura und dem Nachtwächter. Daß sie ihr Ziel nicht erreicht haben, wird ihnen erst auf der Heimfahrt bewußt. Zuvor hatten sie die Bezahlung der Hotelrechnung vergessen, und der Hotelier war zu verwirrt, um danach zu fragen, da ihm Laura zum Abschied eine Rose überreichte. Nach der Abfahrt der Gäste herrschen dann Ratlosigkeit und Bestürzung, bis sich der Liftboy an einen Brief erinnert, den ihm Demetrius zur Absendung übergeben hatte. Mit Hilfe der Postdirektion wird das bereits in den Briefkasten beförderte Schriftstück wieder beschafft und unter Beifügung eines energischen Mahnschreibens erneut abgesandt. Adressat und Empfänger des Briefes war der Autor dieser liebenswürdigen Satire.

Helene war in diesen Jahren besonders unternehmungslustig. Neben den Autotouren in Deutschland stand dabei England an erster Stelle. Zwischen 1933 und 1939 war sie, meist in Begleitung der Tochter Renata, fünfmal in London, wobei die herzliche Aufnahme durch Irene Ravensdale keine geringe Rolle spielte. Das Einleben in einen anderen Ort falle ihr immer schwer, schreibt sie einmal an Renata, »außer in London, wo man sozusagen gleich in Irenes Arme sinkt«. Für diese Aufenthalte gab es in der Regel einen praktischen Anlaß: Vorträge Helenes unter dem Protektorat Irene Ravensdales, Besprechungen mit Agenten und Verlegern über englische Ausgaben ihrer Bücher, was freilich zu keinem Ergebnis führte, da die Zeitumstände nicht günstig waren. Im Mittelpunkt standen jedoch Dinge, die Helenes Neigungen mehr entsprachen: Begegnungen mit alten und neuen Bekannten, von der Gastgeberin arrangierte Geselligkeit, Kunsteindrücke, musikalische Veranstaltungen, gelegentlich auch ruhigere Stunden, in denen sie Aquarelle malen oder in den Parks die Tier- und Vogelwelt betrachten konnte. So waren die Tage bis zum Rand ausgefüllt. In einem Brief an Wesson Bull heißt es: »Hier bin ich nun wieder zu Haus, erfrischt, obwohl ich in London vom Morgen bis zwei Uhr nachts unterwegs war; offenbar ist das meine Art und Weise sich auszuruhen. Einen Abend habe ich auch getanzt.

Den Duke of Gloucester sah ich mit seiner Braut vorbeifahren. In der Westminster Abbey verbrachte ich Morgenstunden bei schöner Musik, mit Sonnenstrahlen über den Häuptern der Chorknaben. Ein wahres Wunder ist die Kings-Chapel in Cambridge...«

Sie schrieb das im November 1935. Bei ihren späteren Besuchen konnte sie den Rhythmus dieses bewegten Tagesablaufs nicht mehr einhalten, da sie infolge eines Hüftleidens an Gehbehinderungen litt. Sie resignierte aber nicht und ließ sich auch nicht einschüchtern. Ein kleiner Vorfall war dafür kennzeichnend: Als sie in einem Londoner Restaurant etwas schwerfällig eine Treppe hinaufstapfte, sagte ein Jüngling, der sie nicht sah, aber das Poltern hörte: »What an elefant!« Sofort kam ihre Antwort: »No, Sir, just a German lady who has become rather heavy!« (Nein, mein Herr, nur eine deutsche Dame, die etwas schwer geworden ist!)

Die Szene hatte ein guter Bekannter Helenes beobachtet: Jimmy Knapp-Fisher, ein junger Londoner Verleger, Freund Wesson Bulls, der Sinn für Helenes Eigenarten hatte, namentlich für den Humor, mit dem sie auf besondere Situationen reagierte. So auch als sie einmal mit ihm über die Avus nach Potsdam fuhr und der »kleine Adler« schleuderte und sich um sich selbst drehte. Ihre Antwort darauf war: »Mir scheint, mein Wagen machte eben eine seltsame kleine Arabeske!« Ein andermal wartete sie auf Jimmy in der Halle des Berliner Hotels Eden. Sie lag buchstäblich auf ihrem Sessel und starrte an die Decke. Zur Erklärung sagte sie ihm: »Ich kann diese schrecklichen Leute nicht mehr sehen!«

Ein anderer Engländer dieser Generation, mit dem sie sich gut verstand, obwohl sie eine Weile brauchte, um hinter seine Maske zu dringen, war der schon erwähnte Roger Hinks, ein Kunstkenner von hohen Gnaden, damals mit dreiunddreißig Jahren Assistent in der Antikenabteilung des »British Museum«. Am 3. März 1936 schrieb sie, nachdem sie ihn öfters in Berlin und vor allem in der Goethestraße gesehen hatte, an Wesson Bull: »Roger Hinks' Besuch war eine Freude. Er ist ein gut gestimmtes Instrument. Wie Sie sagen, verbirgt er hinter seiner eher trockenen Art ein warmes Herz. Doch nichts erschreckt ihn mehr als der Gedanke, er könnte jemals sein Gleichgewicht verlieren. ›Le jeu de balance‹ ist sein großer Vorzug, und man langweilt sich niemals mit ihm, weil man eine Kraft in ihm spürt. Ich hatte ihn kaum beachtet, bevor er zu einem längeren Aufenthalt nach Berlin kam, und mir gefällt sein Verständnis für unser Land, unsere Denkweise...«

Wie treffend sie ihn beurteilte, zeigen Stellen aus seinem posthum veröffentlichten Tagebuch »The Gymnasium of the mind. The Journals of Roger Hinks. 1933–1963«, das 1984 in London erschien. Am 1. September 1939, dem ersten Kriegstag, den er den »traurigsten Tag meines Lebens« nennt, spricht von seinem Drang, »deutsche Freunde zu suchen, deutsche Bücher zu lesen«, von dem »Verlangen einer kühlen, oberflächlichen Natur nach Wärme und Tiefe« und meint sodann, das Verhältnis zwischen ihm und den deutschen Freunden müsse ein gegenseitiges gewesen sein: »*Sie* vermittelten mir eine Auffassung des Lebens, ein Durchleben der äußersten Grenzen der Erfahrung, der Höhen und Tiefen geistiger und seelischer Präsenz, von Freude und Leid. *Ich* vermittelte ihnen, vielleicht, ein Gefühl für Balance, für Zuneigung, Toleranz und Sympathie...«

Welche Rolle Helene hierbei spielte, geht aus Worten hervor, die er niederschrieb, als er noch während des Krieges – am 4. September 1944 in Stockholm – von ihrem Tod erfahren hatte: »Sie war eine gute Deutsche mit tiefer Würdigung all der besten Dinge, die Deutschland der Welt geschenkt hat, aber sie war auch eine gute Europäerin, und nichts hätte sie mehr bekümmert als die Zerstörung der unersetzlichen europäischen Werte. Für ihren freien und unabhängigen Geist mußte die schamlose Anmaßung der Nazis, die europäische Kultur zu ›retten‹, als die zynische Farce erscheinen, die sie für jeden echten Humanisten bedeutet. Sie, die Freundin Rodins... Rilkes und Hofmannsthals, kannte bessere Tage und eine Welt, in welcher europäische Kultur eine Realität war. Heute... vergleiche ich das Schweigen ihres Grabes mit den Klängen und Bewegungen des weißen Zimmers in Zehlendorf, wo ich einige der glücklichsten Stunden meines Lebens verbracht habe. Es war im Hause Helenes, mehr als irgendwo sonst, daß ich einen Augenblick spürte, was Europa einst gewesen ist, und eine Vorahnung dessen, was es einmal wieder sein könnte.«

Durch die neu angeknüpften englischen Beziehungen wurde die Verbindung zu Frankreich nicht beeinträchtigt. Im Jahr 1937 waren Alfred und Helene zweimal in Paris: im März anläßlich einer Tagung des Deutsch-französischen Studienkomitees, im Oktober zur Eröffnung der Weltausstellung. Während des ersten Aufenthalts waren sie Gäste des Botschafters, des Grafen Welczeck, in den vertrauten Räumen der Rue de Lille. »So blickte ich«, schrieb Helene, »nach langer Zeit aus den gleichen Fenstern wie in meiner Jugend auf die sanft dahinfließende Seine. Und eines Abends saß ich wie einst beim Diner dem Botschafter gegenüber, zu meiner

Rechten der Minister Bonnard. Ich dachte an den strengen Blick meines Großvaters, mit dem er mich zur Konversation zu ermuntern pflegte, aber das war in diesem Fall nicht nötig.«

Auch außerhalb der Botschaft fanden sich in diesen Tagen anregende Gesprächspartner. So bei einem »literarischen Frühstück«, an welchem, neben der Princesse Marthe Bibesco – trotz ihrer rumänischen Herkunft einer authentischen Pariser »femme de lettres« – und dem durch seine Biographien weitbekannten André Maurois, der Abbé Mugnier teilnahm, jener in der Pariser Gesellschaft wegen seiner profunden Bildung, seiner Unterhaltungsgabe beliebte Geistliche, der Helene schon um die Jahrhundertwende beeindruckt hatte. Auch jetzt beherrschte er das Gespräch. Während Marthe Bibesco eher still war, »nur zuweilen dunkle Blicke aus ihren großen schwarzen Augen warf, und auch André Maurois sich eher zurückhielt«, sprach der Abbé mit Alfred und Helene begeistert über Weimar, über Goethe und sodann über Montesquieu: »Es war uns, als müßte er jeden Augenblick durch die Tür eintreten; so lebendig wurde er beschrieben.«

Ein freundlicher Gastgeber war ein Verwandter Helene Harrachs, der Genfer Schriftsteller Guy de Pourtalès, der neben Romanen über seine Patrizierfamilie Musikerbiographien verfaßt hatte, so ein einfühlsames Buch über Chopin (»Chopin ou le Poète«). Mit Helene kam er gleich ins Gespräch, und sie verabredete sich mit ihm zu einem morgendlichen Spaziergang, der zur Sainte Chapelle und dann zu Notre-Dame führte: »In Notre-Dame standen wir wie verzaubert vor den großen Rosetten. Es ist wahrhaftig, als hätte ein großer Meister dort ein mächtiges, in allen Farben schillerndes Blumenbeet angelegt. Und nun ertönte die Orgel, offenbar war es eine Bachsche Fuge. ›Monsieur Vidor spielt!‹ sagte der Küster. Da sah ich wieder Rodins andächtige Gestalt vor mir, als Vidor allein für uns in Notre-Dame gespielt hatte. Wie damals begannen die hohen grauen Säulen zu singen, wenn auch die Töne nicht ganz so gewaltig das Gewölbe erfüllten. Vielleicht war es das Abschiedslied des jetzt achtzigjährigen Künstlers, denn, als ich ihn bald danach aufsuchen wollte, hieß es, er sei krank; einige Tage später war er gestorben.«

Eine neue Bekannte war die Comtesse de Vibraye, Gattin eines Mitglieds des Studienkomitees, eine begabte Malerin und Pianistin. So kam die Rede auf Helenes Klavierspiel, das ihr gefallen habe. »Ehe ich mich versah«, berichtete Helene, »führte sie mich in einen eleganten Saal der Klavierfirma Erard mit vergoldeten Holzbekleidungen, wo uns drei Konzertflügel erwarteten. Alsbald erschien auch ein bekannter Pariser Bachspieler. Wir setzten uns an die Instrumente und spielten ein Konzert von Bach. Waren Chopin und Liszt um uns, die beide in diesem Raum musiziert haben sollen? Jedenfalls bin ich selten wie bei diesem Zusammenspiel so mitgerissen worden. Ich kannte keine Note des Konzerts und doch mußte ich dem Gebot des unerbittlichen Rhythmus folgen, der keinen Mißton zuließ. Es war eine unvergeßliche Stunde.«

Einen eher bedrückenden Eindruck hinterließ hingegen die »Exposition Mondiale«. Helene erinnerte sich an die Weltausstellung von 1900, als sie vor allem die Menschen und Tiere aus exotischen Ländern mit ihren bunten Farben, ihren Gesängen, ihren Tänzen fasziniert hatten. Nunmehr empfand sie eine »sachliche Kühle in den teilweise noch unvollendeten Gebäuden«; symbolisch für diese Nüchternheit erschien ihr eine Darstellung der Stoffe des menschlichen Körpers – viel Eisen, einige große Wasserflaschen, im »Pavillon des Sciences«. Als dann ein »Monsterfeuerwerk« abgebrannt wurde, die Seine in Flammen stand, der hell-lila angestrahlte Eiffelturm »wie eine riesenhafte Pflanze in den dunklen Himmel ragte«, wirkten auf sie auch die Menschen »unheimlich und ungesund. Eine Frauenstimme schrie laut nach Champagner. Man hatte das Gefühl, als erlebte man ein Fest Luzifers, der über uns thronte und seine drohende Faust erhob...«

Ein bedeutsames Ereignis der Pariser Tage war Helenes letztes Zusammensein mit Harry Kessler, der im März 1933 nach Paris gefahren war und zunächst nur an einen vorübergehenden Aufenthalt gedacht hatte, dann aber die Warnungen seiner Freunde beherzigte, die ihm wegen seiner politischen Aktivitäten – u. a. war er Präsident der »Friedensgesellschaft« und hatte sich nachdrücklich für die Weimarer Republik eingesetzt – von einer Rückkehr nach Deutschland abrieten. So ließ er sich in Palma de Mallorca nieder, wo er an seinen Erinnerungen arbeitete, bis ihn der Spanische Bürgerkrieg vertrieb. Danach hielt er sich in Paris auf, wo er bei seiner Schwester, Wilma Marquise de Brion, lebte. Helene war mit ihm in brieflicher Verbindung geblieben, wobei – erst in dieser letzten Phase einer lebenslangen, intensiven Freundschaft – das vertrauliche Du eingeführt wurde. Im März 1937 bot sich nun Helene und Alfred nach diesen vier Jahren die erste und letzte Gelegenheit, ihn wiederzusehen. Aus seinem Tagebuch geht hervor, daß Helene, am letzten Tag ihres Aufenthalts, den Nachmittag im Musée Rodin mit ihm verbrachte. Am Abend dinierte man zu dritt in einem Restaurant nahe der Oper, woran sich ein langes Zwiegespräch mit Helene anschloß, das erst um zwei Uhr nachts endete. Dem Tagebuch zufolge sei dabei, wie schon am Nachmittag, vom Barock die Rede gewesen. Das Zeitalter des Barock, vor allem sein festlicher Charakter und die Lebenseinstellung, die man mit diesem Begriff verbindet, waren in der Tat ein Thema, das Helene immer wieder beschäftigte; allerdings ist nicht anzunehmen, daß diese Abschiedsstunden vor einer Trennung mit höchst ungewisser Zukunft einer kunsthistorischen Erörterung gewidmet wurden. Worum es den Partnern dabei ging, wird deutlicher durch einen Brief, den Helene bald nach ihrer Rückkehr schrieb:

»Lieber Harry!

Heute abend will ich Dir noch einen Gruß senden! Ich höre, daß leider die Bronchitis hartnäckig ist. Es war schön und ergreifend, sich zu sehen, und ich denke noch oft daran. Wie grausam sind die Trennungen des Lebens, das manchmal auch so überreich schenkt. Diese große Schönheit muß man sich vor Augen halten, wenn man verzagen möchte. Sie stärkt einen immer wieder und bedeutet das, was wir am letzten Abend auszudrücken versuchten...

In Treue Helene.«

Es war wirklich in jedem Sinne ein »letzter Abend«. Am anderen Morgen erwachte Kessler mit Fieber, konnte sich aber im Hotel von Alfred und Helene verabschieden. Im April wurde er wegen ständiger Darmblutungen operiert, konnte erst Ende Mai die Klinik verlassen, verbrachte mehrere Monate in Pontanevaux, einem Städtchen bei Lyon, in dem seine Schwester Wilma ein Hotel mit eigenem Appartement erworben hatte, sowie in Fournels, einem mittelalterlichen Schloß der Brions in Südfrankreich, jedoch ständig in geschwächtem Gesundheitszustand. Er starb am 3. November 1937 in einem Lyoner Krankenhaus.

Geselligkeit, Ausflüge und Reisen waren auch in diesen bewegten Jahren nicht Helenes einziger und wichtigster Lebensinhalt. Das elementare Bedürfnis nach Einkehr, Kontemplation und kreativer Arbeit blieb lebendig. Das Malen von Aquarellen, in denen sie ihre Natureindrücke zu objektivieren suchte, beschäftigte sie nach wie vor; vor allem aber pflegte sie ihr Klavierspiel als eine Möglichkeit, ihre Empfindungen noch unmittelbarer auszudrücken. Chopin hielt sie in Ehren, obwohl ihr Kessler einmal erklärt hatte, daß dessen Musik mit der heutigen Zeit nichts gemein habe. Diese Etüden und Nocturnes entsprachen jedoch – wie »Isoldes Liebestod«, die Wagnersche Melodie, die sie gern für sich an stillen Abenden spielte – ihren romantischen Sehnsüchten. Ihr Verlangen nach Bändigung der Emotionen durch einen streng disziplinierten Rhythmus wurde aber dadurch nicht eingeschränkt, wie ihre begeisterte Mitwirkung an jenem Bachkonzert für drei Klaviere gezeigt hat. »Zu Beginn meines neuen Lebensjahres«, schrieb sie denn auch nach ihrem vierundfünfzigsten Geburtstag, »spielte ich Bach; eigentlich bin ich ja eine Mischung von Bach und Chopin.«
Sie hatte in jenen Jahren zwei Begegnungen, die ihr eigenes Spiel inspirierten: zunächst mit Elly Ney, die sie in einem Berliner Konzert hörte und sie so stark beeindruckte, daß sie die Künstlerin im Hotel aufsuchte. Sie verstand sich sogleich mit ihr, »so wie man spricht, wenn die unsichtbare Begegnung schon unausgesprochen irgendwo stattgefunden hat«. Elly Ney spielte für sie einen Choral von César Franck – »gewaltig stiegen die Akkorde auf« – und begleitete Helene anschließend nach Haus, wo beide eines der Brandenburgischen Konzerte für zwei Klaviere spielten.
Nachhaltiger wirkte sich noch die Bekanntschaft mit Ed-

win Fischer aus, der damals in Berlin lehrte und konzertierte. Wir wissen nicht, ob er selbst mit Helene musiziert hat; jedenfalls war sie eine aufmerksame Zuhörerin in seinen Konzerten, auch war er ein sehr willkommener Gast in der Goethestraße. »Wir verlebten mehrere schöne Abende mit Edwin Fischer, dem großen Pianisten, allein, in unserem Hause«, schreibt sie in einem Brief vom 13. Juli 1935. Überdies führte er ihr einen begabten Schüler zu: Hans Elsenbroich, mit dem sie mehrere Jahre regelmäßig auf zwei Klavieren spielte. Vor allem ihr Beethoven- und Brahms-Verständnis vertiefte sich durch diese Beziehung.

Die literarischen Arbeiten traten demgegenüber nicht zurück. Neben der Fixierung der amerikanischen Eindrücke ergaben sich bald andere Aufgaben: zunächst die Edierung der Korrespondenz mit Rodin – der schon erwähnten »Briefe an zwei deutsche Frauen« –, für die freilich Alfred die Übersetzung besorgte und Rudolf Alexander Schröder eine aus heutiger Sicht etwas überschwengliche, den Meister verklärende Einführung schrieb, so daß die Herausgeberin, neben knappen Anmerkungen, nur ein längeres Vorwort beizusteuern hatte, in welchem sie ihre persönlichen Begegnungen zusammenfaßte. Ein umfangreicheres Vorhaben war dann das Buch »Berlin, Erinnerung und Gegenwart«, das erst 1938 bei Otto Beyer in Berlin erschien, aber schon 1933 begonnen wurde. Es beruhte, wie das Potsdambuch auf gründlichen Studien, bei denen ein sachkundiger Historiker, Mario Krammer, behilflich war, und schildert die Stationen einer Wanderung durch die Stadt unter Einbeziehung des geschichtlichen Hintergrundes und persönlicher Erinnerungen. Helenes Verhältnis zu ihrer Heimatstadt und zum Preußentum findet darin einen sehr persönlichen Ausdruck; so schreibt sie:

»Die besondere Verhaltenheit Berlins, die dem Fremden mit scheinbarer Gleichgültigkeit Jahrhunderte alter Kultur verschweigt, ist... keineswegs, wie man oft sagt, amerikanisch. Die preußische Haltung, die im Grunde auch hier regiert, empfindet jeden neuen Augenblick als Gelegenheit zur Tat und erlaubt sich selten einen Rückblick... Der Mensch, der hier ganz auf sich selbst gestellt ist, verlangt deshalb um so entschiedener nach Ordnung... und sucht dann wiederum einen Ausgleich in seinem manchmal etwas grimmigen Humor, der mit ironischer Überlegenheit schwere und gefährliche Situationen spielerisch umzubiegen versteht. Die Kraft, die aus solcher Haltung erwächst, gibt der Persönlichkeit eine Frische und Unternehmungslust, die alle mitreißt. Je schwerer die Zeiten, um so stärker die Gegenspannung...«

»Auch Bach herrscht noch in dieser Stadt. Er gibt den Maßstab für das Urteil, und wirkliches Können findet, wenn vielleicht auch erst nach langem Kampfe mit dem kritischen Berliner Publikum, hier eine Resonanz. Sie steigt aus der Tiefe echten Gefühls empor, weil gerade das arbeitsame Berlin nach einer Entspannung durch künstlerische und seelische Erlebnisse verlangt. Berlin ist die Stadt der Vernunft, aber auch einer noch lebendigen Überlieferung aus den Zeiten des Barocks und der Romantik.«

»Als Preußin sinne ich oft über die erstaunliche Vielseitigkeit des Temperaments nach, das den preußischen Stil geschaffen hat. Es trägt die Möglichkeit in sich, bunte und eintönige, helle und dunkle Seiten gleichermaßen zu entfalten. Und ich bewege mich gern in Berlin dort, wo spielerische Züge den strengen Charakter des Preußentums mildern, denn die kühle Herbheit... beruht auf einer Spannung zwischen Pflichtbewußtsein und Lebensbejahung, die nur von wenigen erkannt wird. Mit den Worten ›Strenge und Einfachheit‹ sind die phantastischen und farbigen Möglichkeiten dieses im Grunde dämonischen preußischen Temperaments keineswegs erschöpft...«

Kam das Familienleben durch solche vielseitigen Aktivitäten zu kurz? Der Anschein spricht dafür, bedarf aber der Korrektur. Wenn auch Alfred damals nach außen weniger in Erscheinung trat und Helene bei ihren Unternehmungen freie Hand ließ, blieb er doch das tragende Element, gewissermaßen der Cantus firmus, ihrer Existenz. Davon zeugen nicht zuletzt die Briefe aus jenen Jahren, deren Wärme nicht abnahm. Was die Kinder anging, so war sie der Auffassung, daß diese nicht für die Mutter da seien. »Sie müssen ihr eigenes Leben leben«, meinte sie, denn auch die Mutter könne ihnen nicht jene Entdeckungen vermitteln, die man selbst durchleben müsse, um sie sich ganz zu eigen zu machen. Diese Maxime befolgte sie auch gegenüber den Herangewachsenen, doch hielt sie mit ihnen durch Gespräche und Briefe enge Verbindung, so mit dem jüngeren Sohn Herbert, dem sie eine Tätigkeit in den USA vermittelt hatte, was ihn aber auf die Dauer nicht befriedigte, so daß er wieder nach Berlin zurückkehrte. Diese Vorgänge spielten sich eher im stillen ab. Einige Begebenheiten bedürfen aber auch in unserem Zusammenhang der Erwähnung.

Ein Ereignis, das die ganze Familie sehr mitnahm, war der Tod Sophie von Hindenburgs. Sie hatte sich im Herbst 1933 in Berlin aufgehalten, vor allem ihrer musikalischen Neigungen zuliebe; oft ließ sie sich abends in die Oper fahren. Ihr Gesundheitszustand verschlechterte sich jedoch zusehends; sie wurde bettlägerig, konnte aber in der Goethestraße untergebracht und gepflegt werden. Nach dem Weihnachtsfest schloß sie für immer die Augen. Helene schrieb: »Meine wundervolle Mutter verließ uns nach dem Weihnachtsabend. Die phantastische Welt, die uns vereinte und noch vereinen wird, war um sie, als sie auf ihrem Sterbebett lag und der Musik zu lauschen schien, die sie stets geliebt hat. Sie hatte noch nach Ermanno Beato [dem jungen italienischen Pianisten] verlangt; ich ließ ihn kommen, und sie erkannte ihn. Er gab dann ein Konzert in der Philharmonie; wir gingen alle hin im Gedenken an meine Mutter. Bei der Trauerfeier ließ ich keine Predigt zu, nur ihre Lieblingslieder und eine Lesung des Kapitels aus dem Korintherbrief über die Liebe.«

Sophie von Hindenburg wurde im Beisein der engsten Familie an einem Wintertag in Derneburg am Rande des schneebedeckten Parks im Mausoleum beigesetzt.

Wenige Monate danach gab es eine erfreuliche Veränderung im Kreis der Familie. Im März 1934 heiratete Oswalt Gisela Gräfin Einsiedel, eine Urenkelin Bismarcks, die, wie er selbst, ein juristisches Studium absolviert hatte. Das junge Paar zog zunächst in das Erdgeschoß der Goethestraße 10 und ein Jahr später in ein Häuschen im benachbarten Klein-Machnow. Im Frühjahr 1938 wurde Oswalt, der in den auswärtigen Dienst eingetreten war, ins Ausland versetzt.

Helene erwies sich, getreu ihrer Devise, als freundliche Schwiegermutter, musizierte mit Gisela auf zwei Klavieren und freute sich über ihre erste Enkelin Christiane, die 1936 kurz vor Weihnachten zur Welt kam. Die Entwicklung der kleinen »Nina« begleitete sie mit großer Anteilnahme und erlebte drei und fünf Jahre später auch die Geburt ihrer Enkelkinder Veronika und Manfred.

1934 war das Todesjahr Paul von Hindenburgs. Helenes Einstellung gegenüber dem legendären Onkel war von einer gewissen Ambivalenz bestimmt. Bei der Wiener Begegnung 1917 war ihr die Ruhe und Zuversicht aufgefallen, die er ausstrahlte – ein Eindruck, den sie ein Jahrzehnt später bei seinem Besuch in der Maaßenstraße bestätigt fand. Auf ihren amerikanischen Vortragsreisen sprach sie, wie schon erwähnt, über Hindenburg in seiner Häuslichkeit und hob vor allem die Beständigkeit und Schlichtheit seines Wesens hervor. In den letzten Jahren urteilte sie kritischer. Das vertrauensvolle Verhältnis, das ihn mit Helenes Mutter, der »lieben Cousine«, verbunden hatte, wollte sich nicht einstellen, auch vermißte sie an seiner soldatischen Mentalität das »Geistige«. Die Tragik des Alternden, der der übernommenen Verantwortung nicht mehr gewachsen war, hat sie hingegen kaum wahrgenommen; jedenfalls sah sie ihn nach seinem Tode wieder in ungetrübter Glorie. Mit der Familie nahm sie an der Trauerfeier im »Tannenberger Nationaldenkmal« teil, dem 1927 im Gedenken an die Schlachten von 1410 und 1914 erbauten und 1945 vor dem Anrücken der russischen Armeen von den deutschen Truppen gesprengten Monument. Am 6. August 1934 schrieb sie an Wesson Bull: »Dank für Ihre guten Worte! Die ganze Welt war einige Tage in Bewunderung und Trauer vereint. Ja, es freut mich, wenn ich auf meine kleine Weise dazu beitragen konnte, daß diese Gestalt der Welt präsentiert wurde... Ich fahre heute nach Tannenberg.«

Helenes Hüftleiden hatte sich weiter verschlimmert. Zunächst hoffte man, es durch Badekuren zu lindern. Im August 1937 empfahlen die Ärzte einen Aufenthalt in dem ungarischen Bad Pistyan, wozu sie sich nur widerstrebend bereit fand, da sie bekanntlich höchst ungern allein reiste. Ihr Sohn Herbert begleitete sie schließlich und verbrachte mit ihr die ersten Tage an dem etwas melancholischen Orte, bis sie sich eingewöhnt hatte. Sie schloß auch hier Bekanntschaften: mit einer geschiedenen Lady, die ihre Leidensgeschichte erzählte, mit einem Botaniker, der »alle Pflanzen kannte« und mit Karl Förster befreundet war, und vor allem mit Leonid Massine, dem erfolgreichen Tänzer und Choreographen des Russischen Balletts. Mit ihm kam es zu einer Begegnung »wie auf der Bühne« – es tobte ein Gewitter, als er ihr in der Hotelhalle gegenübertrat: »Ehe ich ihm die Hand reichte, hörten wir einen Donnerschlag und zugleich ging das Licht aus. Ich mußte lächeln und sagte ihm: ›C'est comme si je donnais la main à Jupiter!‹ Sobald ich ihn betrachten konnte, sah ich eine kleine muskulöse Gestalt mit dunklen Augen, die Energie und Willenskraft ausstrahlten. Als er erfuhr, daß ich ein Buch über Potsdam geschrieben hatte, sagte er mit etwas hartem Klang in der Stimme: ›Wie Diaghilew müssen wir alle Künstler heranziehen und sie für unser Ballett arbeiten lassen!‹ Dann setzten wir uns und diskutierten stundenlang über ein Potsdamer Ballett, in welchem die Lieblingstänzerin Friedrichs des Großen, die ›Barberina‹, die Hauptperson sein sollte. Wir kamen überein, daß der König unsichtbar zu bleiben hätte, daß aber sein bezwingender Einfluß stets spürbar bleiben müßte. Im letzten Bild sollte sich der Beginn des Klassizismus durch griechische Säulen und Kostüme ankündigen: Die Zeit des Rokoko ist zu Ende und der König zieht weiter mit seiner Armee, während die Barberina wie eine Siegesgöttin von ihren Bewunderern emporgehoben wird und winkend von ihm Abschied nimmt.«

Dieses Projekt wurde von beiden bis zur Abreise Massines noch mehrmals erörtert, kam dann aber nicht zur Ausführung, was der Künstler bei einer späteren Begegnung bedauerte.

Auch im folgenden Jahr wurde eine Badekur erforderlich. Die Wahl fiel auf Abano Terme, den Badeort im Euganeischen Hügelland nahe »Padova, Vicenza, Venezia«: »Namen, die wie eine Fanfare klingen«, meinte Helene. Diesmal hatte sie den Aufenthalt besser vorbereitet, war motorisiert, konnte mit dem »kleinen Adler« Fahrten in die Umgebung oder zu den Kunststätten unternehmen und hatte sympathische Begleiter. Ihrer Tochter schrieb sie am 15. September 1938: »Bastian ist sehr angenehm, Podbielski, wie du weißt, sehr anregend. Beide sind sehr hilfreich, schleppen die Malsachen.«

Maurice Bastian war ein kultivierter, besonders in der Geistes- und Kunstgeschichte bewanderter Westschweizer, der gern die Rolle eines Cicerone übernahm. Das fand seinen Niederschlag in einer kleinen, in französischer Sprache abgefaßten Gemeinschaftsarbeit mit Helene, die er mit ihr 1939 als Privatdruck herausgab: den »Lettres d'Abano«, einem fingierten Briefwechsel, in welchem sie die Reiseerlebnisse, Kunst- und Natureindrücke dieser Wochen schilderte, während er den historischen Hintergrund beitrug.

Gert René Podbielski, der andere Begleiter, war ein angehender junger Schriftsteller, der in diesen Jahren in Helenes Leben eine erhebliche Rolle gespielt hat. Er hatte ihr 1936 sein soeben erschienenes Erstlingswerk »Kindheit des Herzens« übersandt, dem als Motto Worte Rilkes an Rodin über die Nöte, die Ratlosigkeit, die Suche junger künstlerischer Menschen vorangestellt war – eben das Thema seines Buches, über das Harry Kessler in einem Brief an Helene bemerkte, es werde darin »der Krampf der Pubertät mit großer Zartheit in eine schimmernde Atmosphäre, wie in einen durchsichtigen farbigen Schleier, gehüllt«, so daß es »wie ein schönes Lied« in einem nachhalle. Es war eine Seh- und Empfindungsweise, für die Helene besonders empfänglich war, was sie den jungen Autor wissen ließ. Dieser besuchte sie darauf im Juli 1936, und sogleich ergab sich ein Einverständnis, das durch den nachgerade rituellen Besuch Potsdams bekräftigt wurde: mit Grammophonmusik vor dem Neuen Palais – für Helene eine die Architektur zum Leben erweckende »Fanfaronnade« –, sodann mit einer Wanderung durch den nächtlichen Park Sanssoucis und, als Abschluß, der Einkehr in Karl Försters Garten im Morgengrauen mit Pfau und Rittersporn. Auf sehr romantische Weise begann so eine Beziehung, die in den folgenden Jahren über Höhen und Tiefen hinweg fortdauerte, denn es gab neben den harmonischen Stunden heftige

Dispute und Zerwürfnisse; überdies litt der Familienfrieden darunter. Alfred hatte bisher die schwärmerischen Freundschaften seiner Frau mit großer Geduld ertragen, was ihm durch das Taktgefühl der Partner erleichtert wurde; hier konnte er jedoch seine Antipathie nicht verbergen. Offenbar klafften ja auch in diesem Fall Vorstellung und Wirklichkeit stärker als früher auseinander. Helene, die an der Schwelle der Sechzig stand und gegen das physische Altern ankämpfte, verwandelte den sensiblen und intelligenten jungen Mann in ein Phantasiewesen, das sie in einer romantischen Welt ansiedelte. Er ging seinerseits darauf ein, jedoch mit einem inneren Vorbehalt. Rückblickend verdrängte er dann die ihm widerfahrene Verklärung, als er lange nach Helenes Tod, im Oktober 1966, dem Verfasser schrieb: »...Ich denke nicht oft an Ihre Mutter. Wie Hofmannsthal selber, hat sie mich auf eine Welt vorbereitet, zu einer Welt ermutigt, die es nur gab, solange sie unter uns war. Wie einzigartig sie war, weiß ich heute noch besser als vor dreißig Jahren, und wenn ich Ihnen helfen kann, ihr Andenken zu vergegenwärtigen, so tue ich es mit Freuden und wahrscheinlich mit Schmerzen. Denn die Türen zu jenen Jahren habe ich fest verschließen müssen.«

Er hat diese Türen dann ein wenig geöffnet und etwas von seiner »verlorenen Zeit« mitgeteilt, so die folgende Episode: Unter dem Eindruck der »Reichskristallnacht« – er hatte eine jüdische Mutter – war er im November 1938 in die Schweiz gefahren und rang mit sich, ob er Deutschland endgültig verlassen sollte. In den Gesprächen mit Helene hatte die Nike von Samothrake – die geflügelte Siegesgöttin im Treppenhaus des Pariser Louvre, die sie besonders liebte – eine Rolle gespielt. Um sich aufzurichten, kaufte er eine Abbildung jener Statue am gleichen Tage, an dem er einen Brief Helenes erhielt, worin es hieß, er solle an die Nike denken! Diese Koinzidenz empfand er als einen Wink des Schicksals und kehrte noch einmal nach Berlin zurück, bevor er emigrierte.

Zum Kreis Helenes, den er in diesen Wochen näher kennenlernte, gehörten damals einige neue Gesichter, unter ihnen der Maler Leo von König, ein Künstler zwischen den Stilen, von dem Reinhold Schneider gesagt hat, Rembrandt und El Greco seien seine Schutzpatrone. Seine stille, zur

Schwermut neigende Art war Helene etwas fremd, doch bewunderte sie ihn als Porträtisten, dem es vor allem auf die Erfassung des Inneren seiner Modelle ankam. Es freute sie denn auch, daß er Ende 1938 die einundzwanzigjährige Renata porträtierte. Leider hat dieses Bild den Zweiten Weltkrieg nicht überdauert.

Eine ganz andere Natur war ein Schweizer, den Helene in Bozen, auf dem Weg nach Abano, kennengelernt hatte, der aber in Berlin lebte. Fred Schmid war mit seinen neununddreißig Jahren schon ein erfolgreicher Erfinder und bedeutender Chemiker, zugleich redebegabt, mit philosophischen Ambitionen. Er war in Basel aufgewachsen, hatte sich jedoch vom Pietismus seiner Heimatstadt abgewandt und propagierte einen von Schuldgefühlen unbelasteten, ganz auf sich selbst gestellten Humanismus. Für diese Einstellung, die einer Zeitströmung entsprach, berief er sich nicht auf den von ihm verabscheuten Nationalsozialismus, sondern auf Rilke und Stefan George. Podbielski zeigte sich von seinen Thesen beeindruckt, und auch Helene blieb davon nicht unberührt, wünschte aber eine Auseinandersetzung aus christlicher Sicht. Romano Guardini lehrte in jenen Jahren Religionsphilosophie an der Berliner Universität. Helene hatte ihn im Sombartschen Hause kennengelernt und schätzte ihn sehr. Sie veranlaßte, daß er mit Fred Schmid zusammenkam und daß beide ihre Weltsicht darlegten. Das erhoffte Streitgespräch wollte sich daraus jedoch nicht entwickeln. Guardini hielt offenbar einen weiteren Dialog in diesem gesellschaftlichen Rahmen für unergiebig und beendete die Diskussion mit den Worten: »Brauchen Sie nur die Mittel, die Ihnen gut scheinen, um Ihr Ziel zu erreichen. Danach kämpfen wir weiter!«

Gert Podbielski verließ Deutschland Ende Januar und begab sich zunächst nach London, wo ihn Helene im Juni 1939 noch einmal sah, und später nach Australien. Sie korrespondierte mit ihm. In ihrem letzten Brief vom 8. März 1943 heißt es unter anderem: »Es ist schwer zu schreiben... Diese Zeit hat... zu strengen Prüfungen unseres inneren Lebens geführt. Nur das ganz Echte darf in uns weiterleben...« Sie bekennt sich dann zu der »Welt, für die wir immer gelebt haben und leben werden, und die uns in keiner Situation verläßt«. Abschließend schreibt sie: »Wir wollen füreinander beten, wie man im Kölner Dom, in Notre-Dame betet...«

Podbielskis Briefe sind nicht erhalten. Wir wissen daher nicht, ob er ein ähnliches Bekenntnis für die gemeinsame Welt ablegte; angesichts seiner späteren Haltung erscheint das zweifelhaft. Bevor er Berlin verließ, verfaßte er noch ein Gedicht, in dem es heißt:

> »Lächle zum Verzicht.
> Dauer gibt es nicht.
> Alles ist nur Bild.
> Wenn der Durst gestillt,
> Bleibt dir erst der Sinn.«

Diese Empfindung blieb auch Helene nicht fremd. Auf ihrem Schreibtisch stand schon seit Jahren die Photographie eines Buddha-Kopfes aus dem Pariser Musée Guimet mit seinem »Lächeln des Verzichts«. Dieses Lächeln trat in ihren letzten Lebensjahren immer mehr an die Stelle der strahlenden Zuversicht der Nike von Samothrake.

18. Kapitel

Lebensausklang

Mit Sechzig ändert sich der Lebensrhythmus. Die Vergänglichkeit tritt stärker ins Bewußtsein. Helene konnte sich dieser Einsicht nicht verschließen, obwohl sie dagegen ankämpfte. Aus ihren Gesichtszügen in diesen Jahren sprach eine gewisse Anspannung, die freilich auch auf die körperliche Behinderung zurückzuführen war.

Lily von Schnitzler, eine gute Bekannte Helenes, mit der sie gemeinsame kulturelle Bestrebungen verbanden, war beeindruckt von ihrer »fast soldatischen Haltung«: »Als ich Helene, die gebückt am Stock ging, nach längerer Pause in Berlin bei einem Lunch wiedersah, war ich ergriffen von diesem Anblick, der so gar nicht zu dieser lebensvollen Frau paßte. Aber das war ihre größte Bewährung, wie sie wortlos die Prüfung ertrug und sich immer wieder aufraffte, um sich und ihre Umgebung von der Belastung zu befreien. Und wie war sie schön in dieser Leidenszeit! Das schmale Gesicht, die edlen schlanken Hände hatten wieder etwas Mädchenhaftes bekommen, das beseelte Auge, der lächelnde Mund gaben ihr etwas Zeitloses...«

Die Badekuren hatten wenig geholfen, so daß chirurgische Eingriffe erforderlich wurden. 1940 mußte Helene sich zwei Operationen unterziehen. Während die erste in der Berliner Charité, kaum Besserung brachte, hatte die zweite, in Leipzig, Erfolg. Der dortige Chefarzt, Professor Payr, war ein Meister seines Fachs, zugleich ein Arzt mit menschlichem Verständnis und Einfühlungsvermögen. Durch eine Regulierung der Hüftpfanne und entsprechende Nachbehandlung erreichte er, daß Helene ein Jahr später ohne besondere Beschwerden gehen konnte. Immerhin war ihre physische Aktivität eingeschränkt, was sich aber auf die geistige nicht auswirkte. »In unserem Lebensalter«, schrieb sie einer Freundin, wolle man nicht mehr »das Land umgraben«. Die Betrachtung der Dinge, die Anschauung der Natur, anders gesagt: die Weltoffenheit sah sie als eigentliche Aufgabe, die ihren literarischen Niederschlag fand.

Bald nach Abschluß der Städtebiographie »Berlin. Erinnerung und Gegenwart« hatte sie sich einem Thema zugewandt, das sie von jeher faszinierte: die »festliche Gestaltung des Daseins«, dargestellt am Dresden des Augusteischen Barocks. Dieses neue Buch, das sie im Sommer 1939 begann und 1941 beendete, nannte sie »Festliches Dresden. Die Stadt Augusts des Starken«. Sie vertiefte sich intensiv in jene ferne Epoche, die ihr als Kontrast einer immer glanz- und freudloseren Gegenwart erschien. Die Zerstörung der sächsischen Hauptstadt in der Schreckensnacht vom 13. Februar 1945 hat sie nicht mehr erlebt; zuvor war das »Elbflorenz« von Bombenangriffen verschont geblieben. So konnte sie dort einige ruhige Wochen verbringen. Nach dem Tode König Friedrich Augusts hatte sein Sohn, der Markgraf Christian von Meißen, in der ländlichen Umgebung Dresdens, auf dem Wachwitzer Weinberg, eine schloßähnliche Villa erbaut, wo er und seine Gattin, Elisabeth, geborene Prinzessin von Thurn und Taxis, Helene Gastfreundschaft gewährten. Dieser Aufenthalt verhalf ihr dazu, die Erinnerungen an ihre ersten Ehejahre, in denen sie erstmals die Spuren der altsächsischen Kultur, die »überkommene Schönheit der Form«, wahrgenommen hatte, aufzufrischen und zu ergänzen. Vor allem kam es ihr darauf an, die prägende Rolle Augusts des Starken herauszuarbeiten – ein Vorhaben, das ihr in dem auf eingehenden Studien beruhenden Kapitel über die Werke aus der Meißener Porzellanmanufaktur besonders geglückt ist.

Zunächst schildert sie darin Meißen, die alte Hauptstadt mit ihrem sie kennzeichnenden Wappen: »dem grimmigen schwarzen Löwen neben dem wehrhaften Turm« – ein Ambiente, dessen Strenge mit barockem Liebreiz nichts gemein hatte. In dem Buche heißt es denn auch: »So sind wir überrascht, gerade hier die Geburtsstätte des Porzellans zu finden, in dem August der Starke mit Hilfe der Böttger, Kändler, Höroldt den sinnfälligsten Ausdruck seines Schönheitsdurstes und seiner Daseinsfreude schuf. ›Nichts ist wichtiger als das Überflüssige‹ ist hier die Devise, und nur... die Marke der Meißener Manufaktur, die gekreuzten Schwerter, gemahnen in dieser Idylle noch an eine kriegerische Welt.«

Abschließend zwei Stellen, in denen Augusts bestimmender Einfluß besonders deutlich wird: »Wenn auch die Temperamente verschiedener Fürsten und Künstler sich in den Werken der Porzellanmanufaktur widerspiegeln, so bleibt doch vor allem die Persönlichkeit Augusts des Starken, des Begründers, bestimmend. Es ist seine Kühnheit, sein Wagnis, das uns aus diesen Schöpfungen, welche die Vielfältigkeit jeglichen Geschehens ins Festliche zu steigern wissen, anblickt und hinreißt. Trotz der Gebundenheit an ein zerbrechliches Material wird immer das Äußerste an Ausdruckskraft erstrebt und erreicht. Das Allzuflüchtige wird mit charmanter Grazie festgehalten, und doch steht hinter dieser Leichtigkeit wie bei ihrem Schöpfer die Tragik des vergänglichen Lebens, das uns verführerisch das Köstlichste reicht, um es uns bald wieder zu entreißen. Die geheimnisvollen Vorgänge, die hinter lächelnden Figuren sich verbergen, sind oft ergreifend wie eine große Dichtung. Dort, wo der flüchtige Kuß, der Händedruck, der Abschied im Fluge aufgefangen sind, strömt der Duft des Geschehnisses uns wie aus einem Blumenstrauß entgegen. Unendlich zart ist alles angegeben, und immer wird die edle Haltung, auch beim nachlässigsten Deshabillé, bewahrt...«

»In den Tafelgedecken und Servicen äußert sich ebenfalls eine prunkvolle, manchmal dramatische oder spielerische Phantasie. Wenn auch exotische, vor allem chinesische und indische Vorstellungen uns bezaubern, so braucht der Künstler doch gar nicht so weit über die Meere zu greifen, um uns in seinen Bann zu zwingen. Der Garten unserer Heimat bietet genug Motive. Hier sind es die lieblichen Streublumen, das Vergißmeinnicht, die Rose, die Tulpe und selbst die einfachste Zwiebel... Oder wir sehen die bunten Vögel, die sonst zwischen unseren Bäumen fliegen, über Suppenterrinen, Teller, Tassen und Kannen so schwungvoll dahinziehen, daß wir ihr fröhliches Gezwitscher zu vernehmen meinen. In dem Jagdservice des Königs ist ein besonderes Grün angewandt, das nur Meißen besitzt. Doch schweift August zuweilen ins völlig Imaginäre, als wolle er hier Gefahr und Abenteuer suchen. So entsteht ein Drachenmuster, das allein ihm gehört. Es folgen die gelben, die grünen Drachen aufeinander, doch nur der feurig rote ist wahrhaft königlich. Seine grausame Schönheit bewegt sich in von ihm selbst geschaffenen Welten, wo keine liebliche Blume blüht, allenfalls nur Dämonen erscheinen würden, wenn nicht der Drache allein hier herrschen wollte und wie der König unbedingten Gehorsam fordert ...«

Ebenso wie Helenes frühere Bücher entstand »Festliches Dresden« nicht in Klausur. Die Zehlendorfer Jahre neigten sich freilich dem Ende zu, und die Zeitläufte waren der Geselligkeit nicht förderlich; gelegentlich fanden aber noch Lesungen und Vorträge aus besonderem Anlaß statt. So berichtete der mit Oswalt befreundete Adam von Trott, der von einem einjährigen Aufenthalt in Peking zurückgekehrt war, über seine in China gewonnenen Eindrücke. Und es kam auch zu Begegnungen, bei denen sich Helenes Gabe bewährte, Menschen zusammenzuführen, die sich etwas zu sagen hatten. Insbesondere dem Schriftsteller und Dichter Reinhold Schneider hat sie einen solchen Dienst erwiesen. Er verbrachte damals einige Jahre in Berlin, wo er sich – seine Autobiographie »Verhüllter Tag« gibt darüber Aufschluß – fremd und vereinsamt fühlte. Das Nostitzsche Haus bedeutete daher für ihn ein Refugium, und es war eine ehrliche Danksagung, wenn er Alfred in seinem Beileidsbrief vom 5. August 1944 über Helene schrieb: »... Die großzügige Bereitschaft, alles Geistige aufzunehmen und zu verstehen, eine Bereitschaft, die vom Herzen kam und von ihr lebendig erhalten wurde, fand schon in dieser Zeit kaum ihresgleichen; sie hat unendlich viel verbunden, was sonst getrennt und einsam geblieben wäre; so danke ich Ihrem Hause mehr, als ich irgend sagen kann; hier fand ich immer Verständnis und Vorurteilslosigkeit, hier fand ich verehrte Freunde ...« Helene war es in der Tat nicht schwergefallen, in dem zartbesaiteten Manne ihr vertraute Eigenschaften wahrzunehmen: vor allem jene »verborgene Heiterkeit«, die nach einem Worte seines Freundes Werner Bergengruen, verbunden mit der »franziskanischen Liebe für alles Geschöpfliche«, durch die Anwandlungen einer angeborenen Schwermut hindurchschimmerte, und es waren diese Wesenszüge, die ihr zugleich Schneiders Gedankenwelt mit ihrer Synthese von Freiheit und Tradition erschlossen.

Es lag nahe, daß in den Zehlendorfer Gesprächen, bei denen auch Alfred Partner war, Themen im Zusammenhang mit dem im Entstehen begriffenen Dresdenbuch und dem sächsischen Königshaus berührt wurden und daß dabei nicht zuletzt vom Kronprinzen Georg die Rede war, den die Nostitzens seit seinem Besuche in Auerbach im August 1912 gut kannten. Bald nach der Novemberrevolution und der Abdankung des Königs war er bei den Jesuiten eingetreten und lebte nunmehr als Priester in deren Berliner Ordenshaus. So bereitete es Helene keine Schwierigkeiten, eine Begegnung mit Schneider in der Goethestraße zu vermitteln, die bei diesem einen Eindruck hinterließ, über den er der Gastgeberin schon am nächsten Tage, dem 13. Januar 1940, berichtete: »Ihnen und Ihrem verehrten Gatten möchte ich noch einmal für den schönen gestrigen Nachmittag und die vermittelte Begegnung danken. Ich hatte das Gefühl, einem seltenen, edlen Menschen gegenüberzustehen, und wenn es Kennzeichen des echten Königs ist, daß er nicht für sich selber lebt, sondern das Feld seines Lebens ganz im Allgemeinen findet, so hatte ich das Glück, einem königlichen Menschen zu begegnen. Aber auch die bewahrte Liebe zur Tradition, die Güte und die Gabe, sofort Vertrauen zu erwecken und zu schenken, die Neigung, nicht nur nach dem Augenblicklichen, sondern nach dem Bleibenden zu urteilen und sich im Handeln zu richten, gehören zu jenen seltenen Eigenschaften, und es hat mir sehr, sehr wohlgetan, soviel natürlich Verehrungswürdiges in einem Menschen zu finden...«

Georg von Sachsen lebte noch dreieinhalb Jahre und blieb währenddessen mit Reinhold Schneider in persönlicher Verbindung. Im Mai 1943 ist er, wohl infolge Herzversagens, in einem Havelsee ertrunken. Im »Verhüllten Tag« widmete ihm Schneider Worte des Gedenkens: »...er sollte nicht mit ansehen, wie die Stadt zerstört wurde, die er über alles geliebt hatte; er blieb erhöht, aber er ist versunken im Geheimnis.«

In Schneiders Drama »Der Kronprinz«, das er Alfred nach Erscheinen im Jahre 1948 übersandte, ist dann das Schicksal des letzten sächsischen Thronfolgers eingegangen: Der »Kronprinz« entsagt den politischen Insignien, erhält aber als Priester die geistige Krone.

Ein Ereignis in der Familie sollte sich auch auf Alfred und Helenes weitere Lebensgestaltung auswirken. Im Frühjahr 1938 hatte ihre Tochter Renata eine erste selbständige Reise unternommen und sich mehrere Wochen in Florenz aufgehalten. Dort lernte sie Helmuth von Waldthausen kennen, einen jungen rheinischen Gutsherrn, der sich neben dem juristischen Studium seinem Landbesitz widmete: einem Gut in Bassenheim bei Koblenz. Helmuth, keine impulsive Natur, eher kritisch veranlagt, doch entschieden in seinen Neigungen und Entschlüssen, fand in Florenz, das zu gemeinsamer Beschaulichkeit anregte, großes Gefallen an Renata. Im Winter 1938/39 hatte er Gelegenheit, sie öfters in Berlin zu sehen, lernte auch die Familie kennen und wurde vor allem von Helene sehr freundlich aufgenommen. Nach einer gemeinsamen Kunstreise durch Franken präsentierte sich dann das junge Paar Mitte Mai als verlobt in der Goethestraße, wo es mit Spannung erwartet wurde. »Ja, der Traum ist Wirklichkeit geworden«, schrieb Helene, »nun sitzen wir, umgeben von Rosenbüschen mit einer ... glücklichen Renata. Gestern war Helmuth hier in aller Form ...« Bald danach fuhr Helene mit ihrer Tochter nach Bassenheim, ohne zu ahnen, daß sie auf diese Weise den Wohnsitz ihrer letzten Lebensjahre kennenlernen sollte.

Bassenheim ist in der Kunstgeschichte bekannt durch das in der katholischen Pfarrkirche aufgestellte »Reiterrelief des heiligen Martin mit dem Bettler«, ein Werk des Naumburger Meisters, das in Helene, die Naumburg so gern besucht hatte, Erinnerungen wachrief. Anders als ihre angenehm überraschte Tochter, tat sie sich hingegen schwer mit dem Waldthausenschen Anwesen, und auch später empfand sie dort nicht jene vertraute Atmosphäre der früheren Stationen ihres Lebensweges, was sich vor allem daraus erklärte, daß sie eine Umgebung vorfand, in der sie Gast war und die sie nicht hatte gestalten können. Helmuths Vater, der Gesandte Julius von Waldthausen, hatte das Gut – bis 1861 ein langjähriger Besitz des Grafen Waldbott von Bassenheim – 1910 erworben. Das Wohnhaus im ausgedehnten Parkgelände, einem »Englischen Garten« mit reichem Baumbestand, war ursprünglich eine mittelalterliche Wasserburg, die immer mehr verfiel und 1878 im Geschmack jener Zeit erneuert worden war. In den Jahren 1914 bis 1917 wurde es dann von Julius von Waldthausen umgebaut und erweitert. So erhielt es den heutigen schloßartigen Charakter mit Bauteilen aus verschiedenen Epochen – Erkern, Türmchen, stattlichen Wohnräumen, einem »Rittersaal«, zahlreichen Schlafzimmern, einer Terrasse –, wobei mehr Wert auf Wohnlichkeit als auf Stil und Repräsentation gelegt wurde.

Die Hochzeit war wegen Helmuths Assessorexamen und einer militärischen Übung erst für Oktober geplant und wurde dann wegen des Kriegsausbruchs vorverlegt. Am 6. September 1939 fand daher in Bassenheim eine schlichte »Kriegstrauung« statt, an welcher von der Familie der Braut nur Alfred und Helene teilnahmen.

Die Kriegsjahre brachten Sorgen mit sich, doch schien sich zunächst alles gut anzulassen. Von den Söhnen wurde Oswalt wegen einer Leberaffektion u. k. gestellt und verblieb im auswärtigen Dienst, zunächst in Berlin; im Herbst 1940 wurde er an die Deutsche Botschaft in Paris versetzt. Herbert war Schütze, sodann Unteroffizier in einem Panzerregiment, mußte 1943 wegen eines Beinleidens ins Lazarett und erlebte das Kriegsende als Dolmetscher. Helmuth, der Schwiegersohn wurde als Stabsoffizier verwendet, war daher nicht an der Front, aber gleichwohl gefährdet, was sich dann durch seinen tragischen Tod im Oktober 1943 bestätigen sollte. Er erlebte die Geburt zweier Töchter: Ellinors und Bettinas.

Helene wurde nunmehr stärker von der Familie in Anspruch genommen – eine Aufgabe, die sie als Bereicherung des Alltags empfand und gern auf sich nahm. In einem Brief an ihren Sohn Herbert heißt es: »Ich fühle immer mehr, daß die harmonische Intimität oder vielmehr die Harmonie im täglichen Leben eigentlich das Wichtigste für die menschliche Persönlichkeit ist. Vielleicht auch das Schwierigste, weil es eine tägliche Überwindung verlangt. Aufschwung und Begeisterung sind Strohfeuer, die bald verlöschen.«

Anfang 1940 war Renata guter Hoffnung und verbrachte die Monate der Erwartung bei den Eltern in Zehlendorf. Helene war selber leidend, mußte nach der ersten Hüftoperation eine Weile in die Klinik, nahm sich aber intensiv der Schwangeren an, sprach ihr Mut zu und half ihr über eine Krise hinweg.

Im Herbst erfolgte Helenes zweite Hüftoperation. Im Dezember waren die Folgen so weit überwunden, daß sie das Weihnachtsfest zusammen mit der Familie in Bassenheim feiern konnte. Zugleich fiel eine wichtige Entscheidung: Da das Kriegsende nicht abzusehen war, Bombenangriffe auf Berlin drohten und Renata die Eltern gern bei sich hatte, beschlossen diese nach Bassenheim zu ziehen, obwohl besonders Helene der Abschied vom Zehlendorfer Heim nicht leicht fiel. Ein regelrechter Umzug ließ sich nicht durchführen. Daher wurde zwar der Haushalt aufgelöst, das Haus vermietet und später verkauft, doch blieben in einigen Räumen, unter der Obhut einer Hausangestellten, die Möbel, Bücher und viele Kunstgegenstände zurück. Sie wurden im März 1944 durch Brandbomben in der Mehrzahl zerstört.

Bassenheim war allerdings zunächst nur Zwischenstation, da sich eine Kur für Helene, unter Begleitung Alfreds, als notwendig erwies. Die Wahl fiel auf Baden-Baden, diesen naturnahen und geschichtsträchtigen Ort, in welchem sich auch in den Kriegsjahren ärztliche Pflege mit erholsamer Muße und anregender Geselligkeit verbinden ließ. Vom Beginn dieses Aufenthalts, der sich von April bis November erstreckte und in den folgenden Jahren wiederholt wurde, vermitteln Briefe Helenes an ihre Tochter ein Stimmungsbild:

»10. April: ... Wir sind nun hier ganz gut, wenn auch etwas bieder, im Hotel Hirsch etabliert, und ich humpele auf den Kuranlagen...«

»25. April: ... Wir haben sogar einen kleinen Tee mit der Tänzerin Lea Niako, die ich aus Berlin kenne. Sie tanzte sehr reizend in dem hübschen kleinen Theater hier.«

6. Mai: ... Oswalt war hier und genoß alle Sensationen von Baden-Baden. Wir lunchten im Hotel Stephanie, fuhren in

das Forellenrestaurant und landeten in den Spielsälen, wo die üblichen zwanzig Mark verloren wurden. Die Säle sind von einer überladenen Pracht aus der Zeit der Kaiserin Eugénie, die hier mit ihrem Hof durchrauschte. Diener in gelb-blauer Livree und weißen Strümpfen gehen umher... Morgen Tee bei der Prinzessin Gerda von Sachsen-Weimar mit der Prinzessin Friedrich Leopold, die mit ihren fünfundsiebzig Jahren tapfer Rad auf allen Bergen fährt. Gestern begegneten wir im Atelier von Stefanie Grimm, der Malerin, einem Bad-Spezialisten und diskutierten stundenlang über schwierigste Themen, so daß wir das Essen vergaßen und nachts durch die mondbeschienene Stadt pilgerten... Auch Reinhold Schneider hat uns [in dieser seiner Heimatstadt] besucht und uns viel von Rom erzählt... Und Leopold Ziegler ist hier, mit dem Papa sich gut unterhielt... Das Hotel hat mir jetzt ein Klavier, das ich sehr vermißte, zur Verfügung gestellt...«

»11. Mai: Abends spiele ich etwas auf dem Pianino. Mein Publikum einige alte Damen. Der Ort hat etwas Gemütliches...«

Schon in den ersten Wochen fehlte es somit nicht an Anregungen; es dauerte dann nicht lange, bis sich ein Bekanntenkreis gebildet hatte, der Helenes und Alfreds Neigungen entsprach. Beide interessierte der geschichtliche Hintergrund der für sie neuen Umgebung, und vor allem Helene war fasziniert von diesem Schnittpunkt so mannigfaltiger europäischer Einflüsse: von der romantischen Epoche über Napoleon III. und Eugénie, Liszt und Brahms, Dostojewskij und Turgenjew bis zu den russischen Aristokraten, die um die Jahrhundertwende in Baden-Baden heimisch geworden waren. An sie erinnerte eine auf einer Anhöhe nahe der Lichtentaler Allee gelegene Villa, die nicht nur den Namen des Vorbesitzers, des Fürsten Menschikow, sondern auch dessen Tradition bewahrte. Damals lebte dort noch der letzte Urenkel Schillers, der sich als Schriftsteller durch ein Werk über »Die europäische Gesellschaft« einen Namen gemacht hatte: Alexander Freiherr von Gleichen-Rußwurm mit seiner Frau Sophie, einer Halbrussin, auch sie musisch begabt, Verfasserin formstrenger französischer Gedichte, von denen sie 1944 eines – »Faible complainte«, ein Klagelied auf die durch den Krieg zerstörten Städte – Helene übersandte. Mit ihr hatte sich »Sonja« von Gleichen sogleich angefreundet, und oft verbrachten die Nostitzens unterhaltsame Stunden in diesem Hause, von dem aus früher »die berühmten Troika-Gespanne Menschikows zu Tal rasten« und wo jetzt ein »beschauliches und doch produktives Leben herrschte«. Helene schrieb darüber: »Alte Bilder und Möbel, Miniaturen und Dosen sprechen noch von den Vorfahren, und wenn sich an stillen Abenden auf der Gartenterrasse Alexander von Gleichen mit einem lothringischen Dichter oder sonst einem Besucher in Erinnerungen verliert, wird der eigenartige Zauber Baden-Badens lebendig. Verträumt steigt man dann zwischen rosenbekränzten Mauern, über die hier und da, wie in Italien, eine Zypresse emporragt, wieder zur Lichtentaler Allee hinab.«

Eine engere Verbindung ergab sich ferner mit zwei Schriftstellern, die in jenen Jahren in innerer Emigration lebten: mit Heinrich Berl und Otto Flake. Berl, journalistisch begabt und historisch geschult, war der eigentliche Chronist seiner Heimatstadt, deren Epochen und Sehenswürdigkeiten er in mehreren Büchern behandelt hat. Helene verdankte ihm viele Informationen für eine Skizze, die sie über Baden-Baden verfaßte, nannte ihn daher »unsere Pièce de résistance« und besuchte ihn gern in seinem stilvollen Hause mit weitem Blick auf die Vogesen in der alten Oberstadt.

Otto Flake, ein Elsässer, hatte mit René Schickele zusammengearbeitet, war vertraut mit der französischen Literatur und fühlte sich – so der Titel einer Sammlung seiner Essays – als »guter Europäer«. Im Hitler-Deutschland empfand man ihn als unbequemen Einzelgänger; zwar hatte er, wie Helene, gutgläubig die Loyalitätserklärung für den »Reichskanzler Adolf Hitler« unterschrieben, galt aber weiterhin in Parteikreisen als »Linksradikaler« und lebte daher mit seiner Frau zurückgezogen in seinem Baden-Badener Häuschen ohne Telephonanschluß und in zunehmender Isolierung. Mit den Nostitzens hatte er jedoch viele Berührungspunkte, vor allem mit Helene, und freute sich, wie er ihr nach der Lektüre ihres Erinnerungsbuches schrieb, über ihre Sprache »voller Erlebnis und Haltung«, mit welcher sie den Zauber einer »unwiederbringlich entschwundenen Welt« vermittele. Sie hatte ihrerseits wenig Zugang zu seinen Werken – den Romanen und historischen Biographien –, schätzte ihn aber als Gesprächspartner und Menschen, der seiner Lebensmaxime: »Klarheit, Gelassenheit, Sinnlichkeit, Energie« treu blieb. Auch im folgenden Jahr verbrachte das Ehepaar mehrere Monate in Baden-Baden. Helene war nunmehr so weit bekannt, daß sie zu einer Lesung im Kurhaus aufgefordert wurde, der sie mit einigem Bangen entgegensah. Ihre Schilderungen Sanssoucis und Friedrichs des Großen, des Meißner Porzellans und der Begegnungen mit Rilke wurden jedoch von den zahlreichen Zuhörern sehr freundlich aufgenommen. Ein Kritiker schrieb: »...Frei von lediglich trockener ›Wissenschaftlichkeit‹ war alles persönliches Erleben geworden..., so daß immer das Bild einer bestimmten Welt und Epoche entstand, das volles Leben atmete...« Und sie selbst meinte: »Es freut einen doch, daß man nicht nur mit Kanonenschüssen die Menschen beeindrucken kann!«

In Erwartung des zweiten Kindes hielt sich Renata seit Ende Mai 1942 in Würzburg auf, wo ihr die Eltern Gesellschaft leisteten. Am 30. Juni kam Bettina zur Welt, doch war es diesmal keine schwere Geburt; in der Zeit vor und nach der Niederkunft konnte daher Helene »Schönheit und Offenbarung« dieser damals noch nicht vom Kriege heimgesuchten Stadt unbeschwert in sich aufnehmen.

Die Söhne erschienen zu kurzen Besuchen. Am 18. Juni traf Herbert von der Ostfront ein. Sie notierte: »Man muß sich an seiner gestrafften gesunden Haltung freuen nach all dem Grauen. Er trennt das Unwichtige vom Wichtigen. Sein Urteil ist klar und bestimmt.« Eine Woche später sah sie Oswalt nach längerer Trennung wieder. Sie stand mit ihm vor der mittelalterlichen Gruppe des Marientodes im Dom, in welcher Johannes es als einziger Jünger wagt, in »übermächtigem Schmerz« den Leib der verklärten Maria zu berühren – ein Eindruck, den Oswalt in einem Gedicht festhielt.

Unter ihrem Fenster sah sie die Fronleichnamsprozession vorüberziehen: »Ergreifend das laut gebetete Vaterunser. Über den Köpfen der Menge thronte die goldene Mutter Gottes. Die langen Reihen feierlicher Nonnen wurden ab und zu durch schwerbepackte Feldgraue unterbrochen, die zum Bahnhof eilten, um ins Feld zu ziehen. ›Vergib uns unsere Schuld, wie wir vergeben unseren Schuldigern!...‹«

Es waren zugleich die Wochen des Mozartfestes. So erlebte sie wieder, wie schon in Potsdam, doch noch vollkommener, den Zusammenklang festlicher Architektur mit einer kongenialen Musik: am eindringlichsten bei der Aufführung der Jupiter-Symphonie im Kaisersaal der Würzburger Residenz: »... Vollkommene Freiheit der Bewegung, zusammengehalten durch einen mächtigen Willen, äußerte sich in der Vielfalt der Harmonien. In dem halbdunklen Raum strahlten jetzt die Kerzen. Das Gold der Ornamente schimmerte noch geheimnisvoll; die Farben Tiepolos waren versunken. Und immer gewaltiger, wie ein hoher Bau, stieg die letzte Fuge der Symphonie, ergriff den ganzen Menschen in seinen verborgensten Möglichkeiten. Es war zuerst still im Saal, als die letzten Töne verklungen waren, die das Mozartfest abschlossen. So nahm man Abschied von einer Welt, deren Stimme sich mutig inmitten von Krieg und Zerstörung erhoben hatte.«

In Würzburg hatte sich damals ein Schriftstellerkreis gebildet, der Helene sogleich willkommen hieß. Hierzu gehörten der Lyriker und Erzähler Will Vesper, Börries von Münchhausen, der bedeutende Balladendichter, Felix Huch, ein Vetter Ricardas und Verfasser von Musikerbiographien, sowie Leo Weismantel, der um Volks- und Jugendbildung bemühte Pädagoge und vielseitige Schriftsteller, zu dem Helene sogleich guten Kontakt fand. Über eine Zusammenkunft in seinem »schönen, von Balthasar Neumann erbauten Hause« notierte sie: »Wir sitzen im Kreise vor Plastiken von Veit Stoß. Der Theaterintendant Ebbs spricht temperamentvoll über seine Pläne für die Würzburger Bühne. Derweil blickt Felix Huch verträumt vor sich hin und denkt wohl an den zweiten Teil seiner Mozart-Biographie, an dem er noch arbeitet. Leo Weismantel hat Riemenschneider und Grünewald in seinen Büchern wieder erstehen lassen. So klingt der Abend in besinnlichen Gesprächen aus.«

Baden-Baden und Würzburg boten manche Anregungen, doch hatte das Hotelleben auch seine Nachteile; die Aufenthalte in Bassenheim, die von Zeit zu Zeit dieses Wanderdasein unterbrachen, waren daher willkommen, zumal Helene dort Großmutterpflichten zu erfüllen hatte. Denn Renata war häufig abwesend, um mit ihrem Mann zusammenzusein, der zunächst bei Stäben im Inland Verwendung fand. Eine Weile waren außerdem Oswalts drei Kinder zu Gast. Neben Christiane lernte sie nun die beiden Kleinen näher kennen: die fröhliche Veronika und Manfred, dessen energischer Ausdruck ihr auffiel.

Die ruhigen Bassenheimer Tage kamen auch einem neuen literarischen Vorhaben Helenes zugute: einem Buch über die Neales, die aus Irland stammenden mütterlichen Vorfahren ihres Mannes. Eine Aufzeichnung Alfreds sowie zeitgenössische Memoiren dienten ihr als Unterlagen; vor allem aber verwertete sie die ausführlichen Tagebücher der Pauline Neale, einer Urgroßtante Alfreds, Hofdame der Königin Luise, sodann Gesellschafterin der Radziwills, die das Leben am preußischen Hofe unter Friedrich Wilhelm III. eingehend geschildert hat. Helenes Darstellung beginnt 1750, als sich Stefan Laurentius Neale entschloß, der Einladung Friedrichs des Großen nach Berlin Folge zu leisten, und endet mit einem Kapitel über die alternde Pauline, die erst 1869 neunzigjährig verstarb. Den Text von etwa zweihundert Seiten, der unveröffentlicht blieb, nannte sie »Roman«, doch handelt es sich eher um eine phantasievoll ausgestaltete, mitunter etwas langatmige Familienbiographie. Am lebendigsten wirken darin die Stellen, in denen die Verfasserin sich in Frauengestalten jener Zeit des Übergangs vom sterbenden Rokoko zu Klassizismus und Romantik einfühlt, wobei Züge ihres eigenen Wesens einfließen. Hierfür zwei Beispiele: Von Maria Jacoba, der vierten Frau des Stefan Laurentius, heißt es, dieser habe ihr während einer Wanderung durch den Potsdamer Park »von seinen Begegnungen mit dem König erzählt, dessen Gestalt sie von weitem auf der Terrasse von Sanssouci auf und ab schreiten sah. Die feurige Ungebundenheit ihrer Natur verlangte im Grunde nach Zucht und Form. Hier begegnete sie einer bunten Welt, die, von einem übermächtigen Willen geleitet, einem fruchtbaren Zweck dienen mußte. Sie blickte auf die Gestalten des wild entfesselten Bacchanals auf der Fassade von Sanssouci [die Karyatiden], die zu Trägerinnen des Baus geworden waren. Neale war beglückt, diesen lebendigen jungen Menschen um sich zu haben, wenn ihm auch bewußt wurde, daß er die verborgene Sehnsucht dieser Frau, wie seine eigene, nie werde stillen können.«

Und über Königin Luise sagt sie: »Die Königin lächelte geheimnisvoll. Das war ein Teil ihres Zaubers, daß sie die Sehnsucht der Menschen durch einen verborgenen Liebreiz erweckte, der sich selten in Worten, eher durch ein Lächeln offenbarte... Wenn sie erschien, war es immer, als wenn in einem dunklen Zimmer plötzlich ein Fenster nach dem sonnigen Garten geöffnet würde, aus dem Schmetterlinge und Bienen hereinschwirrten. Vielleicht auch kleine bunte Vögel, wie Luise sie auf ihre Decken und Wände malen ließ.«

Weihnachten 1942 feierte die Familie gemeinsam in Bassenheim. Zu Beginn des neuen Jahres sah sich dann Helene vor eine Aufgabe gestellt, die sie freudig begrüßte. Ein Verlag interessierte sich für ein Buch über Paris nach Art ihrer Bücher über Potsdam, Berlin und Dresden; es war ein Vorhaben, das einen neuen Besuch in dieser Stadt erforderlich machte, mit der sie so viele Erinnerungen verbanden und in der zu jener Zeit ihr ältester Sohn lebte. Die Aussichten für ein solches Unternehmen waren im dritten Kriegswinter noch günstig. Paris stand unter Besatzungsrecht, aber die schlimmen Seiten der Okkupation – Internierungen, Judendiskriminierungen, Deportationen – wurden weitmöglichst verheimlicht; der für »Sicherheitsfragen« zuständige »Höhere SS- und Polizeiführer beim Militärbefehlshaber« vermied ein spektakuläres Auftreten; die Résistance arbeitete ihrerseits im Untergrund. So war das äußere Erscheinungsbild von der »Kollaboration« bestimmt: der Zusammenarbeit mit dem Staatschef Marschall Pétain, seinem Vichy-Regime und dessen Sympathisanten. Das wirkte sich besonders auf die kulturellen Aktivitäten aus. Hier herrschte weitgehend Toleranz. Auch Träger des französischen Geisteslebens, die keine Kollaborateure waren und daraus keinen Hehl machten, verblieben in ihrem Pariser Domizil. Die Bühnen wurden in der Gestaltung ihres Spielplans nicht bevormundet. In der Oper dominierte Serge Lifar, der Tänzer aus der Schule Diaghilews mit seinem Ballett – für Helene eine besondere Attraktion. Paul Claudels »Le soulier de satin« (»Der seidene Schuh«), Jean-Paul Sartres »Les mouches« (»Die Fliegen«) hatten Premiere vor einem deutsch-französischen Publikum. Die Verlage unterlagen der Zensur der Militärverwaltung, auf die aber das an die Deutsche Botschaft angeschlossene, für Kulturfragen zuständige Deutsche Institut einen mäßigenden Einfluß ausübte, denn Karl Epting, der Institutsleiter, und Gerhard Heller, der die Verlagsbeziehungen pflegte und seine Tätigkeit in dem Erinnerungsbuch »Ein Deutscher in Paris« geschildert hat, waren keine Partei-Propagandisten.

Angesichts dieser Situation standen einer Studienreise Helenes keine Hindernisse im Wege. Die erforderliche amtliche Genehmigung wurde anstandslos erteilt. Am 22. Januar um sieben Uhr früh traf sie nach beschwerlicher Nachtreise an der Gare de l'Est ein, wo sie ihr Sohn erwartete und in seine Wohnung geleitete. Das Wiedersehen mit Paris, dem sie mit einigem Bangen entgegensah, vollzog sich wie im Traum. Sie notierte: »Die Türme von Notre-Dame und der Sainte-Chapelle spiegeln sich in der ruhig dahinfließenden Seine, in der das Zeitgeschehen keine Spuren hinterlassen hat. Bald blicke ich aus dem Hause Nr. 6 der Place du Palais Bourbon. Einige Katzen huschen über das Pflaster. Der grauende Morgen wirft ein fahles Licht auf den noch stillen Platz. Feierlich wie ein Wächter steht die Statue der Justitia vor der ›Chambre des députés‹.«

Helene war vom 22. Januar bis zum 19. Februar, sodann vom 17. Juni bis zum 19. Juli in Paris. Diese beiden Aufenthalte nutzte sie für Erkundungen der historischen Stadtviertel, die sie meist mit der Metro erreichte, um sie dann langsam in Begleitung ihres Sohnes oder einer freundlichen jungen Französin, Mademoiselle de Manneville, zu durchwandern. Ferner studierte sie den geschichtlichen Hintergrund, wofür ihr ein Kunsthistoriker, Monsieur Raval, die Unterlagen beschaffte. Gespräche mit Sachkennern über Einzelfragen – Haute Couture, das Porzellan von Sèvres – ergänzten das Bild, in das sie aber auch Persönliches einbeziehen wollte:

Erinnerungen an die Jugendjahre, die sie durch Begegnungen auffrischte, an die Freundschaft mit Rodin, die Beschäftigung mit Rilkes Pariser Tagen.

Das Palais Beauharnais in der Rue de Lille war auch in der Besatzungszeit Sitz der Deutschen Botschaft geblieben, der – unter Botschafter Otto Abetz – mit der Pflege der Beziehungen zur Vichy-Regierung betrauten Dienststelle. Abetz, engagierter Förderer der »Kollaboration«, empfing dort auch seine Gäste, darunter Vichy-freundliche Franzosen. So sah Helene die schönen Empireräume wieder, in die sie, zusammen mit dem damals an die Botschaft attachierten Schriftsteller Friedrich Sieburg und mit Sacha Guitry, geladen war.

Während Sieburg, sonst ein Gesprächspartner von sprühender Eloquenz, diesmal schweigsam war, präsentierte der prominente Schauspieler und Komödienschreiber eine Anekdote nach der anderen über Pariser Figuren der Vergangenheit. So schilderte er dramatisch, wie Clemenceau an die Bahre Claude Monets trat, einen bunten Vorhang herunterriß, ihn statt des schwarzen Tuchs über den Leichnam breitete und ausrief: »Monet muß seine Farben behalten!« Von Helene verabschiedete er sich, indem er ihre Hand ergriff und bemerkte: »Je sens que vous avez vraiment aimé Rodin!« (Ich spüre, Sie haben Rodin wirklich geliebt!)

Von den Pariser Gestalten, die sie selbst um die Jahrhundertwende kennengelernt hatte und denen sie in literarischer Verkleidung bei der Lektüre Marcel Prousts wieder begegnete, lebte noch die Comtesse de Greffulhe, das Vorbild für Prousts Duchesse de Guermantes. Über einen Besuch, den sie ihr im Februar 1943 abstattete, schrieb Helene: »Man wird in dem großen Palais etwas wie bei Hofe empfangen. In dem roten Boudoir, in welchem ein Kaminfeuer brennt, steht zunächst nur die Gesellschafterin und kündigt das baldige Erscheinen von Madame la Comtesse an. Nach zwanzig Minuten öffnet sich schließlich die Tür. Eine eher kleine Dame tritt ein, mit hoher dunkler Halsrüsche, doch die schwarzen Augen leuchten noch im alten Feuer. Ihre Lebendigkeit beeindruckt auch meinen Sohn, der gerade eingetreten war. Sie ist noch immer voller Pläne, voller Ambitionen. So erklärt sie uns, sie hätte gern wieder Windhundrennen in Paris eingeführt: eine Goldgrube für den Staat! Dann entwickelt sie uns ohne Übergang ihre Vorstellungen von einem vereinten Europa. Wir brauchen nur zuzuhören, denn sie bedarf keines Echos und weiß auch schwierige Zeiten zu meistern. In einen der großen Säle hat sie ein kleines heizbares Holzhaus einbauen lassen, in dem sie ihre Mahlzeiten einnimmt. ›Ich kann nicht frieren!‹ erklärt sie kategorisch, und man spürt den starken Willen dieser Frau. – Es ist schon dunkel, als wir uns durch die finstern Hallen, in denen früher festlicher Glanz erstrahlte, zurücktasten. Die Gräfin entschwindet, während uns ein schwarz gekleideter Diener mit schwacher Leuchte in den großen Hof mit der *porte cochère* führt, wo uns aber keine stampfenden Pferde erwarten.«

Häufigen Umgang mit Proust hatte auch eine andere Bekannte aus den Pariser Jugendtagen: die Duchesse Clermont-Tonnerre, Autorin einfühlsamer Memoiren über die Pariser Gesellschaftsszene. Die Duchesse war leidend, als Helene sie aufsuchte, wies sie aber nicht ab. Helene notierte: »Über eine kleine Treppe und durch die charmante Bibliothek, in der Marcel Proust so oft am Abend erschien, gelange ich in das Schlafzimmer. Rosa und Hellblau sind die Farben des Betts, von dem aus die Duchesse mit goldenem Haar und lebhaften Augen mich so herzlich empfängt, als hätten wir uns erst gestern getrennt. Sie ist eine Bewunderin Deutschlands und wir feiern Potsdamer Erinnerungen. Nach einer etwas boshaften Bemerkung über eine gemeinsame Bekannte meint sie lächelnd: ›Wir sind frivol in Paris!‹ . . . Trotz ihrer Unpäßlichkeit ist sie unternehmend. Ich solle neue Maler und Dichter kennenlernen . . . In diesem Hause fühlt man, wie so oft in Paris, daß die Grazien uns nicht verlassen haben und lächelnd über uns wachen.«

Helene und die Duchesse trafen noch mehrmals zusammen. So besuchten sie in der Orangerie eine für den im Vorjahr verstorbenen Porträtmaler Jacques Émile Blanche veranstaltete Ausstellung mit Bildnissen Marcel Prousts und Rodins. Beide Porträts, da ohne genialen Funken, mißfielen ihnen, Helene meinte, Proust erscheine nur als der »müde Ästhet«, und auch bei Rodin sei »auf der derb-bürgerlichen Maske die Flamme des Genies ausgelöscht«. Als sie dann durch die Tuilerien zum Café Rumpelmayer auf der Rue de Rivoli wanderten, rief die »eher skeptische« Duchesse auf einmal emphatisch: »Paris est entre ciel et terre!« – ein Ausspruch, den Helene als eine Art Liebeserklärung an diese Stadt empfand.

Eine weit zurückreichende Bekanntschaft verband Helene auch mit Charles Comte de Chambrun, zuletzt Botschafter in Rom, der sie zu Beginn seiner Karriere als junges Mädchen in Berlin bewundert hatte. Er war in den »belles lettres« wie in der Geschichte zu Hause, schriftstellerte und belebte das Gespräch, ohne Anmaßung, durch Wissen, Bonmots und liebenswürdige Aphorismen. Seine Frau, geborene Prinzessin de Rohan, stand ihm in dem allen nicht nach. Überdies hatte sie manches mit Helene gemeinsam, wie diese bald wahrnahm: Sie war im Rohanschen Schloß Jocelyn aufgewachsen, aber sie liebte die Freiheit, die großen Künstler, verteidigte den lange verkannten Rodin und brachte Sarah Bernard nach Jocelyn, was beinahe zu einem Eklat führte. Es war denn auch nicht verwunderlich, daß sich Helene bei den Chambruns wohl fühlte. Sie besuchte sie daher häufig in der behaglichen Wohnung nahe dem Dôme des Invalides oder plauderte mit ihnen am Telephon.

Viel Zeit widmete sie dem Gedenken an Rodin und verbrachte oft die Vormittage im Musée Rodin. Sie verstand sich gut mit Georges Grappe, dem Konservator, und erfreute sich an seinem Wissen. Vor allem aber beschäftigte sie sich mit den Werken: »Nach Jahren ist mir, als sähe ich sie zum ersten Mal«, vermerkt sie am 30. Januar, »Anne de Noailles' Büste ergreift mich besonders stark. Die Dichterin blickt über das Sichtbare hinaus. Die kleinen Büsten in der Vitrine, die mich darstellen, spiegeln Erlebnisse aus jener Zeit wider, als wir mit Rodin Florenz betrachteten.«

Sie fährt auch mit ihrem Sohn und ihrer Enkelin Christiane nach Meudon hinaus, genießt den Anblick der kleinen Allee, die sie so oft mit Rodin durchschritten hatte, und wird freundlich von dem alten Wärter begrüßt, dem sie nicht übel nimmt, als er ihr »mit der Offenheit des einfachen Mannes« sagt, sie sei aber mager geworden, habe nun weiße Haare! Seit ihrem letzten Besuch hat sich in Meudon manches verändert: Der Garten ist in einen »feierlichen Hain« verwandelt, der »Penseur« erhebt sich über dem Grab; die Wiesen, auf denen die griechischen Plastiken standen, sind mit Gemüse bepflanzt; das Wohnhaus ist umgeräumt, doch spürt sie noch Rodins Präsenz in den bisher von »musealem Betrieb« verschonten Räumen. Vor ihrem letzten Abschied von Paris kehrt sie daher abermals zurück und empfindet es wie einen Gruß Rodins, als starker Wind eine Rose über dem »Penseur« hin und her weht.

Rilke, an dessen Pariser Zeit, Helene nicht persönlich, aber durch die Schilderungen in seinen Briefen teilgenommen hatte, wurde ihr durch Maurice Betz, den Übersetzer des »Malte«, nahegebracht, den sie bald nach ihrer Ankunft aufsuchte. Seine stille, unaufdringliche Art war ihr sogleich sympathisch. Während sie an dem Fenster saß, aus dem Rilke auf den Jardin du Luxembourg geblickt hatte, als ihm Betz seine Übersetzung vorlas, erzählte dieser von dem Dichter. Später besuchte er mit Helene das Hotel Foyot in der benachbarten Rue de Tournon, dessen Besitzer sich noch an den »grand poète« erinnerten, und ihnen sein einfaches, im fünften Stock gelegenes Zimmer zeigten.

Helene blieb mit Maurice Betz weiter in Verbindung, zumal er sich bereit fand, ihren Briefwechsel mit Rilke sowie ihre Einleitung zu einer geplanten französischen Ausgabe der an sie und ihre Mutter gerichteten Briefe Rodins zu übertragen. Es waren Vorhaben, die er sogleich in Angriff nahm und über die Absprachen mit Pariser Verlagen getroffen wurden, die sich aber nicht mehr verwirklichen ließen.

Ein bescheidenes Projekt, an dem Helene viel gelegen war und bei dem er sie beriet, kam hingegen in diesen Wochen zustande: ein Vortrag in französischer Sprache über »Rilke und Rodin«, den sie auf Anregung Gerhard Hellers im Deutschen Institut vor geladenen Gästen hielt. In ihrem Tagebuch vom 14. Februar 1943 heißt es darüber: »Der schöne Raum im Palais Sagan, in dem sich viele Franzosen und Deutsche versammelt hatten, war ein harmonischer Rahmen. Der französische Zuhörer hilft dem Vortragenden durch ein unausgesprochenes Mitgehen, das man dauernd spürt und das einen belebt. Der Tänzer Serge Lifar hob mit schöner Geste meinen heruntergefallenen Handschuh auf. So begann der Abend wie mit einer Ouvertüre. Ich glaube nicht, daß ich vor vierzig Jahren ein so aufmerksames Publikum für eine ihm eher fremde Welt gefunden hätte. Rilke mit seiner Subtilität wäre vielleicht damals schon auf Verständnis gestoßen, aber das Pathos Rodins wäre wohl etwas belächelt worden. Als ich jedoch heute abend mit einem Brief Rodins über den Menschen und die Schöpfung schloß, worin es heißt: ›J'adore ce grand art de la vie qu'on appelle affection« [Ich glaube an diese große Kunst des Lebens, die man Zuneigung nennt], fühlte ich, wie die Herzen der vom Schicksal geprüften Zuhörer bebten, und ich mußte selbst die Ergriffenheit überwinden, die mich übermannte und die alle einen Augenblick in dieser Zeit voller Drohungen vereinte.«

Wer waren die Zuhörer? Helene erwähnt nur zwei Namen. Der eine war Serge Lifar, der von ihr bewunderte Tänzer und Choreograph, den sie auch außerhalb der Bühne sah und schätzte: Er lasse »voller Bewegung seine Worte tanzen wie Balletteusen« und beherrsche dadurch die Konversation, bemerkte sie nach einer geselligen Zusammenkunft. Der andere, den sie nennt, war der mit Paris verbundene Lyriker Léon Paul Fargue, dem sie in den zwanziger Jahren begegnet war. Sie notierte: »Nach langer Zeit sah ich an diesem Abend Fargue wieder, diesen echten Pariser Dichter, der seine Stadt so liebt wie eine Frau, die er nie verlassen möchte. Nur einmal in seinem Leben, glaube ich, entschloß er sich zu einer Reise und fuhr nach Weimar. Dort traf ich ihn und besuchte mit ihm Goethes Gartenhaus. Dann kehrte er für immer nach Paris zurück.«

Sie fügte hinzu: »So tauchten damals manche Gestalten auf, mit denen mich Erinnerungen verknüpften.« Zu ihnen gehörte vor allem ein großer englischer Theatermann: Edward Gordon Craig. Nach jenem denkwürdigen Mittagessen mit Cosima Wagner im Mai 1905 in Dresden war Helene ihm nicht mehr begegnet. Seit einigen Jahren lebte er in Paris und war durch die Intervention eines deutschen Gönners, ohne daß er zu kollaborieren brauchte, von der Internierung befreit worden. Der Siebzigjährige hatte seine Jugendfrische bewahrt und verstand es, auch unter diesen Verhältnissen seinen eigenen Lebensstil zu behaupten. Der Verfasser hatte 1942 mit ihm Verbindung aufgenommen und war seither oft mit ihm zusammen. So ergab es sich ganz natürlich, daß auch Helene die alte Beziehung belebte. Sie besuchte ihn in seiner Wohnung mit dem Bibliotheksraum, »wo überall Stiche und Abbildungen von Theaterszenen und Schauspielern die Bücherreihen unterbrachen«. Etwas kapriziös äußerte er, er lege Wert darauf, in der Oper, in der Comédie eine eigene Loge zu haben, wo er unbemerkt für einen Akt hineinschlüpfen könne. Es kam zu einem gemeinsamen Opernbesuch, bei dem Helene die etwas altmodische Ballettszene beeindruckte, während er unwillig »seine weiße Mähne« schüttelte und sich das Bühnenbild weniger gefällig und gewaltiger wünschte. Heiter und gelöst verlief dann ein häusliches Mittagessen. Nach Tisch setzte sich Helene auf Bitten Craigs ans Klavier und spielte temperamentvoll ein Präludium von Bach. Er war ein guter Zuhörer und spürte sofort, daß sie ganz von der Musik ergriffen wurde, was mit seiner bisherigen Vorstellung von ihr als einer nur kulturell interessierten Dame der Gesellschaft nicht übereinstimmte. Als sie geendet hatte, lächelte er daher spitzbübisch und kleidete seine späte Anerkennung ihres Künstlertums in die Worte: »I always thought, you were a lady interested in arts!« Helene amüsierte diese Bemerkung; nachträglich äußerte sie, es brauche eben oft lange Zeit, bis man in seiner wahren Natur erkannt werde.

Die Menschen, mit denen Helene in diesen Wochen – oft nur flüchtig – zusammenkam, können hier nicht alle genannt werden. Abschließend seien aber noch einige Begegnungen erwähnt, die sie besonders beeindruckten, wie etwa ein Gespräch mit Paul Valéry, der sich gegenüber der Besatzungsmacht, auch der Deutschen Botschaft, sehr zurückhielt, aber Helene seine Aufwartung machte. In ihrem Tagebuch heißt es: »Zum Mittagessen erscheint Paul Valéry, dessen tragisches, durchfurchtes Gesicht mich immer sehr ergreift. Aber sein klarer Geist schwebt über Bergesspitzen und triumphiert über die Materie!« Seine resignierte Einstellung zur aktuellen Situation ging aus einer Äußerung hervor, an die sich der gleichfalls anwesende Gerhard Heller erinnerte: »Wir geistigen Menschen sind machtlos gegenüber der Gewalt!«

(»Nous intellectuels ne pouvons rien contre le pouvoir!«) Im übrigen lenkte er die Unterhaltung auf ein entlegenes, aber Helene sehr ansprechendes Thema: die Funktion der Treppen in der Zeit von Barock und Rokoko. Sie vermerkte: »Er ging aus von den Treppen des Versailler Schlosses, und ich wies ihn auf Bruchsal, Würzburg und Sanssouci hin.« Der Aufstieg zu den inneren Räumen eines repräsentativen Gebäudes sei im achtzehnten Jahrhundert ein feierlicher Vorgang gewesen, den die Heutigen nicht mehr kennten. Die Kunst des Übergangs, der langsamen Vorbereitung auf ein feierliches Ereignis, habe dem Lebensgefühl jener Zeit entsprochen.

Ein andermal war Alfred Cortot, der große Pianist und Chopin-Interpret, Tischgast. Ähnlich wie die Comtesse de Greffulhe entwickelte er seine Ideen über das bevorstehende vereinigte Europa, damals noch eine romantische Vision, durch die mancher Franzose in Verkennung harter Gegebenheiten die grausame Wirklichkeit zu verklären suchte. Nach der Mahlzeit aber kam die Rede auf das Gebiet, das er beherrschte: Man sprach über Chopin. Schließlich setzte er sich ans Klavier und spielte meisterlich das zweite Prélude, um die Aktualität dieser Musik vorzuführen. In der Tat wirkte Chopins Komposition, insbesondere durch die selbständige Stimmführung der Baßtöne mit ihren Dissonanzen überraschend modern. Helene war hingerissen und meinte, als Cortot gegangen war, nun müsse das Klavier tagelang unberührt bleiben!

Einen besonderen Eindruck hinterließ der Maler André Derain. In einer Ausstellung waren ihr seine »bösen, unheimlichen Tulpen« aufgefallen – ein Bild, in dem sich »der Zeitgeist, die ganze Dämonie des Jahrhunderts« enthülle. Im Tagebuch nennt sie diesen Künstler, der durch den »Fauvismus« hindurchgegangen war, aber einen eigenständigen Stil entwickelt hatte, den französischen zeitgenössischen Maler, den sie am meisten bewundere, und schildert ihren Besuch in seinem Atelier.

»Wir steigen eine graue Treppe hinauf. Oben empfängt uns Derain, eine breite, große Gestalt, natürlich und freundlich. Gerade verläßt ihn sein Modell. Ein wunderbarer Kopf ist entstanden, in welchem Augen wie blaue Seen in der Landschaft des Gesichts liegen. Wie so oft in der neuen französischen Malerei vereint sich hier die Rokoko-Tradition eines Boucher mit dem modernen Lebensgefühl. ›Man muß einfach vor der Natur arbeiten!‹ sagt Derain, der neben mir steht. Es ist mir, als hörte ich Rodins Stimme. ›Wir Jungen haben ihn vergöttert!‹ äußert er denn auch, als dieser Name fällt. An einer dramatischen Herbstlandschaft merke ich, daß er das frühere Braun immer mehr verläßt und sich einer neuen Farbenpalette zuwendet. Vor diesem Bilde sagt er plötzlich: ›Alles Gute wird aus dem Schmerz geboren. Es hat nie leichte Zeiten gegeben!‹

Man spürt den Drang nach gründlicher Beobachtung. Kleine Skelette, eine ausgestopfte Fledermaus, antike Plastiken stehen umher. Ruhe und Vertiefung kennzeichnen den nicht großen Raum, in welchem der Künstler immer neue Wege einschlägt. Auch diese Zeit der Entbehrungen sucht er zu bejahen, da sie ihm viel unnötigen Ballast abgenommen habe... Er reckt sich wie befreit. Doch wir nehmen bald Abschied, denn wir fühlen, daß er die aufrichtige Bewunderung seiner Kunst schätzt, aber überflüssige Worte nicht liebt.«

Mit Jean Giraudoux, dem Dramatiker, waren Alfred und Helene schon länger bekannt. Helene traf ihn zuweilen in Berlin, im Rahmen des PEN-Clubs, und in Paris, auch war sein Sohn Pierre Paying guest im Zehlendorfer Haus. Zu einer intensiven Begegnung – sie sollte die letzte sein – kam es aber erst jetzt: gegen Ende der Pariser Tage. Helene schrieb darüber in ihrem Tagebuch: »4. Juli. Abendessen mit Jean Giraudoux und Oswalt in einem kleinen Restaurant gegenüber dem Odéon. Wir sprechen über sein neues Stück: ›Sodome et Gomorrhe‹. Er ist einer der wenigen, die hinter den Erscheinungen das Wesentliche erkennen. [Die Untreue der Welt ist das Thema dieses Dramas:] Untreue zerstört die Welt, wo sind die zwei wahrhaft treuen Menschen, die sie erretten können? Nachher gehen wir langsam durch den Boulevard St. Germain und sprechen über die Gestaltung von Paris. Hier und dort zeigt er uns historisch bedeutsame Häuser, wie das von Guillaume Apollinaire. Als wir uns verabschieden, ahne ich nicht, daß ich ihm zum letzten Mal die Hand reiche. Einige Monate später, nachdem er noch den großen Erfolg von ›Sodome et Gomorrhe‹ erlebt hatte, starb er an einer heimtückischen Krankheit.«

Einen Vertrauten ihres Lebens vermißte Helene immer wieder während dieses so ereignisreichen Aufenthaltes: Harry Kessler, von dem sie vor sechs Jahren in Paris Abschied genommen hatte. In gemeinsamem Gedenken kam sie mit seiner Schwester, Wilma de Brion, zusammen. Auf dem Friedhof Père Lachaise stand sie, zuerst im Gespräch mit ihrem Sohn, dann schweigend, lange vor seinem Grabe.

Das Pariser Zwischenspiel war, im Rückblick gesehen, für Helene eine Abschiedsgabe des Schicksals, das ihr noch einmal in dunkler, beengter Zeit Eindrücke bescherte, die den weiten Horizonten ihres bisherigen Lebensweges entsprachen. Dieses Geschenk war freilich nicht ohne bittere Beimischung, deren Ursache im Familiären lag. Die Ehe ihres Sohnes, mit dem sie sich in jenen Tagen so gut verstand, ging auseinander. Es war ein Vorgang, der sie – wie aus ihren Briefen hervorgeht – ernstlich bekümmerte und an dem sie sehr Anteil nahm, ohne jedoch helfen zu können.

In den nächsten Monaten war ihr dann eine Ruhepause vergönnt, zunächst in Bassenheim, dann in Baden-Baden. Im September war sie, diesmal mit Alfred, wieder auf Reisen, wobei sie, mehr als bisher, mit den Auswirkungen des Krieges in Berührung kam. In ihren Reisenotizen heißt es: »...Fliegeralarm. Gespräch mit Soldaten, die nach dem Osten müssen. Einer hat den Bruder verloren und seine ganze Kompanie. Wir müssen tief in den Bunker hinunter. Man hört dumpfe Schläge... Kinder spielen, Frauen schwatzen. Die Frauen verkörpern die Tragik der Situation in ihrer ergebenen, geduldigen Haltung... Nachtfahrt nach Salzburg. Das Abteil wieder wie eine Bühne. Derbe Bayern, französische Abenteuerin, gespenstische Krankenschwester, Parteimann, der über die Volksgemeinschaft daherbrüllt...«

Reiseziel war ein Besuch von Helenes Bruder: Herbert von Hindenburg. Das Verhältnis zwischen den Geschwistern seit der Jugendzeit war im wesentlichen ungetrübt geblieben.

Nach längerer räumlicher Trennung lebten beide in den zwanziger und dreißiger Jahren in Berlin: Herbert seit 1919 im Ruhestand. Sie sahen sich regelmäßig, meist auf sonntäglichen Spaziergängen, allerdings ohne die Schwägerin Marie. Nach der anfänglichen schwärmerischen Freundschaft und der nachfolgenden allmählichen Abkühlung der Beziehungen, namentlich infolge der Verschiedenheit der Charaktere – auch Marie war schriftstellerisch begabt, aber eine Frau von scharfem, unduldsamem Intellekt –, herrschte zwischen ihr und Helene eine deutliche Distanz, wenn auch die familiären Formen gewahrt blieben. Im Dezember 1938 starb sie nach schwerer Krankheit. Die Hindenburgs hatten mit einer guten Freundin Maries – Gräfin Elisabeth Platen – in Hausgemeinschaft gelebt; diese zog nunmehr in ein eigenes Haus nach Bad Aussee, wohin Herbert ihr folgte. Mit Helene, auch mit Alfred gestaltete sich gleichwohl der Kontakt noch enger. In Zehlendorf las er mit Erfolg aus seinen Erinnerungen »Am Rande zweier Jahrhunderte«, schrieb häufig Briefe, kam dann zu längeren Besuchen nach Bassenheim und Baden-Baden. Was sich schon früher gezeigt hatte, verstärkte sich noch am Lebensausgang: Helene ließ sich durch die skeptische Einstellung ihres Bruders nicht in ihrer zuversichtlicheren und phantasievolleren Weltschau beeinflussen, aber begegnete seiner Nüchternheit mit Verständnis, was ihr durch seinen trockenen Humor erleichtert wurde. Auch in Aussee verlief daher das Zusammensein unkonventionell und harmonisch, bis es plötzlich durch eine Erkrankung Helenes unterbrochen wurde. Die Untersuchung ergab den Verdacht auf einen Tumor. Es kam daher zu einer sofortigen Reise nach Leipzig, wo Professor Payr die Behandlung übernahm und eine Operation für notwendig hielt. Vor der Aufnahme ins Krankenhaus blieben noch einige Tage. Helene notierte: »Höre herrliches Bach-Konzert in der Thomas-Kirche. Auch das ist Deutschland!... [In der Kirche] Abendmahl mit Alfred. Kosmische Kraft...«

Der Verfasser erinnert sich, wie er nach Empfang der Nachricht nach Leipzig fuhr und noch rechtzeitig dort eintraf. Wie er morgens neben dem Vater und einer Krankenschwester im Krankenhausflur an dem fahrbaren Bett stand, auf dem seine Mutter in den Operationssaal gelangen sollte. Sie hatte die Augen geschlossen, die Stille war beklemmend, keiner brachte ein Wort heraus. Da erklang plötzlich ihre helle, tragende Stimme, die Szene festlich verwandelnd. Es war der Schlußvers aus Baudelaires Gedicht »Les phares« (Die Leuchttürme) mit der Anrufung großer Künstler der Menschheit, den sie vor sich hinsprach, als wendete sie sich an ein unsichtbares Auditorium:

»Car c'est vraiment, Seigneur, le meilleur témoignage
Que nous puissons donner de notre dignité
Que cet ardent sanglot qui roule d'âge en âge
Et vient mourir au bord de votre éternité!«

Der Eingriff, eine Darmoperation, behob zunächst die Beschwerden, war aber nur palliativ, denn der bösartige Tumor ließ sich nicht entfernen. Die Lebensdauer der Erkrankten konnte daher, durch Bestrahlungen, nur um Monate verlängert werden. Professor Payr teilte dieses Ergebnis dem Ehemann mit und überließ die Unterrichtung der Patientin seinem Ermessen. Alfred sah sich in einem Dilemma. Ein Versteckspiel widerstrebte seiner wahrhaftigen Natur; andererseits konnte er es nicht über sich bringen, Helene jede Hoffnung zu nehmen. Das gab denn auch den Ausschlag und war offenbar die bessere Lösung: die verbleibende Lebensspanne wurde dadurch erträglicher.

Bald kam es zu einer neuen Heimsuchung. Bisher hatte die Familie nicht allzu sehr unter dem Krieg gelitten; nun zeigte er sein grausamstes Gesicht. Nach Helenes Entlassung aus dem Krankenhaus war sie mit Alfred eine Weile nach Dresden ins Hotel Bellevue gezogen. Bald nach ihrer Ankunft kam ein nächtlicher Anruf. Ein Verwandter Helmuth von Waldthausens teilte mit, daß dieser in der Umgebung von Kiew auf einer Dienstfahrt in offenem Auto von Partisanen erschossen worden sei. Für Helene war das ein schwerer Schlag. Sie hatte nicht nur wärmstes Mitgefühl für ihre Tochter, sondern empfand diesen Tod auch als persönlichen Verlust, da sie sich mit ihrem Schwiegersohn besonders gut verstand. Noch vor ihrer letzten Parisreise hatte er in einem Dankesbrief für ihre Geburtstagswünsche von der gemeinsamen Sympathie für Frankreich gesprochen: »Europa ist halt die Synthese zwischen romanischer Form und eruptiver germanischer Gestaltungskraft; in ihrem Wechselspiel hat sich Europa geformt. Nur neigt sich heute die Waage einseitig zu Gunsten des eruptiven Elements, und das Übergewicht droht fast den ganzen Kontinent zu zerstören. – Wie Du, so liebe ich auch Frankreich, und manchmal glaube ich, daß der Franzose mir wesensverwandter als der Deutsche ist. Ich wundere mich selbst oft darüber – ich habe kein französisches oder überhaupt fremdes Blut, es muß wohl am Klima meiner Heimat liegen...«

Zwei Monate danach befanden sich Alfred und Helene selbst in großer Gefahr. Für mehrere Wochen waren sie, für eine Nachbehandlung Helenes, nach Leipzig zurückgekehrt und wohnten im Hotel Sedan, das durch den großen Bombenangriff vom 3. Dezember völlig zerstört wurde. In einem Brief an ihren Bruder vom 5. Dezember schilderte sie ihre Erlebnisse:

»Der Angriff auf Leipzig war furchtbar, gerade vor unserer Abreise um 4 Uhr morgens. Da die Alarme mehrere Mal nur Flugabwehr auslösten, war ich liegen geblieben. Da kam Alfred herein, und nun ging es los. Ich schicke voraus, daß wir heil aus dem brennenden Leipzig herauskamen, aber alle unsere Sachen sind verbrannt. Denn wir hatten nur Zeit, unsere Manuskripte zu retten. Es ist auch ein Wunder, daß wir noch Kleider und Mäntel anziehen konnten. Gott sei Dank stand mein Bett in einem Alkoven, denn sämtliche Fensterscheiben fielen klirrend in den Raum, und die Bomben pfiffen wie teuflische Stimmen. Wir eilten in den Keller, worauf ein zweiter Schlag das Hotel zerstörte. Der Keller war noch nicht verschüttet; so flohen wir wieder ins Freie, denn Halle, Treppe – alles war verschwunden. Draußen begrüßte uns ein Flammenmeer. Der Bahnhof, das Hotel Astoria, alles brannte. Wir schlichen an den Wänden entlang, die jeden Augenblick zusammenfallen konnten, in einen Bunker, wo sich Hunderte von Menschen befanden. Dort saßen wir von 5 bis 11 Uhr vormittags und hatten das Gefühl, daß das Flammenmeer immer weiter zunahm. Ein hilfreicher Mann meinte, wir sollten es wagen, über die Promenade in die freie Landschaft zu gelangen, denn die Luft im Bunker wurde immer unerträglicher und das Licht ging aus. Nun begann das Schwierigste. Ein Sturmwind fegte durch die Stadt, Funken flogen. Schwarze Phosphor-Wolken verdunkelten den Himmel. Zahllose Menschen, die alles verloren hatten, zogen mit uns, die Gesichter von Gasmasken verdeckt. Der Mantel rettete mich, umwallte meinen Kopf, meine Augen. Die Häuser begannen zusammenzubrechen. Wir mußten an einer hohen Fassade vorbei, liefen Gefahr, verschüttet zu werden, denn eine Stimme hatte uns zugerufen: ›Über die Jakobs-Straße zum Rosenthal!‹ Und wir kamen wirklich heraus, wie von Gott geführt. Scharen von Menschen trugen dort ihre letzte Habe oder hockten auf Paketen unter den Bäumen. Endlich wurde es etwas heller. Auch Alfréds Augen waren heil. Und nun begann eine lange Wanderung über Land. Am Krankenhaus vorüber, wo man uns etwas Tee gab, weiter zu Fuß nach dem Dorf Schönau. Dieser Gang hat unsere Lungen gerettet, und ich habe wie durch ein Wunder den dreistündigen Fußmarsch ausgehalten. In Schönau fanden wir einen alten Wagen und nahmen noch drei Flüchtlinge mit. Über Leipzig brannte immer noch der Himmel, auch die Sonne war eine rote Kugel. So gelangten wir zum Bahnhof Marlgram und erreichten Weimar um 8 Uhr abends. Und dann lag ich [im ›Erbprinz‹] auf einem Biedermeier-Sofa vor Goethes Büste, die mich mitleidig anblickte. Wir waren gerettet.

Wedels und andere leihen uns Sachen. Man lernt die Freundlichkeit der Menschen kennen. Ich höre noch die Stimme eines alten Mannes im Rosenthal: ›Das ist ja schlimmer als die Sintflut!‹ – Es gibt noch vieles zu erzählen, aber ich bin müde!

Deine treue Helene.«

Von Weimar kehrte das Ehepaar einige Tage später nach Bassenheim zurück, wo Helene nunmehr bis zu ihrem Tode blieb. Dort erhielt sie einen Brief ihres Sohnes, der ihr seine Begegnung mit Maria Mercedes von dem Bottlenberg schilderte, die nach längerer Tätigkeit in Madrid, an die Pariser Deutsche Botschaft versetzt worden war. Sie hätten, schrieb er, aneinander großes Gefallen gefunden und sich verlobt. Helene war durch diese Mitteilung sehr erleichtert und erfreut. Sie antwortete ihrem Sohn, dieser Frau, die ihm so nahestehe, werde sie stets eine Freundin sein. Kurz vor Weihnachten kamen die Verlobten nach Bassenheim, wo sie, auch von Alfred und Renata, liebevoll aufgenommen wurden. Es folgten, von der Trauer um Helmuth von Waldthausen umschattete, aber harmonische Festtage.

Für Helene begann eine schwierige Zeit. Sie fühlte sich oft elend, was sie vor allem auf die ermüdenden Bestrahlungen zurückführte; auch wurde die Nachtruhe oft durch Fliegeralarm unterbrochen. Obwohl sie gelegentlich über ihren Zustand klagte, suchte sie ihn zu überwinden, namentlich durch die ihr vertrauten Beschäftigungen. Dazu gehörten, bis zuletzt, das Aquarellieren, und solange die Kräfte reichten, das Klavierspiel, bei dem Bach jetzt vorherrschte. Schon im Spätsommer 1943 hatte sie mit der Ausarbeitung des Paris-Buches begonnen, das im Frühjahr in einer Rohfassung abgeschlossen wurde, aber auch in den folgenden Monaten griff sie häufig zur Feder. Noch im Mai schrieb sie mit fester Hand den langen Glückwunschbrief zu Anton Kippenbergs 70. Geburtstag, der nicht mit Abschiedsworten, sondern in der Hoffnung auf ein baldiges Wiedersehen schloß, das dazu führen möge, »jenen Alltag zu vergessen, der jetzt etwas zu aufdringlich seine doch nur scheinbare Macht zu behaupten sucht«.

Auch die sonstige Korrespondenz stockte nicht ganz. Einer der Briefempfänger war Karl von Werner, der kunstsinnige Betreuer des benachbarten historischen Schlosses Bürresheim, zugleich einer der seltenen Besucher Bassenheims in jenen Tagen, der Helene als Gesprächspartner und dankbarer Zuhörer erfreute und ablenkte. Am 4. Mai schrieb sie ihm am Schluß eines Briefes, in welchem sie sich große Vorwürfe machte, weil sie ihn ohne Reiseproviant verabschiedet hatte: »... Dank für Ihre warme Aufmerksamkeit und das Zuhören der Musik sowie aller meiner Erzählungen. Ich war heute nach langen Tagen der Ermattung so redselig. Das sind die Geheimnisse der Natur, von denen Rilke spricht, die Überraschungen einer der uns am wenigsten bekannten Persönlichkeiten: unseres eigenen Ichs.«

In dem letzten Brief, von dem wir wissen, ist ebenfalls von

Rilke die Rede. Von Maurice Betz hatte sie eine Liebhaber-
ausgabe der französischen Rosengedichte Rilkes erhalten.
Am 10. Juli 1944 dankte sie dafür in französischer Sprache.
In der Übersetzung lauten die ersten Sätze: »Mit diesem
Rosenbuch haben Sie mir einen sehr schönen Gruß gesandt,
und von meinem Bett aus vergleiche ich die frischen Rosen
auf meinem Tisch mit dem Symbol Rilkes, der sie in eine Welt
erhebt, in welcher sie einen neuen Duft und ein neues Geheimnis offenbaren.«

Am Vortag ihres Todes ließ sie sich noch einmal auf die
Terrasse tragen und malte ihr letztes Aquarell: einen Kranz
roter Rosen und in deren Mitte eine verblühende weiße mit
abfallenden Blättern.

In den letzten Lebensjahren konnte sie *einer* Stütze vertrauen: dem stets präsenten Beistand, den ihr Alfred gewährte. Überblickt man die Geschichte dieser Ehe, so stößt
man neben Höhepunkten auf Tiefen und Dunkelheiten, die
aber überwunden wurden, so daß sich die Beziehung klärte
und festigte. Den Dank dafür suchte Helene zum siebzigsten
Geburtstag ihres Mannes in Worte zu fassen. Sie schrieb zum
21. Dezember 1940:

»Mein geliebter Alfred, hinter dem Lärm des Tages, der
wohlgemeinten Herzlichkeit, steht das, was uns *wirklich* verbindet, was unsere sterblichen Hüllen überdauern wird. Mitten im Zerfall alles Sichtbaren leuchtet mir Deine tiefe
menschliche Güte entgegen, die alle Dunkelheit überwindet.
Es gibt Verrat und Trug in der Welt: Du aber hast immer
gezeigt, daß es wirkliche Treue und Güte gibt, und alle Schatten, die uns manchmal umgaben, sind immer wieder gewi-
chen, weil Du sie zerstreutest. Neue Kraft strömte mir zu, und
dafür möchte ich Dir heute danken, mehr und inniger als das
gesprochene Wort auszudrücken vermag.«

In der ersten Juniwoche nahm der Schwächezustand zu,
Helene wurde bettlägerig, blieb jedoch bis zuletzt bei klarem
Bewußtsein, hatte ein Augenmerk auf ihre Umgebung,
wahrte die Formen. Als in den allerletzten Tagen zu der
bisherigen Krankenschwester eine zweite hinzukam und sich
beide noch nicht kannten, richtete sie sich auf und stellte sie
einander vor, als gäbe sie einen ihrer Empfänge.

Alfred informierte die Söhne, damit sie die Mutter noch einmal sähen. Sie konnten nicht lange bleiben, erschienen aber nacheinander zu kurzen intensiven Besuchen: Oswalt aus Paris, Herbert – »der Arme trifft mich immer im Invalidendasein!« meinte sie – aus einem Dresdener Lazarett. Oswalt hatte im Februar wieder geheiratet. Maria Mercedes kam mit ihm und war guter Hoffnung, was Helene sehr freute. Sie wünschte, daß das Kind, falls es ein Mädchen würde, ihren Namen erhalten sollte – eine Bitte, die in Erfüllung ging.

Am 17. Juli in den Nachmittagsstunden nahte das Ende. Alfred und Renata waren zugegen. Die Sterbende sprach nicht mehr, blickte aber mit klarem Blick in eine unbekannte Ferne, faltete die Hände, als ihr Alfred den ihr vertrauten 90. Psalm las – »Herr, du bist meine Zuflucht für und für...« – und dann das Vaterunser betete.

Für die Trauerfeier hatte sie gebeten, »von einer Ansprache abzusehen«. Das Evangelium Johannes 14 und der erste Korinther 13 möchten vorgelesen werden, »weil diese beiden Kapitel der Bibel alles enthalten, was mein Herz erfüllt und meine Sehnsucht beflügelt«. Sie wünschte sich auch Bach auf der Orgel und den Gesang von »Die Himmel rühmen des Ewigen Ehre« mit der Beethovenschen Melodie.

An einem strahlenden Sommertage – einem Datum, das denkwürdig werden sollte: dem 20. Juli – fand die Beisetzung in Bassenheim auf einer höher gelegenen Rasenfläche des Parks statt: Helene hatte diese Stätte gern aufgesucht, da sie den Blick auf die Landschaft, mit dem Karmelenberg und seiner Wallfahrtskapelle im Hintergrunde, freigab. Seit Ende 1953 ruht dort auch Alfred, der am 21. Dezember, seinem 83. Geburtstag, starb, neben seiner Frau.

Gewissermaßen als Epilog seien aus den vielen Beileidsbriefen an Alfred drei herausgegriffen, die die Wirkung der ungewöhnlichen Ausstrahlung Helene von Nostitz' auf Menschen aus sehr verschiedenen Lebenskreisen widerspiegeln. Fedor Stepun, der Kulturphilosoph, der Helene nur einige Male begegnet ist, schrieb: »Ich habe die Verstorbene nur wenig gekannt, und trotzdem ist mein Schmerz selten lebendig. Vielleicht darum, weil wir alten Europäer ein selten schönes Stück unserer Welt zu Grabe tragen. – Das erste Mal erblickte ich Ihre Frau... in Neu-Babelsberg, wo ich einen Vortrag zu halten hatte. Jeder Redner sucht sich beim Sprechen unwillkürlich seelische Stützpunkte. Und zu einem solchen habe ich sofort das Gesicht Ihrer Frau erkoren: Es war so lebendig, so horchend, so sprechend und dabei – Gott weiß warum – auch noch so, daß ich die Vorstellung hatte, mit dieser Frau könnte ich mich auch einmal auf russisch unterhalten. Erst bei der letzten Begegnung [in Dresden] hat dann die Verstorbene alle Versprechen eingelöst... Ihr Wissen hatte so viel Kultur, ihr Geist so viel Duft, ihr Sprechen so viel Melodie, und die Seele so viel Offenheit nach allen Seiten... Wo sind denn noch solche Menschen heute anzutreffen?...«

Friedrich Heyn, ein Schützling Helenes aus dem Berliner Osten und einer von ihrem Milieu sehr divergierenden sozialen Schicht zugehörig, dem sie öfters beistehen mußte, schrieb: »Der Tod Ihrer unvergeßlichen Frau reißt bei allen, die sie kannten, tiefe Lücken. Auch ich empfinde eine große Leere bei der Vorstellung, daß ich Ihre Frau nie mehr sehen und sprechen soll. War sie doch in meinem bizarren und oft haltlosen Leben Wegweiser...«

Christian Hilgendorff sprach für den Freundeskreis: »Ihr [Helene Nostitz], die Symbole so liebte, kann ich bezeugen, daß auch unsere dreißigjährige Freundschaft eingerahmt war von zwei Ereignissen, in denen die ihr teuren Künste sich mit dem Tode verschwisterten: An meinem ersten Tage in ihrem Leipziger Hause ließ sie den ›Cornet‹ aufführen; im vorigen November [in Dresden] vermittelte sie mir den Anblick der Rubenschen ›Kreuzigung‹. Nur mit dem Tode verschwistert? Auch der Erlösung und der himmlischen Gnade... Denn Licht war es ja, was ihrem Leben wie kaum einem anderen schon hier geleuchtet hat, mit einem Glanze, der ihren ganzen Kreis überstrahlte... Ihr zu begegnen war für jeden ein verwandelndes Erlebnis. Bei dieser Verzauberung war jeder zugleich unwissentlich ein Mithelfer...«

Erwähnt sei schließlich noch ein Wort des schwäbischen Schriftstellers Otto Heuschele, mit dem die Verstorbene jahrelang korrespondiert hatte, ohne ihm persönlich zu begegnen: »Die Wirrnis der Zeit, darin wir leben mußten, brachte freilich auch für sie Rätsel genug mit sich, aber es war etwas vom Ergreifendsten, was ich an Helene Nostitz erlebt habe, zu sehen, wie sie, die die echte Größe des alten Europa noch erfahren, auch aufrecht blieb, als ... dieses alte Europa in zwei Weltkriegen zusammenbrach...«

Helene von Nostitz fühlte sich besonders angesprochen durch die nur aus einem einzigen Wort bestehende Inschrift auf dem Sarkophag des portugiesischen Herzogs Dom Pedro de Coimbra: *Désir*! Obwohl sie manches in ihrem Leben erreicht hat, äußerte sich darin das Grundgefühl ihres Wesens, für das sie einmal die Worte fand: »Größeres vermag das Leben nicht zu geben als die Sehnsucht!« Es war eine Losung, die sie – trotz gelegentlicher Verzagtheiten – nicht verzweifeln ließ, ihr die Hoffnung nicht nahm. Denn Sehnsucht war vor allem der Impuls, der ihrem so reichen, bewegten Leben die Strahlkraft verlieh.

Quellennachweis

CHARLES BAUDELAIRE: Les fleurs du mal. Paris 1857.

SIGRID BAUSCHINGER: Else Lasker-Schüler. Ihr Werk und ihre Zeit. Heidelberg: Stiehm 1980.

BERNHARD FÜRST VON BÜLOW: Denkwürdigkeiten, 4 Bände. Berlin: Ullstein 1930–1931.

EDWARD GORDON CRAIG: Index to the story of my days. Some memoirs of Edward Gordon Craig 1872–1907. London: Hulton Press 1957.

LUDWIG CURTIUS: Torso. Verstreute und nachgelassene Schriften. Stuttgart: Deutsche Verlagsanstalt 1958.

MAX DREYER: Die Siebzehnjährigen. Schauspiel in 4 Aufzügen. Stuttgart: Deutsche Verlagsanstalt 1904.

TILLA DURIEUX: Eine Tür steht offen. Erinnerungen. Berlin-Grunewald: Herbig 1954.

ERNST HARDT: Ninon von Lenclos. Drama in einem Akt. Leipzig: Insel 1905.

GERHART HAUPTMANN: Sämtliche Werke. Centenar-Ausgabe, hg. von Hans-Egon Hass. Frankfurt a. M. – Berlin: Propyläen / Ullstein 1966–1970.

HERMANN HESSE: Peter Camenzind. Berlin: S. Fischer 1904.

OTTO HEUSCHELE: Betrachtungen und Deutungen. Neue Essays. Stuttgart: Hans E. Günther 1948.

HERBERT VON HINDENBURG: Am Rande zweier Jahrhunderte. Momentbilder aus einem Diplomatenleben. Berlin: Schlieffen 1938.

ROGER HINKS: The Gymnasium of the mind. The Journals of Roger Hinks 1933–1963. London 1984.

HUGO VON HOFMANNSTHAL: Gesammelte Werke in Einzelausgaben. 14 Bände, hg. von Herbert Steiner. Stockholm / Frankfurt a. M.: S. Fischer 1946–1959.

HUGO VON HOFMANNSTHAL und HARRY GRAF KESSLER: Briefwechsel 1898–1929. Hg. von Hilde Burger. Frankfurt a. M.: Insel 1968.

HUGO VON HOFMANNSTHAL – HELENE VON NOSTITZ: Briefwechsel. Hg. von Oswalt von Nostitz. Frankfurt a. M.: S. Fischer 1965.

JEAN JACOBY: Suvorov 1730–1800. Paris: Payot 1935.

HARRY GRAF KESSLER: Gesichter und Zeiten. Erinnerungen, 1. Band: Völker und Vaterländer. Berlin: S. Fischer 1935.

HARRY GRAF KESSLER: Tagebücher 1918–1937. Hg. von Wolfgang Pfeiffer-Belli. Frankfurt a. M.: Insel 1961.
HARRY GRAF KESSLER: Unveröffentlichte Tagebücher im Deutschen Literaturarchiv Marbach/Neckar.
ELISABETH VON KÖNIGSBRUN: Unveröffentlichte Erinnerungen.
KARL KRAUS: Aus der Barockzeit. In: Die Fackel. Wien, Oktober 1925.
MARIE-MADELEINE DE LA FAYETTE: La Princesse de Clèves. 4 Bände, Paris 1678.
MAURICE MAETERLINCK: Oeuvres choisies. Paris 1924.
ALMA MAHLER-WERFEL: Mein Leben. Frankfurt a. M.: S. Fischer 1963.
GOLO MANN: Erinnerungen und Gedanken. Frankfurt: S. Fischer, 2. Aufl. 1986.
NICOLAS NABOKOV: Zwei rechte Schuhe im Gepäck. Erinnerungen eines russischen Weltbürgers. München–Zürich: Piper 1975.
HELENE VON NOSTITZ: Aus dem alten Europa. Menschen und Städte. Weimar: Cranach-Presse / Leipzig: Insel 1924. Erweiterte Ausgabe: Hg. von Oswalt von Nostitz, Vorwort von Karl Krolow. Frankfurt a. M.: Insel 1978.
HELENE VON NOSTITZ: Rodin in Gesprächen und Briefen. Dresden: W. Jess 1927.
HELENE VON NOSTITZ: Berlin. In: Atlantis, Berlin / Wien / Zürich, 1. Jahrg., Dezember 1929.
HELENE VON NOSTITZ: Potsdam. Dresden: W. Jess 1930.
HELENE VON NOSTITZ: Hindenburg at home, an intimate biography. New York: Duffield & Green 1931.
HELENE VON NOSTITZ: Berlin. Erinnerung und Gegenwart. Leipzig – Berlin: Otto Beyer 1938.
HELENE VON NOSTITZ: Festliches Dresden. Die Stadt Augusts des Starken. Berlin: H. von Hugo 1941.
HELENE VON NOSTITZ ET MAURICE BASTIAN: Lettres d'Abano. Privatdruck 1939.
HERBERT VON NOSTITZ: Bismarcks unbotmäßiger Botschafter. Fürst Münster von Derneburg (1820–1902). Göttingen: Vandenhoeck & Ruprecht 1968.
OSWALT VON NOSTITZ: Das Gespräch zwischen Hofmannsthal und Helene von Nostitz. Zu zwei neuaufgefundenen Schriftstücken. In: Hofmannsthal-Blätter, Heft 5, Frankfurt a. M. 1970.
RUDOLF PANNWITZ: Die Krise der europäischen Kultur. Nürnberg: H. Carl 1917.
GERT RENÉ PODBIELSKI: Kindheit des Herzens. Zürich: Rascher 1936.
MARCEL PROUST: À la recherche du temps perdu. Paris 1913–1927.
JOSEF REDLICH: Schicksalsjahre Österreichs. 1908–1919. Das politische Tagebuch Josef Redlichs. Bearb. von Fritz Fellner. 2. Band, Köln: H. Böhlaus Nachf. 1954.
RAINER MARIA RILKE – HELENE VON NOSTITZ: Briefwechsel. Hg. von Oswalt von Nostitz. Frankfurt a. M.: Insel 1976.
RAINER MARIA RILKE: Sämtliche Werke. 6 Bände, hg. vom Rilke-

Archiv. In Verbindung mit Ruth Sieber-Rilke besorgt von Ernst Zinn. Frankfurt a. M.: Insel 1955–1966.

Auguste Rodin: Briefe an zwei deutsche Frauen. Hg. von Helene von Nostitz. Mit einer Einführung von Rudolf Alexander Schröder. Berlin: Holle 1936.

Reinhold Schneider: Der Kronprinz. Politisches Drama. München: Alber 1948.

Reinhold Schneider: Verhüllter Tag. Köln / Olten: Hegner 1954.

Friedrich von Schubert: Unter dem Doppeladler. Erinnerungen eines Deutschen in russ. Offiziersdienst, 1789–1814. Hg. und eingel. von Erik Amburger. Stuttgart: K. F. Koehler 1962.

Ottomar Starke: Was mein Leben anlangt. Erinnerungen. Berlin-Grunewald: Herbig 1956.

Carl Sternheim: Meta. Eine Erzählung. Leipzig: K. Wolff 1916.

Otto von Taube: Stationen auf dem Wege. Erinnerungen an meine Werdezeit vor 1914. Heidelberg: Stiehm 1969.

Henry van de Velde: Geschichte meines Lebens. Hg. und übertragen von Hans Curjel. München: Piper 1962.

Der Zerfall der europäischen Mitte. Staatenzerfall im Donauraum. Berichte der Sächsischen Gesandtschaft Wien 1917– 1919. Hg. von Alfred Opitz und Franz Adlgasser. Graz 1990.

Namenregister

435

444

445